Heidel · Scannerdaten im Einzelhandelsmarketing

Beiträge zur betriebswirtschaftlichen Forschung

Schriftenreihe herausgegeben von:

Prof. Dr. Horst Albach, Bonn
Prof. Dr. Herbert Hax, Köln
Prof. Dr. Paul Riebel, Frankfurt a. M.
Prof. Dr. Klaus v. Wysocki, München

Band 1 P. Riebel
Die Elastizität des Betriebes

Band 2 W. Wittmann
Der Wertbegriff in der Betriebswirtschaftslehre

Band 3 W. Muscheid
Schmalenbachs dynamische Bilanz

Band 4 A. Moxter
Methodologische Grundfragen der Betriebswirtschaftslehre

Band 5 R. Hall
Das Rechnen mit Einflußgrößen im Stahlwerk

Band 6 G. Laßmann
Die Produktionsfunktion und ihre Bedeutung für die betriebswirtschaftliche Kostentheorie

Band 7 H. Albach
Wirtschaftlichkeitsrechnung bei unsicheren Erwartungen

Band 8 G. Saage
Die stillen Reserven im Rahmen der aktienrechtlichen Pflichtprüfung

Band 9 H. Vormbaum
Differenzierte Preise

Band 10 H. Hax
Vertikale Preisbindung in der Markenartikelindustrie

Band 11 H. Raffée
Kurzfristige Preisuntergrenzen als betriebswirtschaftliches Problem

Band 12 H.-L. Ludwig
Die Größendegression der technischen Produktionsmittel

Band 13 H. F. Orth
Die kurzfristige Finanzplanung industrieller Unternehmungen

Band 14 D. Schneider
Die wirtschaftliche Nutzungsdauer von Anlagegütern

Band 15 W. Kern
Die Messung industrieller Fertigungskapazitäten und ihre Ausnutzung

Band 16 D. Brunner
Planung in Saisonunternehmungen

Band 17 M. Heister
Rentabilitätsanalyse von Investitionen

Band 18 W. Engels
Betriebswirtschaftliche Bewertungsanalyse im Licht der Entscheidungstheorie

Band 19 H. Eckard
Die Substanzerhaltung industrieller Betriebe

Band 20 A.-F. Jacob
Betriebserhaltung kommunaler Eigenbetriebe

Band 21 R. Gümbel
Die Sortimentspolitik in den Betrieben des Wareneinzelhandels

Band 22 G. Schätzle
Forschung und Entwicklung als unternehmerische Aufgabe

(Fortsetzung am Ende des Buches)

Betriebswirtschaftlicher Verlag Dr. Th. Gabler GmbH, Postfach 15 64, 6200 Wiesbaden

Bernhard Heidel

Scannerdaten im Einzelhandelsmarketing

GABLER

CIP-Titelaufnahme der Deutschen Bibliothek

Heidel, Bernhard:
Scannerdaten im Einzelhandelsmarketing /
Bernhard Heidel. - Wiesbaden: Gabler, 1990
(Beiträge zur betriebswirtschaftlichen Forschung;
Bd. 68) Zugl.: Trier, Univ., Diss., 1989
ISBN 3-409-13649-5
NE: GT

Der Gabler Verlag ist ein Unternehmen der Verlagsgruppe Bertelsmann International.

Lektorat: Gudrun Knöll

Druck und Bindung: Lengericher Handelsdruckerei, Lengerich/Westf.
Printed in Germany

ISBN 3-409-13649-5

Vorwort

Durch die Scanner-Technologie besteht jetzt im Einzelhandel die Möglichkeit, neben dem Preis auch die Nummer jedes einzelnen verkauften Artikels zu erfassen. Theoretisch war es zwar auch schon früher möglich, artikelgenaue Daten aufzuzeichnen, wegen der Vielzahl der Artikel, dem Zeitdruck, unter dem häufig gehandelt werden muß, und dem Arbeitsaufwand standen jedoch solche Daten im stationären Einzelhandel faktisch so gut wie nie für die Betriebssteuerung zur Verfügung. Der Einzelhandel sieht sich jetzt einer neuen Datenverfügbarkeit gegenüber, droht jedoch in einer Datenflut unterzugehen. In dieser Arbeit wird gezeigt, wie diese Datenflut kanalisiert werden kann und wie die aufbereiteten Daten für die Marketingpolitik genutzt werden können. Dabei geht es um die Unterstützung der Sortiments-, Preis-, Werbe- und Sonderangebotspolitik.

Die Aufgabe, aus Scanner-Daten ein Berichtssystem für die Steuerung der Betriebspolitik aufzubauen, ist aus mehreren Gründen anspruchsvoll: Es müssen nicht nur gute Kenntnisse im Umgang mit der Datenverarbeitung vorliegen, es müssen nicht nur die spezifischen Besonderheiten des Handels berücksichtigt werden, es müssen nicht nur die modernen Methoden der Marktforschung zur Datenauswertung eingebracht werden, sondern es muß vor allen Dingen auch eine theoretische Diskussion der interessierenden Beziehungen erfolgen. Heidel versteht es, EDV, Statistik, Management und betriebswirtschaftliche Theorie miteinander zu verknüpfen. So ist eine Arbeit entstanden, die die Theorie der Handelsbetriebslehre bereichert und - auch aufgrund ihres klaren Aufbaues und ihres anschaulichen Charakters - jeden in der Praxis, der sich mit der Auswertung von Scanner-Daten beschäftigt, ansprechen wird.

Theoriegehalt und Praxisnähe der Arbeit waren ausschlaggebend dafür, daß sie mit dem Kaufhof-Management-Preis 1989 ausgezeichnet worden ist.

Lothar Müller-Hagedorn

Inhaltsverzeichnis

1 Einführung

1.1 Allgemeine Überlegungen zur Planung der absatzpolitischen Instrumente mit Scannerdaten im stationären Einzelhandel

Bei der Planung der Absatzpolitik im Handel empfiehlt es sich, entsprechend dem Grundmodell der Entscheidungstheorie[1] zunächst zu fragen, welche Handlungsmöglichkeiten ausgewählt werden sollen, um vorgegebene Ziele möglichst optimal zu erreichen. So muß beispielsweise entschieden werden, welche Artikel ausgelistet werden oder welche neu in das Sortiment aufgenommen werden sollen. Im Rahmen der Preispolitik müssen Entscheidungen darüber getroffen werden, welche Preise gefordert werden sollen. Daneben muß entschieden werden, wo und mit wieviel Verkaufsraum einzelne Artikel plaziert werden sollen. Bei der Festlegung der absatzpolitischen Handlungsmöglichkeiten muß eine Vielzahl von Einflußgrößen beachtet werden (vgl. dazu den linken Teil der Abbildung 1.1):

- das Verhalten der Konkurrenz,
- das Verhalten der Lieferanten,
- innerbetriebliche Restriktionen, zum einen die Ziele von Handelsbetrieben, sofern sie für die Absatzpolitik ein Datum darstellen, zum anderen sonstige innerbetriebliche Größen (z.B. Verkaufsfläche, Personal, Liquidität oder innerbetriebliche Logistik),
- das Verhalten der Konsumenten und
- gesetzliche Regelungen.

Das Verhalten der Konsumenten ist für die Planung der Absatzpolitik[2] von besonderer Bedeutung, da ihr Verhalten einerseits die Ausgangsgröße,

---

1. Vgl. z.B.: Müller-Hagedorn, L.: Handelsmarketing. Stuttgart u.a. 1984, S. 36-58.

2. Vgl. zur Systematisierung der absatzpolitischen Instrumente: Müller-Hagedorn, L.: Handelsmarketing, a.a.O. Andere Systematiken, die sich entweder durch die Wahl anderer Begriffe oder durch eine feinere bzw. gröbere Gliederung unterscheiden, finden sich z.B. bei: Hansen, U.: Absatz- und Beschaffungsmarketing des Einzelhandels. 2. Band. Göttingen 1976; Algermissen, J.: Das Marketing von Handelsbetrieben. Würzburg und Wien 1981, S. 42f.; Gist, R.R.: Retailing: Concepts and Decisions. New York u.a. 1968, S. 128; Duncan, D.J.; Hollander, S.C. und Savitt, R.: Modern Retailing Management. Basic Concepts and Practices. 10. Aufl. Homewood, Ill. 1983; Bolen, W.H.: Contemporary Retailing. 2. Aufl. Englewood Cliffs 1982.

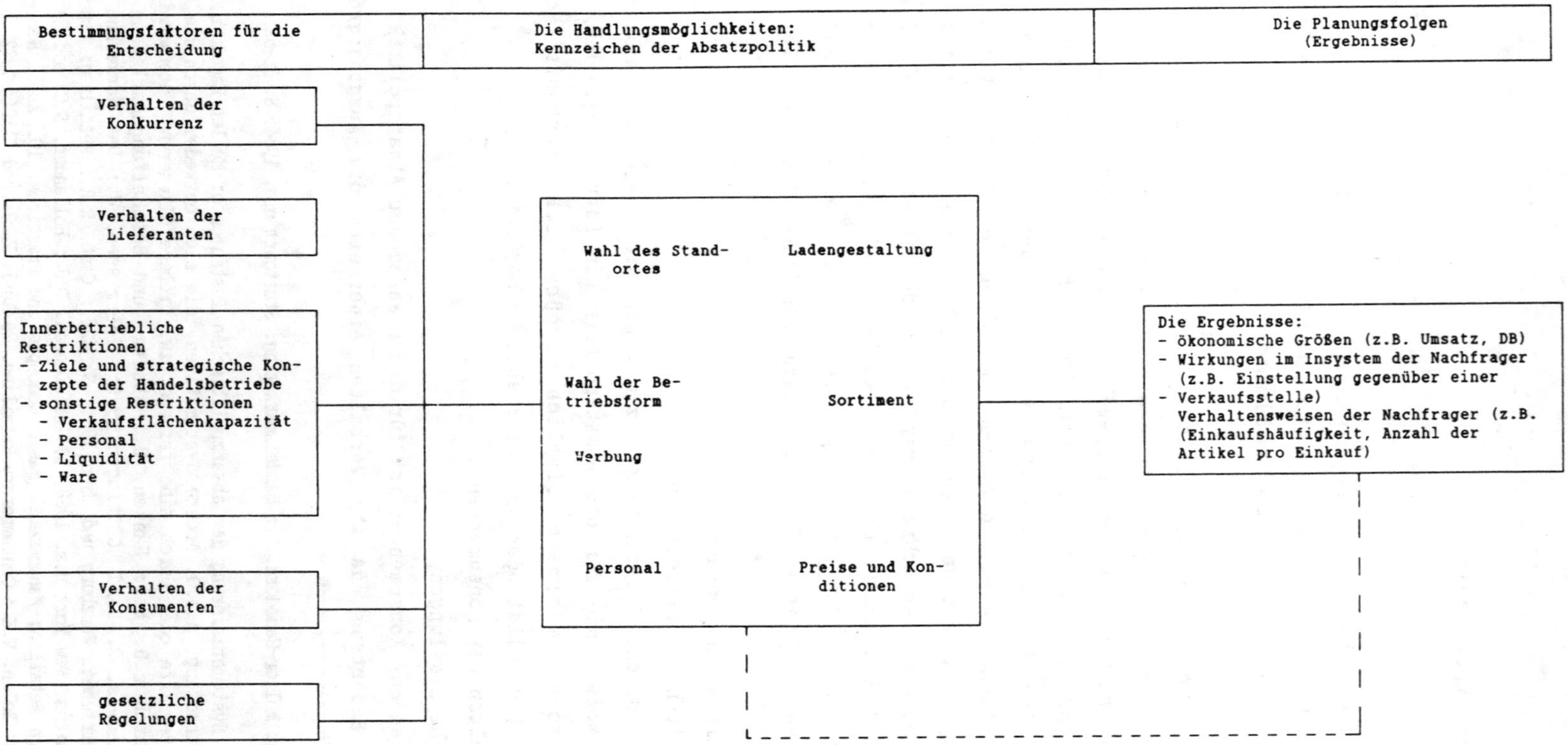

Abb. 1.1: Umweltgrößen, Planungsbereiche und Ergebnisse der Absatzpolitik des Einzelhandels

andererseits die Ergebnissgröße der Absatzpolitik darstellt. Die Ergebnisse dokumentieren sich zum einen im betrieblichen Rechnungswesen (z.B. Absatz, Umsatz), zum anderen in Größen, aus dem Insystem der Nachfrager (z.B. Einstellung gegenüber einer Verkaufsstelle oder die Zufriedenheit mit dem vorgefundenen Angebot), und schließlich spiegelt sich in den Ergebnissen das Einkaufsverhalten der Nachfrager wider, z.B. in der Einkaufshäufigkeit oder in der Zahl der eingekauften Artikel pro Kaufakt (vgl. dazu den rechten Teil der Abbildung 1.1).

Bislang werden absatzpolitische Entscheidungen in Einzelhandelsbetrieben häufig intuitiv, mit Hilfe von Faustregeln oder aufgrund früherer Erfahrungen getroffen. Bei dieser Entscheidungspraxis stellt sich die Frage, ob so die jeweils besten Handlungsmöglichkeiten ausgewählt werden können. Insbesondere für eher kurzfristig orientierte und schlechtstrukturierte Entscheidungssituationen, wie sie im Rahmen der Sortiments-, Preis-, Plazierungs- und Werbepolitik gefällt werden müssen, wird artikelgenaues warenausgangsbezogenes Datenmaterial bislang zur Planung kaum verwendet. Mit Hilfe der Scannertechnologie erhalten Einzelhandelsbetriebe zum ersten Mal die Möglichkeit, artikelgenaues Datenmaterial aus der Vergangenheit zur Planung dieser Instrumente zu nutzen[1]. Dieses Datenmaterial steht in nahezu beliebiger zeitlicher, sachlicher und räumlicher Aggregation und für unterschiedliche Objekte (Merkmalsträger) zur Verfügung, z.B. für Artikel, Werbeaktionen, Warenträger oder Einkaufskörbe von Konsumenten. Scannerdaten bieten zum einen Informationen über den Einsatz der absatzpolitischen Instrumente (zumindest über den jeweils geforderten Preis), zum anderen lassen sich aus Scannerdaten Erfolgskennzahlen ("Zielrealisierungen") bilden. Daneben lassen sich aus Scannerdaten Aussagen über den "Mittel-Ziel-Zusammenhang" in Form von Responsefunktionen gewinnen. Auf nahezu beliebigem Aggregationsniveau kann dann die Effizienz der eingesetzten

---

1. Vgl. z.B. Simon, H.: Entscheidungsunterstützung mit Scanner-Daten. In: Simon, H. (Hrsg.): Marketing im technologischen Umbruch. Stuttgart 1987, S. 64; vgl. Zentes, J.: Informationspotentiale rechnergestützter Warenwirtschaftssysteme im Handel. In: WiSt (12/1987), S. 609-614, hier S. 612-613.

Mittel analysiert[1] werden.
Neben warenausgangsbezogenen Daten können u.U. auch wareneingangsbezogene Daten zur Ermittlung von Erfolgskennzahlen und Responsefunktionen herangezogen werden, wenn sich die Ware schnell umschlägt und die Bestimmungsfaktoren eindeutig zuweisbar sind, z.B. bei Frischfleisch oder Obst, Gemüse und Salat. Der Nachteil dieser Daten besteht allerdings darin, daß Änderungen der Bestimmungsfaktoren, z.B. Preisänderungen, dem Erfolg in einzelnen Perioden nicht immer eindeutig zuweisbar sind. Außerdem sind im Wareneingang Schwund, Diebstahl und sonstige Differenzen noch enthalten. Je schneller sich die Ware umschlägt, desto eher entsprechen sich aber wareneingangs- und warenausgangsbezogene Daten.

Es wird zu prüfen sein, ob und in welchem Maße mit Hilfe des detaillierten warenausgangsbezogenen Datenmaterials absatzpolitische Entscheidungen verbessert werden können. Dies entspricht der Forderung nach "Werkzeugen ..., mit deren Hilfe Entscheidungen in besserem Maße zu fundieren sind"[2]. Unternehmen sollten nur solche Daten über ihre Aktivitäten aufzeichnen, zu denen sie entweder verpflichtet sind (z.B. aufgrund von Vorschriften des Gesetzgebers oder die für die Steuerung der Unternehmung benötigt werden. Diese Daten sollten an einem Ort gesammelt werden. Es bietet sich an, die Informationen aus Scannerdaten in das Rechnungswesen zu integrieren. Diese Weiterentwicklung des Rechnungswesens entspricht einer Forderung von Gümbel, der bereits 1969 auf die Bedeutung von Modellen und Algorithmen als die "Kontenpläne der Zukunft" hinwies[3]. In der betriebswirtschaftlichen Literatur findet man eine Vielzahl von Entscheidungsmodellen, die bislang aber kaum Anwendung

---

1. Die Analyse der Erfolgskennzahlen und der Effizienz der eingesetzten Mittel bei unterschiedlichen organisatorischen Einheiten sind die zentralen Aufgaben der Handelsforschung. Vgl. Hruschka, H.: Systematisierung von Instrumenten und Objektbereichen der Handelsforschung. In: Hasitschka, W. und Hruschka, H. (Hrsg.): Handels-Marketing. Berlin und New York 1984, S. 99 u. 101; vgl. auch Hruschka, H.: Betriebsorientierte Handelsforschung. In: Hasitschka, W. und Hruschka, H. (Hrsg.): Handels-Marketing, a.a.O., S. 127-150.

2. Gümbel, R.: Rechnungswesen und Unternehmensforschung im Handel. In: Gümbel, R.; Brauer, K.M.; Liebmann, H.-P. u. Müller-Hagedorn, L. (Hrsg.): Unternehmensforschung im Handel. Rüschlikon-Zürich 1969, S. 5.

3. Ebenda, S. 15.

finden, da die notwendigen Responsefunktionen nicht geschätzt werden können. Im Mittelpunkt dieser Untersuchung stehen daher weniger die Entscheidungsmodelle als vielmehr die Frage, ob sich aus den Scannerdaten Responsefunktionen für die Gestaltung der absatzpolitischen Instrumente gewinnen lassen. Erst wenn diese Frage beantwortet ist, kann geprüft werden, welche Entscheidungsmodelle zur Planung eingesetzt werden können.

Als Nutzer der neuen Informationsbasis kommen vor allem zwei Gruppen in Frage:

- Die Entscheidungsträger in der Linie (im Ein- und Verkauf), und
- der Personenkreis, der die Entscheidungsträger bei ihrer Arbeit unterstützt. Das können zum einen Controller sein, die im Unternehmen Planungs-, Kontroll- und Steuerungsaufgaben einschließlich der Koordination der Informationsversorgung wahrnehmen[1], zum anderen können das Marketingingenieure oder -analytiker sein. Während sich die Controller eher als Schrittmacher zur Steuerung der Engpaßfaktoren verstehen, muß der Marketinganalytiker "nahe am Marketingmanager und -problem arbeiten, aber gleichzeitig den Computer beherrschen"[2]. Es kann an dieser Stelle nur spekuliert werden, von welcher Personengruppe die Auswertung der Scannerdaten in Zukunft vorgenommen werden wird. Es zeichnet sich allerdings ab, daß die Analyse von Scannerdaten außerhalb des klassischen Controlling-Bereiches angesiedelt wird[3].

In dieser Untersuchung wird die Nutzung von Scannerdaten nur aus Sicht stationärer Einzelhandelsbetriebe diskutiert. Das sind Betriebe, die ihre Waren und Dienstleistungen normalerweise an Endverbraucher

---

1. Vgl. z.B. Horváth, P.: Controlling. 2. Aufl. München 1979, S. 120ff.

2. Vgl. dazu Simon, H.: Marketing und Computer: Sind die Manager überfordert? In: Simon, H. (Hrsg.): Marketing im technologischen Umbruch, a.a.O., S. 8; vgl. auch Köhler, R.: Marketing-Controlling. Funktionale und institutionelle Gesichtspunkte der marktorientierten Unternehmenssteuerung. In: DBW (1982), S. 197-214, der darauf hinweist, daß in einigen Firmen bereits spezielle Verbindungsstellen zwischen dem Rechnungswesen bzw. der Datenverarbeitung und dem Marketing-Bereich als eine Art "Interface" zur Anpassung der Rechnungsinformationen an den bereichsspezifischen Bedarf bestehen (vgl. S. 201).

3. So hat z.B. die Rewe Zentral AG & Co OHG, Bad Homburg, eine eigene Abteilung mit der Bezeichnung SCANTEST gegründet, in der ausschließlich Scannerdaten aufbereitet werden (vgl. Raithel, H.: Mars macht mobil. In: Manager Magazin (12/1988), S. 234-239).

absetzen und für die gleichzeitig gilt, daß ihre Kunden die jeweilige Verkaufsstelle aufsuchen (Residenzprinzip)[1]. Als weitere Charakteristika werden häufig auch die wirtschaftliche und rechtliche Selbständigkeit angeführt[2]. Diese Merkmale besitzen für diese Untersuchung aber keine Bedeutung, da auch beispielsweise Verkaufsstellen von Herstellerbetrieben Scannerdaten genauso wie rechtlich und wirtschaftlich selbständige Betriebe für ihre Planung heranziehen können.

1.2 Kurzer Literaturüberblick

In den letzten Jahren ist eine Reihe von Arbeiten über Scannerdaten erschienen (vgl. Abbildung 1.2). Eine Analyse dieser Arbeiten zeigt, daß die Probleme, die mit der Nutzung von Scannerdaten zur Planung der Absatzpolitik verbunden sind, oft nur sehr allgemein und ohne empirische Untersuchungen behandelt werden (vgl. die unter Punkt 1 in Abbildung 1.2 aufgeführten Beiträge).

Eine Vielzahl von Vorschlägen liegt zur Gestaltung des Berichtssystems vor. Es fehlt aber noch eine theoretische Aufarbeitung, welche Kennzahlen in dem Berichtssystem verwendet werden sollen und welche Methoden eingesetzt werden können, um aus einem Informationssystem die für den Entscheidungsträger relevanten Informationen herauszufiltern (vgl. Punkt 2, Abbildung 1.2).

Empirische Untersuchungen mit Scannerdaten, die sich mit der Gestaltung der absatzpolitischen Instrumente aus Handelssicht beschäftigen, gibt es bislang sehr wenige (vgl. Punkt 3, Abbildung 1.2). Hervorzuheben ist die Arbeit von Kucher[3], der für Küchenpapierrollen und Kaffee dynamische Preisresponsefunktionen schätzt. Diese Arbeit ist deshalb so interessant, weil in ihr mit Hilfe von S-R-Daten das Verhalten der Nachfra-

---

1. Vgl. dazu Hansen, U.: Absatz- und Beschaffungsmarketing des Einzelhandels. Band 1. Göttingen 1976, S. 2 und S. 273-275; Seyffert, R.: Wirtschaftslehre des Handels. 5. neubearb. Aufl. Opladen 1972, S. 88; Tietz, B.: Marketing. Tübingen und Düsseldorf 1978, S. 34.
2. Vgl. Gutenberg, E.: Grundlagen der Betriebswirtschaftslehre. 2. Band: Der Absatz. 14. Aufl. Berlin, Heidelberg u. New York 1973, S. 156f.; Seyffert, R.: Wirtschaftslehre des Handels, a.a.O., S. 240; Hansen, U.: Absatz- und Beschaffungsmarketing, a.a.O., S. 2.
3. Vgl. Kucher, E.: Scannerdaten und Preissensitivität bei Konsumgütern. Wiesbaden 1985.

Gebiet	Autor(en)	Inhalt
1. Beiträge über die Nutzung von artikelgenauen Daten ohne konkrete Anwendungen	Barth und Büttner (1985)	Allgemeine Aussagen über die Nutzung von in Warenwirtschaftssystemen anfallenden Daten aus Handelssicht
	Baader (1981)	Thesen zum Thema Scanning aus Sicht der Markenartikelindustrie
	Dichtl; Raffée und Wellenreuther (1982)	Allgemeiner Überblick aus Handels- und Herstellersicht
	Huppert (1981a und 1981b)	Bedeutung für Handel, Industrie und Marktforschung
	Huppert (1984)	Übersicht über elektronische Handels- und Konsumentenpanels aus Herstellersicht
	Lodish und Reibstein (1986)	Allgemeiner Überblick aus Herstellersicht
	McCurry (1980)	Allgemeiner Überblick aus Herstellersicht
	Patt (1985)	Zukunftsperspektiven für Handel, Industrie und Marktforschung
	Rössle (1985)	Allgemeiner Überblick aus Handelssicht
	Simon (1987)	Allgemeiner Überblick aus Herstellersicht
	Simon; Kucher und Sebastian (1982)	Allgemeiner Überblick aus Handels- und Herstellersicht
	Stern (1981)	Allgemeiner Überblick aus Herstellersicht
	Treis und Schminke (1984)	Allgemeiner Überblick aus Handelssicht
	Wellenreuther (1981) und (1985)	Allgemeiner Überblick aus Handelssicht
	Zentes (1987)	Allgemeiner Überblick aus Handelssicht
2. Gestaltung von Berichtssystemen	General Foods Corporation (1984)	Darstellung eines Report-Systems für Lebensmittelfilialunternehmen
	daneben eine Vielzahl von Hard- und Softwareanbietern, z.B.: Anker, Bergmann, IBM, NCR, Philips, Omron, Nixdorf, Siemens	Firmenunterlagen über Berichtssysteme in verschiedenen Branchen
3. Beiträge zur Planung absatzpolitischer Instrumente mit Hilfe von Scannerdaten		
1. Sortimentspolitik	Guadagni und Little (1983)	Markentreue von Konsumenten (Herstellersicht)
2. Preispolitik	Kucher (1985)	Ankerpreismodelle am Beispiel Küchenpapierrollen und Kaffee in erster Linie aus Herstellersicht
	Wisniewski und Blattberg (1983)	Schätzung von Preis-Absatz-Funktionen (Herstellersicht)
3. Interner Standort und Displaypolitik	Dyer (1980)	Responsefunktionen für verschiedene Artikel aus dem Bereich Lebensmittel (Händlersicht)
4. Werbung	Carefoot (1982)	Testinstrument zur Überprüfung von TV-Werbespots mit ID-Karten und Scannerdaten (Herstellersicht)
	Klein (1980)	Werbe-Responsefunktionen (Herstellersicht)
	Sebastian (1985)	Werbe-Responsefunktionen bei neuen Produkten Herstellersicht)
5. Kombinationen (Sonderangebotspolitik)		

Abb. 1.2: Ausgewählte Beiträge über die Nutzung maschinell erhobener artikelgenauer Absatzdaten zur Gestaltung der Absatzpolitik. Stand: Januar 1988, Teil 1

Gebiet	Autor(en)	Inhalt
- Preis und Werbung	Litzenroth (1987)	Responsefunktionen für Tafelschokolade (Promotion-Modell der GfK, Nürnberg)
	Simon und Kucher (1983)	Responsefunktionen für Tafelschokolade
- Werbung und Display	O.V. (1980), S. 508-510	Responsefunktionen für Waschmittel
	A.C. Nielsen Company (1983)	Direkte Wirkungen von Displayplazierung und Werbung auf den Absatz von 12 Warengruppen
- Preis, Werbung und Display	Eckhardt (1976)	Responsefunktionen für die Auswahl von Sonderangebotsartikeln
	Milde (1987)	Responsefunktionen für Tafelschokolade (Preis-Promotion-Modell der A.C. Nielsen Company, Frankfurt)
	Huppert (1986)	Responsefunktionen für Waschmittel
4. Einsatz von Scanning in der Praxis (deskriptive Scanning-Systeme), beispielhafte Auswahl	Bierther (1983)	Datenkassen, Scanning und Warenwirtschaftssysteme
	Cramer (1983)	Scanning bei Karstadt und Allkauf
	Hintsch (1987)	Darstellung der Einführung eines Warenwirtschaftssystems in einem mittelständischen Unternehmen
	Kolodziej und Krall (1984)	Scanning bei dm (Drogeriemarkt)
	Lorenz (1983)	Scanning im Foodbereich
	Ulrich (1987)	Darstellung der Einführung eines Warenwirtschaftssystems in einem mittelständischen Unternehmen
	Wedderkop (1987)	Fallbeispiel: Anwendung von Scannerdaten in der Möbelabteilung eines Warenhauses
	Weinekötter (1983)	Scanning bei Karstadt
	West (1987)	Gesetzmäßigkeiten von Warenwirtschaftssystemen

Abb. 1.2: Ausgewählte Beiträge über die Nutzung maschinell erhobener artikelgenauer Absatzdaten zur Gestaltung der Absatzpolitik. Stand: Januar 1988, Teil 2

ger simuliert wird. Dabei wird angenommen, daß die Verbraucher sich aus den Preisen der Vorperioden eine Preisvorstellung bilden, den sogenannten Ankerpreis, den sie zum Vergleich mit den aktuellen Preisen heranziehen[1]. Es erscheint allerdings problematisch, ob die mit Querschnitts- oder Längsschnittdaten gebildeten Preisresponsefunktionen auch für einzelne Verkaufsstellen entscheidungsrelevante Informationen liefern. Die Arbeiten von Guadagni und Little[2], Wisniewski und Blatt-

---

1. Vgl. ebenda, S. 95-107.

2. Vgl. Guadagni, P.M. und Little, J.D.C.: A Logit Model of Brand Choice Calibrated on Scanner Data. In: Marketing Science (Summer 1983), S. 203-238.

berg[1], Carefoot[2], Klein[3] und Sebastian[4] beschäftigen sich mit Scannerdaten zur Planung der Absatzpolitik aus der Sicht von Herstellerbetrieben.
Die Beiträge unter Punkt 4 in Abbildung 1.2 lassen sich unter dem Stichwort "So haben wir's gemacht" zusammenfassen. Die Verfasser dieser Beiträge stellen die Vorteile der artikelgenauen Datenverarbeitung vor. Methodische Probleme werden fast immer ausgeklammert, lediglich technische und personelle Probleme der Einführung der neuen Technologie werden diskutiert. Diese Beiträge liefern für diese Untersuchung aber nur geringe Erkenntnisse.

1.3 Zu den Fragestellungen der Untersuchung

Bei der näheren Betrachtung, wie Scannerdaten zur Planung der absatzpolitischen Instrumente Sortiment, Preis, Plazierung und Werbung (Sonderangebot) herangezogen werden können, ergeben sich u.a. die folgenden Fragen:

(1) Wie können die Wirkungen absatzpolitischer Instrumente beschrieben und erklärt werden?

(2) Wie können diese Variablen operationalisiert werden?

(3) Besteht bei Unternehmen mit mehr als einer Verkaufsstelle in einer bestimmten Betriebsform die Möglichkeit, mit repräsentativen Verkaufsstellen Aussagen für das gesamte Unternehmen zu machen?

(4) Welche Hard- und Softwareanforderungen müssen EDV-Systeme erfüllen, mit denen Scannerdaten verarbeitet werden?

(5) Welche Qualifikation muß das Personal besitzen, das eine scannerdaten-gestützte Planung betreibt?

(6) Soll eher zentral oder eher dezentral entschieden werden?

---

1. Vgl. Wisniewski, K.J. u. Blattberg, R.C.: Response Function Estimation Using UPC Scanner Data. An Analytical Approach to Demand Estimation under Dealing. Working Paper. University of Chicago 1983.

2. Vgl. Carefoot, J.L.: Copy Testing with Scanners. In: JoAR, Vol. 22 (Febr./March 1982), S. 25-27.

3. Vgl. Klein, R.L.: Scanner Data can Measure Long-Run Promotion Response. In: Marketing News 11.1.1980.

4. Vgl. Sebastian, K.-H.: Werbewirkungsanalysen für neue Produkte. Wiesbaden 1985.

(7) Wie soll ein scannerdaten-gestütztes Berichtswesen aufgebaut sein?
(8) Besteht die Möglichkeit, daß Entscheidungsprozesse mit Hilfe von Scannerdaten und geeigneten Modellen automatisiert werden können?
(9) Welche Möglichkeiten bestehen bei Systemausfall, Daten aus fehlenden Teilperioden zu schätzen?
(10) Wie valide wird mit Hilfe der neuen Datenbasis der Erfolg gemessen?
(11) Welche Voraussetzungen müssen erfüllt sein, damit artikelgenaue Daten erhoben werden können?
(12) Welche Verfahren stehen zur Entscheidung und Prognose in den untersuchten absatzpolitischen Bereichen zur Verfügung?

Diese Fragen lassen sich nach:
(a) Fragen, die die Erhebung der Daten (Frage 3, 9, 10 und 11),
(b) Fragen, die die Verdichtung der Daten zu Planungszwecken (Frage 1, 2, 7, 8 und 12),
(c) Fragen, die die technische Ausgestaltung von Informationssystemen betreffen (Frage 4) und
(d) organisatorischen Fragen (Frage 5, 6 und 11)
gliedern.
Der Schwerpunkt dieser Untersuchung liegt bei den Fragen aus (a) und (b). Technische Probleme im Hard- und Softwarebereich werden nicht behandelt[1]. Aus der Fülle der organisatorischen Probleme wird in Abschnitt 2.1 lediglich die Numerierung von Artikeln und von sonstigen Merkmalsträgern behandelt. Personalprobleme, die beim Aufbau und bei der Benutzung von scannerdaten-gestützten Planungsinstrumenten entstehen[2], werden ebenso wie die Frage, ob eher zentral oder eher dezentral[3] geplant werden soll, ausgeklammert.

---

1. Probleme in diesem Bereich sind z.B. die Architektur von Datenbanken (vgl. z.B. Schlageter, G. und Stucky, W.: Datenbanksysteme: Konzepte und Modelle. 2. Aufl. Stuttgart 1983), die Art der Übertragung der Daten zwischen Filiale und Zentrale (z. B. mit Hilfe von Disketten oder mit Hilfe von Daten-Fern-Übertragung) oder welche Hardwarekonfiguration in Filialen und Zentrale verwendet werden soll.
2. Vgl. z.B. Keen, P.W.G. und Scott Morton, M.S.: Decision Support Systems. An Organizational Perspective. Reading, Mass. u.a. 1978, insb. Kapitel 7, S. 189-211.
3. Vgl. z.B.: Overtheil, W.: Standardisierung versus Differenzierung in Filialunternehmen des Einzelhandels. Theoretische Analyse marktbezogener Steuerungsprobleme und Diskussion einschlägiger Handhabungspraktiken. Frankfurt a.M. 1983.

1.4 Zum Forschungsansatz und Aufbau der Arbeit

Ziel der Untersuchung ist es zu klären, ob mit Scannerdaten die folgenden vier Fragen in den ausgewählten absatzpolitischen Bereichen beantwortet werden können (vgl. Abbildung 1.3)[1]:

(1) Was ist passiert?

(2) Warum ist es passiert?

(3) Was wird passieren, wenn?

(4) Wie sollte es gemacht werden?

Die Frage "Was ist passiert?" läßt sich mit Hilfe von Kennzahlen für die Bestimmungsfaktoren (z.B. welcher Preis wird in einzelnen Perioden genommen?) und Erfolgskennzahlen (z.B. welcher Umsatz wird erreicht?) beantworten (vgl. Frage 1, Abbildung 1.3).
Die Beschreibung der Vergangenheit mit Hilfe von Kennzahlen ist die Basis für die Beantwortung der zweiten Frage: "Warum ist es passiert?" Im Sinne der "Scheinwerfertheorie" wird diese Frage hypothesengestützt gestellt[2]. Hypothesen sind Aussagen über vermutete Zusammenhänge zwischen zwei oder mehreren Größen[3]. Die Vermutungen über die Realität lassen sich formal in Responsefunktionen ausdrücken[4]. In der abhängigen Variablen dokumentiert sich das Verhalten der Nachfrager, in der (den) unabhängigen Variable(n) die eigene Absatzpolitik und weitere Bestimmungsfaktoren (z.B. die Absatzpolitik der Konkurrenten)[5]. Neben

---

1. Vgl. Ottinger, T. und Grünerwald, M.: Changing Marketing Problems Require flexible MMIS Approaches. In: European Society for Opinion and Marketing Research (Hrsg.): Marketing Research and M.M.I.S. The Gap is closing. Tagungsbericht 1984, S. 77-101.

2. Vgl. Chmielewicz, K.: Forschungskonzeptionen der Wirtschaftswissenschaft. 2. Aufl. Stuttgart 1979, S. 142f. schreibt dazu: "Erst aus den Hypothesen ergibt sich die Art der interessierenden Beobachtungen; die Realität wird scheinwerferartig gezielt durchsucht." (S. 143).

3. Vgl. z.B. Prim, R. u. Tilmann, H.: Grundlagen einer kritisch-rationalen Sozialwissenschaft. 3. Aufl. Heidelberg 1977, S. 66f.

4. Die Begriffe Responsefunktion, Absatzfunktion und Reaktionsfunktion werden im folgenden synonym verwendet.

5. Vgl. auch Müller-Hagedorn, L.: Die Abbildung des Konsumentenverhaltens in theoretischen Beschreibungsdimensionen. Habilitationsschrift. Frankfurt 1974, S. 14.

Fragen	Variablen	Aufbereitung der Daten	Ergebnis
1. Was ist passiert? Was wird in welcher Menge wann wo von wem gekauft? Welche absatzpolitischen Instrumente werden mit welchem Ergebnis eingesetzt?	Artikel (Leistungen) Absatz Zeitpunkt des Kaufs Ort des Kaufes Segmentierungsvariablen z.B. Verkaufspreis, Werbung	a) einfache beschreibende statistische Methoden: - Häufigkeitsanalyse, - einfache stat. Maße (z.B. Mittelwerte), - Kreuztabellen b) komplexe beschreibende statistische Verfahren, z.B.: - Clusteranalyse - Faktorenanalyse	Beschreibung der Zielrealisierung
2. Warum ist es passiert?	abhängige Größe: ökonomische Variable oder Var. aus dem Insystem Erklärende Größen a) Absatzpolitische Instrumente b) das Verhalten der - Konsumenten (z.B. Ein stellungen), - Konkurrenten, - Lieferanten, - sonstige	Anmerkung: Es bestehen Annahmen über die Beziehungen zwischen abhängigen und unabhängigen Variablen Statistische Methoden der Kausalanalyse, z.B.: Mittelwertvergleiche, Varianz- und Regressionsanalyse	Mittel-Ziel-Realisierungen, statistische Parameter, z.B. t-Werte, Regressionskoeffizienten, Korrelationsmaße
3. Was wird passieren, wenn?	Prognose der Wirkung des Einsatzes verschiedener absatzpolitischer Instrumente unter Berücksichtigung der Responsefunktion	Prognosemethoden - Kausalprognose - Zeitreihenprognose	Prognose
4. Wie sollte es gemacht werden?	Entscheidung mit Hilfe eines Optimierungsalgorithmus unter Berücksichtigung der Responsefunktion	Entscheidungstechniken	Entscheidung

Abb. 1.3: Anwendungsbereiche der Scanning-Marktforschung im Einzelhandel

Responsefunktionen aus Zeitreihendaten werden Querschnittsanalysen (datenbankorientierte Auswertungen) immer mehr an Bedeutung gewinnen. Die Merkmale der Untersuchungsobjekte (Erfolgskennzahlen und Bestimmungsfaktoren) werden in Responsefunktionen analysiert, um "Gesetzmäßigkeiten" aus dem Datenmaterial herauszufiltern. Wirken sich z.B. bestimmte Endziffern bei der Preisstellung auf den Absatz aus, oder wie stark ist die Absatzwirkung von Preisschildern am Regal?

Empirische Forschung sollte sich weniger am Prinzip der Isomorphie als vielmehr daran orientieren, "inwieweit es gelingt, mit einer unvollkommenen Abbildung komplizierter Tatbestände, Steuerungsergebnisse relativ zu verbessern"[1].
Dazu werden, ausgehend von den absatzpolitischen Handlungsmöglichkeiten, Hypothesen formuliert (vgl. Frage 2 in Abbildung1.3). Die Ursache-Wirkungszusammenhänge als theoretische Wissensziele können dabei i.d.R. ohne Kenntnisse über Mittel-Ziel-Zusammenhänge (pragmatisches Wissenschaftsziel) nicht ermittelt werden[2].

Zusammenhänge können zwischen dem Einsatz absatzpolitischer Instrumente und ökonomischen Größen, zwischen Variablen des Insystems und ökonomischen Größen und zwischen Variablen des Insystems selbst vorliegen. Abbildung 1.4 zeigt fünf Möglichkeiten, Hypothesen zu formulieren:

(1) Hypothesen vom Typ 1 beziehen sich auf Wirkungen des absatzpolitischen Instrumentariums auf die Variablen des Insystems (S-O-Beziehungen).
(2) Hypothesen vom Typ 2 beziehen sich auf Wirkungen des absatzpolitischen Instrumentariums, auf ökonomische Größen und sonstige Erfolgsgrößen (klassische S-R-Beziehungen).
(3) Hypothesen vom Typ 3 beziehen sich auf Wirkungen des absatzpolitischen Instrumentariums auf ökonomische Größen unter Berücksichtigung des Insystems (S-O-R-Beziehungen).
(4) Hypothesen vom Typ 4 beziehen sich auf Wirkungen des Insystems auf ökonomische Größen und sonstige Erfolgsgrößen (O-R-Beziehungen).
(5) Hypothesen vom Typ 5 beziehen sich auf Wirkungen innerhalb des Insystems (O-Beziehungen).

Mit Scannerdaten lassen sich ohne zusätzliche Informationen nur Hypothesen vom Typ 2 überprüfen. Bei der Formulierung und Begründung der Hypothesen sollten käuferverhaltenstheoretische Erkenntnisse mitberücksichtigt werden. Durch den Rückgriff auf plausible hypothetische

---

1. Gümbel, R.: Wir brauchen eine Entscheidungstheorie und Versuchsfarmen. In: Wirtschaftswoche (42/1970), S. 45-51.

2. Vgl. dazu Chmielewicz, K.: Forschungskonzeptionen der Wirtschaftswissenschaft, a.a.O., S. 11ff.

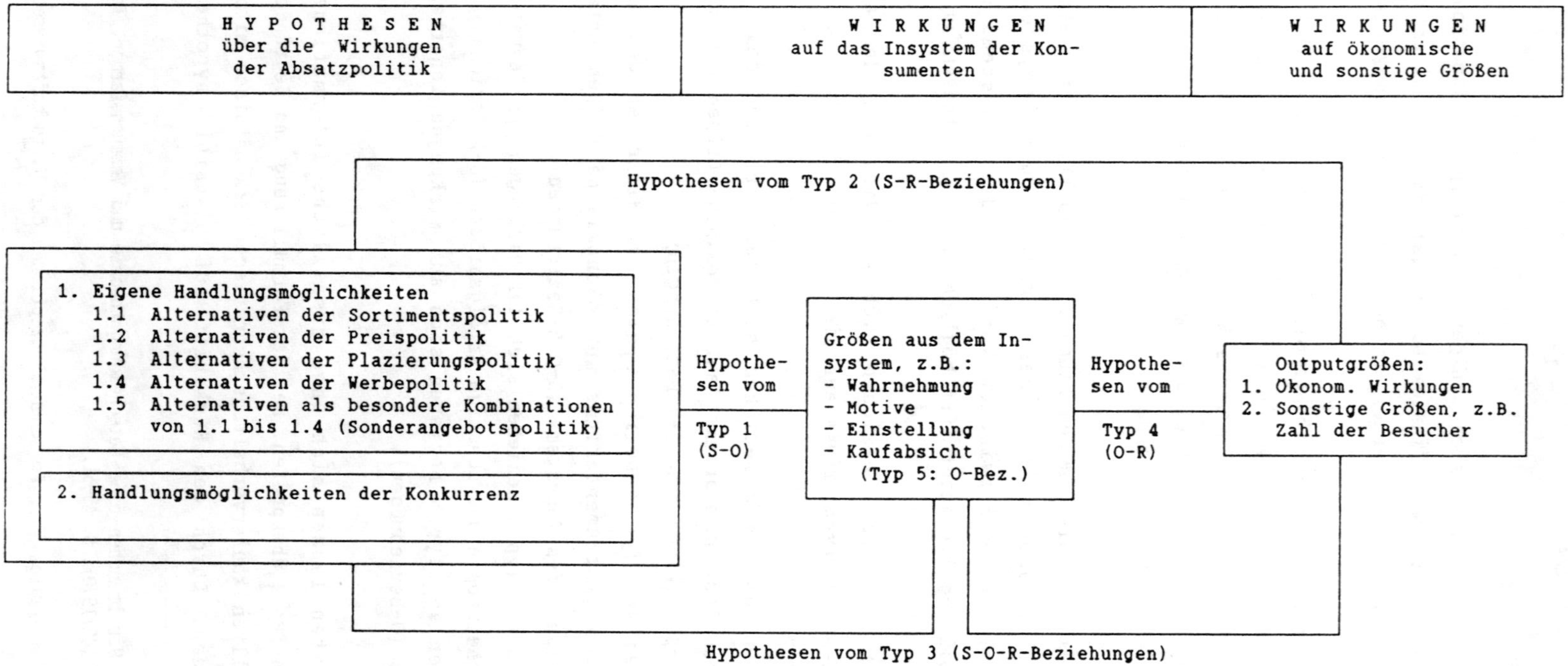

Abb. 1.4: Darstellung des verwendeten Hypothesensystems

Konstrukte aus dem Insystem der Nachfrager, deren prognostische Relevanz nach dem bisherigen Stand der Käuferverhaltensforschung allerdings oft nicht eindeutig bestätigt werden kann. Dadurch wird den Hypothesen zumindest eine größere Glaubwürdigkeit verliehen[1]. Die Überprüfung der Hypothesen vom Typ 2 kann letztendlich nur mit S-R-Datenmaterial vorgenommen werden.

Die Hypothesen sollten allgemeine Gültigkeit besitzen, widerspruchsfrei, empirisch überprüfbar und informativ (gehaltvoll) sein[2]. Die Generalisierbarkeit der Hypothesen scheitert meist an der Qualität und/oder der Quantität des empirischen Datenmaterials. Die ermittelten Responsefunktionen besitzen im konkreten Fall oft nur situationsbezogene Gültigkeit. Die Komplexität der realen Umwelt macht es erforderlich, einen konkreten Bereich auszuwählen, für den der Anspruch auf Allgemeingültigkeit weitgehend erfüllt werden kann. Zu diesem Zweck werden für die vorliegende Untersuchung Güter des täglichen Bedarfs, "deren Beschaffung der Kunde im Normalfall häufig, ohne Zögern und mit einem Minimalaufwand an Vergleichs- und Verkaufsanstrengungen erledigt"[3] (Zahnpasten, Seifen, Maschinen-Vollwaschmittel, Handgeschirrspülmittel, Kaffee und Spirituosen) ausgewählt[4]. Die empirisch bewährten Hypothesen bilden dann die "Bausteine" der Erklärungs-, Entscheidungs- und Prognosemodelle. Durch Verknüpfungen der Modellbausteine werden die Modelle weiter präzisiert. Modelle können aber erst dann konkrete Aussagen liefern, wenn empirisch ermittelte Angaben über die Art der Verknüpfung und die Ausprägungen der Parameter vorliegen[5].

Zur Beurteilung von Modellen können die folgenden Kriterien herangezogen

---

1. Vgl. Steffenhagen, H.: Wirkungen absatzpolitischer Instrumente. Theorie und Messung der Marktreaktion. Stuttgart 1978, S. 19.

2. Vgl. dazu Opp, der die folgenden logischen Anforderungen an nomologische Hypothesen stellt: Allgemeinheit, Widerspruchsfreiheit, empirische Überprüfbarkeit und Neuheit; vgl. Opp, K.D.: Methodologie der Sozialwissenschaften. Reinbek 1970, S. 48; vgl. auch Atteslander, P.: Methoden der empirischen Sozialforschung. Berlin u. New York 1971, S. 10.

3. Kotler, P.: Marketing Management. Analyse, Planung und Kontrolle. 2. Aufl. Stuttgart 1974, S. 91.

4. Das empirische Datenmaterial wird in Kapitel 2 vorgestellt.

5. Vgl. Steffenhagen, H.: Wirkungen absatzpolitischer Instrumente. Theorie und Messung der Marktreaktion, a.a.O., S. 13.

werden[1]:

1. Verwendungsmöglichkeit: Welche Handlungsmöglichkeiten können beurteilt werden?
2. Wissenschaftliche Fundierung: Darunter versteht man die Einbindung der Modelle in wissenschaftliche Theoriekonstrukte.
3. Validierbarkeit: Darunter faßt man alle Schritte zusammen, die durchzuführen sind, um Modelle auf ihre Gültigkeit hin zu testen, wobei drei Probleme: das Aggregationsproblem, das Schätzproblem und das Datenproblem (die Quantifizierung der Modellparameter) zu lösen sind.
4. Berechenbarkeit: Es muß ein Verfahren vorliegen, das eine Berechnung des Problems ermöglicht.
5. Aktualität der Ergebnisse: Die Ergebnisse müssen vor Ende des Entscheidungsprozesses vorliegen.
6. Adaptivität: Darunter versteht man die Anpassungsfähigkeit eines Modelles an verschiedene Problemsituationen.
7. Benutzerfreundlichkeit: Die Kriterien der Benutzerfreundlichkeit sind[2]: Einfachheit, Robustheit, leichte Steuerbarkeit, Anpassungsfähigkeit, Vollständigkeit und die Eignung zur leichten Kommunikation.
8. Aussagefähigkeit und prognostische Relevanz.
9. Kosten, die durch die Anwendung entstehen.

Verändert man die Werte für die Bestimmungsfaktoren (unabhängige Variable) lassen sich Kausalprognosen erstellen: "Was wird passieren, wenn?"[3]. Mit Entscheidungsmodellen[4] (Wie sollte es gemacht werden?") kann man systematisch aus dem geeigneten Datenmaterial zieloptimale Handlungsmöglichkeiten auswählen.

---

1. Vgl. Meffert, H. u. Steffenhagen, R.: Marketing-Prognosemodelle. Quantitative Grundlage des Marketings. Stuttgart 1977, S. 55-60.

2. Vgl. Little, J.D.C.: Modelle und Manager. Das Konzept des Decision Calculus. In: Köhler, R. und Zimmermann, H.-J. (Hrsg.): Entscheidungshilfen im Marketing. Stuttgart 1977, S. 123-147, hier S. 127-129.

3. Vgl. Abbildung 1.3, Punkt (3).

4. Vgl. Abbildung 1.3, Punkt (4).

In Kapitel 2 werden die beiden verwendeten Datenbasen vorgestellt. In Kapitel 3 werden generelle Probleme der Erhebung und Verdichtung von Scannerdaten zu Kennzahlen und Responsefunktionen behandelt. In den Kapiteln 4 bis 7 wird aufgezeigt, wie Responsefunktionen zur Planung der Sortiments-, der Preis-, der Plazierungs- und der Sonderangebotspolitik gebildet und eingesetzt werden können. Auf eine spezielle Behandlung der Werbepolitik wird verzichtet, da im Einzelhandel i.d.R. Werbemaßnahmen mit bestimmten Ausprägungen der Preispolitik (Preissenkung) und der Plazierungspolitik (z.B. Plazierung auf Display) einhergehen. In Kapitel 8 werden die Grundelemente eines Informations-Systems zur Planung der Absatzpolitik im Einzelhandel vorgestellt.

In Kapitel 6 werden die beiden [illegible] vorgestellt. In Kapitel 7 werden generelle Probleme der Erhebung und Verarbeitung von [illegible] Kenngrößen [illegible] [illegible] Kapitel 8 [illegible] [illegible]

2 Das verwendete Datenmaterial

Für diese Untersuchung stehen zwei Datenbasen zur Verfügung:

(1) Paneldaten aus vier Verbrauchermärkten aus dem Einzelhandels-Scannerpanel (Scantrack) der A.C. Nielsen Company,

(2) Scannerdaten aus drei Filialen eines Warenhausunternehmens.

In beiden Fällen handelt es sich zum einen um Abverkaufsdaten, zum anderen um Daten, mit denen sich die eingesetzten absatzpolitischen Instrumente charakterisieren lassen. Haushalts- oder kundenbezogene Daten stehen für diese Untersuchung nicht zur Verfügung. Bei der Auswahl der Warengruppen wurde Wert darauf gelegt, daß die Datenbasis dazu verwendet werden kann, Aussagen zur Planung der Absatzpolitik zu machen. Die Daten sollten daher zumindest teilweise im Zeitablauf Änderungen bei dem Einsatz der absatzpolitischen Instrumente enthalten, um deren Wirkung auf den Erfolg messen zu können. Außerdem sollten im Untersuchungszeitraum keine gravierenden Marktveränderungen erfolgen (wie z.B. Veränderung von Verbrauchssteuern oder Einführung von Innovationen mit großem Werbeaufwand des Herstellers).

2.1 Scannerdaten aus vier Verbrauchermärkten aus dem Einzelhandels-Scannerpanel der A.C. Nielsen Company

Die von der A.C. Nielsen Company, Frankfurt, zur Verfügung gestellten Scannerdaten stammen aus vier Verbrauchermärkten. Entsprechend der Nielsen-Typologie handelt es sich um Handelsbetriebe mit warenhausähnlichem Sortiment aus dem Food- und Nonfood-Bereich mit einer Verkaufsfläche zwischen 800 und 5.000 qm. Die Daten stammen aus den Warengruppen Maschinen-Vollwaschmittel und Handgeschirrspülmittel. Insgesamt werden in den vier Verkaufsstellen 56 Maschinen-Vollwaschmittel und 23 Handgeschirrspülmittel geführt (vgl. Abbildung 2.1).

Die Daten decken einen Zeitraum von 13 Kalenderwochen ab und wurden Ende 1985 erhoben.

Neben den Erfolgsgrößen Umsatz und Absatz in kg (absolut und relativ) enthält der Datensatz Informationen über den durchschnittlichen

	VERBRAUCHERMARKT								Gesamt		Anzahl der Sorten	
	1		2		3		4					
Warengruppe	abs.	in %	abs.	in %	abs.	in %	abs.	in %	abs.	in %	abs.	in %
Maschinen-Vollwaschmittel	35	77,8	30	76,9	26	72,2	30	73,2	121	75,2	56	70,9
Handgeschirr-spülmittel	10	22,2	9	23,1	10	27,8	11	26,8	40	24,8	23	29,1
Gesamt	45	100,0	39	100,0	36	100,0	41	100,0	161	100,0	79	100,0

Abb. 2.1: Anzahl der Artikel pro Warengruppe in den vier Verbrauchermärkten des Scannerpanels der A.C. Nielsen Company

wöchentlichen Verkaufspreis sowie als Dummyvariablen die Merkmale Zeitungswerbung, Werbung mit Handzetteln, Displayplazierung und Sonderpreisstellung. Insgesamt stehen 1.655 Datensätze mit 161 Artikeln zur Verfügung.

2.2 Scannerdaten aus drei Filialen eines Warenhausunternehmens

Die artikelgenauen Daten wurden zum einen dem Warenwirtschaftssystem der Warenhausunternehmung entnommen (z.B. Absatz, Verkaufspreis, Einkaufspreis, Lagerbestand), zum anderen selbst erhoben (z.B. Anzahl der Frontstücke, Art der Plazierung). Die drei Filialen sind zu einem Verbund mit einer Kopffiliale (Filiale 1) und zwei Anhängefilialen (die Filialen 2 und 3) zusammengefaßt. Die Warenversorgung Non-Food wird von der Kopffiliale aus gesteuert, lediglich die Lebensmittelabteilungen der Anhängefilialen unterhalten eigene Läger. Die Daten stammen aus den Warenbereichen:

(1) Drogeriewaren mit den Warengruppen:
- Konsumseifen und
- Zahnpasten

(2) Bohnenkaffee mit den Warengruppen:
- Bohnenkaffee 500 g
- Bohnenkaffee 250 g
- Espresso 500 g und

- Espresso 250 g

(3) Spirituosen mit den Warengruppen:
   - Liköre
   - Braune Spirituosen (Cognac, Weinbrand, Whisky, Rum) und
   - Weiße Schnäpse.

Insgesamt stehen für die Untersuchung 19 Seifen, 33 Zahnpasten, 58 Kaffee-Marken und 395 Spirituosen zur Verfügung. In der Filiale 1 werden die meisten Artikel geführt. In den beiden Anhängefilialen sind die Sortimentstiefen bei Zahnpasten und Seifen fast mit denen in der Kopffiliale identisch. Bei Kaffee und Spirituosen werden in den Anhängefilialen nur ca. 50% der Artikel der Kopffiliale geführt (vgl. Abbildung 2.2).

	Warenhausfiliale								Anzahl der Sorten	
	1		2		3		Gesamt			
Warengruppe	abs.	in %	abs.	in %	abs.	in %	abs.	in %	abs.	in %
Konsumseifen	19	3,9	16	6,3	14	5,8	49	5,0	19	3,8
Zahnpasten	32	6,6	28	11,0	26	10,8	86	8,8	33	6,5
Kaffee	58	12,0	29	11,4	30	12,4	117	11,9	58	11,5
Spirituosen	375	77,5	182	71,3	171	71,0	728	74,3	395	78,2
GESAMT	484	100,0	255	100,0	241	100,0	980	100,0	505	100,0

Anmerkung: Zehn Zahnpasten-Marken und acht Marken-Seifen wurden zu je einem Artikel zusammengefaßt, dadurch hat sich die Zahl der Artikel bei Zahnpasten um 17 und bei Seifen um 10 verringert.

Abb. 2.2: Anzahl der Artikel in drei Filialen eines Warenhausunternehmens

Die Daten decken einen Zeitraum von 86 Tagen (=14 Wochen und zwei Tage) ab. Sie wurden in der Zeit vom 02.01.1987 bis zum 10.04.1987 jeweils täglich erhoben. Lediglich die Zahl der Frontstücke pro Artikel wurde in Intervallen von ca. zwei bis drei Wochen gemessen.
Die folgenden Variablen sind auf Tages- und Wochenbasis und kumuliert erfaßt worden:
- durchschnittlicher Einkaufspreis und aktueller Verkaufspreis,
- täglicher Absatz einzelner Artikel,
- Lagerbestand pro Artikel in einzelnen Filialen und im Verbundlager

(bei Tages- und Wochendaten der Endlagerbestand, bei den kumulierten Daten der durchschnittliche Lagerbestand im Untersuchungszeitraum),

- Umsatz der gesamten Abteilung, bei Seifen und Zahnpasten der Umsatz der Drogerie-Abteilung bei Kaffee und Spirituosen der Umsatz der Lebensmittelabteilung; bei den beiden letztgenannten wurde zusätzlich noch die Zahl der Kunden und die Zahl der von den Kunden jeweils gekauften Artikel (Anzahl der Posten) erfaßt,
- die Werbung für Artikel aus den untersuchten Warenbereichen in den örtlichen Tageszeitungen (als Dummy-Variable),
- die Zeitungswerbung der Mitwettbewerber in den untersuchten Warengruppen (einschließlich der Preise für diese Artikel),
- Höhe des Regalbodens, auf dem die Artikel plaziert sind,
- Anzahl der Frontstücke pro regalplaziertem Artikel,
- die Art der Plazierung im Regal und
- Displayplazierungen außerhalb des Regales.

Aus den aufgezeichneten Variablen läßt sich eine Vielzahl von weiteren Erfolgsgrößen (z.B. Deckungsbeiträge, Marktanteile) und Einflußgrößen (z.B. die Häufigkeit, mit der bestimmte Plazierungen in den Filialen oder Warenbereichen gewählt werden oder die Anzahl der Artikel in einem Sortimentsteil) berechnen, auf die in den Kapiteln 4 bis 7 näher eingegangen wird. Insgesamt stehen aus diesem Datenpool 980 Zeitreihen à 86 Verkaufstage = 84.280 Datensätze zur Verfügung.

3 Die Gewinnung und Verdichtung von Scannerdaten

3.1 Die Gewinnung von Scannerdaten

Bei der Nutzung von Scannerdaten zur Planung der Absatzpolitik ist zu prüfen, ob artikelgenaue Daten für das gesamte Sortiment oder nur für einen repräsentativen Teil erfaßt werden sollen (Abschnitt 3.1.2). Desweiteren muß festgelegt werden, welche Variablen erfaßt werden sollen (Abschnitt 3.1.3). Dabei ist zu prüfen, ob diese Daten reliabel und valide sind (Abschnitt 3.1.4). In Abschnitt 3.1.1 wird zunächst der Begriff Warenwirtschaftssystem als organisatorische Basis zur Erhebung artikelgenauer Daten diskutiert und der Begriff "Scannerdaten" definiert.

3.1.1 Computergestützte Warenwirtschaftssysteme als Basis zur Erhebung von Scannerdaten

Eine Vielzahl von stationären Einzelhandelsbetrieben hat seit Beginn der 80er Jahre computergestützte Warenwirtschaftssysteme installiert[1]. Unter einem Warenwirtschaftssystem soll im folgenden ein Verfahren verstanden werden, bei dem Warenbewegungsdaten, die zur Planung der Beschaffungs- und Absatzpolitik verwendet werden können, erfaßt werden[2]. Es lassen

---

1. Vgl. dazu z.B. die zahlreichen Berichte in der Lebensmittelzeitung, in der Lebensmittel-Praxis, in Rationeller Handel, in Dynamik im Handel u.a. sogenannten "Praktikerzeitschriften".

2. Auf eine Diskussion dieser Begriffe soll hier verzichtet werden; vgl. zu weiteren definitorischen Abgrenzungen von Warenwirtschaftssystemen vor allem: Ebert, K.: Warenwirtschaftssysteme und Warenwirtschafts-Controlling. Schriften für Distribution und Handel. Band 1. Bern 1986, S. 44-48; vgl. auch Sova, O. und Piper, J.: Computergestützte Warenwirtschaft im Handel. Köln 1985, S. 32-34; Sturzenegger, M.: Warenbewirtschaftungssysteme im Warenhaus. Bern u. Frankfurt 1974, S. 8; Theuer, G.: Integrierte Warenwirtschaft im Handel. In: IfH-Mitteilungen (7/1983), S. 1-5, hier S. 2; Schiebel, W.: Die Europäische Artikelnummer (EAN). Ausbreitung und Anwendung in Warenwirtschaftssystemen (mit den offiziellen EAN-Richtlinien). Wien 1987, S. 20-31; Kirchner, J.D. und Zentes, J. (Hrsg.): Führen mit Warenwirtschaftssystemen. Neue Wege zum Informationsmanagement in Handel und Industrie. Grundlagen. Anleitungen. Fallbeispiele. Düsseldorf u. Frankfurt 1984, S. 16-20; Schiffel, J.: Warenwirtschaftssysteme im Einzelhandel. Möglichkeiten und Grenzen. Augsburg 1984, S. 49-62; vgl. zu Einsatzmöglichkeiten auch: Zentes, J. (Hrsg.): Moderne Warenwirtschaftssysteme im

sich vier Grundformen von Warenwirtschaftssystemen unterscheiden (vgl. Abbildung 3.1).

		Wareneingang	
		summarisch	artikelgenau
Waren-aus-gang	summarisch	A	B
	artikelgenau	C	D

Abb. 3.1: Grundformen von Warenwirtschaftssystemen

A) Der Wareneingang und der Warenausgang erfolgen jeweils summarisch.

B) Der Wareneingang erfolgt artikelgenau, der Warenausgang summarisch.

C) Der Wareneingang erfolgt summarisch, der Warenausgang artikelgenau.

D) Sowohl Wareneingang als auch Warenausgang erfolgen artikelgenau.

Summarisch bedeutet, daß Artikel zu größeren Einheiten (z.B. Warengruppen oder Warenbereichen) zusammengefaßt werden. Der geringste Informationsnutzen kann aus Systemen vom Typ A gezogen werden, da hier keine artikelgenauen Daten erfaßt werden. Warenwirtschaftssysteme vom Typ A dominierten bis vor einigen Jahren im Handel.

Durch die detaillierte Erfassung von Wareneingängen (Typ B) lassen sich insbesondere bei schnelldrehenden Warengruppen bereits alle Kennzahlen bestimmen, für die keine Angaben über den Lagerbestand benötigt werden. Mit Hilfe der Monte Carlo Simulation lassen sich durchschnittliche Lagerbestände bestimmen, so daß auch solche Kennzahlen, bei denen zur Berechnung der Lagerbestand benötigt wird, wenn auch mit beschränkter Gültigkeit, ermittelt werden können. Insbesondere im Lebensmitteleinzelhandel können Systeme vom Typ B eingesetzt werden, da die Verkaufsstellen oft zentral beliefert bzw. abgerechnet werden und die Ware z.T. sehr schnell umgeschlagen wird.

Der summarische Wareneingang kombiniert mit dem artikelgenauen Ausgang (Typ C) besitzt für diejenigen Unternehmen Vorteile, die sich einen

---

...fortlaufend...

Handel. Berlin u.a. 1985; Schulte, K. unter Mitarbeit von Steckenborn, I. u. Blasberg, L.: Systeme der Warenwirtschaft im Handel. Rationalisierungsgemeinschaft des Handels. Köln 1981.

hohen Teil per Strecke liefern lassen und bei denen zwischen Lieferung und Abverkauf eine größere Zeitspanne liegt (z.B. Textilwaren, Haushaltswaren).

Bei Typ D werden an die Datenverarbeitung die höchsten Anforderungen gestellt: Sowohl der Wareneingang als auch der Warenausgang werden artikelgenau erfaßt. Mit Daten aus solchen Systemen lassen sich alle klassischen Erfolgskennzahlen auf Artikelbasis ermitteln.

Eine artikelgenaue Erfassung in Einzelhandelsbetrieben mit einer Vielzahl von Artikeln ist in der Regel nur mit Hilfe des Computers möglich. Durch den Computereinsatz entsteht ein Kostensenkungspotential[1]. Es handelt sich dabei zum einen um sogenannte hard savings, z.B. um Rationalisierungen im Kassenbereich, im Bestellwesen, Wegfall der Preisauszeichnung (wenn die Ware mit einer maschinenlesbaren Artikelnummer versehen ist) oder bessere Überwachung der Einkaufskonditionen[2]. Diesen Einsparmöglichkeiten stehen Hard- und Softwarekosten sowie Kosten für das Betreiben des Systems (z.B. Preisauszeichnung auf Plakaten oder Regalleisten, Pflege des Artikelstammes usw.) gegenüber. Durch eine bessere Berücksichtigung der Nachfragerreaktionen, detaillierte Informationen über einzelne Artikel (Absatz, Umschlag usw.) und Nachdispositionsvorschläge können zum anderen soft savings realisiert werden, deren Wert sich für die Unternehmung nur schwer abschätzen läßt. Langfristig müssen die hard und soft savings höher als die durch die EDV-Einführung verursachten Kosten sein[3].

Bei der Einführung eines scannergestützten Warenwirtschaftssystems kann zum einen die Verbesserung der Beschaffungspolitik, zum anderen die Verbesserung der Absatzpolitik im Vordergrund stehen. Während im ersten Fall Absatz- und Bestandsdaten in allen Filialen ermittelt werden

---

1. Vgl. z.B. Rössle, W.: Scanning - eine Technik zur Informationsverbesserung für Beschaffungs- und Absatzentscheidungen. In: BW (3/1985), S. 16f. und Wellenreuther, H.: Scanning. In: WiSt (8/1984), S. 415.

2. Bislang sind diese Kostensenkungspotentiale nur teilweise realisiert worden; insbesondere beim Kassiervorgang sind die Kosteneinsparungen aufgrund technischer Probleme (Scanner liest die Nummer nicht oder falsch) und personeller Probleme (Nummer wird nicht sofort gefunden) wesentlich geringer als von Seiten der Hersteller behauptet; Quelle: eigene Recherchen des Verfassers bei verschiedenen Handelsunternehmen, die Scanner einsetzen.

3. Vgl. zum Nutzen von EDV-Anlagen die Arbeit von R. Anselstetter: Betriebswirtschaftliche Nutzeffekte der Datenverarbeitung. Anhaltspunkte für Nutzen-Kosten-Schätzungen. Berlin u.a. 1984.

müssen, genügt es im zweiten Fall, repräsentative Filialen auszuwählen, in denen Scannerkassen installiert werden.

Warenausgangsdaten fallen in der Regel an der Kasse an (Ausnahmen davon sind z.B. Retouren an Lieferanten oder Warenentnahmen für den Eigenverbrauch). Dabei lassen sich folgende Erfassungsmöglichkeiten unterscheiden:

- Die Artikelnummern werden von Hand mit Hilfe einer Zehnertastatur eingegeben. Dieses Verfahren wird heute aufgrund der hohen Fehlerrate nur noch selten eingesetzt. Handeingaben empfehlen sich nur dann, wenn die Zahl der Artikel über einen längeren Zeitraum relativ gering ist.
- Die Daten werden maschinell gelesen. Dabei lassen sich drei Formen unterscheiden[1]:
  - Einlesen der Artikelnummern mit Hilfe einer Lesepistole, wobei die Ziffern als genormte Druckschrift, z.B. die Optical-Character-Recognition-Schrift (OCR) A oder B, eingelesen werden.
  - Einlesen der Artikelnummern in Form von Balkencodes mit Lesestiften oder stationären Lesestationen[2]. Diese Technik wird im Lebensmittelbereich inzwischen fast ausschließlich benutzt.
  - Die Artikelnummern werden als Magnetschrift mit einem Magnetschriftleser erfaßt[3]. Diese Form stellt hohe Anforderungen an die Drucktechnik und besitzt aufgrund der hohen damit verbundenen Kosten heute kaum noch Bedeutung.

Die Voraussetzung für die Weiterverarbeitung artikelgenauer Absatzdaten ist ein Numerierungssystem. Es kann sich dabei um ein System handeln, bei dem jeder Händler die Artikelnummern selbst festlegt oder um ein System, bei dem der Hersteller seine Artikel für alle Händler jeweils mit derselben Nummer versieht. Nummernsysteme mit einheitlicher Codierung vereinfachen die weitere Verarbeitung. In Europa ist als einheitliches Nummernsystem die 13-stellige Europäische Artikel-Nummer

---

1. Vgl. zur Technik der verschiedenen Schrift- und Zeichenlesegeräte: Tafel, H.J. und Kohl, A.: Ein- und Ausgabegeräte der Datentechnik. München und Wien 1982, S. 22-45; vgl. auch Theman, W. und Conz, B.: Datenkassen '80: Was sie leisten - Was sie kosten. Köln 1980, S. 10.

2. Vgl. Tafel, H.J. und Kohl, A.: Ein- und Ausgabegeräte der Datentechnik, a.a.O., S. 27-30.

3. Vgl. ebenda, S. 25-26.

(EAN)[1], in den USA der Universal Product Code (UPC) weit verbreitet. In der Bundesrepublik werden bereits mehr als 93% aller Lebensmittelprodukte von den Herstellern mit der EAN versehen[2] (Stand: Dezember 1985) und auch in anderen Sortimentsbereichen steigt die Anzahl der mit einer EAN versehenen Produkte[3]. Da es sich bei der EAN lediglich um eine Identifizierungsnummer handelt, muß sie zur Analyse und Planung in den Einzelhandelsbetrieben durch ein klassifizierendes Nummernsystem ergänzt werden, damit die Artikel bestimmten Stufen der Sortimentspyramide[4] zugeordnet werden können[5]. Eine klassifizierende Nummer besteht aus mehreren Nummernteilen für jeweils eine Stufe der Sortimentspyramide. Ein Beispiel mag dies verdeutlichen. Das Lebensmittelsortiment läßt sich in Warenbereiche, z.B. Fleisch- und Wurstwaren, Spirituosen, Heißgetränke usw. unterteilen. Der Warenbereich Spirituosen kann nach Warengruppen z.B. nach Likören, "Braunen" Spirituosen (z.B. Brandy oder Deutscher Weinbrand) und "Weißen" Schnäpsen (z.B. Korn) gegliedert werden. Innerhalb einer Warengruppe können Artikelgruppen nach Preislagen oder anderen Kriterien wie z.B. Flascheninhalt oder Geschmacksrichtung gebildet werden. Die kleinste Einheit eines Sortimentes ist der Artikel. Die Basis für die maschinelle Erfassung des Absatzes ist die Artikelnummer. Nach der maschinellen Erfassung (bzw. der Erfassung von Hand) stehen sie für eine weitere

---

1. Vgl. Sternberg, H.: Rationalisierungschancen durch den Einsatz der EAN und der bbn. In: Bundesarbeitsgemeinschaft der Mittel- und Großbetriebe des Einzelhandels e.V. Köln (Hrsg.): 34. Betriebswirtschaftliche Arbeitstagung am 4./5. Mai 1987 in Baden Baden. Warenwirtschaft: Schicksal des Einzelhandels. Köln 1987, S. 124-150, hier S. 142. Eine Übersicht über sonstige Details der EAN wie Bestimmung der Prüfziffer, Druckstärke, Größe usw. findet sich in: DATA LOGIC GmbH (Hrsg.): Strich-Code-Fibel. Erkenbrechtsweiler o.J.; vgl. auch Centrale für Coorganisation (Hrsg.): Das EAN-Handbuch. 6. Auflage, Köln 1987. Eine ausführliche Darstellung über die Ausbreitung und Anwendung der EAN in Warenwirtschaftssystemen am Beispiel Österreich findet sich bei Schiebel, W.: Die Europäische Artikelnummer (EAN), a.a.O., insbesondere S. 41-53.

2. Vgl. Milde, H.: Neues aus der Scanning-Marktforschung. In: Marktforschung (3/1986), S. 91-93, hier S. 93.

3. Vgl. Heinrich, K.T.: EAN in der Kaufhof AG. In: Coorganisation (1/1987), S. 38-43.

4. Vgl. zu unterschiedlichen Sortimentspyramiden z.B.: Müller-Hagedorn, L.: Handelsmarketing. a.a.O., S. 143; Seyffert, R.: Wirtschaftslehre des Handels. a.a.O., S. 65; eine ausführliche Diskussion über die Bildung von Sortimentspyramiden findet sich bei Flach, H.D.: Sortimentspolitik im Einzelhandel. Diss. Köln 1966, S. 26-40.

5. Vgl. Jahnke, B.: Gestaltung leistungsfähiger Nummernsysteme für die DV-Organisation. München 1979, S. 16-18.

maschinelle Verarbeitung zur Verfügung. Daneben können die Absatzmenge eines Artikels, der Preis, das Datum, der Verkaufsort, die Kassen- und die Bonnummer softwaremäßig festgehalten werden. Diesem Datenmaterial können weitere Daten z.B. über die Plazierung, die Bewerbung, über das Verkaufs- oder Kassierpersonal oder über die Maßnahmen von Konkurrenten zugemischt werden. Dieses Datenmaterial wird im folgenden als Scannerdaten bezeichnet.

3.1.2 Unterschiedliche Situationen, in denen Scannerdaten entstehen

Scannerdaten können in drei Situationen entstehen:

a) als Ergebnis von Experimenten,

b) als Ergebnis von Quasi-Experimenten und

c) als nicht-experimentelle Daten.

In Abschnitt 3.1.2.1 wird zunächst diskutiert, welche Anforderungen erfüllt sein müssen, um experimentelle und quasi-experimentelle Daten zu erhalten. In Abschnitt 3.1.2.2 wird auf die Nutzung von nicht-experimentellen Daten zur Planung der Absatzpolitik eingegangen.

3.1.2.1 Scannerdaten als Ergebnis experimenteller und quasi-experimenteller Designs

Experimente dienen dazu, Kausalhypothesen zu überprüfen, z.B. welche Wirkungen unterschiedliche Preise auf den Absatz eines Artikels besitzen. Auch ohne Scannerdaten wurden im Handel sortiments-, preis-, plazierungs- und werbepolitische Fragestellungen bereits mit Experimenten überprüft. Deren Nutzen war aber für das Handelsmanagement häufig gering, da diese Experimente entweder methodisch falsch durchgeführt wurden (z.B. der Experimentaufbau entspricht nicht dem wissenschaftlichen Standard[1]) oder aber sie beschäftigen sich mit Fragestellungen, die für das Handelsmanagement nicht interessant sind (z.B. isolierte Artikeltests). Dies ist sicherlich zum Teil historisch

---

1. Vgl. dazu Doyle, R. u. Gidengil, B.J.: A Review of Instore Experiments. In: JoR, Vol. 53 (Summer 1977), S. 47-62, hier S. 50.

bedingt, weil in früheren Jahren in erster Linie Herstellerbetriebe und weniger die Handelsbetriebe selbst an den Ergebnissen von Experimenten Interesse hatten. Die maschinelle Erfassung des Absatzes ermöglicht mit geringem Aufwand Experimente mit einer Vielzahl von Artikeln und über längere Zeiträume, so daß damit zu rechnen ist, daß Experimente in Zukunft im Handel an Bedeutung gewinnen werden. Experimente müssen die folgenden Kriterien erfüllen[1]:

(1) Die untersuchte(n) Größe(n) wird (werden) vom Experimentator planmäßig und

(2) nach dem Zufallsprinzip verändert, wobei

(3) die Testobjekte, in unserem Fall Einzelhandelsgeschäfte, zufällig ausgewählt werden und

(4) die Störgrößen (z.B. das Verhalten der Konkurrenz, Werbemaßnahmen der Hersteller, die allgemeine konjunkturelle Situation oder das Wetter) werden kontrolliert (Kontrollgruppen).

Bei Quasi-Experimenten muß mindestens eine der vier genannten Voraussetzungen erfüllt sein[2]. Sie unterscheiden sich von echten Experimenten nur graduell[3].

Bei einem Untersuchungsobjekt z.B. (ein Sortimentsteil in einer Verkaufsstelle) sollten mehrere Messungen vor und nach der Veränderung der untersuchten Größe (Treatmentvariable) vorgenommen werden. Diesen Untersuchungsaufbau bezeichnet man auch als EBA[4] (<u>E</u>xperimentgroup <u>B</u>efore <u>A</u>fter). Stehen für die Untersuchung mehrere Verkaufsstellen zur Verfügung, sollte ein Teil der Geschäfte zur Kontrolle, bei denen die

---

1. Vgl. zur Definition von Experimenten z.B. Cox, K.K. und Enis, B.M.: Experimentation for Marketing Decisions. Guilford und London 1973, S. 16-23; Steidl, P.E.: Experimentelle Marktforschung. Berlin 1977, S. 16-23; Hüttner, M.: Informationen für Marketingentscheidungen. München 1979, S. 132-135.

2. Vgl. z.B. Böhler, H.: Marktforschung. Stuttgart 1985, S. 44.

3. Vgl. aber z.B.: Hüttner: (Informationen für Marketingentscheidungen, a.a.O., S. 134), der die quasi-experimentellen Designs, von ihm auch ex-post-facto-Experimente genannt, nicht zu den Experimenten zählt, weil der Experimentator die Variation der Treatmentgröße nicht selbst vornimmt, sondern sich lediglich die jeweilige Situation zunutze macht.

4. Vgl. z.B. Cox, K.K. u. Enis, B.M.: Experimentation for Marketing Decisions, a.a.O., S. 20.

untersuchte Größe nicht verändert wird, benutzt werden (EBA - CBA)[1]. Die Differenz zwischen den durchschnittlichen Werten vorher und nachher gibt die Wirkung der untersuchten Größe an. Dabei stellt sich die Frage, ob sich die Differenzen zwischen vorher und nachher sowie zwischen der Experiment- und der Kontrollgruppe signifikant von Null unterscheiden. Zur Beantwortung dieser Frage bedient man sich der folgenden Untersuchungsdesigns[2]:

- Zufälliger Blockplan:	Variation einer Treatmentvariable
- Vollständiger Zufallsplan:	Variation einer Treatmentvariable und Kontrolle einer Störgröße
- Das Lateinische Quadrat:	Variation einer Treatmentvariablen und Kontrolle zweier Störgrößen
- Der faktorielle Plan:	Variation von mehr als einer Treatmentvariable und Kontrolle von mindestens einer Störgröße. Statt der Störgrößen können auch Treatmentvariablen berücksichtigt werden.

Zur Auswertung der in Experimenten gewonnenen Daten lassen sich die folgenden Verfahren heranziehen[3]:

a) Bei zwei Ausprägungen der Treatmentvariablen und jeweils mehreren Messungen läßt sich mit Hilfe des T-Testes überprüfen, ob sich die Mittelwertdifferenzen mit einer vorgegebenen Irrtumswahrscheinlichkeit signifikant voneinander unterscheiden[4].

b) Bei mehr als zwei Ausprägungen einer Treatmentvariable und/oder meh-

---

1. C bedeutet Controlgroup.
2. Vgl. z.B.: Steidl, P.E.: Experimentelle Marktforschung, a.a.O., S. 37-133.
3. Dabei wird angenommen, daß die Treatmentvariable lediglich nominalskaliert, die Outputgröße aber mindestens intervallskaliert ist.
4. Vgl. z.B. Bortz, J.: Lehrbuch der Statistik für Sozialwissenschaftler. Berlin u.a. 1977, S. 160-164.

reren Treatmentvariablen erfolgt die Analyse mittels Varianzanalyse[1].

c) Ist die Treatmentgröße intervallskaliert (z.B. Verkaufspreis) und liegen mindestens ca. 10-12 Messungen mit mehr als einer Ausprägung vor, kann die Regressionsanalyse zur Auswertung der Experimentdaten benutzt werden[2]. Mit Hilfe der Dummy-Regression lassen sich aber auch für nominalskalierte Treatmentvariablen Aussagen über die Stärke und Richtung des Zusammenhanges machen[3].

Bei der Durchführung und Auswertung von Experimenten und Quasi-Experimenten können die folgenden Probleme auftreten, bzw. müssen die folgenden Fragen beantwortet werden:

(1) Die absatzpolitischen Instrumente werden bisweilen als Reaktion auf Maßnahmen der Konkurrenz eingesetzt. Bei Quasi-Experimenten hat der Experimentator dann keine Gelegenheit, die Treatmentvariablen entsprechend einer geplanten Versuchsanordnung zu variieren.

(2) In der Praxis werden die absatzpolitischen Instrumente häufig nur in bestimmten Bandbreiten genutzt. Bei der Auswertung von quasi-experimentellen Daten ist zu klären, ob sich Veränderungen, die außerhalb dieser Bandbreite liegen, stärker oder schwächer als diejenigen, die innerhalb der Bandbreite liegen, auswirken würden.

(3) In der Praxis, aber auch in zahlreichen Beispielen aus der Literatur, werden die absatzpolitischen Instrumente oft isoliert untersucht. Die Wirkungen weiterer eigener absatzpolitischer Instrumente, sowie der von Konkurrenz- und Herstellerunternehmen werden nur selten explizit erfaßt.

(4) Mangelnde Variabilität der Treatmentvariablen bei quasi-experimenteller Anordnung. Dieses Problem taucht immer dann auf, wenn in allen untersuchten Verkaufsstellen die Treatmentvariable gleichzeitig verändert wird (bzw. werden muß) und daher keine Kontrollverkaufsstelle zur Verfügung steht.

(5) Bei der Festlegung des Untersuchungsaufbaus stellt sich die Frage, in wievielen und welchen Verkaufsstellen wie oft Daten gesammelt werden sollen. Für Testzwecke reicht bereits eine Verkaufsstelle

----

1. Vgl. z.B. ebenda, S. 298-575.

2. Vgl. z.B. ebenda, S. 207-292.

3. Vgl. z.B. ebenda, S. 608-624.

aus, wenn die Treatmentvariable im Zeitablauf variiert wird. Zur Erfassung von Störgrößen im Zeitablauf sollte, sofern dies möglich ist, mindestens eine zweite vergleichbare Verkaufsstelle berücksichtigt werden. Der Stichprobenumfang für varianzanalytische Untersuchungen richtet sich nach der Höhe der Unterschiede, die mit einer bestimmten Irrtumswahrscheinlichkeit abgesichert werden soll[1]. Die Ziehung der Verkaufsstellen sollte nach dem Zufallsprinzip erfolgen[2]. In den Fällen, in denen die Verkaufsstellen relativ homogen in Bezug auf relevante Vergleichsmerkmale wie z.B. Umsatz, Kundenstruktur, Lage und Größe sind, kann man die einfache Zufallsauswahl heranziehen. Unterscheiden sich die einzelnen Verkaufsstellen stark voneinander, sollte man geschichtete Stichproben ziehen, da sich dadurch der Stichprobenfehler[3] reduziert.

(6) In Experimenten können nur Effekte erfaßt werden, die innerhalb der Untersuchungsperiode auftreten; d.h. Experimente lassen nur Aussagen über Wirkungen der Treatmentvariable zu, die innerhalb des Untersuchungszeitraumes auftreten. Sind die Wirkungen stark zeitverzögert, können die Experimentergebnisse zu falschen Aussagen führen.

3.1.2.2 Nicht-experimentell erhobene Scannerdaten

Werden Bestimmungsfaktoren (z.B. der Preis) überhaupt nicht oder aber zumindest in den Untersuchungszeiträumen nicht variiert, so handelt es sich um nicht-experimentelle Daten. Diese Daten können gemeinsam mit den quasi-experimentellen und experimentellen Daten in einer Datenbank abgelegt werden und nach unterschiedlichen Kriterien (z.B. sachlich, räumlich, zeitlich) zu Kennzahlen verdichtet und - falls sie aus einer Stichprobe stammen - hochgerechnet werden. Responsefunktionen lassen sich aus diesen Daten nur indirekt gewinnen, indem man sie aggregiert

---

1. Vgl. dazu z.B. Cochran, W.G.: Stichprobenverfahren. Berlin und New York 1972; Leiner, B.: Stichprobentheorie. München 1985.

2. Der Stichprobenfehler gibt die zufällige Abweichung von dem wahren Wert der Grundgesamtheit an. Daneben wird das Stichprobenergebnis noch durch den systematischen Fehler beeinflußt, der sich aber nicht quantifizieren läßt.

3. Auf eine ausführliche Darstellung soll an dieser Stelle verzichtet werden, vgl. dazu z.B.: Bortz, J.: Lehrbuch der Statistik, a.a.O., S. 403f. und S. 846.

(z.B. zu Warengruppen). Ein Beispiel für aggregierte Einheiten ist der Absatz von verschiedenen Verkaufsstellen mit jeweils unterschiedlicher Sortimentstiefe (Sortimentstiefen-Absatz-Funktion).

3.1.3 Daten, die durch Verknüpfung von Absatzdaten aus Verkaufsstellen mit anderen Datenbasen entstehen

Scannerdaten lassen sich zum einen mit subjektiven Einschätzungen über die Wirkung absatzpolitischer Instrumente, zum anderen mit externen Daten über das Verhalten der Lieferanten (z.B. Herstellerwerbung), der Konkurrenten (z.B. Einsatz der absatzpolitischen Instrumente) und der Nachfrager (z.B. soziodemographische, psychographische Variablen und Variablen des Kaufverhaltens) verknüpfen.

Die Verwendung subjektiver Einschätzungen zur Prognose der Wirkung absatzpolitischer Instrumente geht auf Little[1] zurück. Dabei werden von Entscheidungsträgern Nachfragerreaktionen für verschiedene Ausprägungen einzelner oder auch Kombinationen absatzpolitischer Instrumente geschätzt. Auf der Ordinate wird der Erfolg (z.B. Umsatz, Absatz, Marktanteil), auf der Abszisse die Intensität der Instrumentalvariablen eingetragen. Der Entscheider schätzt die folgenden Ergebnisse:

- den Erfolg bei einem Mindesteinsatz der Instrumentalvariable (z.B. höchster Preis, minimale Frontstückzahl, geringste Sortimentstiefe, geringste Werbung),
- den Erfolg, bei einer Steigerung des Instrumentaleinsatzes um 50% des Mindesteinsatzes,
- den Erfolg bei Verdopplung des bisherigen Einsatzes und
- den Erfolg bei maximalem Einsatz (z.B. niedrigster Preis, maximale Frontstückzahl, größte Sortimentstiefe, maximale Werbeintensität.)

Daneben wird noch der Erfolg bei einem Instrumentaleinsatz von Null prognostiziert. Little schlägt zur Schätzung eine nicht-lineare Funktion vor[2]:

---

1. Vgl. Little, J.D.C.: Modelle und Manager: Das Konzept des Decision Calculus, a.a.O.
2. Vgl. ebenda, S. 131.

$$(3.1)\quad E = min + (max-min) * \frac{x^b}{a + x^b}$$

mit:
E: Erfolg durch den Einsatzes des absatzpolitischen Instrumentariums
min, max: Minimale und maximale Ausprägung von x
x: Marketinginstrumentalvariable
a,b: Regressionskoeffizient, wobei gilt:
$b > 1$: s-förmiger Verlauf
$0 < b \leq 1$: konkaver Verlauf.

Der Vorschlag von Little hat eine lebhafte Diskussion über den Nutzen von Expertenschätzungen ausgelöst, die im folgenden kurz zusammengefaßt werden soll:

Für den Einsatz des Decision-Calculus-Konzeptes spricht[1]:

- Wenn keine Zeitreihen- oder Querschnittsdaten vorliegen und keine Möglichkeit besteht, ein Experiment durchzuführen, bietet es sich an, auf subjektive Expertenschätzungen zurückzugreifen. Solche systematischen Schätzungen geben das Wissen der Manager im Gegensatz zu rein intuitiven Angaben explizit wider.
- Die Handhabung ist einfach.
- Die Kosten sind relativ gering.

Gegen den Einsatz von subjektiven Schätzungen können die folgenden Punkte angeführt werden:

- Es fehlen intersubjektiv nachvollziehbare Zuordnungs- und Meßregeln[2].
- Die Experten können i.d.R. nur Reaktionsschätzungen abgeben, die in ihrem Erfahrungshorizont liegen[3].

Der Decision-Calculus-Ansatz wurde für Herstellerunternehmen entwickelt.

---

1. Vgl. Albers, S.: Die Planung der Preis- und Besuchspolitik eines Verkaufsaußendienstes. In: ZfB (1985), S. 899-923, hier S. 907.

2. Vgl. Mazanec, J.: Das Konzept des "Decision Calculus" - Fortschrittsfähiger Ansatz der Modellkonstruktion oder Immunisierungsstrategie. In: WiSt (Juli 1975), S. 317-324, hier S. 322.

3. Vgl. Chakravarti, D.; Mitchell, A. u. Staelin, R.: Judgment Based Marketing Decision Models: Problems and possible Solutions. In: JoM, Vol. 45 (Fall 1981), S. 13-23, hier S. 19.

Anwendungen sind z.B. für die Werbeplanung[1] oder die Planung von Preisen und Besuchen von Reisenden oder Handelsvertretern dokumentiert[2]. Bei diesen Anwendungen wird i.d.R. nur für ein Objekt (z.B. Anzahl der Besuche eines Reisenden) geplant. Im Handel muß aber für eine Vielzahl von Objekten simultan geplant werden. Es ist anzunehmen, daß die Experten nicht immer in der Lage sein werden, die Reaktionen der Nachfrager auf unterschiedlichen Instrumentaleinsatz einigermaßen korrekt zu prognostizieren[3].

Merkmale der Lieferanten, Konkurrenten sowie der Nachfrager lassen sich mit den Abverkaufsdaten verknüpfen. Diese externen Daten können selbst erhoben, getauscht oder gekauft werden. Der Nutzen dieser Daten besteht darin, daß Einflußgrößen erfaßt werden können, die vom Handelsbetrieb selbst nicht festgelegt werden können (Umweltgrößen). Dabei handelt es sich vor allem um:

- Werbeaktivitäten der Hersteller,
- Werbe-, Preis-, Sortiments- und Plazierungsaktivitäten der Konkurrenz. Bei einigen wichtigen Artikeln können diese Daten i.d.R. selbst erhoben werden (z.B. über Konkurrenzberichte). Bei Daten über ganze Sortimentsteile muß man auf Daten aus einem Einzelhandels-Panel[4] zurückgreifen. Bei diesen Daten besteht die Gefahr, daß sie für die

---

1. Vgl. Little, J.D.C. u. Lodish, L.M.: Media Planning Calculus. In: Operations Research (1969), S. 1-35; deutsche Übersetzung in: Weinberg, P.; Behrens, G. und Kaas, K.P. (Hrsg.): Marketingentscheidungen. Köln 1974, S. 230-264.

2. Vgl. Lodish, L.M.: CALLPLAN: An interactive Salesman's Call Planning System. In: MS (April 1971), S. 25-40; vgl. Albers, S.: Die Planung der Preis- und Besuchspolitik eines Verkaufsaußendienstes, a.a.O., S. 899-923.

3. Ein Beispiel für die Beurteilung der Wirkung unterschiedlicher Plazierungsorte auf den Absatz findet sich bei Müller-Hagedorn, L. u. Heidel, B.: Optimale Verkaufsflächennutzung in Handelsbetrieben. Arbeitspapier Nr. 10. Studienschwerpunkt Absatz-Markt-Konsum im Fachbereich IV - BWL/AMK an der Universität Trier. Juli 1986, S. 63-82, insbes. S. 82.

4. Vgl. z.B. Sedlmeyer, K.-J.: Panelinformation und Marketing-Entscheidung. München 1983; Ruppe, H.: Handelspanel. In: Poth, L. (Hrsg.): Marketing. Loseblattsammlung. Neuwied. Oktober 1978, S. 1-35. In der Bundesrepublik stehen mehrere Einzelhandelspanel für unterschiedliche Sortimentsbereiche zur Verfügung. Die Handelsorganisationen erhalten als Gegenleistung für die Teilnahme ihre eigenen Daten im Vergleich zum gesamten Wettbewerb vom panelführenden Institut zurückgespielt. Detaillierte Daten über den Absatz und die Aktivitäten einzelner Konkurrenten sind auf diesem Wege i.d.R. (noch) nicht zu erhalten. Werbepreise von Konkurrenten können von Spezialinstituten bezogen werden.

Absatzsituation einer bestimmten Verkaufsstelle nicht von Bedeutung sind (z.B. wenn sich die Nachfrager gegenüber dem Durchschnitt in den soziodemographischen, psychographischen oder Verhaltensmerkmalen unterscheiden). Informationen über die Werbeaktivitäten der Konkurrenz (einschl. Preis) können relativ einfach durch Auswerten der Werbemedien gewonnen werden. Bislang werden solche Daten nur sehr vereinzelt von Handelsunternehmen zur Aktionsplanung verwendet.

- Daten über die Struktur der Nachfrager: Normalerweise ist nicht bekannt, welcher Kunde, welche(n) Artikel gekauft hat. Nationale Haushaltspanels[1] sind in einzelnen Regionen oft zu schwach besetzt, um sie für Handelszwecke einzusetzen. Lediglich bei Massenfilialisten reicht die Datenbasis aus. Als Alternative bieten sich Klumpenpanel an, wobei der oder die ausgewählte(n) Klumpen für die Grundgesamtheit des (der) Einzugsgebiets (-gebiete) repräsentativ sein muß (müssen). In der Bundesrepublik bestehen zur Zeit mehrere solcher Klumpenpanels, die allerdings nicht von Händlern, sondern von Marktforschungsinstituten betreut werden[2]. Mit den oben beschriebenen Haushaltspanels läßt sich das Verhalten der Haushalte in mehreren Verkaufsstellen erfassen. Eine preisgünstige Alternative, bei der allerdings nur das Verhalten der Kunden in den eigenen Verkaufsstellen aufgezeichnet werden kann, sind Kundenpanels. Um die Daten kostengünstig zu erfassen, werden an die beteiligten Kunden Kundenkarten mit Identifizierungsnummern ausgegeben, die während des Kassiervorganges entweder maschinell gelesen werden oder von Hand eingegeben werden. Bei der Analyse der Daten der Panelteilnehmer muß darauf geachtet werden, daß eine repräsentative Stichprobe vorliegt, da sonst die Gefahr besteht, daß die Ergebnisse sich nur auf die u.U. nicht repräsentative Kundenkartenbesitzer

---

1. Vgl. Weissmann, A.: Verbraucherpanel - Information als Grundlage für Marketingentscheidungen. München 1983. In der Bundesrepublik werden von mehreren Marktforschungsinstituten Haushaltspanel geführt, bei denen die haushaltsführenden Personen einen Teil ihrer Konsumausgaben aufzeichnen.

2. Vgl. z.B. Zentes, J.: Neuere Entwicklungen in der Marktforschung: Datengewinnung. In: Marketing ZFP (Febr. 1987), S. 37-42, hier S. 37-38; Zentes stellt das System "Scantrack" der Fa. A.C. Nielsen Company GmbH, Frankfurt vor; vgl. auch Litzenroth, H.A.: Neue Marktforschungsperspektiven durch hochentwickelte Technologien. In: Simon, H. (Hrsg.): Marketing im technologischen Umbruch. Schriften für Führungskräfte. Universitätsseminar der Wirtschaft. Band 14. Stuttgart 1987, S. 76-91, hier S. 82- 89; Litzenroth stellt das System "GfK-Behavior-Scan" der Gesellschaft für Konsumforschung, Nürnberg, vor.

beziehen.

Im Mittelpunkt dieser Untersuchung stehen Abverkaufsdaten, ergänzt um Angaben über den Einsatz der eigenen Instrumentalvariablen sowie der Werbeaktivitäten der konkurrierenden Unternehmen. Die Reaktionen der Nachfrager werden dabei zeitlich, räumlich und/oder sachlich aggregiert. Lediglich in Abschnitt 3.2.4 wird von dieser Betrachtungsweise abgegangen, indem gezeigt wird, wie aus Warenkorbdaten Informationen über den Verbund von Sortimentsteilen entnommen werden können. Haushaltspaneldaten und die Aktivitäten der Hersteller bleiben bei den folgenden Überlegungen unberücksichtigt.

3.1.4 Validität und Reliabilität von Scannerdaten

Eine Messung ist valide (gültig), wenn das Meßinstrument den zu erfassenden Sachverhalt mißt[1]. Bei der Messung des Erfolges ist z.B. zu entscheiden, ob der Erfolg als absoluter Absatz, als Marktanteil oder als Absatz pro 1.000 Kunden, die das Geschäft betreten, gemessen werden soll. Die Validität kann sich darüberhinaus aber auch auf das gesamte Ergebnis einer Untersuchung beziehen. Bei Experimenten spricht man von einer internen Validität, wenn die Ergebnisse für die untersuchten Experimenteinheiten gelten. Bei Feldexperimenten, wie sie im Handel üblich sind, ist die interne Validität schwerer zu erfüllen als bei Laborexperimenten. Die externe Validität bezieht sich auf die Gültigkeit der Meßergebnisse einer Stichprobe für die Grundgesamtheit. Die externe Validität erfordert zum einen die interne Validität, zum anderen müssen die Experimentobjekte repräsentativ für die Grundgesamtheit sein. Darüberhinaus muß reliabel (=zuverlässig) gemessen worden sein. D.h., daß in unserem Fall die technischen Geräte in der Lage sein müssen, die Absatzdaten zuverlässig aufzuzeichnen[2]. Das gilt auch für die von Hand eingegebenen

---

1. Vgl. z.B. Berekoven, L.; Eckert, W. und Ellenrieder, P.: Marktforschung. Methodische Grundlagen und praktische Anwendung. 2. neu bearbeitete Auflage. Wiesbaden 1986, S. 83f.

2. Falsches Lesen der Artikelnummer kann z.B. mit Hilfe einer Prüfziffer oder durch bestimmte Anordnung des Balkencodes zumindest teilweise verhindert werden; vgl. dazu Datalogic GmbH (Hrsg.): Strich-Code-Fibel, a.a.O., S. 8.

Daten (z.B. Stammdatenänderungen, die Ausprägungen der eigenen Absatzpolitik und die der Konkurrenten). Je geringer die Erfassungsfehler, desto zuverlässiger ist das Datenmaterial.
Die heute verwendete Scanner-Technik garantiert ein hohes Maß an Zuverlässigkeit bei der maschinellen Datenerfassung. Bei der Datenerfassung von Hand ist die Zuverlässigkeit in der Regel geringer. Folgende Erfassungsfehler können auftreten:

- Der Artikel ist mit der falschen Artikelnummer versehen. Dadurch kommt es zu Absatz- und Lagerverschiebungen zwischen einzelnen Sortimentsteilen.
- Für einen Artikel wird mehr als eine Artikelnummer vergeben (z.B. bei Aktionen oder die Nummer wird gewechselt, obwohl noch Artikel mit der alten Nummer vorrätig sind).
- Mehrere Artikel werden mit derselben Artikelnummer ausgezeichnet.
- Erfassung von Artikeln, die z.B. zu schwer sind, um sie auf das Kassenförderband zu heben, auf eine Warengruppennummer ("Sumpfnummer").
- Mangelhafte Erfassung von Sorten bei verschiedenen Sorten zum selben Preis (z.B. Babykost, Tiernahrung, Tafelschokolade).
- Die Lagerbestände werden zunächst ohne physische Überprüfung nach der Inventurformel[1] fortgeschrieben. Durch Inventurdifferenzen (z.B. durch Falschbuchungen, nicht erfaßten Schwund, Verderb oder Diebstahl) können sich falsche Bestandszahlen ergeben. Bei den Warenhausdaten, die in Kapitel 2 vorgestellt werden, ergeben sich z.B. bei insgesamt 12 von 980 Artikeln an einzelnen Tagen Minusbestände zwischen 1 und 30 Stück. Minusbestände müssen korrigiert werden. Es kann passieren, daß beim Kassieren die Rückmeldung (Piepston), daß das System die Nummer gelesen hat, nicht gehört wird und aus Versehen der Artikel ein zweites Mal erfaßt wird.

Durch Schulung des Kassierpersonals muß sichergestellt werden, daß eine hundertprozentige "Scan-Disziplin" erreicht wird. Dazu gehört aber auch, daß die Preise an den Preisleisten, bzw. die Preisetiketten mit den Preisinformationen im System übereinstimmen.

---

1. Absatz in Periode t = Lagerbestand am Ende der Periode t
- Lagerbestand zu Beginn von Periode t
+ Lagerzugänge in Periode t
- sonstige Lagerabgänge in t

Mit Hilfe von Prüfroutinen muß sichergestellt werden, daß die Abverkaufs- und Lagerdaten fehlerfrei sind[1]. Eine solche Prüfung sollte die folgenden Teilprüfungen enthalten:

- Ausreißeranalyse (Herausfiltern aller Artikel, von denen überdurchschnittlich viel innerhalb einzelner Teilperioden verkauft wird) und
- Elastizitäten-Check: Vergleich, ob die aktuellen Elastizitäten innerhalb einer bestimmten Bandbreite liegen. Dabei sollten allerdings nur Artikel berücksichtigt werden, die einen bestimmten Mindestabsatz erzielen, da sonst bei geringen Veränderungen der Bestimmungsfaktoren extrem hohe Elastizitäten entstehen können. Dieser Check ist allerdings nur möglich, wenn die Bestimmungsgrößen auch tatsächlich verändert werden.

3.2 Verdichtung von Scannerdaten zu Erfolgskennzahlen und Bestimmungsgrößen

Im Mittelpunkt dieses Abschnitts stehen Kennzahlen in Form von Bestimmungs- und Ergebnisgrößen. Unter Bestimmungsgrößen versteht man zum einen die Handlungsmöglichkeiten der Einzelhandelsunternehmung, zum anderen die Größen, die das Unternehmen zwar nicht selbst festlegen kann, die aber das Ergebnis beeinflussen können (Input). Ergebnisgrößen spiegeln den Einfluß der Bestimmungsfaktoren wider (Output). Kennzahlen sind absolute oder relative numerische Informationen, die - in unserem Fall - absatzpolitische Tatbestände knapp und überschaubar beschreiben, bzw. über sie informieren[2]. Sie geben Auskunft über Objekte. Das können

---

1. Nach Auskunft von Frau Milde von der Fa. A.C. Nielsen Company, Frankfurt, sind ca. 10% der angelieferten Scannerdaten aufgrund technischer oder organisatorischer Mängel falsch oder fehlen ganz (Okt. 1988).

2. Vgl. zu Definitionen von Kennzahlen: Staehle, W.H.: Das Du Pont-System und verwandte Konzepte der Unternehmenskontrolle. In: Böcker, F. und Dichtl, E. (Hrsg.): Erfolgskontrolle im Marketing. Berlin 1975, S. 317; Bürkler, A.: Kennzahlensysteme als Führungsinstrument. Ein Lösungsvorschlag für den gewerblichen Detailhandel in der Schweiz. Diss. Zürich 1977, S. 6; Ritter, H. und Lenz, M.: So sind Kennzahlen Führungsdaten. Köln 1979, S. 10; Bürgi, A.: Führen mit Kennzahlen. Ein Leitfaden für den Klein- und Mittelbetrieb. 2. Aufl. Bern 1980, S. 11.

beispielsweise Artikel oder Warengruppen (allgemein Sortimentsteile), Werbeaktionen, Verkaufsaggregate oder Warenkörbe von Konsumenten sein. Die o.g. Definition von Kennzahlen enthält die folgenden Merkmale:

(1) Absolute und relative Zahlen: Zu den absoluten Zahlen gehören Einzelzahlen (z.B. der Umsatz oder Absatz einzelner Sortimentsteile einer Verkaufsstelle in einer Periode), Summen (z.B. kumulierte Umsätze über mehrere Perioden oder Verkaufsstellen), Differenzen (z.B. Deckungsbeitrag als Differenz Umsatz minus direkt zurechenbare Kosten) und statistische Maßzahlen wie Mittelwerte (Angabe über die zentrale Tendenz einer Verteilung), Streuung (Angabe über die Relation von Einzelwerten zu dem "mittleren Wert"), Konzentrationsmaße (z.B. der Gini-Koeffizient, mit dem sich die Konzentration einer Erfolgsgröße ausdrücken läßt), Assoziationsmaße (z.B. der Korrelationskoeffizient, der die Stärke des Zusammenhanges zwischen zwei Merkmalen angibt) und Wirkungskoeffizienten (z. B. Regressionskoeffizienten, die als Wirkungsmaß interpretiert werden). Zu den relativen Zahlen[1] gehören Gliederungszahlen (z.B. Marktanteil auf Absatzbasis), Beziehungszahlen (z.B. Deckungsbeitrag pro Quadratmeter) und Indexzahlen (z.B. Umsatz in der Periode 2 im Verhältnis zum Umsatz in der Periode 1)

(2) Betriebliche Tatbestände: Hiermit wird der Bereich festgelegt, über den mit Hilfe von Kennzahlen berichtet werden soll, in unserem Fall die Absatzpolitik. Daneben gibt es z.B. Kennzahlen für die Bereiche Beschaffung, Personal oder Finanzierung.

(3) Knapp und überschaubar: absatzpolitische Kennzahlen sollen die betriebliche Realität in verdichteter Form wiedergeben, wobei die Art der Verdichtung vom Zweck abhängt. Allgemein gilt, daß mit zunehmender Aggregation Detailinformationen verloren gehen, gleichzeitig nimmt aber die Überschaubarkeit zu.

Der Informationsgehalt steigt, je zeitnaher die Kennzahlen erhoben werden können, je besser die Kennzahlen über sachliche, räumliche und zeitliche Zusammenhänge miteinander vergleichbar sind und je eher mit Kennzahlen Ursache-Wirkungs-Beziehungen hergestellt werden können.

---

1. Vgl. z.B. Bamberg, G. und Baur, F.: Statistik. 1. Aufl. München 1980, S. 53ff.; Bürgi, A.: Führen mit Kennzahlen. Ein Leitfaden für den Klein- und Mittelbetrieb, a.a.O., S. 11-13.

Im Einzelhandel wird über den Erfolg bislang meist losgelöst vom Input berichtet - sieht man von einigen Kennzahlen ab, bei denen der monetäre

		Bestimmungsfaktoren	
		direkt	indirekt
Erfolgskennzahlen	direkt	absatzpolitische Instrumente, z.B. Sortimentstiefe, Preis / z.B. Absatz, Umsatz oder Zahl der Kunden	-
	indirekt	-	Kosten, die mit dem Einsatz der Absatzpolitik verbunden sind / Erfolgskennzahlen, bei denen Kosten berücksichtigt werden, z.B. Deckungsbeitrag

Abb. 3.2: Übersicht Bestimmungsfaktoren und Erfolgskennzahlen

Input berücksichtigt wird (z.B. Lagerumschlag). Mit Scannerdaten lassen sich Verknüpfungen zwischen Bestimmungsgrößen und Erfolgskennzahlen vornehmen. Bestimmungsfaktoren und Erfolgskennzahlen können jeweils in direkte und indirekte gegliedert werden (vgl. Abbildung 3.2):

Direkte Bestimmungsfaktoren können sich unmittelbar auf den Absatz bzw. den Umsatz auswirken. Dabei kann es sich um den Einsatz der eigenen oder fremder absatzpolitischer Instrumente handeln. Sie sind vom Nachfrager direkt wahrnehmbar. Indirekte Bestimmungsfaktoren, z.B. die Einkaufspreise, sind von den Kunden nicht wahrzunehmen. Sie wirken nur auf die indirekten Erfolgskennzahlen. Direkte Erfolgsgrößen sind Kennzahlen auf der Basis Absatz, Umsatz oder Zahl der Kunden, die eine Verkaufsstelle aufsuchen. Die indirekten Erfolgsgrößen, werden durch Kombinationen von in Geldeinheiten bewerteten Bestimmungs- und Erfolgsgrößen gebildet, z.B. Deckungsbeitrag, Lagerumschlag. Sie lassen sich nicht direkt aus den Reaktionen der Kunden bilden.

Wie kann der Erfolg der Absatzpolitik eines Einzelhandelsbetriebes gemessen werden? Dazu müssen vier Fragen beantwortet werden:

(1) Welche Erfolgskennzahlen sollen zur Beurteilung von Sortimentsteilen benutzt werden (Abschnitt 3.2.1)?

(2) Zwischen einzelnen Sortimentsteilen können symmetrische oder asymmetrische Verbundbeziehungen bestehen. Es muß geklärt werden, ob solche Beziehungen vorliegen, wenn ja, wie sie gemessen werden können und wie diese Informationen zur Planung der Absatzpolitik eingesetzt werden können (Abschnitt 3.2.2).

(3) Welche Bestimmungsfaktoren sollen zur Erklärung des Erfolges herangezogen werden (Abschnitt 3.2.3)?

(4) Über welchen Zeitraum sollen Kennzahlen gebildet werden? Eng damit verknüpft ist die Frage, wieviele Perioden zur Bildung von mittleren Erfolgskennzahlen benutzt werden sollen (Abschnitt 3.2.4).

3.2.1 Erfolgskennzahlen der Absatzpolitik ohne Berücksichtigung des Verbundes zwischen Sortimentsteilen

3.2.1.1 Einfache klassische Erfolgskennzahlen

Bei den klassischen Erfolgskennzahlen lassen sich solche unterscheiden, die

a) auf der Basis Absatz oder Umsatz und

b) auf der Basis Deckungsbeitrag

gebildet werden.

zu a) Erfolgskennzahlen auf der Basis Absatz oder Umsatz

Der direkte Erfolg läßt sich mit Hilfe des Absatzes (mengenmäßig) oder Umsatzes (wertmäßig) messen. Absatz und Umsatz können für jedes Sortimentsteil absolut und relativ berechnet werden (vgl. Abbildung 3.3).

Absolute Größen besitzen den Vorteil, daß sie leicht ermittelbar sind und die Situation in realen Einheiten wiedergeben. Bei konstanten Preisen innerhalb einzelner Perioden korrelieren Absatz und Umsatz mit 1,0. Der Umsatz ist dann lediglich eine lineare Transformation des Absatzes. Der Umsatz weist den Vorteil auf, daß mit ihm der Erfolg mit denselben wertmäßigen Einheiten berechnet wird wie die Kosten. Umsatz-

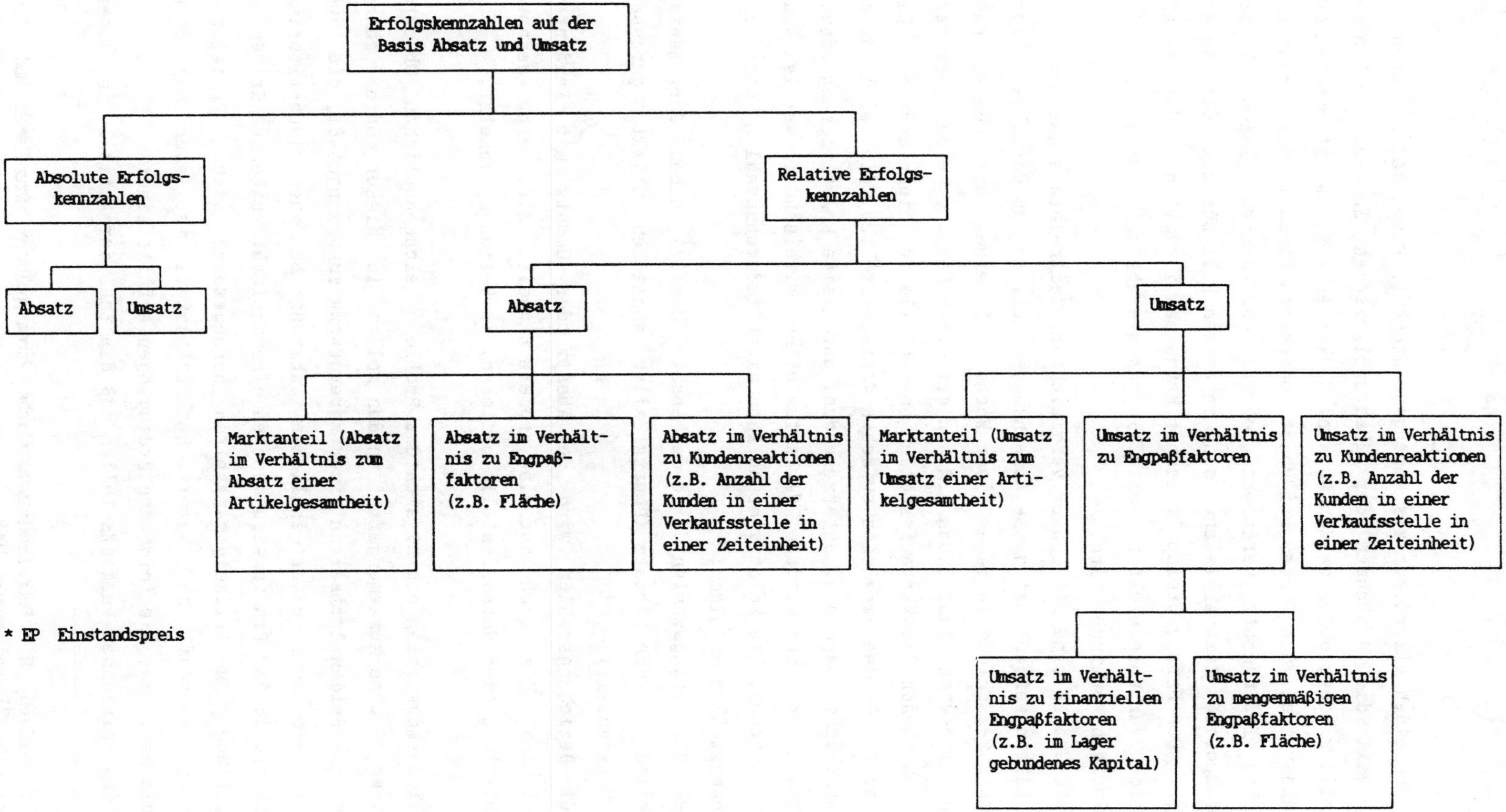

* EP Einstandspreis

Abb. 3.3: Erfolgskennzahlen auf der Basis Absatz und Umsatz

größen scheiden allerdings als abhängige Größe in Responsefunktionen oft aus, weil die Wirkungen der absatzpolitischen Instrumente nicht eindeutig wiedergegeben werden können. So können z.B. inflationsbedingte Preisänderungen den Umsatz bei sonst konstantem Einsatz der absatzpolitischen Instrumente verändern, obwohl der Absatz gleich bleibt. Intertemporale Zeitvergleiche sind in diesem Fall nur mit dem Absatz möglich. Der Erfolg preispolitischer Maßnahmen ist mit dem Umsatz als abhängige Variable nicht zu ermitteln, da die abhängige Größe mit der unabhängigen vermischt wird.
Absolute Größen sind oft schwer vergleichbar. Zeitreihen einzelner Verkaufsstätten weisen oft große Schwankungen auf, so daß derselbe Absatz an zwei verschiedenen Tagen einer Woche auf einen unterschiedlichen Erfolg hindeuten kann, wenn z.B. in der einen Periode eine geringere Zahl von Kunden die Verkaufsstelle besucht als in einer anderen. Das gilt auch für den Vergleich zwischen Verkaufsstellen, die sich durch Verkaufsfläche, Lage usw. unterscheiden. Durch eine Relativierung können Perioden oder verschiedene Verkaufsstellen miteinander vergleichbar gemacht werden. Die Relativierung kann mit **Gliederungszahlen** oder mit **Beziehungszahlen** erfolgen:

(1) Bei Gliederungszahlen wird der Absatz (Umsatz) eines Sortimentsteiles an dem Absatz (Umsatz) aller ähnlichen Objekte gemessen (=Marktanteil).

(2) Bei Beziehungszahlen wird der Absatz oder Umsatz mit Kundenreaktionen, die sich auf eine größere Einheit, z.B. eine gesamte Abteilung oder Verkaufsstelle beziehen, in Beziehung gesetzt.

Bei Gliederungszahlen ergibt sich das Problem, welche ähnlichen Objekte zu einer Gruppe zusammengefaßt werden sollen. In dieser Untersuchung werden diejenigen Artikel zu einer Warengruppe zusammengefaßt, die aus der gleichen oder einer ähnlichen Substanz bestehen (substitutive Beziehung). In der Praxis wird daneben eine Vielzahl weiterer Kriterien zur Bildung von Artikelgesamtheiten herangezogen (z.B. Preislage, Lieferant, Herkunft der Ware)[1]. Der Marktanteil ist aber nur dann vergleichbar, wenn die folgenden Bedingungen erfüllt sind:
- In den einzelnen Verkaufsstellen muß die Zahl der Artikel in einer

---

1. Vgl. Knoblich, H.: Betriebswirtschaftliche Warentypologie. Grundlagen und Anwendungen. Köln und Opladen 1969.

Artikelgesamtheit konstant bleiben (Intravergleich).

- Falls Marktanteile auf Artikelbasis aus mehreren Verkaufsstellen miteinander verglichen werden, muß die Zahl der Artikel in der aggregierten Einheit jeweils gleich sein (Intervergleich).
- Es muß gewährleistet sein, daß auf die übrigen Artikel keine Störgrößen einwirken (z.B. Abverkauf bestimmter Artikel an Großabnehmer oder unterschiedliche Wirkung saisonaler Schwankungen auf einzelne Artikel).

Der Marktanteil als abhängige Variable bietet die folgenden Vorteile: Aufgrund der Normierung des Absatzes oder Umsatzes auf jeweils 100 Prozent lassen sich Wanderbewegungen zwischen Sortimentsteilen relativ einfach beobachten[1]. Desweiteren werden die Störgrößen wie Saison- oder sonstige zyklischen Schwankungen, die sich auf eine gesamte Warengruppe auswirken, simultan erfaßt[2]. Der Marktanteil neutralisiert einen Teil der Störgrößen, die sich auf die Höhe der Varianz auswirken und sorgt dafür, daß der Anteil, der durch die Marketingvariable erklärt werden soll, steigt[3]. Hypothese (3.1) lautet daher:

Hypothese (3.1): Bei Verwendung des Marktanteils als abhängige Variable in Responsefunktionen verringert sich gegenüber der Verwendung des absoluten Absatzes der Anteil der Varianz, der durch die Marketinginstrumentalvariable(n) erklärt wird[4].

Absatz und Umsatz können mit Reaktionen der Kunden, die sich auf eine Sortimentseinheit (z.B. die gesamte Abteilung oder die gesamte Verkaufsstelle) beziehen, relativiert oder normiert werden. So kann zur Relativierung die Zahl der Kunden, die Zahl der Posten oder der Umsatz der betreffenden Abteilung oder Verkaufsstelle herangezogen werden. Aus Vereinfachungsgründen werden Zeit- und Ortsindex weggelassen:

---

1. Vgl. Kucher, E.: Scannerdaten und Preissensitivität bei Konsumgütern, a.a.O., S. 42.

2. Vgl. Naert, P.A. u. Leeflang, P.: Building Implementable Marketing Models. Leiden u.a. 1978, S. 149.

3. Vgl. Kucher, E.: Scannerdaten und Preissensitivität bei Konsumgütern, a.a.O., S. 42.

4. Die empirischen Ergebnisse sind in Abschnitt 5.3.2.1 enthalten.

$$(3.2) \quad ABSKUN_i = \frac{A_i}{Ak} * 1000$$

$$(3.3) \quad UMSKUN_i = \frac{UVk_i}{Ak} * 1000$$

mit

$ABSKUN_i$: Absatz des Sortimentsteiles i pro 1.000 Kunden, die die Verkaufsstelle besuchen

$UMSKUN_i$: Umsatz des Sortimentsteiles i pro 1.000 Kunden, die die Verkaufsstelle besuchen

Ak: Anzahl der Kunden, die die Verkaufsstelle besuchen

A_i: Absatz des Sortimentsteiles i

UVk_i: Umsatz des Sortimentsteiles i zu Verkaufspreisen

In der Regel werden die drei Größen relativ hoch miteinander korrelieren (vgl. die Abbildungen 3.4, 3.5 und 3.6).
Besonders deutlich ist die zyklische Schwankung bei den Tagesdaten zu erkennen (vgl. Abbildung 3.4). In Wochen ohne langen Samstag wird am Freitag die höchste Zahl der Posten und Kunden erreicht, in Wochen mit langem Samstag am Samstag. Bei den Wochendaten sind die Schwankungen

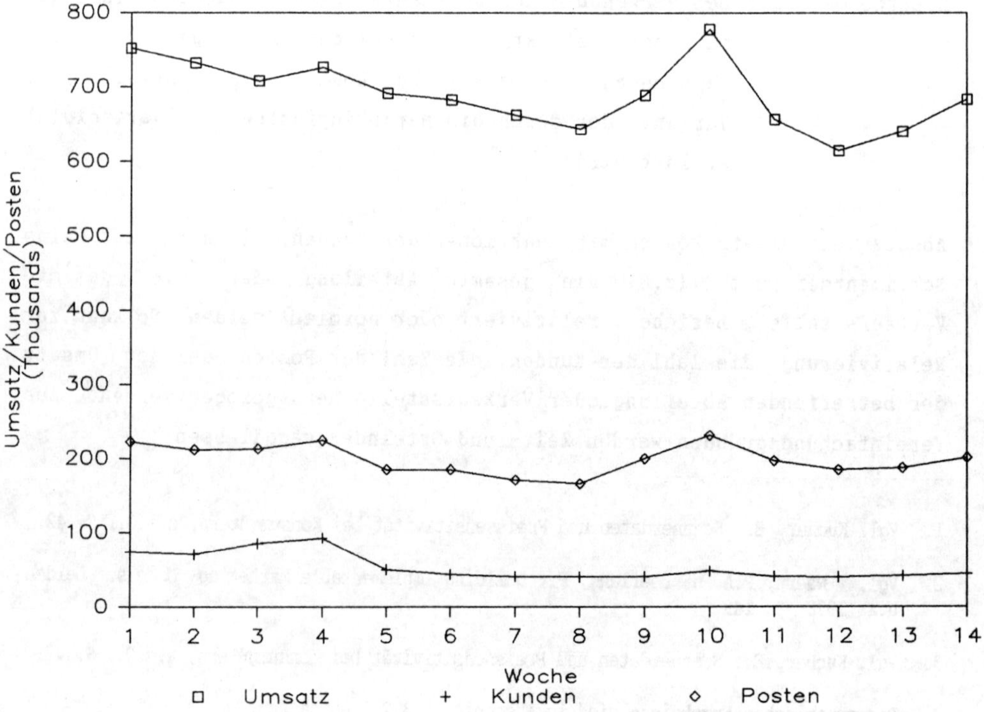

Abb. 3.4: Umsatz, Kunden und Posten einer Lebensmittelabteilung in einem Warenhaus pro Tag

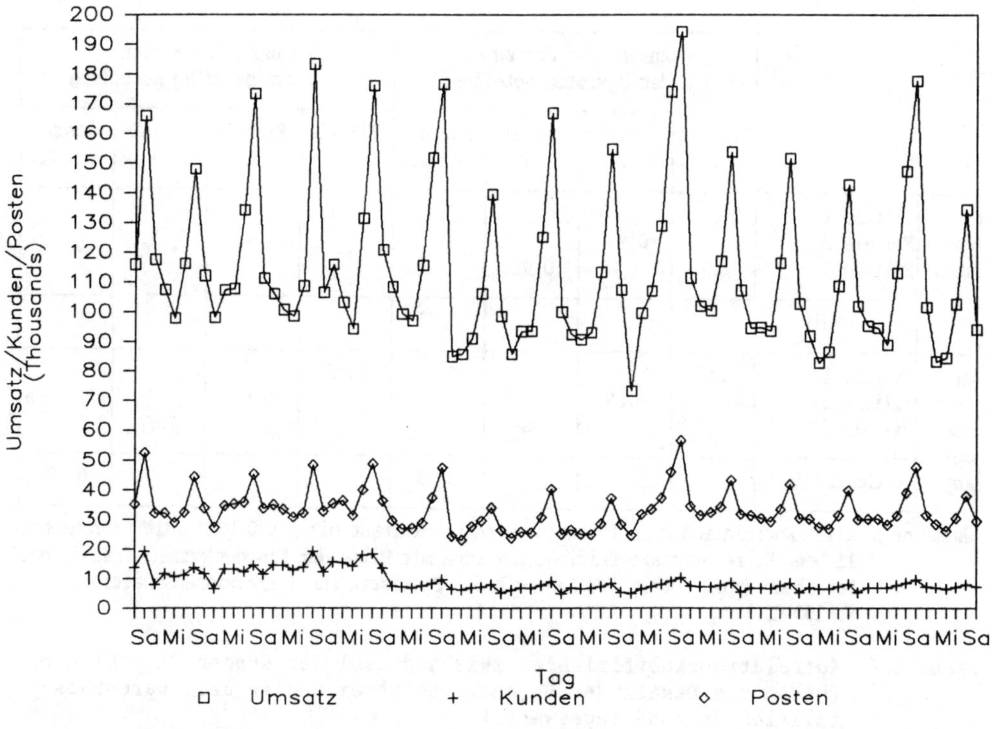

Abb. 3.5: Umsatz, Kunden und Posten einer Lebensmittelabteilung in einem Warenhaus pro Woche

geringer als bei den Tagesdaten, die Zahl der Kunden weist in den ersten vier Wochen (Monat Januar) ein höheres Niveau als in den Folgewochen auf, die Zahl der Kunden ist ab Februar fast konstant (vgl. Abbildung 3.5).

Im Durchschnitt liegen die Korrelationskoeffizienten zwischen der Anzahl der Kunden, der Anzahl der Posten und der gesamten Abteilung in den drei Warenhausfilialen zwischen 0,90 und 0,99. Die Filiale 1 weist die jeweils niedrigsten Werte mit signifikanten Differenzen bei Posten und Umsatz der Abteilung gegenüber den beiden anderen Filialen auf (vgl. Abbildung 3.6).

Inhaltlich läßt sich der Absatz pro Kunde oder besser pro 1.000 Kunden am besten interpretieren, wobei die Zahl 1.000 willkürlich gewählt ist. Die Zahl der Kunden entspricht bei Scannerdaten der Anzahl der Bons. Erhält ein Kunde - aus welchen Gründen auch immer - zwei Bons, wird er auch doppelt gezählt. Ebenso wird jeder Bon gezählt, der entsteht, wenn die Kasse aus sonstigen Gründen geöffnet wird. Diese Operationalisierung

		Anzahl der Kunden der gesamten Abteilung				Anzahl der Posten der gesamten Abteilung			
		Filiale 1	Filiale 2	Filiale 3	Durchschnitt	Filiale 1	Filiale 2	Filiale 3	Durchschnitt
Posten	Filiale 1	0,62							
	Filiale 2		0,97						
	Filiale 3			0,91					
	Durchschnitt				0,92				
Umsatz der ges. Abt.	Filiale 1	0,47				0,92			
	Filiale 2		0,89				0,93		
	Filiale 3			0,88				0,97	
	Durchschnitt				0,90				0,99

Anmerkung: Alle Korrelationskoeffizienten sind signifikant mit $p \leq 0{,}001$; die durchschnittlichen Korrelationskoeffizienten werden mit Hilfe der Fischer'schen Transformation berechnet (vgl. Bortz, J.: Lehrbuch der Statistik für Sozialwissenschaftler, a.a.O., S. 260 ff.)

Abb. 3.6: Korrelationskoeffizienten zwischen Zahl der Kunden, Anzahl der Posten und Umsatz der Lebensmittelabteilung in drei Warenhausfilialen (n = 86 Tageswerte)

enthält nur die Zahl der Kunden bzw. Gruppen von Kunden, die tatsächlich Einkäufe tätigen. Personen, die den Laden verlassen, ohne etwas gekauft zu haben, bleiben unberücksichtigt. Häufig wird zwischen den beiden Personengruppen ein relativ konstantes Verhältnis vorliegen. Ein weiteres Problem besteht darin, daß sehr schwer festgestellt werden kann, wieviele Personen jeweils einen Kaufakt gemeinsam tätigen. Aber auch hier kann ein konstantes Verhältnis angenommen werden. Es ist anzunehmen, daß trotz dieser Meßprobleme der Absatz pro 1.000 Bons, im folgenden mit dem Absatz pro 1.000 Kunden gleichgesetzt, in Zukunft verstärkt bei Responsemessungen eingesetzt wird, da er gegenüber dem Marktanteil die folgenden Vorteile aufweist:

- gute Vergleichsmöglichkeiten sowohl zwischen Verkaufsstellen als auch im Zeitablauf und
- eine vergleichsweise einfachere Umrechnung auf die Prognoseeinheit Absatz.

Der Kehrwert dieser Erfolgskennzahl gibt an, wieviele Kunden benötigt werden, um ein Stück innerhalb einer Periode zu verkaufen. Der Absatz pro 1.000 Kunden kann auch als Wahrscheinlichkeit interpretiert werden

(dann muß allerdings auf 100 Kunden normiert werden). Ein Wert von 5,7% deutet dann an, daß die Wahrscheinlichkeit, daß ein Kunde, der die Verkaufsstelle betritt, einen bestimmten Artikel kauft, 5,7% beträgt, oder: knapp jeder 20. kauft diesen Artikel.
Mit dem Absatz oder Umsatz im Verhältnis zu aggregierten Kundenreaktionen lassen sich - unter der Annahme, daß die Kundenzahlen konstant sind - Saisonschwankungen erfassen. Die Kundenzahlen werden immer dann relativ konstant sein, wenn das Sortiment entweder besonders breit ist (z.B. Lebensmittelsupermarkt, Warenhaus) oder wenn bei der Sortimentsgestaltung saisonale Aspekte berücksichtigt werden (z.B. Sporthaus). In den meisten Fällen ist daher der Absatz oder Umsatz im Verhältnis zu Kundenreaktionen dem Marktanteil vorzuziehen[1]. Daneben können Schwankungen der Kundenfrequenz erfaßt werden. Die Umrechnung auf die Dispositionseinheit ist möglich, da die Kundenreaktionen für aggregierte Einheiten relativ einfach zu prognostizieren sind.
Die verwendeten Datenbasen lassen, aufgrund der geringen Zeiträume von 14 Wochen, keine reliable und valide Erfassung der Trend- und Saisoneffekte zu. Daher kann vermutet werden, daß die Normierung des Absatzes auf 1.000 Kunden ähnliche Ergebnisse wie der Marktanteil liefert.

Hypothese (3.2): Bei Verwendung des Marktanteils und des Absatzes pro 1.000 Kunden zur Erklärung der Abweichungen durch die Marketinginstrumentalvariable besteht bei kurzen Zeitreihen kein Unterschied[2].

Beide Erfolgskennzahlen benötigen Prognosen über den Nenner (Gesamtabsatz/-umsatz bzw. Gesamtzahl der Kunden) wenn auf den absoluten Absatz hochgerechnet werden soll. Bei dem Absatz pro 1.000 Kunden ist der Nenner für eine Vielzahl von Artikeln identisch und relativ einfach zu ermitteln, während er bei dem Marktanteil für jede Warengruppe geschätzt werden muß.

----

1. Mit dem Marktanteil lassen sich nur dann Saisonschwankungen erfassen, wenn die Basis im Nenner sich nicht auf den Absatz oder Umsatz von Substitutionsgütern, bzw. miteinander im Verwendungsverbund stehender Güter (z.B. Campingmöbel und Grillkohle) bezieht.

2. Die Ergebnisse sind in Abschnitt 5.3.2.1 enthalten.

Der Absatz im Verhältnis zu Engpaßfaktoren, z.B. Absatz pro Flächen- oder Raumeinheiten, stellt bei konstanter Nutzung der Ressourcen eine lineare Transformation des absoluten Absatzes dar. Bei Variation der Ressourcen und konstantem Verkaufspreis vermittelt diese Kennzahl mehr Information als der absolute Absatz. Abbildung 3.7 zeigt die bislang vorgestellten Kennzahlen auf der Basis Absatz am Beispiel der Warengruppe Deutscher Weinbrand in einer Warenhausfiliale.

Artikelnummer	mittlerer Verkaufspreis	kumulierter Absatz in 14 Wochen	mittlerer Absatz pro Woche	mittlerer Marktanteil pro Woche Basis:Absatz	mittlerer Absatz pro Frontstück pro Woche	mittlerer Absatz pro 100.000 DM Gesamtumsatz	mittlerer Absatz pro 10.000 Posten	mittlerer Absatz pro 100.000 Kunden
300	13,87	869	62,1	31,2	9,1	9,1	3,2	116,9
298	12,61	460	32,9	16,5	4,2	4,8	1,7	61,9
317	14,98	344	24,6	12,4	9,8	3,6	1,3	46,3
455	19,98	271	19,4	9,8	10,8	2,8	1,0	36,4
541	9,98	196	14,0	7,1	6,4	2,0	0,7	26,4
355	18,82	123	8,8	4,4	4,9	1,3	0,5	16,6
303	10,98	107	7,6	3,8	7,6	1,1	0,4	14,4
301	9,98	104	7,4	3,7	4,9	1,1	0,4	14,0
460	15,98	90	6,4	3,2	3,0	0,9	0,3	12,1
153	11,99	44	3,1	1,6	3,1	0,5	0,2	5,9
316	10,98	42	3,0	1,5	1,8	0,4	0,2	5,7
456	13,98	39	2,8	1,4	2,8	0,4	0,1	5,2
356	11,99	19	1,4	0,7	0,8	0,2	0,1	2,6
458	32,99	19	1,4	0,7	0,8	0,2	0,1	2,6
364	19,99	18	1,3	0,7	1,3	0,2	0,1	2,4
743	13,99	15	1,1	0,6	1,1	0,2	0,1	2,0
318	15,00	15	1,1	0,6	1,1	0,2	0,1	2,0
496	15,00	3	0,2	0,1	0,1	0,03	0,01	0,4
454	119,00	-	-	-	-	-	-	-
Durchschnitt	14,25	146,2	10,4	5,3	5,0	1,5	0,6	19,7

Abb. 3.7: Ausgewählte Erfolgskennzahlen auf der Basis Absatz der Warengruppe Deutscher Weinbrand in einer Warenhausfiliale

Der Artikel 300 erreicht im Untersuchungszeitraum (86 Verkaufstage) bei allen Kennzahlen, mit Ausnahme der Kennzahl Absatz pro Frontstück, den höchsten Wert. Die absatzorientierten Kennzahlen weisen, bis auf den Absatz pro Frontstück, alle dieselbe Reihenfolge auf.

Abbildung 3.8 enthält eine Absatzanalyse für die Warengruppe Deutscher Weinbrand. Mit dieser Abbildungstechnik lassen sich Langsamdreher

523 Deutscher Weinbrand

Preisklasse	Artikelnummer	durchschnittl. Absatz p. Woche	durchschnittl. Lager p. Woche
bis DM 9,99	541	14,0	69,3
	301	8,7	54,3
von DM 10,-- bis DM 14,99	300	62,1	389,4
	298	32,9	184,9
	317	24,6	639,2
	303	8,9	35,4
	153	3,1	57,0
	316	3,0	23,3
	456	2,8	20,7
	356	1,4	20,7
	318	1,1	8,2
	743	1,1	21,0
	496	0,2	9,1
von DM 15,-- bis DM 19,99	455	19,4	50,5
	355	8,8	210,1
	460	6,4	107,1
	364	1,2	6,9
über DM 20,--	458	1,4	16,1
	454	0,0	3,0

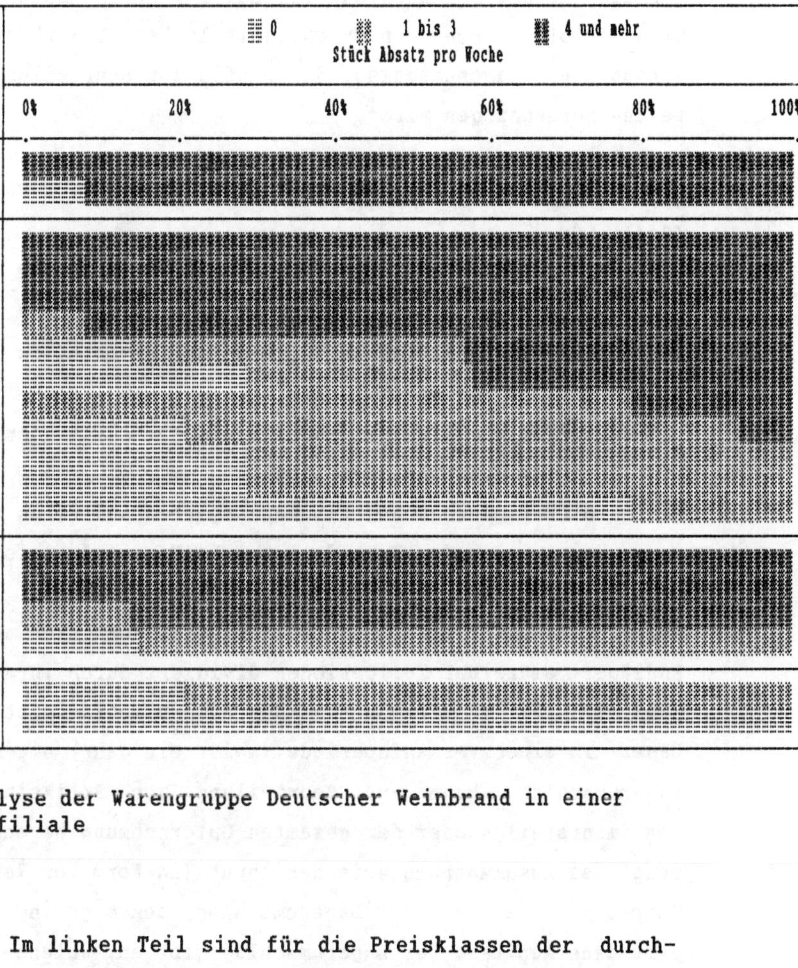

Abb. 3.8: Absatzanalyse der Warengruppe Deutscher Weinbrand in einer Warenhausfiliale

schnell ermitteln. Im linken Teil sind für die Preisklassen der durchschnittliche wöchentliche Absatz und das durchschnittliche wöchentliche Lager enthalten. Im rechten Teil wird aufgezeigt, wie häufig sich die Artikel verkaufen.

Von Artikel 541 werden in allen Wochen mindestens vier Einheiten verkauft, von Artikel 301 in ca. 7% (eine Woche) zwischen einer und drei Einheiten, in den restlichen Wochen jeweils mehr als vier. Als Systematisierungsmerkmale können daneben auch z.B. Herstellerangaben oder technische Eigenschaften verwendet werden.

Umsatzbezogene Erfolgskennzahlen eignen sich zur Darstellung des monetären Erfolges, da sie mit Kosten in Beziehung gesetzt werden können. Der Umsatz kann mit denselben Größen wie der Absatz relativiert werden. Dabei ergeben sich für den Marktanteil dieselben Probleme wie für die Nutzung des Marktanteils auf der Basis Absatz. Dividiert man den Umsatzerfolg durch den durchschnittlichen Lagerbestand, ergibt sich daraus der Lagerumschlag, der häufig zur Beurteilung von Sortimentsteilen herangezogen wird[1].

$$(3.4)\quad LUM_{it} = \frac{UEP_{it}}{\varnothing\ LB_i \text{ zu EP}}$$

mit:

LUM_{it}: Lagerumschlag eines Sortimentsteiles i in der Periode t (meist ein Jahr)

UEP_{it}: Umsatz des Sortimentsteiles i in der Periode t zu EP (Einstandspreisen)

$\varnothing\ LB_i$: durchschnittlicher Lagerbestand eines Sortimentsteiles i in der Periode t zu EP (Einstandspreisen)

Der durchschnittliche Lagerbestand errechnet sich aus der Summe der Endläger einzelner Teilperioden dividiert durch ihre Anzahl (bei einem Jahr sind das z.B. 12 Monate). Der Lagerumschlag gibt an, wie häufig ein Lager in einer Verkaufsperiode (meist ein Jahr) umgeschlagen wird. Der Lagerumschlag kann zur Beurteilung von Artikeln, aber auch von Sortimentsteilen oder der gesamten Unternehmung herangezogen werden. Er zeigt den Zusammenhang zwischen Input (in Form von Vermögenswerten) und Output auf. Je höher der Lagerumschlag, desto geringer ist das im Lager gebundene Kapital. Der Lagerumschlag gibt an, welche Sortimentsteile von den Nachfragern akzeptiert und wiederholt gekauft werden. Der Lagerumschlag allein ist noch keine aussagefähige Kennzahl, da mit unterschiedlichen Input-Daten identische Ergebnisse erzielt werden können. Er benötigt den internen und/oder externen Vergleich.

Die Verwendung des Lagerumschlages ist mit den folgenden Problemen verknüpft:

1. Der Lagerumschlag hängt von der Disposition und vom gewünschten

---

1. Vgl. Villiger, R.: Einzelhandel - Planung, Steuerung und Kontrolle des Warenbestandes. Ein Handbuch der erfolgreichen Sortimentsbewirtschaftung. Bern und Stuttgart 1981, S. 31-38; Barth, K.: Rentable Sortimente im Handel. Zufall oder Ergebnis operabler Entscheidungstechniken. Göttingen 1980, S. 56-58.

Servicegrad ab. Eine Übererfüllung des Servicegrades, eine "schlechte" Disposition[1] oder Mengenrabatte[2] erhöhen den durchschnittlichen Lagerbestand und verschlechtern damit den Lagerumschlag[3].

2. Der Lagerumschlag läßt sich bei stark saisonabhängigen Sortimenten u.U. wegen großer Zeitabstände nur bedingt miteinander vergleichen[4]. Dieses Problem läßt sich lösen, indem man zur Berechnung des durchschnittlichen Lagerbestandes nur ausgewählte Perioden heranzieht. Dabei kann man den durchschnittlichen Lagerbestand entweder kumuliert (der durchschnittliche Lagerbestand wird von Beginn bis Ende der Saison zunächst mit einer, dann mit zwei Perioden usw. berechnet) oder kumuliert roulierend (die jeweils älteste Teilperiode wird durch die jeweils jüngste Teilperiode innerhalb der Saison ersetzt) errechnen. Der roulierende Lagerumschlag ohne Saisonabgrenzung kommt nur für durchlaufende Sortimente in Frage.
3. Der Lagerumschlag kann in Responsefunktionen nicht als abhängige Variable verwendet werden, da lediglich der Umsatz, nicht aber das im Lager gebundene Kapital eine direkte Erfolgskennzahl der Absatzpolitik darstellt.

Ersetzt man den Zähler von Formel (3.4) durch den Nettoumsatz zu Verkaufspreisen, so erhält man den Kapitalumschlag:

$$KUM_{it} = \frac{UVK_{it}}{\emptyset\ LB_i \text{ zu } EP} \tag{3.5}$$

mit:

KUM_{it}: Kapitalumschlag eines Sortimentsteiles i in der Periode t (meist ein Jahr)

---

1. Vgl. Huwyler, M.: Sortiment und Kaufhandlung. Diss. Zürich 1966, S. 77f.

2. Bisweilen werden von Lieferanten Rabatte und sonstige Vergütungen gewährt, wenn eine bestimmte Menge abgenommen wird. Der größeren Spanne stehen dann aber erhöhte Lager-, Zins- und sonstige Kosten gegenüber. Bei sonst gleichem Absatz und erweiterten Sortimenten reduziert sich dann der Lagerumschlag.

3. Vgl. Villiger, R.: Einzelhandel - Planung, Steuerung und Kontrolle des Warenbestandes. Ein Handbuch der erfolgreichen Sortimentsbewirtschaftung, a.a.O., S. 36.

4. Vgl. Barth, K.: Rentable Sortimente im Handel, a.a.O., S. 57.

UVK_{it}: Umsatz des Sortimentsteiles i in der Periode t (zu Verkaufspreisen).

Artikelnummer	kumulierter Bruttoumsatz in 14 Wochen	mittlerer Bruttoumsatz pro Woche	mittlerer Marktanteil p.Woche Basis: Brutto-Umsatz	mittlerer Bruttoumsatz pro Frontstück pro Woche	mittlerer Bruttoumsatz auf 100.000 DM Ges.-ums. pro Woche	mittlerer Bruttoums. auf 10.000 Posten pro Woche	mittlerer Umsatz auf 100.000 Kunden pro Woche	Lagerumschlag*	Kapitalumschlag*
300	12.052,90	860,9	30,5	126,6	125,7	43,7	1.620,8	2,2	2,5
298	5.802,40	414,5	14,7	53,1	60,5	21,1	780,3	1,5	1,8
317	5.153,00	368,1	13,0	147,2	53,7	18,7	692,9	0,9	1,1
455	5.414,60	386,8	13,7	214,9	56,5	19,6	728,1	5,3	6,1
541	1.956,10	139,7	4,9	63,5	20,4	7,1	263,0	4,5	5,3
355	2.314,80	165,3	5,8	91,9	24,1	8,4	311,3	0,8	1,1
303	1.174,90	83,9	3,0	83,9	12,3	4,3	159,0	3,0	3,9
301	1.038,00	74,1	2,6	49,4	10,8	3,8	139,6	3,4	5,3
460	1.438,10	102,7	3,6	48,9	15,0	5,2	193,4	1,4	1,9
153	527,60	37,7	1,3	37,7	5,5	1,9	71,0	2,9	4,7
316	461,30	33,0	1,2	19,4	4,8	1,7	62,0	2,9	4,7
456	545,30	39,0	1,4	39,0	5,7	2,0	73,0	2,4	3,7
356	227,90	16,3	0,6	9,0	2,4	0,8	30,7	1,7	2,6
458	626,80	44,8	1,6	26,3	6,5	2,3	84,3	2,1	3,3
364	359,90	25,7	0,9	25,7	3,8	1,3	48,4	5,0	7,4
743	209,90	15,0	0,5	15,0	2,2	0,8	28,2	2,9	4,4
318	225,00	16,1	0,6	16,1	2,4	0,8	30,3	3,4	4,7
496	45,00	3,2	0,1	1,5	0,5	0,2	6,1	0,6	0,8
454	-	-	-	-	-	-	-	-	-
Durchschnitt	2.082,8	148,8	5,3	71,0	21,7	7,6	280,1	1,7	2,1

* Der Lagerumschlag und der Kapitalumschlag wurden im Beispiel aus 14 Wochen errechnet; der durchschnittliche Lagerbestand bezieht sich entgegen der üblichen Konvention auf die Woche. Der Umsatz wurde auf 52 Wochen extrapoliert.

Abb. 3.9: Ausgewählte Erfolgskennzahlen auf der Basis Umsatz der Warengruppe Deutscher Weinbrand in einer Warenhausfiliale

Der Kapitalumschlag gibt an, wie oft sich das eingesetzte (im Lager durchschnittlich gebundene) Kapital in einer Periode umschlägt. Gegenüber dem Lagerumschlag besitzt er den Vorteil, daß die erzielte Spanne berücksichtigt wird. Ansonsten gelten dieselben Nach- und Vorteile wie sie bereits oben für den Lagerumschlag besprochen wurden.

Der Umsatz kann neben wertmäßigen Engpaßfaktoren auch mit mengenmäßigen Engpaßfaktoren, z.B. in Anspruch genommene Flächen-, Raumeinheiten oder

Personalressourcen, in Bezug gesetzt werden. Die Normierung des Umsatzes durch die in Anspruch genommenen Ressourcen erhöht den Informationsgehalt dieser Erfolgskennzahlen. Abbildung 3.9 enthält für die Warengruppe Deutscher Weinbrand Erfolgsgrößen auf der Basis Umsatz. Den höchsten Lagerumschlag erzielt der Artikel 455 mit 5,3, das bedeutet, daß sich dieser Artikel 5,3 mal pro Jahr umschlägt. Im Durchschnitt schlägt sich die Warengruppe 1,7 mal pro Jahr um. Der Kapitalumschlag liegt jeweils über dem Lagerumschlag, da alle Artikel eine positive Abschlagskalkulation aufweisen. Den höchsten Kapital-

Erfolgskennzahl	Vorteil	Nachteil
Absoluter Absatz/Umsatz	- leicht zu ermitteln - Prognoseeinheit entspricht der Dispositionseinheit	- hohe Schwankungen durch Saison und/oder Kundenfrequenz möglich - direkter Vergleich zwischen verschiedenen Verkaufsstellen nur bedingt möglich
Marktanteil auf der Basis Absatz/Umsatz	- relativ leicht zu ermitteln - Erfassung von Saison- und Frequenzschwankungen für eine Artikelgesamtheit möglich - normierte Kennzahl mit Werten zwischen 0 und 100%	- sachliche Abgrenzungsprobleme bei der Festlegung der Artikelgesamtheit - Vergleich zwischen verschiedenen Verkaufsstellen nur möglich, wenn jeweils dieselben Artikel geführt werden, ansonsten können nur jeweils Teile des Sortimentes verglichen werden - Vergleich der Marktanteile im Zeitablauf nur bei jeweils denselben Sortimentsteilen möglich - Prognoseeinheit entspricht nicht der Dispositionseinheit (zur Berechnung des absoluten Absatzes eines Artikels muß zunächst der Absatz der Artikelgesamtheit prognostiziert werden)

Abb. 3.10: Zusammenfassende Beurteilung von Erfolgskennzahlen auf der Basis Absatz und Umsatz, Teil 1

Erfolgskennzahl	Vorteil	Nachteil
Absatz/Umsatz im Verhältnis zu mengenmäßigen Engpaßfaktoren (z.B. in Anspruch genommene Flächen- oder Raumeinheiten)	- relativ leicht zu ermitteln - Vergleich mit anderen Einheiten möglich - höhere Information als absoluter Wert oder Marktanteil	- Zurechnungsprobleme z.B. Lagerflächen, Gänge usw.; die in Anspruch genommene Kapazität kann als Fläche oder Raum gemessen werden - keine Aussage über absoluten Erfolg möglich
Umsatz im Verhältnis zu wertmäßigen Engpaßfaktoren (z.B. im Lager gebundenes Kapital)	- Vergleich mit anderen Einheiten möglich - hoher Informationsnutzen durch Einbezug des in Anspruch genommenen Kapitals	- Probleme bei der Ermittlung des durchschnittlichen Lagerbestandes; insbesondere bei saisonabhängigen Sortimentsteilen - Beeinflussung durch Bestellpolitik möglich - Enthält keine Informationen über den absoluten Erfolg - absoluter Erfolg kann in Responsefunktionen nicht als Ergebnisvariable benutzt werden, da das im Lager gebundene Kapital keine Output-, sondern eine Inputgröße ist.
Absatz, Umsatz im Verhältnis zu Kundenreaktionen die sich auf eine Verkaufsstelle oder Abteilung beziehen (z.B. Absatz pro 1.000 Kunden)	- relativ leicht zu ermitteln - Erfassung von Frequenzschwankungen möglich - Vergleich zwischen verschiedenen Verkaufsstellen und im Zeitablauf möglich - Umrechnung auf Dispositionseinheit relativ einfach, da die Kundenreaktion für eine Vielzahl von Artikeln identisch ist	- Saisonschwankungen können das Schätzergebnis verzerren

Abb. 3.10: Zusammenfassende Beurteilung von Erfolgskennzahlen auf der Basis Absatz und Umsatz, Teil 2

umschlag hat daher ebenfalls Artikel 455, den geringsten Artikel 496, sieht man von Artikel 454 ab, der im Untersuchungszeitraum nicht verkauft wurde. Im Durchschnitt schlägt sich das Kapital 2,1 mal um (Basis: Bruttoumsatz).

Abbildung 3.10 enthält für die Erfolgskennzahlen auf der Basis Absatz und Umsatz eine zusammenfassende Beurteilung.

zu b) Erfolgskennzahlen auf der Basis Deckungsbeitrag

Bei den Erfolgskennzahlen auf der Basis Deckungsbeitrag werden für jeden Artikel die direkt zurechenbaren Kosten (im einfachsten Fall ist das der Einkaufspreis) mit dem Umsatz in Beziehung gesetzt. Der Deckungsbeitrag ergibt sich dann als Differenz zwischen dem Umsatz und den direkt zurechenbaren Kosten in einer Periode[1]. Die Kosten bestehen aus dem Einkaufspreis sowie weiteren direkt zurechenbaren Kosten (sofern diese erfaßt werden können, z.B. Verderb, Lagerkosten, Transportkosten usw.) und den nicht direkt zurechenbaren Gemeinkosten (z.B. bei Filialbetrieben ein sog. "Zentralzuschlag" oder Warenbezugskosten).
Abbildung 3.11 enthält einen Überblick über die Erfolgskennzahlen auf der Basis Deckungsbeitrag.
Sie sind nicht geeignet, die direkte Response auf den Einsatz absatzpolitischer Instrumente zu messen, weil sie Kostenbestandteile enthalten, die für die Nachfrager im Normalfall nicht verhaltenswirksam sind, weil die Nachfrager diese Bestandteile nicht kennen. Sie können aber zur Beurteilung des monetären Erfolges absatzpolitischer Handlungsmöglichkeiten herangezogen werden. Als Problem erweist sich dabei die Berechnung der Kosten für einzelne Sortimentsteile. Eine eindeutige Zuweisung der Kosten setzt voraus, daß Einkaufs- und Verkaufseinheiten identisch und die Kosten unabhängig vom Absatz anderer Sortimentsteile sind[2]. Anschließend muß geklärt werden, welche Kosten berücksichtigt werden müssen:

(1) Beschaffungskosten (z.B. Netto-Einkaufspreise, Bestellkosten, Warenbezugs- und Nebenkosten),
(2) Lagerkosten (z.B. Handlingskosten, Kosten für die Inanspruchnahme von Lager- und Verkaufsfläche, Kapitalbindungskosten),
(3) Kosten, die durch Diebstahl und Verderb oder aufgrund technischen Fortschritts oder Modellwechsel verursacht werden,

---

1. Vgl. Hecker, W.: Kurzfristige Erfolgsrechnung im Einzelhandel. Stuttgart 1968, S. 98ff.

2. Vgl. Riebel, P.: Einzelkosten- und Deckungsbeitragsrechnung. 5. verb. und erg. Aufl. Wiesbaden 1985, S. 399f.

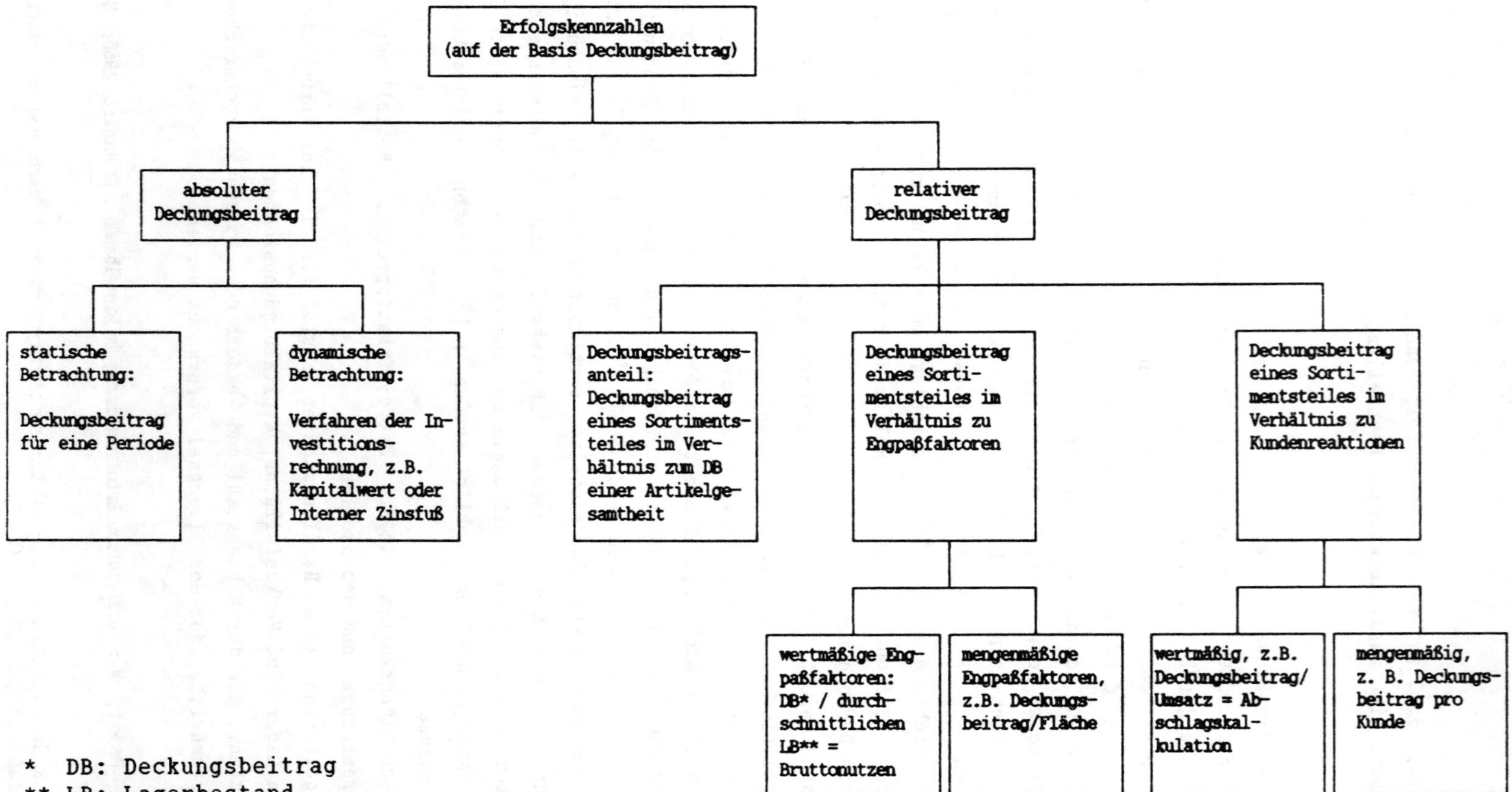

* DB: Deckungsbeitrag
** LB: Lagerbestand

Abb. 3.11: Erfolgskennzahlen auf der Basis Deckungsbeitrag

(4) Personalkosten im Verkaufsbereich,
(5) Fehlmengenkosten aufgrund mangelnder Bevorratung und
(6) Informationsversorgungskosten.

Mit Hilfe von Scannerdaten stehen zwar artikelgenaue Informationen über den Absatz und Erlös zur Verfügung. Die artikelgenauen Kosten müssen aber separat erhoben werden. Der Deckungsbeitrag eines Sortimentsteiles wird stark davon beeinflußt, welche Kosten auf der jeweiligen Stufe der Sortimentspyramide berücksichtigt werden. So ergibt sich bei der Festlegung der Einkaufspreise das Problem, wie z.B. Werbekostenzuschüsse eines Lieferanten, der mehrere Artikel im Sortiment eines Einzelhändlers gelistet hat, auf diese Artikel (inhaltlich und zeitlich) verteilt werden sollen. Zur Zeit wird an Verfahren gearbeitet, die es ermöglichen, den Deckungsbeitrag auf unterschiedlichem Aggregationsniveau zu berechnen, wobei möglichst alle Kosten, die für einzelne Artikel auf den einzelnen Stufen der Sortimentspyramide anfallen, erfaßt werden. Damit können für jeden Artikel die Kosten, die er verursacht, ermittelt werden. Das Ergebnis dieser Rechnung wird zur Unterscheidung zum klassischen Deckungsbeitrag im Handel (bei dem oft nur der Einstandspreis als Kostenfaktor berücksichtigt wird) als Direkte Produkt Rentabilität (DPR) oder auch Direkte Produkt Profitabilität (DPP) bezeichnet[1]. Generell gilt, daß Gemeinkosten nur der Kostenstelle zugeordnet werden sollten, bei der sie tatsächlich anfallen. Eine falsche bzw. unsachgemäße Zuordnung der Gemeinkosten verfälscht den Deckungsbeitrag bzw. den DPP.
Der Deckungsbeitrag bezieht sich auf jeweils eine Periode. Betrachtet man die bevorratete Ware, bzw. die Kosten für permanent zur Verfügung stehende Dienstleistungen wie beispielsweise Reisebüro, Partyservice oder Restaurant als Investition, so können auch dynamische Kennzahlen der Investitionsrechnung zur Beurteilung der Vorteilhaftigkeit herangezogen werden[2]. Diese Verfahren eignen sich aber nur für aggregierte Sor-

---

1. Eine ausführliche Darstellung der Direkten-Produkt-Rentabilität findet sich in einer vom Food Marketing Institute, Washington DC, herausgegebenen Broschüre: Boyle, K.: DPP Measurements. Understanding their Uses. Food Marketing Institute. Washington DC. May 1988; vgl. auch: Hallier, B.: Direkte Produkt-Rentabilität: Sich ins Regal hineinrechnen. In: asw (10/1987), S. 38-44.

2. Vgl. z.B. Perridon, L. und Steiner, M.: Finanzwirtschaft der Unternehmung. 2. überarb. Aufl. München 1980, S. 49ff.

timentsteile (z.B. Warenbereiche), bei denen man in der Lage ist, zukünftige Ein- und Auszahlungsströme relativ genau zu prognostizieren. Für Artikel sind diese Verfahren aufgrund der Unsicherheit über die Höhe der zukünftigen Ein- und Auszahlungen nicht geeignet.

Deckungsbeiträge lassen sich wie der Absatz oder der Umsatz mit folgenden drei Größen relativieren:

(1) mit dem Deckungsbeitrag einer aggregierten Einheit (z.B. Warengruppe),

(2) mit wert- oder mengenmäßigen Engpaßfaktoren oder

(3) mit wertmäßigen oder mengenmäßigen Reaktionen der Nachfrager.

Zu (1) Der Marktanteil auf der Basis Deckungsbeitrag

$$(3.6) \quad MA_{DBi} = \frac{DB_i}{\sum_{i=1}^{I} DB_i}$$

mit:

MA_{DBi}: Marktanteil eines Artikels i auf der Basis Deckungsbeitrag

DB_i: Deckungsbeitrag eines Artikels i(i=1,2,3,...,I)

gibt den Anteil eines Sortimentsteiles am gesamten Deckungsbeitrag einer aggregierten Einheit an. Der MA_{DBi} kann nur zur Beurteilung gleicher Situationen (z.B. derselbe Sortimentsumfang) zum sachlichen, räumlichen oder zeitlichen Vergleich herangezogen werden. Setzt man den Deckungsbeitrag mit dem durchschnittlich im Lager gebundenen Kapital ins Verhältnis, erhält man den Bruttonutzen (BN)[1]:

$$(3.7) \quad BN_i = \frac{DB_i}{\varnothing\ LB_i \text{ zu } EP_i}$$

mit BN_i: Bruttonutzen eines Sortimentsteil i.

---

1. Vgl. Barth, K.: Rentable Sortimente im Handel, a.a.O., S. 59f.

Bei dem Bruttonutzen handelt es sich um einen für den Handel modifizierten Return on Investment[1]. Durch Umformen ergibt sich:

(3.8) $BN_i = AK_i * KUM_i$

mit

AK_i: realisierte Abschlagskalkulation in % (entspricht der Umsatzrendite).

Die Abschlagskalkulation errechnet sich als:

(3.9) $$AK_{it} = \frac{(UVK_{it} - UEP_{it})}{UVK_{it}}.$$

Der Bruttonutzen gibt den Deckungsbeitrag eines Sortimentsteils an, der mit jeweils einer eingesetzten Geldeinheit in einer Periode erzielt wird.

Der Bruttonutzen wird von vier Faktoren beeinflußt:

1. vom Ein- bzw. Verkaufspreis,
2. von den direkt zurechenbaren Kosten,
3. von der Kalkulation (Differenz zwischen Einkaufs- und Verkaufspreis),
4. von dem durchschnittlichen Lagerbestand.

Der Bruttonutzen besitzt eine hohe Aussagekraft als Rentabilitätsmaß, Selektions- und Eliminierungskriterium[2]. Zieht man den Bruttonutzen als Entscheidungskriterium zur Planung der Sortimentspolitik heran, dann muß gewährleistet sein, daß für die zu vergleichenden Sortimentsteile in

---

1. Vgl. Bürkler, A.: Kennzahlen als Führungsinstrument. Ein Lösungsvorschlag für den gewerblichen Detailhandel in der Schweiz, a.a.O., S. 320; Küting, K.: Kennzahlensysteme in der betrieblichen Praxis. In: WiSt (1983), S. 291-296, hier S. 291f.; Barth, K.: Rentable Sortimente im Handel Zufall oder Ergebnis operabler Entscheidungstechniken, a.a.O., S. 58-60 und S. 68-70. Mellerowicz, K.: Die Handelsspanne bei freien, gebundenen und empfohlenen Preisen. Freiburg i. Br. 1961, S. 43ff.; Heyde, K.: Rentabilitätsanalyse im Handel. Berlin 1969, S. 111-116. Einen Hinweis auf den Einsatz des ROI in Handelsbetrieben zum Zwecke der Sortimentsplanung findet sich bereits bei Flach, H. D.: Sortimentspolitik im Einzelhandel, a.a.O., S. 152.

2. Vgl. Villiger, R.: Einzelhandel - Planung, Steuerung und Kontrolle des Warenbestandes, a.a.O., S. 41-43; Wingate, J.W.; Schaller, E.O. u. Bell, R.W.: Problems in Retail Merchandising, 6. Auflage. Englewood Cliffs, N.J. 1973, S. 146; Heyde, U.: Rentabilitätsanalyse im Handel, a.a.O., S. 111.

etwa die gleichen fixen Kosten anfallen. Außerdem sollten die Kosten und der Umsatz voneinander unabhängig sein[1]. Dies wird aber in der Realität nicht immer der Fall sein. Darüber hinaus ergibt sich wie bei allen relativen Kennzahlen das Problem, daß mit unterschiedlichen Input-Daten identische Ergebnisse erzielt werden können. Setzt man statt des Deckungsbeitrages die Direkte Produkt Rentabilität ein, läßt sich der Nettonutzen berechnen. Durch den Vergleich des Nutzens eines Artikels mit dem durchschnittlichen Nutzen einer Artikelgesamtheit läßt sich seine Stärke aufzeigen. Bei Werten über eins handelt es sich um einen Artikel, der die Rentabilität einer Artikelgesamtheit stützt, bei Werten unter eins handelt es sich um einen Rentabilitätsnehmer. Brutto- oder Nettonutzen eignen sich zur Beschreibung des Sortimentserfolges über mehrere Teilperioden hinweg (z.B. auf Wochenbasis). Als Erfolgsgröße zur Erfassung von Reaktionen auf den Einsatz absatzpolitischer Instrumente kann man den Nutzen nicht heranziehen, da er den Erfolg nur indirekt widerspiegelt.

Statt der wertmäßigen Engpaßfaktoren können auch mengenmäßige, wie z.B. der Verkaufsraum oder die Zahl der Mitarbeiter, zur Gewichtung des Deckungsbeitrages herangezogen werden. Für Artikel bietet es sich an, die Flächen oder Raumeinheiten in Form von Frontstücken oder in Längen- bzw. Raummaßen zu messen. Diese Kennzahl besitzt aber nur dann praktische Bedeutung, wenn die Kosten für die in Anspruch genommenen Engpaßfaktoren nicht schon bereits im Deckungsbeitrag enthalten sind, da ansonsten die Kosten zweifach erfaßt werden. Eine Gewichtung des Deckungsbeitrages mit wertmäßigen Engpaßfaktoren ist einer Gewichtung mit mengenmäßigen vorzuziehen, da dieselben Inputfaktoren in verschiedenen Perioden oder Verkaufsstellen unterschiedliche Kosten verursachen können.

Kosten (bzw. Umsatz - Deckungsbeitrag) können ebenso wie der Absatz und der Umsatz mit Reaktionen der Kunden ins Verhältnis gesetzt werden. Als wertmäßige Kundenreaktion kann der Umsatz eines Sortimentsteiles benutzt werden. Dies entspricht der Abschlagskalkulation. Diese Kennzahl enthält keine Information über den erzielten absoluten Absatz in einzelnen

---

1. Vgl. Barth, K.: Rentable Sortimente im Handel, a.a.O., S. 70.

Perioden. Daher ist sie für sich allein betrachtet noch keine aussagefähige Kennzahl[1].

Die Relativierung des Deckungsbeitrages mit der Anzahl der Kunden oder dem Umsatz der gesamten Verkaufsstelle gewährleistet zwar die Inter- und Intravergleichbarkeit, spielt aber bei den indirekten Erfolgskennzahlen eine untergeordnete Rolle. Abbildung 3.12 zeigt ausgewählte Erfolgskennzahlen auf der Basis Deckungsbeitrag für die Warengruppe Deutscher Weinbrand in einer Warenhausfiliale.

Artikelnummer	Kumulierter Deckungsbeitrag in 14 Wochen	Mittlerer Deckungsbeitrag pro Woche	Mittlerer Marktanteil pro Woche (auf der Basis DB)	Mittlerer Deckungsbeitrag pro Frontstück pro Woche	Mittlerer DB pro 100.000 DM Gesamtumsatz pro Woche	Mittlerer DB pro 10.000 Posten pro Woche	Mittlerer DB pro 100.000 Kunden pro Woche	Abschlagskalkulation in %	Bruttonutzen*
300	917,6	65,5	20,2	9,6	9,6	3,3	123,4	8,1	20,3
298	487,9	34,9	10,8	4,5	5,1	1,8	65,6	9,0	16,2
317	523,7	37,4	11,6	15,0	5,5	1,9	70,4	10,9	12,0
455	323,5	23,1	7,1	12,8	3,4	1,2	43,5	6,4	39,0
541	172,2	12,3	3,8	5,6	1,8	0,6	23,2	9,4	49,8
355	430,1	30,7	9,5	14,0	4,5	1,6	57,8	19,9	21,9
303	185,9	13,3	4,1	7,4	1,9	0,7	25,0	16,9	65,9
301	308,3	22,0	6,8	14,7	3,2	1,1	41,5	31,8	168,5
460	266,8	19,1	5,9	9,1	2,8	1,0	35,9	19,9	37,8
153	163,1	11,7	3,6	11,7	1,7	0,6	21,9	33,1	155,6
316	140,3	10,0	3,1	5,9	1,5	0,5	18,9	32,5	152,8
456	150,7	10,8	3,3	10,8	1,6	0,6	20,3	29,5	109,2
356	64,8	4,6	1,5	2,6	0,7	0,2	8,7	30,4	79,0
458	194,2	13,9	4,3	8,2	2,0	0,7	26,1	33,2	109,6
364	91,1	6,5	2,0	6,5	1,0	0,3	12,2	27,1	200,3
743	55,6	4,0	1,2	4,0	0,6	0,2	7,5	30,3	133,3
318	48,2	3,4	1,0	3,4	0,5	0,2	6,5	22,9	107,6
496	9,4	0,7	0,2	0,3	0,1	0,03	1,3	22,4	17,9
454	-	-	-	-	-	-	-	-	-
Durchschnitt	238,6	17,0	5,3	8,1	2,5	0,9	32,1	12,3	25,9

* Der Bruttonutzen wurde der besseren Übersichtlichkeit halber mit dem Faktor 100 multipliziert; Lesebeispiel: Artikel 300 erzielt pro eingesetzten DM 100,00 einen Deckungsbeitrag von DM 20,30.

Abb. 3.12: Ausgewählte Kennzahlen auf der Basis Deckungsbeitrag der Warengruppe Deutscher Weinbrand in einer Warenhausfiliale

---

1. Vgl. ebenda, S. 65f.

Den höchsten durchschnittlichen Deckungsbeitrag pro Woche weist mit DM 65,50 Artikel 300 auf, den zweithöchsten Artikel 298 mit DM 34,90, den dritthöchsten Artikel 355 mit DM 37,40. Bei dem mittleren Deckungsbeitrag pro Woche und dem mittleren Marktanteil pro Woche ergibt sich dieselbe Reihenfolge. Den höchsten mittleren wöchentlichen Deckungsbeitrag pro Frontstück erzielt mit DM 15,-- Artikel 317, Artikel 300 nimmt bei dieser Kennzahl mit DM 9,60 lediglich Rang sieben ein, was darauf hindeutet, daß er mit wesentlich mehr Frontstücken als Artikel 317 plaziert war. Bei den mittleren wöchentlichen Deckungsbeiträgen pro Kundenreaktion ergibt sich in allen drei Fällen fast dieselbe Reihenfolge. Die höchste durchschnittliche Abschlagskalkulation erzielt mit 33,20% Artikel 458, der aber mit einem Deckungsbeitrag von DM 194,20 nur Rang 9 einnimmt. Der höchste Bruttonutzen wird von Artikel 364 mit einem Wert von 200,30 erzielt, das bedeutet für jeweils 100 DM Einsatz erhält man DM 200,30 Deckungsbeitrag in einer Periode (hier hochgerechnet auf ein Jahr).

Im folgenden soll der Frage nachgegangen werden, wie mehrere Erfolgskennzahlen zusammengefaßt werden können. Man kann a) aus mehreren Erfolgskennzahlen eine mittlere Erfolgskennzahl bilden, b) können die Erfolgskennzahlen als Bausteine in einer Kennzahlenpyramide dienen, in der aus jeweils zwei Kennzahlen eine weitere gebildet wird. An der Spitze der Kennzahlenpyramide steht dann die wichtigste Kennzahl.

3.2.1.1.1 Die Verknüpfung von mengen- und wertmäßigen Kennzahlen zu einer Spitzenkennzahl

Einzelne Kennzahlen besitzen nur eine begrenzte Aussagefähigkeit, da sie jeweils nur einen bzw. maximal zwei Tatbestände beschreiben. Bei relativen Kennzahlen (z.B. Abschlagskalkulation eines Artikels) kommt hinzu, daß unklar ist, wie groß der absolute Betrag ist. Einzelne Artikel werden bei unterschiedlichen Kennzahlen oft auch unterschiedliche Ränge innerhalb einer Warengruppe einnehmen (vgl. dazu z.B. Abbildung 3.12). Unter der Annahme, daß die Kennzahlen jeweils verschiedene Tatbestände messen, könnte man die standardisierten Erfolgskennzahlen eines Artikels mitteln. Diese Vorgehensweise entspricht einem Punktbewertungsmodell[1], wobei allerdings die einzelnen Zielkriterien nicht indirekt über Punkte, sondern direkt über die standardisierten Werte berücksichtigt werden. Bei der Mittelwertbildung treten die folgenden Probleme auf:

(1) Welche Kennzahlen sollen gemittelt werden?

(2) Mit welchen Gewichten sollen die Kennzahlen in die Berechnung einfließen.

(3) Welche Erkenntnisse können aus einer mittleren Erfolgskennzahl gewonnen werden?

Zu (1) Die Mittlung von Kennzahlen besitzt den Vorteil, daß sowohl mengen- als auch wertmäßige Komponenten berücksichtigt werden können. Die ausgewählten Kennzahlen sollten möglichst unabhängig voneinander sein. Zu diesem Zweck kann man Erfolgskennzahlen mit Hilfe eines faktorenanalytischen Verfahrens[2] verdichten. Die Ausgangsbasis aller faktorenanalytischen Verfahren ist eine Korrelationskoeffizientenmatrix, aus der man die Stärke der Beziehung zwischen den Erfolgskennzahlen entnehmen kann. Definitionsgemäß ergeben sich bei konstanten Preisen zwischen dem Umsatz und Absatz und zwischen dem Marktanteil auf der Basis Umsatz und Absatz Korrelationen von +1. Zwischen dem Absatz pro 1.000 Kunden, Absatz pro 100.000 DM Umsatz für die gesamte Verkaufsstelle und Absatz pro 100.000 Posten werden ebenfalls jeweils hohe Korrelationen bestehen. Dasselbe gilt für den Umsatz und den Deckungsbeitrag. Abbildung 3.13 zeigt die Matrix der Korrelationskoeffizienten für ausgewählte Erfolgskennzahlen für die Warengruppe Kaffee. Die Korrelation zwischen dem Absatz und dem Umsatz beträgt 0,99, zwischen Marktanteil auf Absatz- und Umsatzbasis ebenfalls 0,99. Der absolute Absatz korreliert mit Werten zwischen 0,67 und 1,0 mit dem Absatz pro wert- und mengenmäßiger Komponente (Anzahl der Frontstücke, Gesamtabsatz der Lebensmittelabteilung, Anzahl der Kunden der Lebensmittelabteilung und Anzahl der Posten der Lebensmittelabteilung).

---

1. Vgl. z.B. Sabel, H.: Produktpolitik in absatzwirtschaftlicher Sicht. Grundlagen und Entscheidungsmodelle. Wiesbaden 1971, S. 91 ff.

2. Vgl. z.B. Überla, K.: Faktorenanalyse. 2. Auflage. Berlin u.a. 1972. Eine praxisorientierte Einführung findet sich bei Backhaus, K. u.a.: Multivariate Analysemethoden. Eine anwendungsorientierte Einführung. 4. neu bearb. u. erw. Aufl. Berlin u.a. 1987, S. 67-113.

	Absatz	Umsatz	Marktanteil (mengenmäßig)	Absatz pro Frontstück	Absatz pro 100.000 DM Gesamtumsatz	Absatz pro 100.000 Posten	Absatz pro 1.000 Kunden	Marktanteil (wertmäßig)	Lagerumschlag	Umsatz pro Frontstück	Umsatz pro 100.000 DM Gesamtumsatz	Umsatz pro 100.000 Posten	Umsatz pro 1.000 Kunden	Deckungsbeitrag	Bruttonutzen	Deckungsbeitrag pro Frontstück	Abschlagskalkulation	DB* pro 100.000 DM Gesamtumsatz	DB* pro 100.000 Posten
Absatz	1.00																		
Umsatz	.99	1.00																	
Marktanteil (mengenmäßig)	.98	.97	1.00																
Absatz pro Frontstück	.66	.66	.64	1.00															
Absatz pro 100.000 DM Gesamtumsatz	1.00	.98	.98	.67	1.00														
Absatz pro 100.000 Posten	1.00	.99	.98	.66	1.00	1.00													
Absatz pro 1.000 Kunden	.97	.95	.94	.65	.98	.98	1.00												
Marktanteil (wertmäßig)	.97	.98	.99	.63	.97	.97	.93	1.00											
Lagerumschlag	.50	.46	.48	.53	.50	.50	.49	.44	1.00										
Umsatz pro Frontstück	.65	.65	.62	.97	.64	.64	.62	.63	.47	1.00									
Umsatz pro 100.000 DM Gesamtumsatz	.99	1.00	.98	.66	1.00	.99	.96	.98	.46	.65	1.00								
Umsatz pro 100.000 Posten	.99	1.00	.98	.65	.99	.99	.96	.98	.46	.65	1.00	1.00							
Umsatz pro 1.000 Kunden	.97	.99	.94	.65	.98	.98	.99	.95	.46	.63	.97	.98	1.00						
Deckungsbeitrag	-.58	-.51	-.51	-.41	-.61	-.58	-.67	-.49	-.41	-.33	-.54	-.51	-.60	1.00					
Bruttonutzen	-.39	-.32	-.36	-.40	-.40	-.39	-.41	-.31	-.79	-.29	-.33	-.32	-.35	.56	1.00				
Deckungsbeitrag pro Frontstück	-.42	-.36	-.37	-.35	-.44	-.42	-.47	-.35	-.44	-.19	-.38	-.36	-.42	.74	.66	1.00			
Abschlagskalkulation	-.27	-.24	-.26	-.30	-.28	-.28	-.30	-.24	-.36	-.22	-.25	-.24	-.27	.41	.60	.62	1.00		
DB* pro 100.000 DM Gesamtumsatz	-.59	-.52	-.52	-.41	-.62	-.60	-.68	-.51	-.41	-.34	-.55	-.52	-.62	1.00	.55	.73	.41	1.00	
DB* pro 100.000 Posten	-.58	-.51	-.52	-.41	-.61	-.59	-.67	-.50	-.41	-.33	-.54	-.51	-.61	1.00	.55	.73	.41	1.00	1.00
DB* pro 1.000 Kunden	-.61	-.54	-.54	-.42	-.64	-.61	-.69	-.53	-.39	-.35	-.57	-.54	-.63	.99	.53	.72	.40	.99	.99

* DB: Deckungsbeitrag

Abb. 3.13: Korrelationskoeffizientenmatrix der Erfolgskoeffizienten der Warengruppe Kaffee in einer Warenhausfiliale (Basis 14 Wochen)

Für die entsprechenden Umsatzvariablen werden Korrelationen zwischen 0,63 und 1,0 gemessen. Bruttonutzen und Abschlagskalkulation korrelieren mit den übrigen Erfolgskennzahlen relativ niedrig, wohl aber untereinander mit negativen Werten. Die negativen Korrelationen deuten darauf hin, daß hoher Umsatz oder Absatz mit niedrigem Deckungsbeitrag, Deckungsbeitrag pro Frontstück, Deckungsbeitrag pro Kundenreaktion, Bruttonutzen und Abschlagskalkulation verbunden sind. Mit Hilfe der Hauptkomponentenanalyse werden die Erfolgskennzahlen zu Erfolgsfaktoren verdichtet. Abbildung 3.14 enthält das Ergebnis.

Erfolgskennzahlen	Faktor 1	Faktor 2	Faktor 3
Absatz	0,93	-0,30	0,18
Umsatz	0,96	-0,22	0,14
Marktanteil (mengenmäßig)	0,94	-0,23	0,16
Absatz pro Frontstück	0,64	-0,03	0,57
Absatz pro 100.000 DM Gesamtumsatz	0,92	-0,33	0,18
Absatz pro 100.000 Posten	0,93	-0,30	0,17
Absatz pro 1.000 Kunden	0,88	-0,40	0,17
Marktanteil (wertmäßig)	0,95	-0,21	0,13
Umsatz pro Frontstück	0,67	0,06	0,49
Umsatz pro 100.000 Posten	0,96	-0,22	0,14
Umsatz pro 1.000 Kunden	0,92	-0,33	0,14
Umsatz pro 100.000 DM Gesamtumsatz	0,95	-0,25	0,14
DB* absolut	-0,32	0,91	-0,19
DB* pro Frontstück	-0,12	0,73	-0,46
DB* pro 100.000 DM Gesamtumsatz	-0,33	0,91	-0,19
DB* pro 1.000 Kunden	-0,35	0,90	-0,17
DB* pro 100.000 Posten	-0,31	0,91	-0,19
Lagerumschlag	0,32	-0,16	0,77
Bruttonutzen	-0,10	0,43	-0,79
Abschlagskalkulation	-0,04	0,37	-0,64

*DB = Deckungsbeitrag

Abb. 3.14: Ergebnis der Hauptkomponentenanalyse, rotierte Faktorladungsmatrix für die Warengruppe Kaffee einer Warenhausfiliale auf der Basis von Wochendaten

Nach dem Kaiser-Kriterium[1] ergeben sich drei Faktoren, die insgesamt 89,5% der Varianz erklären. Der erste Faktor mit Faktorladungen zwischen

---

1. Vgl. Backhaus, K. u.a.: Multivariate Analysemethoden, a.a.O., S. 90.

0,64 und 0,96 enthält alle absatz- und umsatzbezogenen Größen bis auf den Lagerumschlag. Auf den zweiten Faktor laden die deckungsbeitragsbezogenen Größen mit Ausnahme der Kalkulation und des Bruttonutzens. Lagerumschlag, Bruttonutzen und Kalkulation laden auf den dritten Faktor. Für die Faktoren werden die folgenden Bezeichnungen vorgeschlagen:

- Faktor 1: Absatz- und umsatzbezogene Erfolgskennzahl
- Faktor 2: Deckungsbeitragsbezogene Erfolgskennzahl und
- Faktor 3: Rentabilitätskennzahl.

Diese Faktorenstruktur zeigt sich mit geringfügigen Abweichungen auch bei den beiden anderen Filialen und in den anderen untersuchten Warenbereichen Zahnpasten/Seifen und Spirituosen. Für jeden Artikel und Faktor lassen sich Faktorwerte bilden, die unabhängig voneinander sind. Diese Werte können nun direkt zur Mittlung herangezogen werden. Ersatzweise kann man aber auch, falls sich die Faktoren in einem längeren Zeitraum als stabil gezeigt haben, jeweils eine der (standardisierten) Kennzahlen, die besonders hoch auf einen Faktor lädt, zur Mittlung heranziehen, in unserem Fall z.B. Umsatz, Deckungsbeitrag und Bruttonutzen.

Zu (2) Je nach Zielsetzung können bestimmte Erfolgskennzahlen von größerer Bedeutung sein als andere. Dies kann durch eine Ungleichgewichtung zum Ausdruck gebracht werden. Eindeutige Kriterien zur Festlegung der Gewichte gibt es dabei nicht. Liegen keine weiteren Informationen über die Wichtigkeit der Ausgangskennzahlen vor, sollte man alle Kennzahlen gleichgewichten.

Zu (3) Die Rangreihung der Artikel nach gemittelten Erfolgskennzahlen gibt keine Auskunft über den absoluten Erfolg, sondern zeigt lediglich an, daß einzelne Artikel in bezug auf die Ausgangskennzahlen im Vergleich zu anderen durchschnittlich besser, gleich gut oder schlechter sind.
Ergänzend kann daneben eine mittlere externe Kennzahl, z.B. das Marktwachstum einzelner Sortimentsteile, oder das Image der Sortimentsteile berücksichtigt werden. In der Regel werden diese externen Informationen nur für aggregierte Sortimentsteile zur Verfügung stehen. Der Erhebungsaufwand für einzelne Artikel steht in keinem Verhältnis zu dem Nutzen. Die Werte können dann in einem Koordinatensystem dargestellt werden.

3.2.1.1.2 Die Ermittlung von Spitzenkennzahlen mit Hilfe von Kennzahlensystemen

Mit Hilfe der klassischen wertmäßigen Kennzahlen, die in Abschnitt 3.2.1.1 vorgestellt werden, lassen sich auch Kennzahlenpyramiden bilden. Solche Pyramiden bestehen aus einer absoluten oder relativen Erfolgskennzahl an der Spitze, die nach unten in weitere Kennzahlen heruntergebrochen wird[1].

Ausgehend von der Erfolgskennzahl Absatz, von der direkten Bestimmungsgröße Verkaufspreis, der indirekten Bestimmungsgröße Einstandspreis und der beschaffungspolitischen Kennzahl durchschnittlicher Lagerbestand lassen sich a) der absolute Deckungsbeitrag und b) der Nutzen eines Sortimentsteiles errechnen. Beide Kennzahlensysteme werden im folgenden kurz vorgestellt und besprochen.

zu a) Die Spitzenkennzahl Deckungsbeitrag

Abweichungen der absoluten durchschnittlichen Deckungsbeiträge lassen sich innerhalb des Systems von rechts nach links zurückverfolgen (vgl. Abbildung 3.15). Die beispielhaft ausgewählte Spirituosenmarke erzielt bei einem durchschnittlichen wöchentlichen Absatz von 62,1 Stück und einem Stückdeckungsbeitrag von DM 1,05 einen durchschnittlichen wöchentlichen Deckungsbeitrag von DM 65,54.

Der absolute Deckungsbeitrag kann in zwei Stufen relativiert werden: a) der durchschnittliche Deckungsbeitrag eines Sortimentsteiles kann am gesamten Deckungsbeitrag aller Sortimentsteile gemessen werden. Als Ergebnis erhält man seinen Deckungsbeitragsanteil. b) Der Deckungsbeitragsanteil kann wiederum an dem Sortimentstiefenanteil relativiert werden (Kompensationskraft eines Sortimentsteiles). Dabei handelt es sich um eine Kennzahl, mit deren Hilfe dargestellt werden kann, welche Ressourcen benutzt werden, um einen bestimmten Deckungsbeitrag zu erzielen. In einem Scattergram lassen sich die Werte für die Kompensationskraft

---

1. Vgl. z.B. für Kennzahlensysteme für Industriebetriebe: Staehle, W.H.: Kennzahlen und Kennzahlensysteme. Wiesbaden 1969 oder Budde, R.: Return on Investment. Berlin 1969; speziell auf die Bedürfnisse von Handelsbetrieben ausgerichtet sind die Arbeiten von Bürkler, A.: Kennzahlen als Führungsinstrument, a.a.O.; Straßburger, U.: Rentabilitätsanalysen im Handel. Berlin 1975 und Heyde, K.: Rentabilitätsanalyse im Handel, a.a.O.

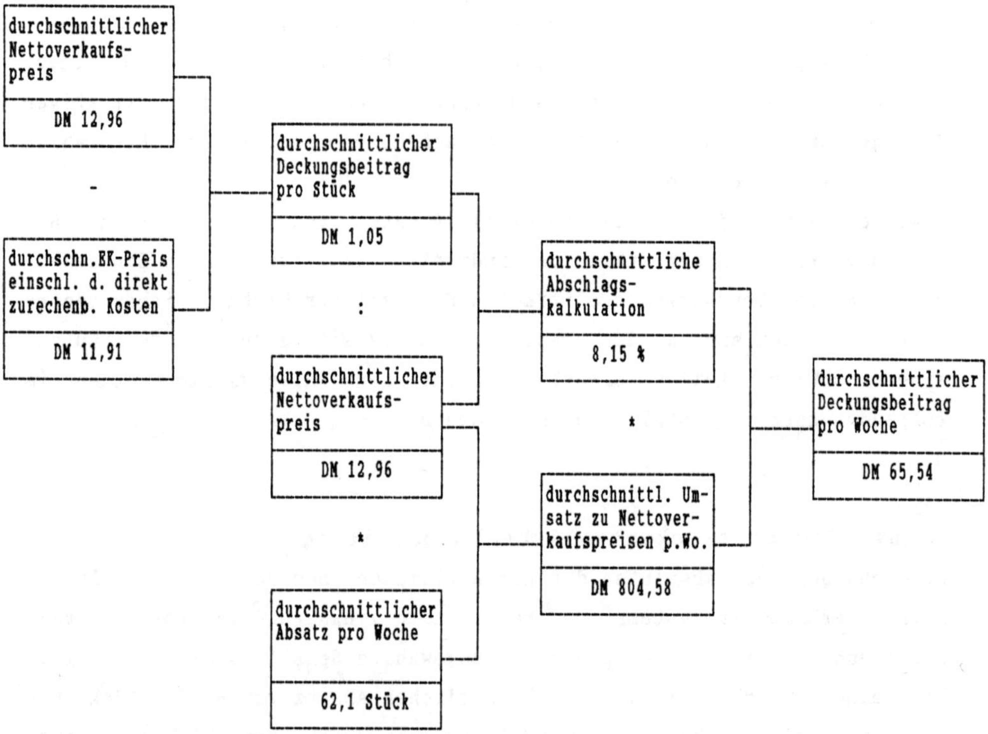

Anmerkung: Alle Durchschnittswerte beziehen sich auf je eine Woche

Abb. 3.15: Kennzahlensystem mit der Spitzenkennzahl Deckungsbeitrag für einzelne Artikel, dargestellt am Beispiel einer Spirituosenmarke in einer Warenhausfiliale (Basis: 14 Wochen)

eines Sortimentsteiles im Zeitablauf oder mehrerer Verkaufsstellen darstellen. Desweiteren läßt sich auch die Kompensationskraft unterschiedlicher Sortimentsteile innerhalb eines Zeitraumes darstellen. Abbildung 3.16 zeigt den einfachsten Fall. Für die Spirituosenmarke ergibt sich ein Deckungsbeitragsanteil von 20,22% und ein Sortimentstiefenanteil von 5,26%. Daraus resultiert für diese Marke eine Kompensationskraft Deckungsbeitrag-Sortimentsanteil von 3,26. Mit diesen Informationen läßt sich für eine Warengruppe eine Lorenzkurve, aus der die Deckungsbeitrags-Konzentration der Artikel einer Warengruppe

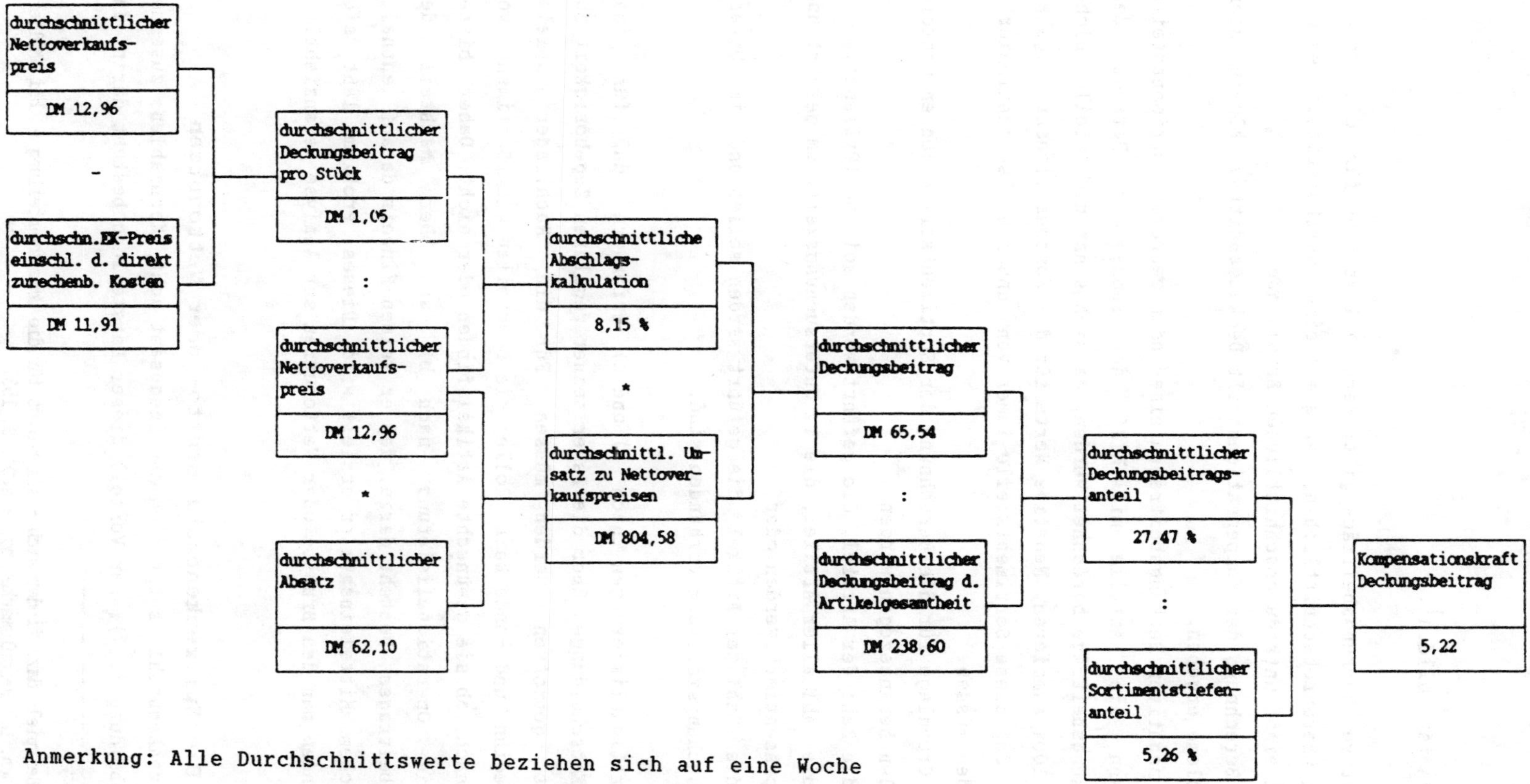

Anmerkung: Alle Durchschnittswerte beziehen sich auf eine Woche

Abb. 3.16: Kennzahlenpyramide auf der Basis absoluter Deckungsbeitrag mit der Spitzenkennzahl Kompensationskraft (Deckungsbeitragsanteil zu Sortimentstiefenanteil), dargestellt am Beispiel einer Spirituosenmarke

zu ersehen ist, bilden[1].

Für positive Deckungsbeiträge gilt: Werte > 1 weisen für ein Sortimentsteil überdurchschnittlichen, Werte = 1 einen durchschnittlichen und Werte < 1 einen unterdurchschnittlichen Erfolg aus.
Bei der Berechnung der Kompensationskraft Deckungsbeitrag können sich zwei Probleme ergeben:

(1) Bei negativen Deckungsbeiträgen eines oder mehrerer Sortimentsteile müssen die Anteile mit Hilfe der Summe der Beträge der Deckungsbeiträge berechnet werden, da sich sonst die Anteile nicht auf 100% summieren. Negative Werte für die Kompensationskraft geben an, daß diese Sortimentsteile immer von anderen "subventioniert" werden müssen.

(2) Als Grundlage für die Berechnung der Sortimentstiefe können mehrere Größen herangezogen werden.
    a) die Zahl der Artikel, die geführt werden sollten (Präsenz),
    b) die Zahl aller Artikel, die im Untersuchungszeitraum geführt und präsentiert werden oder
    c) die Zahl der Artikel, die geführt werden sollen und im Untersuchungszeitraum vorhanden sind.

Die Operationalisierungen nach a) und c) erfordern, daß für jeden Artikel Entscheidungen über die Dauer seiner regulären Zugehörigkeit zum Sortiment getroffen werden müssen. Für die Nachfrager spielen Präsenzbeginn und -ende keine Rolle; sie beurteilen ein Sortiment vor allem danach, ob sie gewünschte Artikel finden oder nicht. Daher bietet sich die Operationalisierung nach b) an. Der Nachteil des Deckungsbeitrages besteht darin, daß er keinen Hinweis darauf enthält, mit welchem Mitteleinsatz er erzielt wird. Dieses Problem läßt sich lösen, indem man den Brutto- oder Nettonutzen zur Analyse heranzieht.

zu b) Die Spitzenkennzahl Brutto- oder Nettonutzen

Die Nutzenkennzahl setzt sich aus insgesamt acht Kennzahlen zusammen (vgl. Abbildung 3.17). Der Vorteil dieser Darstellung besteht darin, daß

---

1. Ein Beispiel dazu findet sich - allerdings für die Umsatzverteilung - bei Müller-Hagedorn, L.: Handelsmarketing, a.a.O., S. 153.

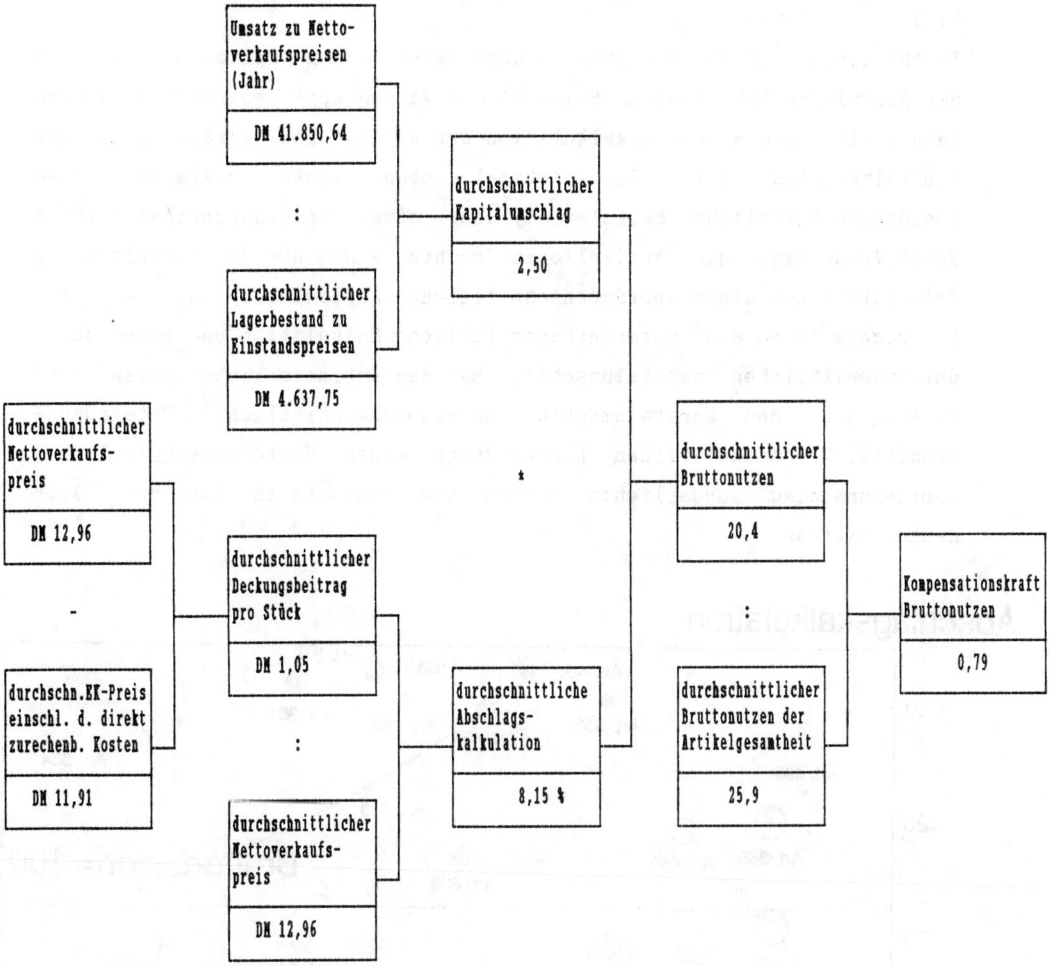

Anmerkung: Alle Durchschnittswerte beziehen sich auf je eine Woche.

Abb. 3.17: Kennzahlenpyramide mit der Spitzenkennzahl (Brutto)-Nutzen für einzelne Artikel, dargestellt am Beispiel einer Spirituosenmarke in einer Warenhausfiliale

das Zustandekommen der Nutzenzahl zurückverfolgt werden kann.
Die Erweiterung zur Kompensationskraft des (Brutto)nutzens ist in Abbildung 3.17 bereits enthalten. Der Wert von 20,04 gibt an, daß mit je DM 100,-- eingesetztem Kapital pro Jahr DM 20,04 Deckungsbeitrag erzielt werden. Die Artikelgesamtheit weist im Fall der Abbildung 3.17 einen durchschnittlichen Bruttonutzen von 25,90 auf, die Spirituosenmarke

besitzt daher nur eine unterdurchschnittliche Kompensationskraft von 0,79.
In Abbildung 3.18 ist der Zusammenhang zwischen dem Kapitalumschlag und der Abschlagskalkulation am Beispiel der Warengruppe Deutscher Weinbrand dargestellt. Die Abschlagskalkulation der Warengruppe beträgt 12,3, der Kapitalumschlag 2,1. Die Artikel oben links erzielen eine überdurchschnittliche Kalkulation, aber einen unterdurchschnittlichen Kapitalumschlag, die Artikel oben rechts eine überdurchschnittliche Kalkulation und einen überdurchschnittlichen Kapitalumschlag, die Artikel rechts unten eine unterdurchschnittliche Kalkulation und einen überdurchschnittlichen Kapitalumschlag, bei den Artikeln links unten sind Kalkulation und Kapitalumschlag unterdurchschnittlich. Unterdurchschnittliche Kalkulationen können durch einen überdurchschnittlichen Kapitalumschlag ausgeglichen werden. Die Isoquante in Abbildung 3.18 deutet dies an.

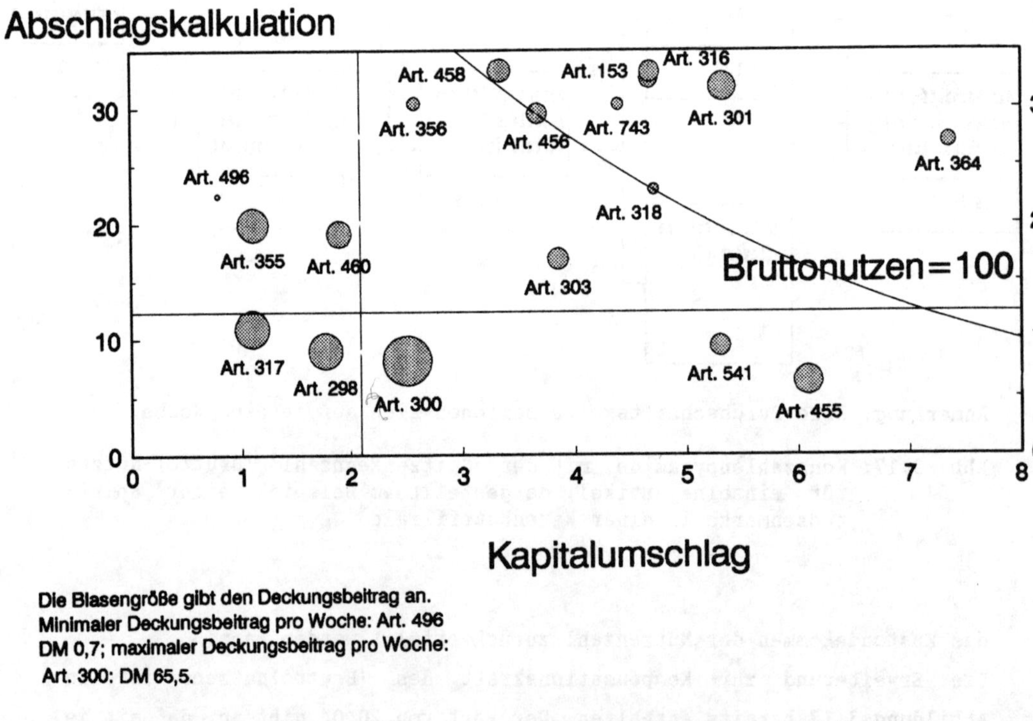

Anmerkung: Die Isoquante gibt einen Deckungsbeitrag von 100 an.

Abb. 3.18: Abschlagskalkulation und Kapitalumschlag der Warengruppe Deutscher Weinbrand in einer Warenhausfiliale

Der Bruttonutzen auf der Isoquante beträgt 100. Die Artikel 458, 456 und 318 weisen fast alle denselben Bruttonutzen auf. Sie unterscheiden sich aber beträchtlich in ihren absoluten Deckungsbeiträgen. Während Artikel 318 nur DM 3,40 Deckungsbeitrag pro Woche erwirtschaftet, werden mit Artikel 456 DM 10,80 erzielt (vgl. dazu die Blasengrößen in Abbildung 3.18). Diese Darstellung gibt Hinweise, wo die höchste Verzinsung des eingesetzten Kapitals zu erzielen ist. Gleichzeitig wird aber auch die Schwäche der Nutzenzahl deutlich. Bei einer Entscheidung aufgrund von Rentabilitätszahlen müssen immer auch die absoluten Ergebnisgrößen des jeweiligen Sortimentsteiles miteinbezogen werden. Dies ist bei der isoquantenorientierten Darstellung von Abbildung 3.18 aber nur bedingt möglich, da hier auch Artikel mit geringer Absatzbedeutung einen hohen Nutzen erreichen können, auch wenn dahinter im Extremfall nur ein verkauftes Stück steht (z.B. bei einer Sonderbestellung).
Als Lösung bietet es sich an, den Deckungsbeitrag und den Kapitalumschlag simultan zu betrachten (vgl. Abbildung 3.19), wobei unterstellt wird, daß beide Größen voneinander unabhängig sind, was in der Realität aber nur dann der Fall ist, wenn die Nachfrage starr ist. Sobald eine elastische Nachfrage vorliegt, wirkt sich die durch die Preisänderung

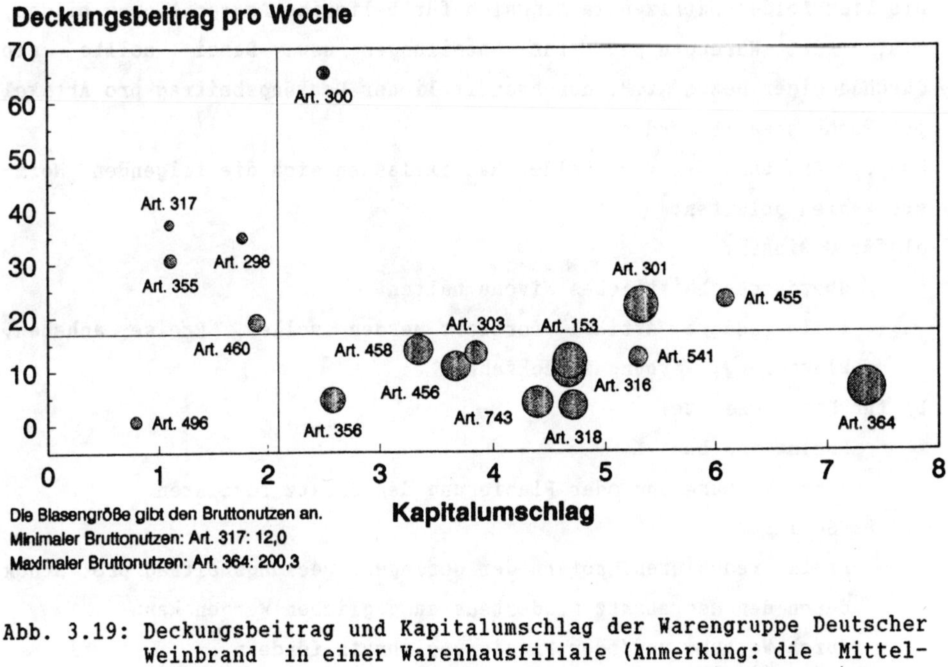

Abb. 3.19: Deckungsbeitrag und Kapitalumschlag der Warengruppe Deutscher Weinbrand in einer Warenhausfiliale (Anmerkung: die Mittelwertlinien beziehen sich auf den gewogenen Mittelwert.)

induzierte Nachfrage sowohl auf den Deckungsbeitrag als auch auf den Kapitalumschlag (bei konstantem durchschnittlichen Lager) aus.

Nun ergibt sich folgende Entscheidungsgrundlage:

- Überdurchschnittlichen Deckungsbeitrag und überdurchschnittlichen Kapitalumschlag erwirtschaften die Artikel 300, 301 und 455 (= Gewinner).
- Überdurchschnittlichen Kapitalumschlag und unterdurchschnittliche Deckungsbeiträge kommen von den Artikeln 356, 456, 458, 541, 303, 153, 316, 318, 364 und 743 (= Unterforderte).
- Unterdurchschnittlichen Kapitalumschlag bei überdurchschnittlichen Deckungsbeiträgen findet man bei dem Artikel 496 (= Schläfer).
- Unterdurchschnittlichen Kapitalumschlag und unterdurchschnittliche Deckungsbeiträge liefern die Artikel 298, 317, 355 und 460 (= Verlierer)

Eine Eliminationsentscheidung ausschließlich aufgrund der Nutzenkennzahl hätte zu einer krassen Fehleinschätzung geführt, da z.B. Artikel 317 durchaus Deckungsbeitrag erwirtschaftet, wenn auch mit einem vergleichsweise geringen Kapitalumschlag.
Die Vier-Felder-Matrizen lassen sich für beliebige Aggregationen bilden, z.B. für Warengruppen, für Abteilungen usw. Dabei sollte ein durchgängiger Bezug, z.B. durchschnittlicher Deckungsbeitrag pro Artikel pro Woche gewählt werden.
Aus dem Ergebnis der Vier-Felder-Matrix lassen sich die folgenden Normstrategien ableiten:

a) für Gewinner:
   - überdurchschnittliches Niveau halten
   - falls andere Artikel forciert werden sollen, Preise anheben, Plazierung, Werbung zurückfahren
b) für Unterforderte:
   - Preise anheben
   - durch Werbung und/oder Plazierung den Absatz forcieren
c) für Schläfer:
   - Preis reduzieren, sofern der geringere Deckungsbeitrag pro Stück durch den Mehrabsatz mindestens ausgeglichen werden kann
   - durch Werbung und/oder Plazierung Absatz fördern
d) für Verlierer:

- Auslisten, falls es sich um Artikel handelt, die sich schon längere Zeit im Sortiment befinden
- Forcieren, falls es sich um Artikel handelt, die sich erst kurze Zeit im Sortiment befinden.

Die Ableitung von Normstrategien auf der Basis der Vier-Felder-Matrix ist allerdings aus den folgenden Gründen problematisch:
- Es werden lediglich vergangenheitsorientierte ökonomische Kennzahlen berücksichtigt (monokausaler Ansatz). Bei der Entscheidungsfindung sollten auch externe Variablen wie z.B. die Einstellung der Kunden zu den jeweiligen Produkten oder die Marktentwicklung einzelner Produkte oder Produktgruppen berücksichtigt werden.
- Bei dieser Darstellungsform ergeben sich immer vier Felder, egal auf welchem Niveau sich die Warengruppe befindet. Dieses Problem läßt sich lösen, indem man auf externe Vergleichsdaten und Soll-Vorgaben zurückgreift.
- Deckungsbeitrag und Kapitalumschlag sind nicht unabhängig voneinander. Dies wird aber bei dieser Darstellungsform unterstellt.

3.2.1.1.3 Zusammenfassung

In Abbildung 3.20 werden die vorgestellten Erfolgskennzahlen in bezug auf ihre Eignung zur Beschreibung des Erfolges einzelner absatzpolitischer Instrumente (Spalte 2) und zur Beschreibung des gesamten Mix (Spalte 3) zusammenfassend aufgrund der Aussagen in diesem Abschnitt beurteilt. Die in der Abbildung verwendeten Zeichen besitzen die folgende Bedeutung:
- "-": Kennzahl sollte nicht herangezogen werden
- "+": Kennzahl ist geeignet
- "++": Kennzahl ist gut geeignet
- "+++": Kennzahl ist sehr gut geeignet.

Zur Beschreibung des Erfolges aufgrund des Einsatzes von einzelnen absatzpolitischen Instrumenten eignen sich am besten absatzorientierte Kennzahlen, teilweise auch umsatzorientierte. Der Erfolg der gesamten Absatzpolitik kann am besten mit deckungsbeitragsorientierten Kennzahlen ermittelt werden.

Erfolgskennzahlen für einzelne Artikel in einer Verkaufsstelle in einer Periode				Eignung als abhängige Variable in Marketing-Responsefunktionen (Beurteilung einzelner Instrumente)	Eignung zur Beschreibung des Erfolges der gesamten Absatzpolitik
(1)				(2)	(3)
ABSATZ ODER UMSATZ	ABSOLUT		1. Absatz	++	+
			2. Umsatz	-	++
	RELATIV	MENGENMÄSSIG	1. Absatz im Verhältnis zum Absatz einer Artikelgesamtheit (Marktant.)	++	+
			2. Absatz im Verhältnis zu mengenmäßigen Engpaßfaktoren, z.B. Fläche	+	+
			3. Absatz im Verhältnis zu Kundenreaktionen, z.B. Kundenzahl	+++	+
		WERTMÄSSIG	1. Umsatz im Verhältnis zum Umsatz einer Artikelgesamtheit (Marktant.)	+	++
			2. Umsatz im Verhältnis zu a) wertmäßigen Engpaßfaktoren, z.B. durchn. Lager (Lagerumschlag)	-	++
			b) mengenmäßigen Engpaßfaktoren, z.B. Fläche	+	++
			3. Umsatz im Verhältnis zu Kundenreaktionen, z.B. Kundenzahl	+	+
KOMBINATIONEN VON UMSATZ UND KOSTEN	ABSOLUT		1. Deckungsbeitrag in einer Periode (statische Betrachtung)	-	++
			2. Deckungsbeiträge mehrerer Perioden (dynamische Betrachtung), z.B. Kapitalwert, Interner Zinsfuß	-	+
	RELATIV		1. Deckungsbeitrag im Verhältnis zum Deckungsbeitrag einer Artikelgesamtheit (Deckungsbeitraganteil)	-	+
			2. Deckungsbeitrag im Verhältnis zu a) wertmäßigen Engpaßfaktoren, z.B. durchschn. eingesetztes Kapital (Bruttonutzen)	-	++
			b) mengenmäßigen Engpaßfaktoren, z.B. Fläche	-	++
			3. Deckungsbeitrag im Verhältnis Reaktionen der Kunden a) wertmäßig, Umsatzrentabilität (Kalkulation)	-	++
			b) mengenmäßig, z.B. Deckungsbeitrag pro Kunde	-	++
KOMBINATIONEN AUS MEHR. KENNZAHLEN			1. Mittlere Ränge mengen- und wertmäßiger Erfolgskennzahlen	-	-
			2. Mittlere Erfolgskennzahl aus standardisierten mengen- und wertmäßigen Erfolgskennzahlen	-	+
			3. Erfolgskennzahlen in Form von Faktoren	-	+
			4. Kennzahlenpyramiden	-	+++

Abb. 3.20: Übersicht Kennzahlen zur Beschreibung des Erfolges einzelner Sortimentsteile und Einsatzmöglichkeiten in Erklärungsmodellen als abhängige Variable

3.2.1.2 Statistische Kennzahlen zur Charakterisierung kausaler Zusammenhänge

Die klassischen Erfolgskennzahlen dienen lediglich zur Beschreibung des Erfolges von Sortimentsteilen. Durch die Kombination von Bestimmungsfaktoren und Erfolgsgrößen lassen sich kausale Zusammenhänge erklären. Kausale Zusammenhänge können als Intra- oder Intervergleich in Form von Längs-, Querschnitts- oder Kombination von Längs- und Querschnittsdaten (Pooling) überprüft werden. Die Analysen können für unterschiedliche räumliche, sachliche und zeitliche Aggregationen durchgeführt werden (vgl. Abbildung 3.21).

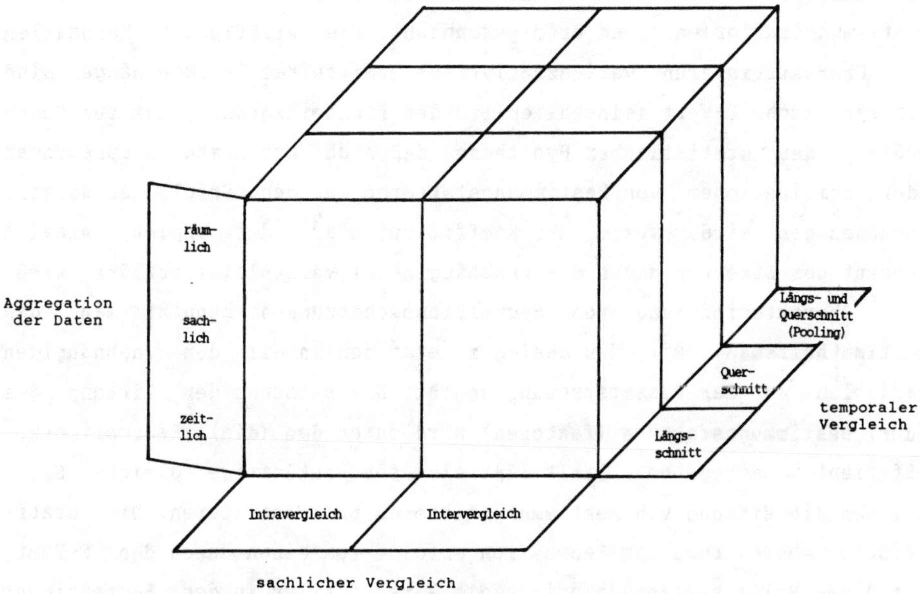

Anmerkung: Die sachliche Aggregation entfällt bei Intravergleichen, wenn nur ein Artikel verglichen wird.

Abb. 3.21: Ausgangssituationen zur Auswertung von Rohdaten mit Hilfe kausalanalytischer Verfahren

Bei dem Intravergleich wird der kausale Zusammenhang jeweils bei denselben Objekten, bei dem Intervergleich bei verschiedenen Objekten überprüft. Wird z.B. der Zusammenhang zwischen der abhängigen Variable "Absatz pro 1.000 Kunden" und der unabhängigen Variable "Anzahl der Bewerbungen" in einem Untersuchungszeitraum (zeitliche Aggregation) in drei Verkaufsstellen (räumliche Aggregation) bei allen Artikeln einer Warengruppe (sachliche Aggregation) überprüft, handelt es sich um einen Intervergleich mit Querschnittsdaten. Die statistischen Kennzahlen geben die Stärke und/oder Richtung eines vermuteten Zusammenhanges (statistische Hypothese) zwischen verursachenden Größen (Bestimmungsfaktoren) und Erfolgskennzahlen an. Statistische Kennzahlen fallen allerdings nur an, wenn die Bestimmungsfaktoren Variabilität aufweisen. Als Analysemethode bedient man sich vor allem der Varianzanalyse[1] oder der Regressionsanalyse[2]. Während bei der Varianzanalyse lediglich der Einfluß einer nominalskalierten Größe (z.B. Art der Plazierung) auf eine Erfolgskennzahl ermittelt werden kann, erlaubt die Regressionsanalyse Rückschlüsse auf die Stärke und Richtung des Zusammenhanges zwischen Bestimmungsfaktor(en) und Erfolgskennzahl. Die wichtigsten Kennzahlen zur Charakterisierung varianzanalytisch ermittelter Zusammenhänge sind der empirische F-Wert (einschließlich der Freiheitsgrade), der zur Überprüfung der statistischen Hypothese, daß sich bestimmte Ausprägungen oder Kombinationen von Bestimmungsfaktoren auf den Erfolg auswirken, herangezogen wird, sowie der Koeffizient eta^2, der angibt, wieviel Prozent der Streuung durch die unabhängige(n) Variable(n) erklärt wird. Zur Charakterisierung von Regressionsschätzungen benutzt man das Bestimmtheitsmaß (R^2), das analog zu eta^2 den Anteil der unabhängigen Variablen an der Gesamtstreuung angibt. Die Richtung der Wirkung des (der) Bestimmungsfaktors (faktoren) wird durch den (die) Regressionskoeffizienten angegeben. Damit läßt sich für zukünftige gleiche Situationen die Wirkung von Bestimmungsfaktoren prognostizieren. Die statistische Absicherung der Regression erfolgt zum einen durch den F-Test, mit deren Hilfe varianzanalytisch die Wirkung aller in der Regressionsfunktion enthaltenen Variablen auf die abhängige Variable überprüft wird, zum anderen durch die Standardfehler der Regressionskoeffizienten, mit dessen Hilfe überprüft wird, ob sich die Regressionskoeffizienten signifikant von Null unterscheiden.

---

1. Vgl. z.B. Diehl, J.M.: Varianzanalyse. Frankfurt 1977 oder Backhaus, K. u.a. Multivariate Analysemethoden, a.a.O., S. 43-66.

2. Vgl. z.B. Schneeweiß, H.: Ökonometrie. 3. Aufl. Würzburg u. Wien 1978; Backhaus, K. u.a.: Multivariate Analysemethoden, a.a.O., S. 1-42; weitere kausalanalytische Methoden sind Tests auf Mittelwert-, Anteils- und Varianzdifferenzen zweier Stichproben, die Korrelationsanalyse oder die Diskriminanzanalyse.

3.2.2 Kennzahlen, mit denen der Verbund zwischen einzelnen Sortimentsteilen abgebildet werden kann

Bei den in Abschnitt 3.2.1. behandelten Kennzahlen wird unterstellt, daß zwischen Sortimentsteilen keine Verbundbeziehungen bestehen, d.h. es wird angenommen, daß Kosten und Erlöse für jeden Sortimentsteil isoliert ermittelt werden können. Zwischen Sortimentsteilen können aber in der Realität kostenbedingte und/oder nachfragebedingte Verbundbeziehungen bestehen.

Ein Kostenverbund liegt vor, wenn die anfallenden Kosten nicht eindeutig dem verursachenden Sortimentsteil (Kostenträger) zugeordnet werden können, z.B. bei Warenbezugs-, Auszeichnungs- oder Handlingkosten für Artikel. Hier besteht die Möglichkeit, auf Artikel- oder Warengruppenebene zu schlüsseln. Ein Schlüssel teilt die für eine gesamte Einheit (z.B. Warengruppe) anfallenden Kosten gleichmäßig auf kleinere Einheiten (z.B. Artikel) auf. Dabei bleibt unberücksichtigt, daß einzelne Elemente durchaus unter- oder überproportionalen Anteil an den Kosten für die gesamte Einheit verursachen können[1]. Wie Müller-Hagedorn nachweist, kann diese Vorgehensweise zu verzerrten Ergebnissen führen, wenn aufgrund der geschlüsselten Kosten Sortimentsteile, bei denen der Umsatz größer als die direkt zurechenbaren Kosten ist, mit dann negativen Deckungsbeiträgen eliminiert werden[2]. Ein nachfragebedingter Verbund liegt vor, wenn sich der Absatz eines Sortimentsteiles auf den Absatz anderer Sortimentsteile auswirkt.

Zwischen zwei Sortimentsteilen können die folgenden vier Verbundbeziehungen vorliegen[3]:

Fall 1: Beziehungen sind sowohl nachfrage- als auch kostenbedingt

Fall 2: Beziehungen sind nur kosten-, aber nicht nachfragebedingt

---

1. Vgl. zum Problem des Kostenverbundes z.B. Riebel, P.: Einzelkosten- und Deckungsbeitragsrechnung, a.a.O, S. 401f.

2. Vgl. Müller-Hagedorn, L.: Handelsmarketing, a.a.O., S. 157f.

3. Vgl. Hruschka, H.: Folgegeschäfte. Zur Bestimmung der Umsatzverbundenheit von Haupt- und Zusatzprodukten mit Hilfe der Polynomial-Lag-Regression. In: Marketing ZFP (1983), S. 165-169, hier S. 165.

Fall 3: Beziehungen sind nachfrage-, aber nicht kostenbedingt und

Fall 4: Beziehungen sind weder kosten- noch nachfragebedingt.

Die meisten betriebswirtschaftlichen Veröffentlichungen beschäftigen sich mit Fall 4[1]. Im folgenden wird vereinfachend davon ausgegangen, daß eine eindeutige Zuordnung der Kosten auf Kostenträger möglich ist. Im Mittelpunkt der Überlegungen stehen daher nachfragebedingte Verbundbeziehungen (Fall 3).
Betrachtet man die Phasen Bedarf, Kauf und Verwendung lassen sich aus Nachfragersicht die folgenden Verbundbeziehungen zwischen Sortimentsteilen bilden[2]:

1. Verbundbeziehungen vor dem Kauf: Wünsche, die aus demselben Motiv heraus entstehen und mit vorhandenen Geldmitteln befriedigt werden können, auch Bedarfsverbund genannt.
2. Verbundbeziehungen durch realisierte Käufe, darunter werden Verbundbeziehungen, die durch den Kauf von Sortimentsteilen
   - in einem Geschäft während eines Einkaufes,
   - durch Einkaufsvorgänge in einem Zeitraum (z.B. Monat oder Jahr) in einem Geschäft,
   - durch Einkaufsakte in mehreren Geschäften während eines Einkaufsvorganges,
   - durch Käufe in mehreren Geschäften während eines Zeitraumes entstehen, verstanden.

   Als Gründe können angeführt werden[3]:
   - Die Nachfrager kaufen aufgrund des Bedarfsverbundes (der auch technisch bedingt sein kann) z.B. gemeinsamer Kauf von Diafilmen

---

1. Vgl. ebenda, S. 165.

2. Vgl. Müller-Hagedorn, L.: Das Problem des Nachfrageverbundes in erweiterter Sicht. In: zfbf (1978), S. 188; vgl. auch Eckhardt, K.: Die Sonderangebotspolitik in Warenhandelsbetrieben. Eine empirische Studie. Wiesbaden 1976, S. 26f., der entsprechend den Phasen des Käuferverhaltensmodelles von Engel-Blackwell-Kollat (Consumer Behavior. Hinsdale, Ill. 1978) den Wahrnehmungsverbund, Informationsverbund, Einstellungsverbund, Kaufverbund und den Ex-Post-Bewertungsverbund unterscheidet.

3. Vgl. Böcker, F.: Die Bestimmung der Kaufverbundenheit von Produkten. Berlin 1978, S. 79.

und Diarahmen[1].

- Die Nachfrager kaufen aufgrund absatzpolitischer Maßnahmen der Händler oder Hersteller.
- Maßnahmen, die vor dem Einkauf wirksam werden, z.B. "Out-of-Store-Werbung"
- Maßnahmen, die während des Einkaufs wirksam werden, z.B. "In-Store-Werbung", Plazierungspolitik.

3. Verbundbeziehungen nach dem Kauf: hierunter sind Beziehungen zu verstehen, die auftreten, wenn ein Nachfrager zur Befriedigung seiner Bedürfnisse mehrere Artikel gleichzeitig und/oder gemeinsam im Zeitablauf verwendet, auch Verwendungsverbund genannt.

Es ist anzunehmen, daß die Nachfrager durch den gleichzeitigen Kauf bzw. durch die Verwendung von mehreren Sortimentsteilen einen höheren Nutzen erzielen als wenn sie die Sortimentsteile einzeln kaufen bzw. benutzen oder verbrauchen würden.
Böcker faßt unter dem Begriff Sortimentsverbund "alle einseitigen und gegenseitigen Ausstrahlungseffekte zwischen einzelnen Sortimentsteilen zusammen"[2]. Er läßt noch offen, welche Warenkörbe zur Bestimmung von Verbundkoeffizienten verwendet werden sollen. Merkle definiert "Sortimentsverbund = alle an einem Ort (Geschäft) zu einem Zeitpunkt gemeinsam erworbenen Güter"[3]. Diese Definition zielt nur auf jeweils einen Kaufakt (=Warenkorb) ab. Der Warenkorb eines Einkaufsaktes ist aber zunächst nur ein Auslöser für mögliche Sortimentsverbundbeziehungen. Wenn nicht alle Artikel in demselben Rhythmus gekauft werden, kann die Merkle'sche Be-

---

1. Merkle untergliedert diesen Punkt in:
   - "Durch technologische Zwänge und Kosten der Angebotspolitik bedingte Verbundbeziehungen",
   - "Anwendungstechnisch bedingte Verbundbeziehungen",
   - "Durch gesetzliche oder administrative Maßnahmen bedingte Verbundbeziehungen",
   - "Materialbedingte Verbundbeziehungen",
   - "Die Ausstattung eines Haushaltes mit Gütern als Ursache von Verbundbeziehungen" (Merkle, E.: Erfassung und Nutzung von Informationen über den Sortimentsverbund in Handelsbetrieben. Berlin 1981, S. 17-26).

2. Böcker, F.: Die Bestimmung der Kaufverbundenheit von Produkten, a.a.O., S. 19; vgl. die ähnliche Definition von Hauzeneder, R.: Sortiment. In: Falk, B. u. Wolf, J. (Hrsg.): Handlexikon für Handel und Absatz. München u.a. 1979, S. 608-620, hier S. 613.

3. Merkle, E.: Erfassung und Nutzung von Informationen über den Sortimentsverbund in Handelsbetrieben, a.a.O., S. 5.

trachtungsweise zu Verzerrungen führen. Daher soll im folgenden in Anlehnung an die Definition von Böcker unter Sortimentsverbund das Beziehungsgeflecht zwischen Sortimentsteilen, das durch realisierte Kaufakte entsteht, verstanden werden[1].

Welchen Nutzen kann man aus Verbundanalysen ziehen? Sie können herangezogen werden:

- Zur Beurteilung von Ausweitungs-, Eliminations- und Strukturveränderungsentscheidungen bei bestehenden Sortimenten, sowie zur Planung von neuen Sortimenten. Dabei kann man sich einer verbundbezogenen Deckungsbeitragsrechnung[2] bedienen.
- Zur Planung der Preispolitik. Beispiele, wie Verbundinformationen zur Preisfestlegung verwendet werden können, finden sich bei Albach[3], Simon[4], Niehans[5] und Theisen[6]. Alle Versuche, die Preispolitik mit Hilfe von Verbundinformationen zu planen, scheiterten bisher aber an dem Meßproblem.
- Zur Planung der Werbepolitik, bzw. zur Auswahl der Artikel, die beworben werden sollen[7]. Für Werbemaßnahmen könnte man die Artikel auswählen, die den höchsten Verbund besitzen[8].

---

1. Vgl. auch Stahl, P.: Verbundwirkungen im Sortiment. Ein Beitrag zur Erfassung und Messung von Verbundbeziehungen im Sortiment von Handelsbetrieben. Münster 1977, S. 16, der Sortimentsverbund als "die in sachlicher und zeitlicher Hinsicht bestehende nachfragebezogene Interdependenz zwischen Einheiten im Sortiment von Handelsbetrieben..." versteht.

2. Vgl. Merkle, E.: Die Erfassung und Nutzung von Informationen über den Sortimentsverbund in Handelsbetrieben, a.a.O., S. 161f.; vgl. auch Sabel, H.: Produktpolitik in absatzwirtschaftlicher Sicht, a.a.O., S. 176ff.

3. Vgl. Albach, H.: Zur Sortimentskalkulation im Einzelhandel. In: Albach, H. (Hrsg.): Handelsbetrieb und Marktordnung. Festschrift für Carl Ruberg zum 70. Geburtstag. Wiesbaden 1962, S. 13-40.

4. Vgl. Simon, H.: Preismanagement. Wiesbaden 1982, S. 418.

5. Vgl. Niehans, J.: Preistheoretischer Leitfaden für Verkehrswissenschaftler. In: Schweizerisches Archiv für Verkehrswissenschaft und Verkehrspolitik, 11. Jg. (1956), S. 293-320.

6. Vgl. Theisen, P.: Die betriebswirtschaftliche Preispolitik im Einzelhandel. Köln und Opladen 1960, S. 49-51.

7. Vgl. Eckhardt, K.: Sonderangebotspolitik in Warenhandelsbetrieben, a.a.O.

8. Vgl. dazu Diller, H.: Die Wirkung von Verkäufen unter Einstandspreisen im Lebensmitteleinzelhandel. In: DBW, 41. Jg. (1981), S. 409-418.

- Zur Planung der Plazierungspolitik. Verbundinformationen lassen sich zum einen für die Plazierung von Warenbereichen nutzen. Die Anordnung von Plazierungsgruppen kann z.B. so erfolgen, daß der "Durchschnittsnachfrager" eine möglichst große Kontaktstrecke zurücklegen muß. Zum anderen kann man innerhalb von Plazierungsgruppen zueinander komplementäre Artikel zusammenfassen, um so den Konsumenten an den Kauf von Artikeln zu erinnern, die sie sonst vergessen würden (z.B. die Plazierung von Salatdressing-Saucen in räumlicher Nähe zur Obst- und Gemüseabteilung)[1]. Eine weitere Form der Verbundplazierung besteht darin, sog. Suchkaufartikel in räumlicher Nähe zu Artikeln, deren Kauf normalerweise nicht geplant wird, zu plazieren.
- Daneben lassen sich aus Verbundänderungen auf der Basis von Warenkörben auch Informationen über das Verhalten von Nachfragern gewinnen, z.B. gibt es Kunden, die nur Premium-Artikel kaufen, oder gibt es Kunden, die nur Kleinpackungen kaufen[2]?

Verbundbeziehungen können asymmetrisch oder symmetrisch sein. Im ersten Fall geht man davon aus, daß die Wirkung von jeweils einem Sortimentsteil ausgeht, während man im zweiten Fall annimmt, daß der gemeinsame Kauf "aufgrund einer (unbekannten) technischen, imagemäßigen oder verwendungsbezogenen Affinität"[3] zustande kommt. Symmetrische und asymmetrische Beziehungen können sowohl in komplementären Beziehungen als auch in substitutiven Beziehungen zwischen Sortimentsteilen bestehen. In Abbildung 3.22 sind die vier möglichen Fälle mit Beispielen zusammengefaßt.

Verbundbeziehungen können bei jeweils zwei Sortimentsteilen indirekt mit Hilfe der Kreuzelastizität gemessen werden. Kreuzelastizitäten geben an, wie sich der Einfluß einer spezifischen Absatzpolitik (z.B. des Preises) bei einem Sortimentsteil auf den Erfolg eines anderen Sortimentsteiles

---

1. Vgl. Heidel, B. und Müller-Hagedorn, L.: Plazierungspolitik nach dem Verbundkonzept im stationären Einzelhandel - Eine empirische Analyse. In: Marketing ZFP (1989), S. 19-26.

2. Müller-Hagedorn nennt dies "Menge von Handlungen, die eine Eigenschaft oder eine Kombination von Eigenschaften haben."; vgl. Müller-Hagedorn, L.: Das Problem des Nachfrageverbundes in erweiterter Sicht, a.a.O., S. 189; vgl. auch Engelhardt, H.: Entscheidungsformen und absatzpolitische Probleme von Angebots- und Nachfrageverbünden. In: zfbf (1976), S. 77-90.

3. Böcker, F.: Die Bestimmung der Kaufverbundenheit von Produkten, a.a.O., S. 82.

Art der Beziehung	Richtung der Beziehung	
	symmetrisch	asymmetrisch
substitutiv	Fall 1 A <-------> B <- - - -> Kauf von A anstelle von B und umgekehrt aufgrund der beiden Artikeln gemeinsamen Merkmale Beispiel A: Kleinbildnegativfilm B: Kleinbilddiafilm Ein Teil der Kunden kauft A anstelle von B und umgekehrt	Fall 2 A --------> B <- - - -> Kauf von A anstelle von B, ohne daß auch die umgekehrte Beziehung gilt A: Kleinbildnegativfilm B: Kleinbilddiafilm wobei B z.B. aufgrund einer absatzpolitischen Maßnahme durch A ersetzt wird

komplementär	Fall 3
	
	A <-------> B
	  - - - ->
	X (Pfeile von X zu A und B)
	
	Der gemeinsame Kauf der beiden Artikel A und B wird durch ein beiden Artikel gemeinsames Merkmal X bedingt
	
	Beispiel:
	A: Kleinbildfilm
	B: Blitzwürfel
	X: gemeinsame technische Verwendung
	
	gemeinsamer Kauf von Kleinbildfilmen und Blitzwürfeln
		Fall 4
		
		A -------> B
		  - - - ->
		
		Der Kauf von Artikel A beeinflußt den Kauf von Artikel B
		
		Beispiel:
		A: Kleinbildkamera
		B: Kleinbildfilm
		
		Kauf einer Kleinbildkamera und eines Kleinbildfilmes, wobei der Kauf von Filmen durch den Kauf einer Kamera verursacht wird

Anmerkung: ---------> Richtung der Beziehung
- - - - -> Art der Beziehung

Abb. 3.22: Beispiele für Beziehungen zwischen Sortimentsteilen; angelehnt an: Böcker, F.: Die Bestimmung der Kaufverbundenheit von Produkten, a.a.O., S. 83

auswirkt[1].

$$(3.10) \quad eta_{ij} = (\delta x_j/x_j)/(\delta p_i/p_i)$$

mit eta_{ij}: Kreuzelastizität zwischen den Sortimentsteilen i und j
x_j: Erfolgskennzahl auf der Basis Absatz
($j \neq j = 1,2,3,..,n$)
p_i: Marketinginstrumentalvariable für Sortimentsteil i
($i \neq j = 1,2,3,..,n$)

Hinter diesem Meßkonzept steht die Annahme, daß sich substitutive und komplementäre Beziehungen zwischen Sortimentsteilen zwar in den Warenkörben der Nachfrager konkretisieren, aber insgesamt am Abverkauf messen lassen. Im Extremfall können aber auch jeweils unterschiedliche Personen, die Sortimentsteile gekauft haben, wenn z.B. Käufer von Fritierfett keine tiefgekühlten Pommes frites in einer Verkaufsstelle kaufen, während umgekehrt Käufer von Pommes frites kein Fritierfett dort erstehen.

Bei substitutiven Beziehungen gilt $eta_{ij} > 0$; im Fall von komplementären Beziehungen ist $eta_{ij} < 0$. Bei der Anwendung von Kreuzelastizitäten zur Messung von Verbundbeziehungen ergeben sich die folgenden Probleme, bzw. Fragen:

- Welche Marketingvariable soll zur Messung der Kreuzelastizitäten verwendet werden? Da der Verbund nur immer über eine Variable, z.B. den Preis, gemessen werden kann, ergeben sich u.U. Verzerrungen. Außerdem können nur Marketinginstrumentalvariablen verwendet werden, die mindestens intervallskalierte Ausprägungen aufweisen. Bei qualitativen Variablen wie z.B. der Plazierungsort läßt sich die Intervallskala nur über eine subjektive Beurteilung bilden.
- Es wird angenommen, daß sich außer der Instrumentalvariablen keine weiteren Größen auf den Absatz auswirken. Wie in Kapitel 7 (die Wirkungen der Sonderangebotspolitik) gezeigt wird, kann der Erfolg in einer Vielzahl von Fällen nicht ausschließlich auf eine Instrumentalvariable zurückgeführt werden.
- Bei geringen Änderungen der Marketinginstrumentalvariablen, z.B. bei geringen Preisänderungen, können sich aufgrund der oft großen Absatz-

---

1. Vgl. Triffin, R.: Monopolistic Competition and General Equilibrium Theory. Cambridge 1949, S. 103f.

schwankungen bei geringem absolutem Absatz oder Absatz pro 1.000 Kunden auch große Kreuzelastizitäten ergeben. Dieses Problem läßt sich lösen, indem zur Bildung der Kreuzelastizitäten nur Veränderungen bei der Inputvariablen herangezogen werden, die eine bestimmte Bandbreite überschreiten. Außerdem kann festgelegt werden, daß nur Sortimentsteile berücksichtigt werden, deren Absatz eine bestimmte Grenze überschreitet.

- Kreuzelastizitäten können nur gebildet werden, wenn sich die Instrumentalvariable ändert. Messungen bei konstanter Absatzpolitik sind daher nicht möglich.
- Ein weiteres Problem ist die Wahl der Perioden zur Berechnung der Kreuzelastizitäten, bevor und nachdem sich die Instrumentalvariable geändert hat. In den vorliegenden Datensätzen sind Artikel enthalten, deren Verkaufspreis in 14 Wochen bis zu fünf Mal geändert wurde.

Kreuzelastizitäten eignen sich aus den o.g. Gründen nicht zur Darstellung von Verbundbeziehungen zwischen Sortimentsteilen[1].

Mit Hilfe der Regression läßt sich der Zusammenhang zwischen Sortimentsteilen für asymmetrisch-komplementäre Beziehungen bestimmen[2]. Der Erfolg eines Sortimentsteiles hängt dann davon ab, ob ein anderer Sortimentsteil geführt wird, oder welcher Erfolg mit diesem Sortimentsteil erzielt wird. Im Fall der linearen Beziehung gibt der Regressionskoeffizient b dann die Intensität der Beziehung zwischen beiden Sortimentsteilen an. Bei dieser Vorgehensweise kann nicht ausgeschlossen werden, daß es sich um eine Scheinbeziehung handelt, das bedeutet, daß der Absatz im Extremfall von jeweils unterschiedlichen Nachfragern getätigt wird. Daher scheidet dieses indirekte Meßverfahren auch i.d.R. zur Bestimmung des Sortimentsverbundes aus.

Bei der direkten Messung des Sortimentsverbundes werden die Warenkörbe der Nachfrager zur Analyse herangezogen. Bei der einfachsten Analyse wird ein Artikel herausgegriffen und überprüft,

- in wievielen Warenkörben er vorhanden ist

---

1. Vgl. auch Böcker, F.: Die Bestimmung der Kaufverbundenheit von Produkten, a.a.O., S. 66.

2. Ein Beispiel für eine Verbundanalyse mit Hilfe der Regression findet sich bei Stahl, P.: Verbundwirkungen im Sortiment, a.a.O.

- welcher Umsatz und welcher Deckungsbeitrag mit diesen Warenkörben erzielt wird oder
- welche weiteren Artikel noch im Warenkorb enthalten sind.

Während eines Kaufaktes können Nachfrager einen Artikel (Einfachkauf) oder mehrere Artikel (Mehrfachkauf) erstehen (vgl. Abbildung 3.23). Der Mehrfachkauf läßt sich nochmals unterteilen in den Selbstverbundkauf, wenn in einem Warenkorb ein Artikel mehr als einmal vorkommt, und den Fall, in dem Artikel mit verschiedenen Artikelnummern gekauft werden. Bei dem Mehrfachkauf mit unterschiedlichen Artikelnummern kann a) jede Artikelnummer einmal vorkommen, b) jede Artikelnummer mehrmals und c) Artikelnummern können sowohl einmal als auch mehrmals vorkommen.

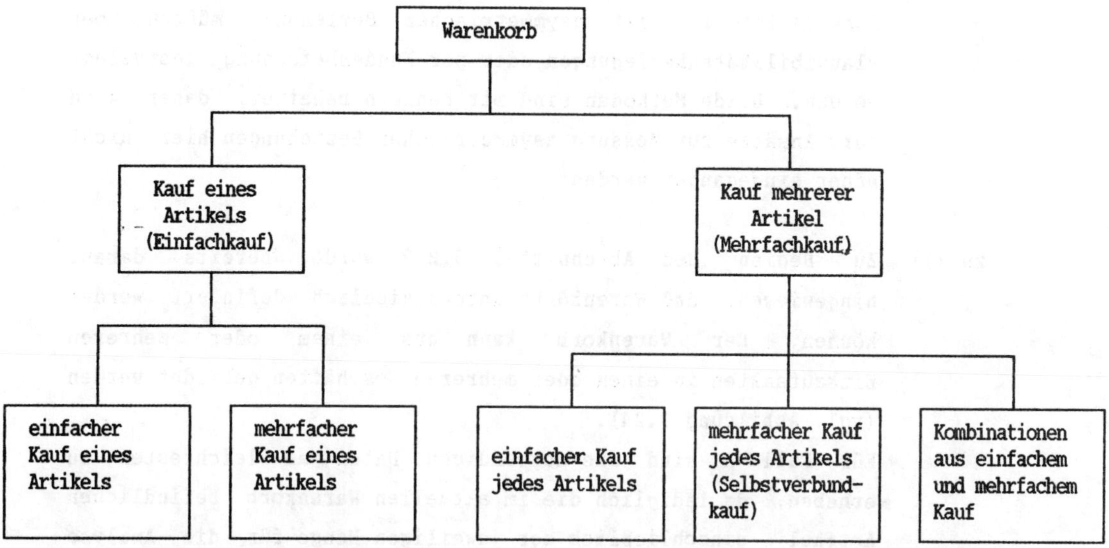

Abb. 3.23: Systematik der Inhalte von Warenkörben als Basis der Sortimentsverbundanalyse

Um die Warenkorbdaten zur Berechnung von Verbundkoeffizienten nutzen zu können, müssen die folgenden Fragen beantwortet werden[1]:

(1) Sind die Beziehungen zwischen den Sortimentsteilen symmetrisch oder

---

1. Vgl. zu (1) und (3) bis (5) Eckhardt, K.: Sonderangebotspolitik in Warenhandelsbetrieben, a.a.O., S. 208ff.

asymmetrisch?

(2) Wie soll der Warenkorb definiert werden?

(3) Auf welchem Aggregationsniveau (z.B. Artikel- oder Warengruppenebene) soll die Verbundanalyse durchgeführt werden?

(4) Sollen zur Messung der Verbundintensität alle Warenkörbe oder nur diejenigen herangezogen werden, die Mehrfachkäufe enthalten?

(5) Soll der Verbund mit Hilfe des Umsatzes oder mit Hilfe des Absatzes gemessen werden?

(6) Wie können Ergebnisse von Warenkorbanalysen mit weiteren Größen, die das Verhalten der Nachfrager bestimmen, in Beziehung gesetzt werden?

zu (1) Die Frage nach der Richtung der Beziehung läßt sich in Einzelhandelsbetrieben meist nicht eindeutig beantworten. Die Sortimentsteile mit asymmetrischer Beziehung müßten per Plausibilitätsüberlegungen oder per Kundenbefragung festgelegt werden. Beide Methoden sind mit Fehlern behaftet, daher wird auf Ansätze zur Messung asymmetrischer Beziehungen hier nicht näher eingegangen werden[1].

zu (2) Zu Beginn des Abschnittes 3.2.2 wurde bereits darauf hingewiesen, daß Warenkörbe unterschiedlich definiert werden können. Der Warenkorb kann aus einem oder mehreren Einkaufsakten in einem oder mehreren Geschäften gebildet werden (vgl. Abbildung 3.24).

Für Fall A sind die notwendigen Daten am leichtesten zu erheben, da lediglich die im aktuellen Warenkorb befindlichen Artikel einschließlich der jeweiligen Menge für die Analyse benötigt werden. Böcker und Merkle verwenden in ihren Arbeiten diesen Warenkorb. Der Warenkorb nach der Definition B läßt sich nur erheben, wenn der Kunde sich beim Kassiervorgang z.B. durch eine Kundennummer identifizieren läßt. Die Daten für die Fälle C und D können i.d.R. nur von externen Institutionen (Markt-

---

1. Vgl. zur Abgrenzung Merkle, E.: Die Erfassung und Nutzung von Informationen über den Sortimentsverbund in Handelsbetrieben, a.a.O., S. 36; auf S. 152-160 zeigt Merkle auf, wie mit Hilfe einer Befragung die Richtung der Verbundbeziehungen gemessen werden kann; vgl. auch Böcker, F.: Die Bestimmung der Kaufverbundenheit von Produkten, a.a.O., S. 86f.

Anzahl der Geschäfte \ Anzahl der Einkaufsvorgänge	ein Einkaufsvorgang	mehrere Einkaufsvorgänge
ein Geschäft	A	B
mehrere Geschäfte	C	D

Abb. 3.24: Vier Definitionen von Warenkörben

forschungsinstituten) im Rahmen von Haushaltspanels erhoben werden[1]. Warenkörbe aus Scannerdaten werden nur in ausgewählten Testgebieten zur Verfügung stehen, da sonst die Fallzahlen für einzelne Verkaufsstellen zu gering sind. In der Bundesrepublik Deutschland gibt es bislang nur vier solcher Gebiete[2].

Je mehr Einkaufsvorgänge und je mehr Geschäfte in einem Warenkorb zusammengefaßt werden, umso schwieriger wird es, den Einfluß einzelner absatzpolitischer Instrumente herauszuarbeiten. Andererseits kann bei der Betrachtung eines Einkaufsvorganges in einem Geschäft nur jeweils ein Ausschnitt des Kundenverhaltens erfaßt werden. Im Extremfall bleiben dadurch Verbundbeziehungen verborgen, wenn z.B. alle Kunden zwar Artikel A und B kaufen, diese aber nie zusammen. Ein Verbund, der in Wirklichkeit vorhanden ist, kann bei dieser Einkaufsstrategie der Nachfrager nie ermittelt werden. Es ist aber anzunehmen, daß sich im Masseneinzelhandel solche Effekte bei Querschnittsanalysen nicht ergeben.

Bei den Fällen C und D muß neben der Zahl der Einkaufsvorgänge

---

1. Vgl. z.B. Rehorn, J.: Das Consumer Panel als Instrument der Absatzforschung. Diss. Mainz 1965; Weissmann, A.: Verbraucherpanel - Informationen als Grundlage für Marketingentscheidungen. München 1983.

2. Vgl. Zentes, J.: Neuere Entwicklungen in der Marktforschung: Datengewinnung, a.a.O., S. 37-42.

auch der Zeitraum festgelegt werden. Dabei sollte man die Zeiträume analog zu den durchschnittlichen Einkaufsrhythmen festlegen.

zu (3) Die Frage nach der Höhe des Aggregationsniveaus hängt stark von den rechentechnischen Kapazitäten ab. Die Zahl der Verbundbeziehungen läßt sich als Kombination ohne Wiederholung nach der Formel

$$\text{(3.11)}\quad \begin{array}{l}\text{Zahl der Verbund-}\\ \text{beziehungen zwischen}\\ \text{je zwei Sortimentsteilen}\end{array} = \frac{n!}{2! * (n-2)!}$$

wobei n: Anzahl der Sortimentsteile

bestimmen. Für n = 10 lassen sich z.B. 45, für n = 20, 190 und für n = 3.000 schon 4,5 Millionen Verbundbeziehungen bilden. Dabei muß mit zunehmender Zahl von möglichen Verbundbeziehungen auch die Zahl der erfaßten Warenkörbe zunehmen, da sonst nicht sichergestellt werden kann, daß die tatsächlich durchgeführten Verbundkäufe auch signifikant und nicht zufällig sind. Es erscheint sinnvoll, nicht mehr als ca. 100 Sortimentsteile simultan zu betrachten.

zu (4) Inhaltlich läßt sich die Konzentration auf die "echten" Verbundkäufe (mehrfacher Kauf eines Artikels eingeschlossen) damit begründen, daß der Verbund auf eine von den Käufern empfundene Affinität zwischen Artikeln zurückgeführt werden kann. Diese Affinität ist bei Einfachkäufen (nur ein Artikel gekauft) nicht gegeben. Formal führt Böcker[1] an, daß zwischen den Verbundkoeffizienten, bei denen alle Kaufakte berücksichtigt werden, und denen, bei denen nur Verbundkäufe berücksichtigt werden, lineare Beziehungen bestehen, d.h., daß die Verhältnisse zwischen den Verbundkoeffizienten jeweils gleich bleiben würden. Dagegen sprechen die Überlegungen von

---

1. Vgl. Böcker, F.: Die Analyse des Sortimentsverbundes - Eine empirische Analyse - In: Blümle, E.-B. u. Ulrichs, W. (Hrsg.): Perspektiven des Marketing im Handel. Ökonomische Kolloquien. Band 2. Freiburg/Schweiz 1974, S. 55- 81, hier S. 66.

Stahl[1], Eckhardt[2] und Merkle[3], die zu dem Ergebnis kommen, daß die Nichtberücksichtigung von Einfachkäufen zu verzerrten Ergebnissen führt, da die Verbundkoeffizienten nur unter Berücksichtigung aller Kaufakte gebildet werden können. Diese Überlegung spielt allerdings nur in den Branchen eine Rolle, in denen oft nur ein einzelner Artikel gekauft wird (z.B. ein Anzug in einem Herrenmodengeschäft).

zu (5) Zur Messung der Verbundintensität können der Umsatz oder der Absatz von Sortimentsteilen absolut oder als Dummyvariablen (Umsatz/Absatz, ja - nein) herangezogen werden. Generell lassen sich symmetrische Verbundbeziehungen mit Hilfe des Korrelationskoeffizienten nach Bravais Pearson, der normalerweise verhältnisskaliertes aggregiertes Datenmaterial (Umsatz) voraussetzt, berechnen. Dies führt aber immer dann zu Verzerrungen, wenn zwischen Sortimentsteilen hohe Preisdifferenzen bestehen. Desweiteren kann der Korrelationskoeffizient auch dann Verbundbeziehungen anzeigen, wenn keinerlei verbundene Kaufakte stattgefunden haben. Dies geschieht dann, wenn zwischen zwei Artikeln folgende Situation auftritt:

- Artikel A wird immer ohne Artikel B gekauft
- Artikel B wird immer ohne Artikel A gekauft.

Bei denselben Verkaufspreisen ergibt sich dann ein Korrelationskoeffizient von 1,0, obwohl überhaupt kein Verbundkauf stattgefunden hat[4].

Als Alternative bieten sich Affinitätsmaße (s_{ij}) an, die sich meist auf die Grundstruktur:

$$s_{ij} = \frac{a + x * d}{a + x * d + y\,(b + c)} \qquad (3.12)$$

---

1. Vgl. Stahl, P.: Verbundwirkungen im Sortiment, a.a.O., S. 116.

2. Vgl. Eckhardt, K.: Sonderangebotspolitik in Warenhandelsbetrieben, a.a.O., S. 210.

3. Vgl. Merkle, E.: Die Erfassung und Nutzung von Informationen über den Sortimentsverbund in Handelsbetrieben, a.a.O., S. 33.

4. Vgl. Merkle, E.: ebenda, S. 40-44; vgl. auch Böcker, F.: Die Bestimmung der Kaufverbundenheit von Produkten, a.a.O., S. 94.

mit: a, b, c, d: Wert der Vierfeldertafel (vgl. Abbildung 3.25)
x, y: mögliche Gewichtungsfaktoren.

zurückführen lassen[1]. Ein Beispiel ist der Yule'sche Koeffizient (b'_{ij}):

$$(3.13) \quad b'_{ij} = \frac{\sqrt{ab} - \sqrt{bc}}{\sqrt{ad} + \sqrt{bc}} \qquad (-1 \leq b'_{ij} \leq 1)$$

Die Basis dieser Koeffizienten sind gemeinsamer Absatz ja/nein. Die Wahl des geeigneten Koeffizienten ist in der Praxis und der Literatur noch weitgehend ungeklärt. Böcker erzielt bei seinen

Sortimentsteil 2 / Sortimentsteil 1	Kauf ja (1)	Kauf nein (0)	Zeilensumme
Kauf ja (1)	gemeinsamer Kauf von Sortimentsteil 1 und 2 [A]	Kauf von Sortimentsteil 1, Nichtkauf von Sortimentsteil 2 [B]	A + B
Kauf nein (0)	Nichtkauf von Sortimentsteil 1 und Kauf von Sortimentsteil 2 [C]	Nichtkauf von Sortimentsteil 1 und Nichtkauf von Sortimentsteil 2 [D]	C + D
Spaltensumme	A + C	C + D	A+B+C+D

Abb. 3.25: Vier-Felder-Tafel zur Beurteilung von Verbundmaßen mit nominalskalierten Ausgangsdaten

Tests[2] mit dem normierten Koeffizienten p^*_{ij} (nach Pearson) die besten Ergebnisse ($-1 \leq p^*_{ij} \leq 1$)[3]. Merkle weist nach, daß

---

1. Vgl. Steinhausen, D. und Langer, K.: Clusteranalyse. Berlin und New York 1977, S. 54.
2. Vgl. Böcker, F.: Die Bestimmung der Kaufverbundenheit von Produkten, a.a.O., S. 101-126.
3. Vgl. ebenda, S. 108-111 und S. 125f.

die von Böcker untersuchten Situationen (Plasmoden) nicht der Realität entsprechen[1], da das Verhältnis der Felder A,B,C,D der Vierfeldertafeln bei Böcker im Durchschnitt lediglich 33:74:59:100 beträgt. In der Realität aber wird die Zahl der Verbundkäufe zwischen Sortimentsteilen innerhalb einer Periode wesentlich geringer sein. Bei 10.000 Verbundkäufen innerhalb einer Periode, die sich auf 100 Warengruppen verteilen, entfallen dann bei Gleichverteilung durchschnittlich 100 Käufe auf jede Warengruppe, somit ein Kaufakt zwischen zwei Warengruppen i und j. Die meisten Affinitätsmaße gehen davon aus, daß die vier Felder prinzipiell gleich besetzt werden können, eine Annahme, die für Verbundtafeln normalerweise nicht gilt. Dies gilt auch für den von Böcker als am besten eingestuften Koeffizienten p*, der die Extremsituationen verzerrt abbildet[2]. Das Beispiel aus Abbildung 3.26 zeigt, daß die Ähnlichkeitskoeffizienten b'_{ij} und p^*_{ij} für dieselbe Ausgangssituation unterschiedlich starke Verbundbeziehungen ausweisen. Während b'_{ij} mit 0,40 auf einen Verbund hinweist, deutet der Wert von 0,04 für p^*_{ij} darauf hin, daß kein Verbund besteht. Die beiden Koeffizienten b'_{ij} und p^*_{ij} weisen die folgenden Mängel auf[3]:

1. Sie verändern sich in "Abhängigkeit vom Verdichtungsgrad". Es spielt also eine Rolle, ob Artikel, Warengruppen oder Abteilungen betrachtet werden.
2. Sie verändern sich mit der Gesamtzahl der in die Betrachtung einbezogenen Sortimentsteile, auch wenn die Zahl der Verbundkäufe zwischen zwei Sortimentsteilen konstant bleibt.
3. Der Wert der Koeffizienten ist abhängig von der Zahl der Verkaufsalternativen "nicht i" und "nicht j", was den

---

1. Vgl. Merkle, E.: Erfassung und Nutzung von Informationen über den Sortimentsverbund in Handelsbetrieben, a.a.O., S. 60ff.

2. Vgl. dazu ebenda: Merkle bezieht sich in seiner Kritik des von Böcker als besten eingestuften Koeffizienten auf dessen Habilitationsschrift mit demselben Titel aus dem Jahr 1976. In dieser Arbeit stuft Böcker den Yule'schen Koeffizienten b'_{ij} als besten ein. Mit denselben Plasmoden, wie sie Merkle für den Test von b'_{ij} verwendet, ergibt sich für p^*_{ij} eine verzerrte Abbildung.

3. Vgl. Merkle, E.: Erfassung und Nutzung von Informationen über den Sortimentsverbund in Handelsbetrieben, a.a.O., S. 81-83.

	Kauf von X (j)	Nichtkauf von X ($\bar{j}$)	$n_{i.}$
Kauf von X (i)	5 A	95 B	100 A+B
Nichtkauf von X ($\bar{i}$)	95 C	9 805 D	9 900 C+D
n_j	100 A+C	9 900 B+D	10 000 A+B+C+D

Abb. 3.26: Beispiel zur Berechnung der Verbundkoeffizienten b'_{ij} und p^*_{ij} zwischen zwei Artikeln (Daten sind entnommen aus: Merkle, E.: Erfassung und Nutzung von Informationen über den Sortimentsverbund in Handelsbetrieben, a.a.O., S. 61)

Einsatz dieser Koeffizienten für die Praxis nicht sinnvoll erscheinen läßt.

Merkle empfiehlt daher das Ähnlichkeitsmaß V_{ij}, das das Feld D ("nicht i" und "nicht j") unberücksichtigt läßt:

$$(3.14) \quad V_{ij} = \frac{A}{\text{Min}\begin{bmatrix}(A+B)\\(A+C)\end{bmatrix}} \qquad (0 \leq V \leq 1)$$

Für unser Beispiel aus der Abbildung 3.26 ergibt sich dann: V = 5/100 = 0,05, es besteht also ein relativ geringer Verbund zwischen den Sortimentsteilen i und j. In Ergänzung zu relativen kaufaktbezogenen Verbundbeziehungen kann man auch absolute mengenbezogene Verbundhäufigkeiten bestimmen, um das Ergebnis der kaufaktbezogenen Affinitätskoeffizienten zu relativieren. Auf die damit verbundenen Probleme (z.B. Normierungsprobleme, Repräsentativität des absoluten Verbundes) soll an dieser Stelle nicht näher eingegangen werden.

zu (6) Die Verbundkoeffizienten können durch kaufaktbezogene Merkmale (z.B. Einkaufstag und Einkaufswoche) und durch Merkmale, mit denen sich die Käufer charakterisieren lassen, erklärt werden[1]. Hierzu müssen allerdings die Variablen der Käufer zusätzlich erhoben werden. Hruschka berichtet von einer Untersuchung mit 1.684 Warenkörben aus 12 Verkaufsstellen, bei der 29 Verbundbeziehungen zwischen Warengruppen festgestellt wurden. Daraus lassen sich z.B. die folgenden Aussagen ableiten: Die Verbundintensität ist an einzelnen Wochentagen oder in einzelnen Wochen unterschiedlich und läßt sich mit Hilfe der Variablen Wochentag und/oder Woche prognostizieren. Diese Information kann zur Planung von Werbemaßnahmen herangezogen werden. Man darf allerdings nicht außer acht lassen, daß in den Verbundkoeffizienten bereits eine bestimmte Absatzpolitik enthalten ist. Es bietet sich daher an, statt der Wochentage oder Wochen gleich spezifische Ausprägungen der Absatzpolitik als unabhängige Variablen (z.B. die Preis- oder die Werbemaßnahmen) heranzuziehen. Interessant an der Untersuchung von Hruschka ist die Überlegung, Verbundbeziehungen durch unabhängige Merkmale zu erklären.

Die Messung der Verbundintensität liefert unabhängig von dem gewählten Meßmodell verhältnisskalierte Verbundkoeffizienten (Ähnlichkeitsmaße für nominalskaliertes Basisdatenmaterial, Regressionskoeffizienten für verhältnisskaliertes Basisdatenmaterial). Die Verbundkoeffizienten können nun mit statistischen Verfahren wie der Clusteranalyse und der Multidimensionalen Skalierung tabellarisch und graphisch weiter verdichtet werden[2]. Auf eine Darstellung dieses Verfahrens soll hier verzichtet werden. Zum Schluß soll noch anhand eines Beispieles gezeigt werden, wie Verbundkoeffizienten im Rahmen des Rechnungswesens genutzt werden können.
In Abbildung 3.27 sind die Ausgangsdaten enthalten. In Abbildung 3.28 ist, unter der Annahme symmetrischer Verbundbeziehungen ($V_{ij} = 0,5$), eine verbundbezogene Deckungsbeitragsrechnung durchgeführt.

---

1. Vgl. Hruschka, H.: Der Zusammenhang zwischen paarweisen Verbundbeziehungen und Kaufakt- bzw. Käuferstrukturmerkmalen, a.a.O., S. 218-231; Hruschka geht dabei von asymmetrischen Verbundbeziehungen aus.

2. Vgl. dazu Merkle, E.: Die Erfassung und Nutzung von Informationen über den Sortimentsverbund in Handelsbetrieben, a.a.O., S. 101-142.

mit Artikel	Zahl der Verbundkäufe der Artikel				Zeilen-summe
	A	B	C	D	
A	-	68	36	68	172
B	68	-	98	122	288
C	36	98	-	21	155
D	68	122	21	-	211
Summe der im Verbund gekauften Artikel	172	288	155	211	826
Zahl der Einzelkäufe	44	68	37	21	170
Gesamtzahl der verkauften Artikel	216	356	192	232	996
Deckungsbeitrag/Stück (DM)	1,10	0	1,70	-,90	
Summer der Deckungsbeiträge bei isolierter Betrachtung	237,60	0	326,40	208,80	772,80

Abb. 3.27: Deckungsbeitragsrechnung bei isolierter Betrachtung
Quelle: Merkle, E.: Erfassung und Nutzung von Informationen über den Sortimentsverbund in Handelsbetrieben, a.a.O., S. 161

mit Artikel	Zahl der Verbundkäufe der Artikel				Zeilen-summe
	A	B	C	D	
A	-	37,40	50,40	68,00	155,80
B	37,40	-	83,30	54,90	175,60
C	50,40	83,30	-	27,30	161,00
D	68,00	54,90	27,30	-	150,20
Verbunderfolg des Artikels	155,80	175,60	161,00	150,20	642,60
Erfolgsbeitrag der Einzelkäufe	48,40	-	62,90	18,90	130,20
Gesamterfolg des Artikels	204,20	175,60	223,90	169,10	772,80

Abb. 3.28: Deckungsbeitragsrechnung unter Berücksichtigung von symmetrischen Verbundbeziehungen
Quelle: Merkle, E.: Erfassung und Nutzung von Informationen über den Sortimentsverbund in Handelsbetrieben, a.a.O., S. 162

Bei isolierter Betrachtung ergibt sich für alle Artikel ein Deckungsbeitrag von 772,80 GE, für Artikel B z.B. ein Deckungsbeitrag von 0 GE. Da dieser Artikel aber den Kauf der Artikel A, C und D beeinflußt, muß eine isolierte Betrachtungsweise aufgegeben werden. Für B ergibt sich dann ein induzierter Erfolg von 37,40 GE von Artikel A ((1,10 + 0) * 68 * 0,5), von 83,30 GE von C und von 54,90 GE von D, ergibt gesamt 175,60 GE. Gleichzeitig verlieren die anderen Artikel an Deckungsbeitrag.

3.2.3 Bestimmungsgrößen zur Erklärung des Erfolges

Der Erfolg einzelner Sortimentsteile wird durch interne und externe Bestimmungsfaktoren beeinflußt. Abbildung 3.29 zeigt für die eigene Unternehmung, Konkurrenzbetriebe und Herstellerbetriebe die Hauptbestimmungsfaktoren.

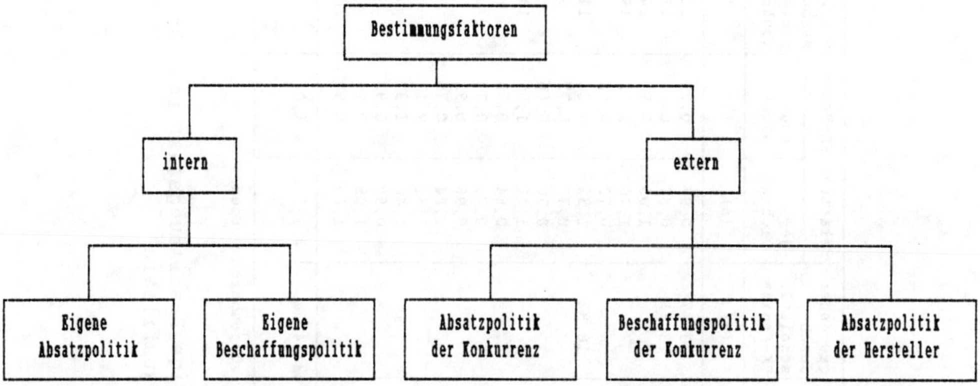

Abb.3.29: Übersicht interne und externe Bestimmungsfaktoren

Die Bestimmungsfaktoren können mengenmäßig (=direkt), z.B. Anzahl der Displayplazierungen einer Warengruppe, oder wertmäßig (=indirekt), z.B. Kosten für die Displayplazierung, gemessen werden. Analog zu den Erfolgsgrößen werden im folgenden nur die direkten Bestimmungsfaktoren berücksichtigt, da die Kosten für absatzpolitische Maßnahmen aus Sicht der Nachfrager nur schwer nachvollziehbar sind. Außerdem ergeben sich Zurechnungsprobleme. Lediglich wenn die Maßnahmen nicht vergleichbar sind, z.B. bei Werbemaßnahmen in unterschiedlichen Medien mit unter-

lfd. Nr.	Artikel-Nummer	Absatz	Verkaufspreis min.	max.	gewogener durch-schnittl. VK-Preis*	relativer VK-Preis ge-wichtet	unge-wichtet	durchschn. Werbe VK-preis der Konkurrenz	Anz. der fremden Bewerb. in 14 Wochen	Anz. der eigenen Bewerb. in 14 Wochen	Anzahl der durchschn. Frontstücke pro Woche	Anz. der Display-tage in 14 Wochen	Anz. der Regal-Dis-playtage in 14 Wochen
(1)	(2)	(3)	(4)		(5)	(6)	(7)	(8)	(9)	(10)	(11)	(12)	(13)
1	300	869	12,99	14,98	13,87	0,97	0,91	12,43	21	2	6,8	11	
2	298	460	11,98	12,98	12,61	0,89	0,83	11,02	13		7,8	12	
3	317	344		14,98		1,05	0,99	14,21	7	1	2,5	33	
4	455	271		19,98		1,40	1,32	19,76	3		1,8		
5	541	196		9,98		0,70	0,66				2,2		
6	355	123	16,98	18,98	18,82	1,32	1,24	14,65	3		1,8	5	84
7	303	107		10,98		0,77	0,72	9,84	6		1,0		
8	301	104		9,98		0,70	0,66				1,5		
9	460	90		15,98		1,12	1,05	13,28	8		2,1		8
10	153	44		11,98		0,84	0,79				1,0		
11	316	42		10,98		0,77	0,72				1,7		
12	456	39		13,98		0,98	0,92				1,0		
13	356	19		11,98		0,84	0,79				1,8		
14	458	19		32,98		2,32	2,17				1,7		
15	364	18		19,98		1,40	1,32				1,0		
16	743	15		13,98		0,98	0,92				1,0		
17	318	15		14,99		1,05	0,99				1,0		
18	496	3		14,99		1,05	0,99	10,48	2		2,1		
		Σ 2778			ø 14,24	ø 1,0	ø 1,0		Σ 63	Σ 3	Σ 2,7	Σ 61	Σ 92

* sofern Preisveränderungen im Zeitablauf vorgenommen wurden

Abb. 3.30: Ausgewählte mengenmäßige Bestimmungsfaktoren für die Warengruppe Deutscher Weinbrand in einer Warenhausfiliale

schiedlichen Reichweiten, sollte auf wertmäßige Größen zurückgegriffen werden. Abbildung 3.30 zeigt ausgewählte mengenmäßige Bestimmungsfaktoren der Warengruppe Deutscher Weinbrand in einer Warenhausfiliale. Die eigene Absatzpolitik und die der Konkurrenz für die Warengruppe Deutscher Weinbrand lassen sich wie folgt beschreiben:
Bei drei Artikeln wird der Verkaufspreis innerhalb des Zeitraumes von 14 Wochen verändert. Der relative Verkaufspreis, der das Verhältnis des Preises eines Artikels zum durchschnittlichen Preis innerhalb einer Warengruppe angibt, liegt zwischen 0,70 (Artikel 301) und 2,32 (Artikel 458). Insgesamt werden acht der 18 Artikel 63 mal beworben. Die durchschnittlichen Verkaufspreise liegen in allen Fällen unter denen der Warenhausfilialen. Die größte Preisdifferenz zwischen dem Verkaufspreis im Warenhaus und dem durchschnittlichen Werbepreis beträgt DM 4,51 (bei Artikel 496, von dem im Untersuchungszeitraum allerdings nur drei Flaschen verkauft werden). Die geringste Differenz weist Artikel 455 mit DM 0,22 auf. Die meisten Bewerbungen entfallen auf Artikel 300, der im Warenhaus zweimal und von der Konkurrenz 21 mal beworben wird. Die meisten Frontstücke entfallen durchschnittlich auf Artikel 298. Artikel 317 ist an 33 Tagen displayplaziert (Sondertisch), Artikel 355 ist an allen Untersuchungstagen im Regal vorgehoben (Regaldisplay) plaziert.

Eine weitere Bestimmungsgröße ist die Präsenz. Sie gibt an, wieviele Artikel, die innerhalb eines Zeitraumes geführt werden sollen, vorhanden sind. Fehlende Artikel, die die Nachfrager normalerweise erwarten, wirken sich immer dann negativ auf den Erfolg aus, wenn die Auswahl in den betreffenden Warenbereichen gering ist und/oder die Nachfrager markentreu sind und daher nicht bereit sind, auf Substitutionsprodukte umzusteigen. Weitere Bestimmungsfaktoren sind u.a. die:

- Altersstruktur des vorhandenen Warenbestandes, (vor allem bei modischer oder leicht verderblicher Ware),
- die Abschriften für einzelne Sortimentsteile in einzelnen Perioden (wirkt sich auf die Preise aus),
- die Einstandspreise der Sortimentsteile (wirkt sich nur indirekt auf den Erfolg aus).

Langfristig ist es auch wichtig zu wissen, wie sich ein Sortimentsteil auf dem Gesamtmarkt entwickeln wird. Wird z.B. in Zukunft die Schokolade eher in Form von Tafeln, in Form von Pralinen oder in Form von Riegeln verzehrt werden oder wird statt Schokolade mehr Obst gegessen? Diese

Fragen müssen im Rahmen der strategischen Sortimentsplanung beantwortet werden und sollen hier nicht weiter verfolgt werden.

Die direkten Bestimmungsfaktoren können immer dann in Responsefunktionen verwendet werden, wenn Intra- oder Intervariabilität vorliegt. Formal liegt Variabilität vor, wenn die Standardabweichung eines Bestimmungsfaktors größer Null ist. Aus einer Vielzahl von Beobachtungspunkten läßt sich mit Hilfe der Regressionsanalyse neben der konstanten Größe für jeden Bestimmungsfaktor ein Koeffizient schätzen. Im linearen Modell stellt dieser den Differenzenquotient ($\delta y/\delta x$), im multiplikativen Modell die Elastizität dar. Bei der Verdichtung zu Responsefunktionen können ein (einfacher Fall) oder mehrere Bestimmungsfaktoren (multipler Fall) zur Erklärung des Erfolges herangezogen werden.

3.2.4 Die zeitliche Struktur von Kennzahlen

3.2.4.1 Die Periodenlänge

Einer der größten Vorteile der Scannerdaten ist die freie Wahl der Periodenlänge, für die Daten gesammelt werden sollen. Sie wird lediglich durch die Hard- und Softwaremöglichkeiten beschränkt.
Alle vorgestellten Kennzahlen lassen sich für beliebig kurze Teilperioden berechnen. Welche Periodenlänge soll für die Berichterstattung gewählt werden? Zu kurze und zu lange Perioden können die Ergebnisse verzerren. Zu kurze Perioden führen zu einem hohen Kontroll- und Analyseaufwand. Im Extremfall sind die Perioden so kurz, daß bei einer Vielzahl von Sortimentsteilen keine Absatzbewegungen stattgefunden haben. Bei zu langen Perioden können sich Verzerrungen ergeben, wenn zwischen den Bestimmungsfaktoren und den Ergebnisgrößen kein direkter Zusammenhang besteht, z.B. wenn in einer Analyseperiode die Erfolgsgröße aufgrund unterschiedlicher Ausprägungen eines Bestimmungsfaktors entsteht.
Allgemein nimmt mit zunehmender Periodenlänge die Möglichkeit zu, daß sowohl die Bestimmungsfaktoren als auch die Erfolgskennzahlen Variabilitäten aufweisen. Gleichzeitig sinkt aber der Nutzen dieser Zahlen, da sie veraltet sein können und die Wirkung einzelner absatzpolitischer Maßnahmen nicht mehr herausgefiltert werden kann. Außerdem können dann

auch saisonale und zyklische Schwankungen das Ergebnis überlagern. Bislang wird diesem Problem in der Literatur nur wenig Aufmerksamkeit geschenkt. Zentes hebt zwar die Zeitpräzision von Scannerdaten hervor[1], und Simon weist auf Probleme der Fristigkeit hin[2], ohne allerdings einen Lösungsvorschlag zu machen wie Periodenlängen festgelegt werden sollen. Bei statischen Modellen wird i.d.R. unterstellt, daß die Reaktionen unmittelbar (theoretisch in beliebig kurzer Zeit) erfolgen[3]. Sowohl bei statischen als auch bei dynamischen Modellen wird das Problem der Periodenlänge meist nur entweder beispielhaft ("z.B. Wochen, Monate")[4] oder pragmatisch[5] mit den zur Verfügung stehenden Daten gelöst (z.B. Handelspaneldaten oder Daten aus dem Rechnungswesen, die nur in bestimmten Rhythmen erhoben werden). Dieter Schneider kommt zu dem Ergebnis, daß es an Kriterien fehle, mit deren Hilfe die Periodenlänge festgelegt werden könne[6].

Teilperioden in statischen und dynamischen Modellen sollten so lang sein, daß keine zyklischen Schwankungen und/oder saisonale Einflüsse, die für die Lösung des entsprechenden Problems von Bedeutung sind, enthalten sind. Die Periodenlänge sollte für die untersuchten Objekte jeweils gleich sein, um Quervergleiche anstellen zu können. Folgende Größen können zur Festlegung der Periodenlänge herangezogen werden:

- Die absolute Höhe des Absatzes von Sortimentsteilen. Dabei gilt: je

---

1. Vgl. Zentes, J.: Technische, organisatorische und personelle Voraussetzungen der Einführung von Warenwirtschaftssystemen. In: Zentes, J. u. Kirchner, J.D. (Hrsg.): Führen mit Warenwirtschaftssystemen. Neue Wege zum Informationsmanagement in Handel und Industrie. Grundlagen, Anleitungen, Fallbeispiele. Düsseldorf und Frankfurt, S. 77f. u. S. 80.

2. Simon, H.: Entscheidungsunterstützung mit Scanner-Daten, a.a.O., S. 64f.

3. Vgl. z.B. die Ausführungen von Diller, H.: Preispolitik. Stuttgart 1985, S. 65-76, der auf Probleme der Periodenabgrenzung nicht eingeht.

4. Vgl. Möller, H.: Kalkulation, Absatzpolitik und Preisbildung. Die Lehre der Betriebe auf preistheoretischer und betriebswirtschaftlicher Grundlage. Nachdruck. Tübingen 1962, S. 135-138.

5. Vgl. Marshall, A.: Principles of Economics. 9. Aufl., Vol. 1. London 1961, S. 369-380.

6. Vgl. Schneider, D.: Die Preis-Absatz-Funktion und das Dilemma der Preistheorie. In: Zeitschrift für die gesamte Staatswissenschaft, Bd. 122 (1966), S. 603 u. S. 625-627. Er belegt dies zwar explizit nur für Preis-Absatz-Funktionen, sein Ergebnis gilt aber auch für andere Zusammenhänge.

höher der Absatz eines Sortimentsteiles in einzelnen Perioden, desto eher können auch mit kurzen Teilperioden gesicherte Aussagen gemacht werden.

- Die Einkaufs- und Verbrauchsgewohnheiten der Konsumenten, z.B. wöchentlicher Großeinkauf von Lebensmitteln.
- Das Verhalten der Händler bei der Gestaltung der Absatzpolitik, z.B. das wöchentliche Schalten von Werbeanzeigen, der Rhythmus, mit dem Preise neu festgelegt werden, die Dauer von Verkaufsaktionen u.ä.
- Der Zeitraum, der im Durchschnitt verstreicht, bis sich eine Änderung der Absatzpolitik "einpendelt". Kucher[1] berichtet, daß die Marktforschungsunternehmung IRI, Chicago, zwischen zwei Preisänderungen meist fünf Wochen verstreichen läßt. Rinne sowie Simon und Kucher weisen ebenfalls auf den relativ geringen Zeitraum zur Anpassung intertemporärer Preiseffekte hin[2]. Es ist anzunehmen, daß Plazierungs- und Werbemaßnahmen eher noch kurzfristiger wirken[3].

Aus organisatorischen Gründen wird aber der Verkaufstag i.d.R. die kürzeste Periode zur Berechnung von Kennzahlen bilden, da die tagsüber angefallenen Abverkäufe meist während der Nacht aufbereitet werden[4]. Das Verhalten der Nachfrager und der Einzelhändler ist in vielen Einzelhandelsbereichen - vor allem im Lebensmitteleinzelhandel - auf die Woche als Periode ausgerichtet[5]. Im Handel und bei den Marktforschungsinstituten werden daher z.Zt. auch meist Wochendaten analysiert[6].

---

1. Vgl. Kucher, E.: Scannerdaten und Preissensitivität bei Konsumgütern, a.a.O., S. 21.

2. Vgl. Rinne, H.: Empirical Investigation of the Effects of Reference Prices on Sales. Diss. Perdue University 1981; vgl. auch Simon, H. und Kucher, E.: Höhere Marketing-Effizienz mit Scanner-Daten. In: asw (2/1983), S. 83-89.

3. Vgl. z.B. Milde, H.: Auswirkungen von Aktionen auf den Absatz eines Produktes. In: Marktforschung (1986), S. 94- 97.

4. Für kürzere Zeitabschnitte werden eher aggregierte Daten benötigt, z.B. Umsatz in einzelnen Stunden.

5. Vgl. Kucher, E.: Scannerdaten und Preissensitivität bei Konsumgütern, a.a.O., S. 30.

6. Vgl. Milde, H.: Neues aus der Scanning-Marktforschung, a.a.O., S. 93; vgl. Litzenroth, H.A.: Neue Marktforschungsperspektiven durch hochentwickelte Technologien, a.a.O., S. 79ff.; vgl. Hagen, K.: Marktdatenkommunikation in der Bundesrepublik Deutschland - Ein Modell der Coorganisation zwischen Industrie und Handel. In: Krumsick, R. (Hrsg.): Scanning - Zukunftsperspektiven für Handel, Industrie und Marktforschung. Wissenschaftliche Arbeitsgemeinschaft für Technik und Wirtschaft des

Mit taggenauen Daten lassen sich absatzpolitische Maßnahmen und der mit diesem Mix erzielte Absatz nahezu zeitkongruent erfassen. Carry-over-Effekte müssen separat erfaßt werden. Bei Wochendaten können die Erfolge nur dann eindeutig den Bestimmungsfaktoren zugeordnet werden, wenn diese über die gesamte Teilperiode konstant bleiben. Werden aber z.B. aufgrund einer Sonderangebotswerbung am Donnerstag die Preise und die Plazierung geändert, läßt sich der Erfolg dieser Maßnahme nicht mehr eindeutig diesen Bestimmungsfaktoren zuordnen. Das gilt analog auch für das Verhältnis Wochen- zu Monatsdaten (vgl. Abbildung 3.31).

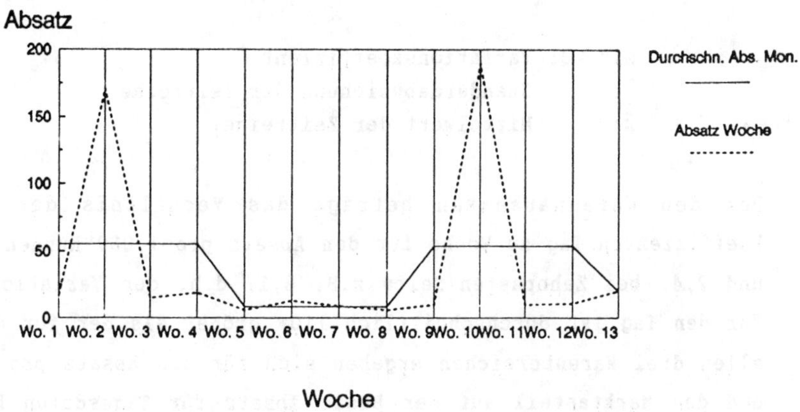

Durchschn. Abs. Mon.	55,5	55,5	55,5	55,5	8,5	8,5	8,5	8,5	54	54	54	54	20
Absatz Woche	17	171	15	19	6	13	9	6	10	190	10	11	20
VK	8,98	6,99	8,98	8,98	8,98	8,98	8,98	8,98	8,98	6,66	8,98	8,98	9,99
Werb. Zeitung	0	1	0	0	0	0	0	0	0	1	0	0	0
Sonderplaz.	0	0	1	1	0	0	0	0	0	0	0	0	0
Handzettel	0	1	0	0	0	0	0	0	0	1	0	0	0
Sonderpreis	0	1	0	0	0	0	0	0	0	1	0	0	0

Abb. 3.31: Die Beeinflussung des Absatzes durch ausgewählte Bestimmungsfaktoren am Beispiel eines Vollwaschmittels in einem Verbrauchermarkt

Der höchste Absatz wird jeweils mit einer Kombination von Werbung in der Zeitung, Handzettel und Preisreduktion um 22,20 bzw. um 25,8% erzielt. Eine reine Sonderplazierung bringt nur einen vergleichsweise geringen Zuwachs gegenüber einer Politik ohne "Sonderangebotscharakter". Die Umrechnung der Wochen- auf Monatsdaten nivelliert den Erfolg der beiden

---

...fortlaufend...

Landes Nordrhein-Westfalen. Band 238. Bericht der Arbeitsgruppe Absatzwirtschaft vom 28.2.1985, S. 36-45, hier S. 40.

Aktionswochen beträchtlich. Carry-over-Effekte können nicht beobachtet werden.
Wochendaten besitzen im Vergleich zu Monatsdaten eine höhere Variabilität. Dasselbe gilt für Tagesdaten im Verhältnis zu Wochendaten. Als Maß kann der Variationskoeffizient einer Verteilung herangezogen werden, der das Verhältnis der Standardabweichung zum Mittelwert einer Verteilung angibt:

$$VC = \frac{s}{\bar{x}} \qquad (3.14)$$

mit VC: Variationskoeffizient
s: Standardabweichung der Zeitreihe
$\bar{x}$: Mittelwert der Zeitreihe.

Bei den Warenhausdaten beträgt das Verhältnis der Variationskoeffizienten Tag zu Woche für den Absatz pro 1.000 Kunden zwischen 2,1 und 2,4, bei Zahnpasten/Seife z.B. 2,1, d.h. der Variationskoeffizient für den Tag ist durchschnittlich 110% größer als der für die Woche. In allen drei Warenbereichen ergeben sich für den Absatz pro 1.000 Kunden und den Marktanteil auf der Basis Absatz für Tagesdaten höhere Variationskoeffizienten als für Wochendaten (vgl. Abbildung 3.32).

	Variationskoeffizient Tagesdaten/Wochendaten	
	Absatz pro 1.000 Kunden	Marktanteil auf der Basis Absatz
Zahnpasten/ Seifen	2,1	2,3
Kaffee	2,2	2,8
Spirituosen	2,4	2,6

Abb. 3.32: Verhältnis der mittleren Variationskoeffizienten von Tages- zu Wochendaten in drei Warenhausfilialen

Zufällige Einflüsse, die Zahl der Kunden an einzelnen Tagen und Carry-over-Effekte von Marketingmaßnahmen können die Ergebnisse der Analyse von Tagesdaten beeinflussen. Bei Wochendaten machen sich zufällige Abweichungen an einzelnen Wochentagen in geringerem Maße als bei Tagesdaten bemerkbar. Wochendaten besitzen allerdings den Nachteil, daß der Einfluß bzw. der Erfolg der Bestimmungsfaktoren u.U. nicht mehr präzise erfaßt werden kann. Monatsdaten sollten nur bei Warengruppen verwendet werden, die sich selten umschlagen, z.B. hochpreisige Orientteppiche. Bei der Berichterstattung sollte daher in einer Warengruppe, in der der wöchentliche Einkaufsrhythmus der Nachfrager und die wöchentliche Planung der Händler so dominant wie im Bereich Lebensmittel sind, auch auf eine Berichterstattung mit wöchentlichem Ausweis zurückgegriffen werden.

3.2.4.2 Die Anzahl der Perioden

Über wieviele Perioden sollen die Zeitreihen zur Verfügung stehen? Die Anzahl der Perioden sollte so gewählt werden, daß möglichst viele aussagefähige Perioden berücksichtigt werden können. Generell gilt, daß die Bedeutung von Erfolgskennzahlen mit zunehmendem Alter für die Planung abnimmt. Eine Zunahme der Zahl der Perioden bewirkt, daß die Ergebnisse stabiler werden, d.h. Ausreißer in Teilperioden wirken sich in geringerem Maße auf das Ergebnis aus. Ab einer bestimmten Anzahl werden aber auch solche Perioden mitberücksichtigt, die u.U. nicht mehr mit den aktuellen vergleichbar sind (z.B. Vorsaison und Hauptsaison). Damit verringert sich die Validität. Bei starken Saisoneinflüssen muß die Anzahl der Perioden dementsprechend angepaßt werden. Wenn in einer Warengruppe keine oder nur geringe Saisoneffekte auftreten, können entsprechend mehr Perioden herangezogen werden. Dabei muß aber berücksichtigt werden, daß sich nicht nur saisonale und zufällige Größen, sondern auch Trends und bei langen Zeitreihen auch Konjunkturzyklen auf das Ergebnis auswirken können. Für das Berichtswesen reicht als Minimum die aktuelle und zum Vergleich das Ergebnis einer früheren Periode oder ein Sollwert aus. Bei der Bildung von Responsefunktionen sollten dagegen ca. 25-30 Werte zur Verfügung stehen, da dann zum einen für Stichproben der Grenzwertsatz gilt[1], zum anderen einzelne Werte das Gesamtergebnis

---

1. Vgl. z.B. Bleymüller, J.; Gehlert, G. u. Gülicher, H.: Statistik für Wirtschaftswissenschaftler. 4. Auflage. München 1985, S. 78.

nur noch in relativ geringem Maß beeinflussen.

4 Computergestützte Sortimentspolitik

Die Sortimentspolitik nimmt innerhalb der absatzpolitischen Instrumente eine Sonderstellung ein, weil erst durch die Aufnahme eines Artikels in das Sortiment Entscheidungen über die Ausgestaltung seiner übrigen absatzpolitischen Instrumente ausgelöst werden. Sortimente von Handelsbetrieben lassen sich mit Hilfe der folgenden Kriterien beschreiben:

(1) Nach Art der Leistungen, die angeboten werden
Im Einzelhandel dominieren die beschaffbaren Sachgüter; daneben erhalten selbständige immaterielle Güter wie Rechte (z.B. Software) und Dienstleistungen (z.B. Frisör, Kredit, Reisebüro) eine immer größere Bedeutung. Darüber hinaus gibt es noch die Gruppe der nicht-selbständigen immateriellen Leistungen (z.B. Anlieferung, Einkaufsatmosphäre), die aber nur zusammen mit einer Sachleistung erbracht werden. Im Mittelpunkt dieser Arbeit stehen die materiellen Güter (= Ware). Die Ergebnisse lassen sich aber ohne Probleme auch auf selbständige immaterielle Güter übertragen.

(2) Nach der zeitlichen Dimension
Die Zusammensetzung von Sortimenten kann sich im Zeitablauf aufgrund saisonaler oder sonstiger Einflüsse ändern. Sortimente können zeitpunkt- oder zeitraumbezogen betrachtet werden. Es erscheint sinnvoller, Sortimente für bestimmte Zeiträume zu betrachten, z.B. Tages-, Wochen- oder "durchlaufende" Sortimente[1].

(3) Nach der Art der Planerfüllung
Die zeitliche Abgrenzung ist eng verknüpft mit der Tatsache, ob die festgelegten Artikel eines Sortimentes (Soll-Zustand) auch tatsächlich vorhanden sind (Ist-Zustand).

(4) Nach der körperlichen Anwesenheit
Dabei lassen sich die Absatzobjekte unterscheiden, die körperlich verfügbar ('auf Lager') sein sollen und solche, die auf Wunsch der Nachfrager bestellt werden können.

(5) Nach dem Grad der Manipulation
Absatzobjekte können selbst - oder zumindest teilweise selbst - erstellt

---

1. Vgl. Müller-Hagedorn, L.: Handelsmarketing, a.a.O., S. 145f.

(z.B. im Lebensmittelhandel Fleisch- und Wurstwaren) oder von Dritten beschafft werden.

Sortimente in Einzelhandelsbetrieben lassen sich dann wie folgt definieren: Ein Sortiment stellt die selbsterstellten oder von Dritten gekauften Güter, die ein Einzelhandelsbetrieb in einem Zeitraum (z.B. Saison), physisch oder per Bestellung, seinen Kunden anbietet, dar[1].

4.1 Die Handlungsmöglichkeiten der Sortimentspolitik

Die Sortimentspolitik von Handelsbetrieben ist zum einen auf Aggregationen von Artikeln (z.B. Warengruppen), zum anderen auf einzelne Artikel innerhalb aggregierter Einheiten ausgerichtet.
Sortimentspolitische Entscheidungen lassen sich in solche unterteilen, die sich auf die Tiefe (= Anzahl einzelner Artikel, die in einem Sortiment geführt werden sollen) und solche, die sich auf die Anzahl aggregierter Einheiten (z.B. Warengruppen) beziehen[2] (vgl. dazu die Punkte 1 und 2 in Abbildung 4.1).
Bei Entscheidungen, welche Artikel geführt werden sollen (vgl. die Punkte 1.1 und 1.2 in Abbildung 4.1), muß festgelegt werden, ob alte Artikel im Sortiment verbleiben sollen, oder ob Veränderungen vorgenommen werden sollen. Damit sind auch immer Entscheidungen über die Anzahl der Artikel innerhalb eines Sortimentes verknüpft. Ein Sortiment kann verändert werden, indem a) neue Artikel aufgenommen werden b)

---

1. Vgl. dazu Müller-Hagedorn, L.: Handelsmarketing, a.a.O., S. 146, dessen Definition sich von der obigen in der Art der Planerfüllung ("anbieten will") unterscheidet; vgl. auch Gümbel, R.: Die Sortimentspolitik in Betrieben des Wareneinzelhandels. Köln und Opladen 1963, S. 59, der das Sortiment zeitpunktbezogen betrachtet.

2. Die Begriffe Sortimentstiefe und -breite sind nicht immer eindeutig; zum einen kann es sich bei der Sortimentstiefe um die Zahl der Artikel handeln, die aus demselben oder ähnlichem Material bestehen, bzw. denselben Zweck erfüllen, zum anderen kann nach der konsumentenbezogenen Definition die Sortimentstiefe danach bestimmt werden, welche Artikel die Nachfrager als Substitutionsartikel zur Befriedigung ihrer Bedürfnisse ansehen (vgl. Gümbel, R.: Die Sortimentspolitik in Betrieben des Wareneinzelhandels; a.a.O., S. 64). Die konsumentenbezogene Definition ist nicht problemlos, da z.B. für Nachfrager, die ein Geschenk aus dem Bereich Heim- und Handwerk suchen, die Substitutionsartikel anders aussehen können als bei denselben Nachfragern, wenn sie für sich selbst eine Schlagbohrmaschine suchen.

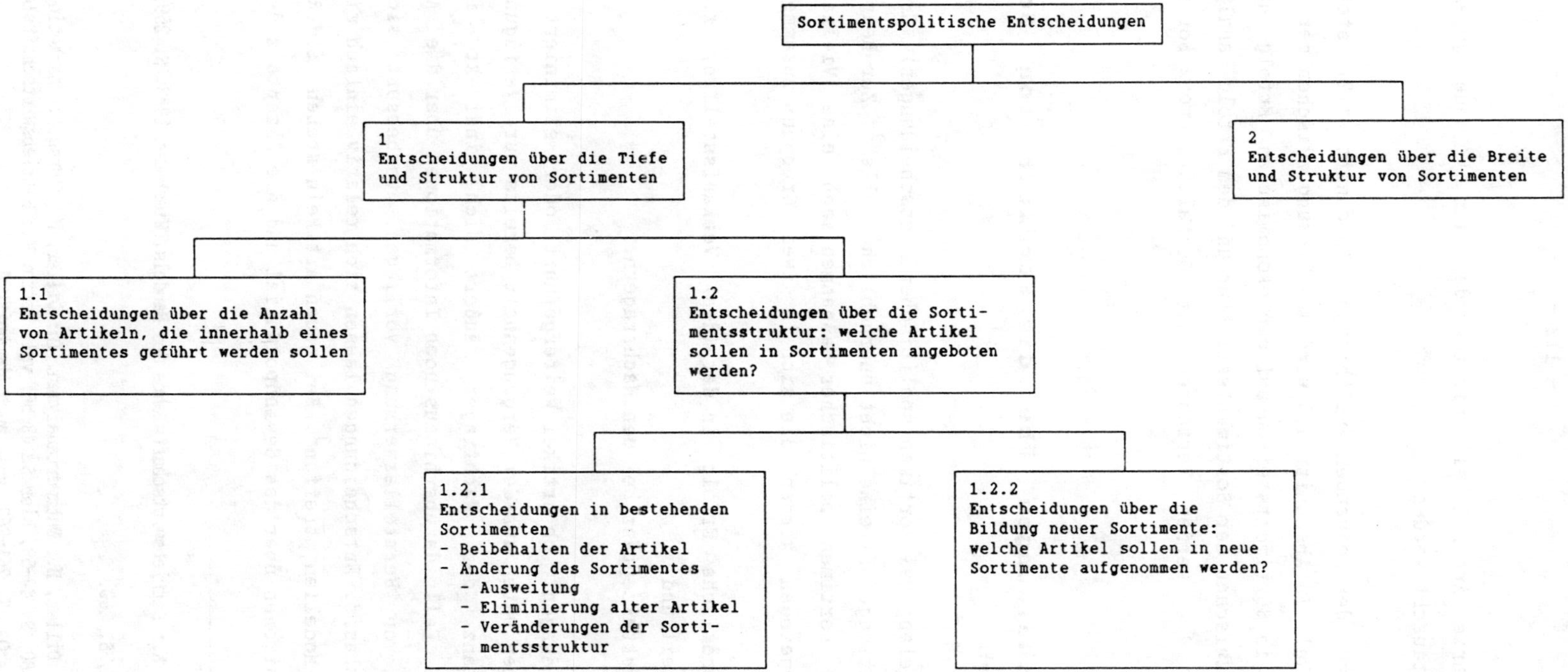

Abb. 4.1: Handlungsmöglichkeiten der Sortimentspolitik

bereits geführte Artikel eliminiert werden oder c) neue gegen alte Artikel ausgetauscht werden.

Im Vordergrund der folgenden Ausführungen (Abschnitt 4.2) steht der einzelne Artikel. In Abschnitt 4.3 wird die Wirkung zwischen der Anzahl der Artikel in Sortimentsteilen auf den ökonomischen Erfolg und der Zusammenhang zwischen der Sortimentsstruktur und dem Erfolg analysiert. In Abschnitt 4.4 werden Verfahren zur Gestaltung von Sortimenten vorgestellt.

4.2 Entscheidungen über die Struktur von Sortimenten

Bislang "spielen (bei sortimentspolitischen Entscheidungen) Erfahrung und Fingerspitzengefühl eine nicht unerhebliche Rolle"[1]. Zur Beurteilung des Erfolges sortimentspolitischer Maßnahmen kann eine Vielzahl von Größen herangezogen werden, die sich in zwei Gruppen zusammenfassen lassen[2]:

(1) der ökonomische Erfolg in der (den) Verkaufsstellen, z.B. der Marktanteil und

(2) die Produktakzeptanz bei den Nachfragern.

Bei Entscheidungen, ob Artikel weitergeführt oder eliminiert werden sollen, stehen Daten aus der Vergangenheit bereits zur Verfügung. Die Produktakzeptanz der Nachfrager äußert sich indirekt in den Absatzzahlen. Falls darüberhinaus noch Informationen über die Art und den Umfang von Herstellerwerbung vorliegen, verbessert sich die Entscheidungsbasis. Entscheidungen lassen sich relativ einfach mit Hilfe von Scoring-Modellen treffen[3]. Bei neuen Artikeln stehen i.d.R. noch keine Informationen über das Gewinnpotential und die Akzeptanz der Nach-

---

1. Vgl. Barth, K.: Betriebswirtschaftslehre des Handels. Wiesbaden 1988, S. 259.

2. Vgl. ebenda, S. 260.

3. Vgl. z.B. Diller, H.: Nutzwertanalysen. In: Diller, H. (Hrsg.): Marketingplanung. München 1980, S. 44-59, hier S. 48-56; vgl. Barth, K.: Betriebswirtschaftslehre des Handels, a.a.O., S. 261-263; vgl. auch Abschnitt 4.4.

frager zur Verfügung. Mit Hilfe von Abverkaufstests lassen sich diese Informationen relativ einfach beschaffen. Gleichzeitig kann ermittelt werden, welche substitutiven und/oder komplementären Wirkungen ein neuer Artikel besitzt[1].

Eigene Markttests für neue Artikel sollten dann durchgeführt werden, wenn die Kosten für die Durchführung des Markttests wesentlich niedriger als der erwartete Deckungsbeitrag sind. Dies wird insbesondere dann der Fall sein, wenn ein Handelsbetrieb einen Artikel in einer Vielzahl von Verkaufsstellen in das Sortiment aufnehmen will. Dabei sind folgende Fragen zu beantworten:

(1) In wievielen Verkaufsstellen soll das Experiment durchgeführt werden? Die Anzahl der Verkaufsstellen muß so festgelegt werden, daß sichergestellt ist, daß die Ergebnisse (mit einer vorgegebenen Irrtumswahrscheinlichkeit) auf die Grundgesamtheit (alle in Frage kommenden Verkaufsstellen) übertragen werden können[2].

(2) Wie lange soll das Experiment durchgeführt werden? Die Periodenlänge muß so festgelegt werden, daß eine Vielzahl von Nachfragern auch die Gelegenheit erhält, mit dem (den) neuen Artikel(n) in Kontakt zu kommen. Mithin richtet sie sich an der erwarteten Umschlaghäufigkeit aus. Um nicht nur die Erstkauf-, sondern auch die Wiederkaufraten zu erfassen, bietet es sich an, nach der Vormessung das Produkt zunächst "bekannt zu machen", z.B. durch eine vorgehobene Plazierung im Regal oder als Display. Nach dieser Phase beginnt dann die Nachmessung, wobei in dieser Phase der Testartikel in der (den) Experimentverkaufsstelle(n) so plaziert werden sollte, wie er später typischerweise angeboten werden soll. Mit Hilfe von Kontrollgeschäften, in denen der Absatz der Substitutions- und Komplementärartikel gemessen wird, werden mögliche Störgrößen erfaßt. Der Erfolg (Gi) der gesamten Warengruppe[3] einschließlich des Testartikels läßt sich als

---

1. Vgl. dazu Kapitel 7.

2. Vgl. dazu z.B. Bortz, J.: Lehrbuch der Statistik. Für Sozialwissenschaftler; a.a.O., S. 135-137.

3. Es wird angenommen, daß Substitutions- und Komplementärartikel identifiziert werden können.

$$(4.1)\quad GB_i = (E_A - E_B) - (C_A - C_B)$$

mit:

GB_i: Erfolg der Warengruppe i durch Einsatz eines oder mehrerer neuer Artikel

E_A: Erfolg der gesamten Warengruppe in der Experimentgruppe nachher

E_B: Erfolg der gesamten Warengruppe in der Experimentgruppe vorher

C_A: Erfolg der gesamten Warengruppe in der Kontrollgruppe nachher

C_B: Erfolg der gesamten Warengruppe in der Kontrollgruppe vorher

ermitteln. Zur Messung des Erfolges können die in Kapitel 3 vorgestellten Erfolgskennzahlen herangezogen werden. Der Nettoerfolg ergibt sich dann als

$$(4.2)\quad GN_i = GB_i - \delta \text{ Erfolg}$$

mit

GN_i: Netto-Erfolg der Warengruppe i.

Abbildung 4.2 enthält beispielhaft die Ergebnisse eines Experimentes mit der Erfolgskennzahl Absatz pro 1.000 Kunden.

	Experiment-markt(märkte)		Kontroll-markt(märkte)	
	durchschnittlicher Absatz pro 1.000 Kunden		durchschnittlicher Absatz pro 1.000 Kunden	
vorher	Artikel 1	190	Artikel 1	130
	Artikel 2	160	Artikel 2	170
	Artikel 3	140	Artikel 3	160
	Summe	490	Summe	460
nachher	Artikel 1	195	Artikel 1	140
	Artikel 2	155	Artikel 2	160
	Artikel 3	145	Artikel 3	170
	Artikel 4	75		
	Summe	570	Summe	470

Abb. 4.2: Mögliche Ergebnisse eines Store-Testes für einen neuen Artikel

Der durchschnittliche Absatz pro 1.000 Kunden der Warengruppen steigt um (570-490) - (470-460) = 70 an. Rechnet man den neuen Artikel heraus, ergibt sich eine Steigerung um (495-490) - (470-460) = 15, d.h. der Absatz pro 1.000 Kunden wird ohne den Testartikel um 15, mit dem Testartikel um 70 gesteigert. Der Nettoerfolg beträgt somit 70-15 = 55 Einheiten. Folgende idealtypische Fälle sind denkbar (vgl. Abbildung 4.3).

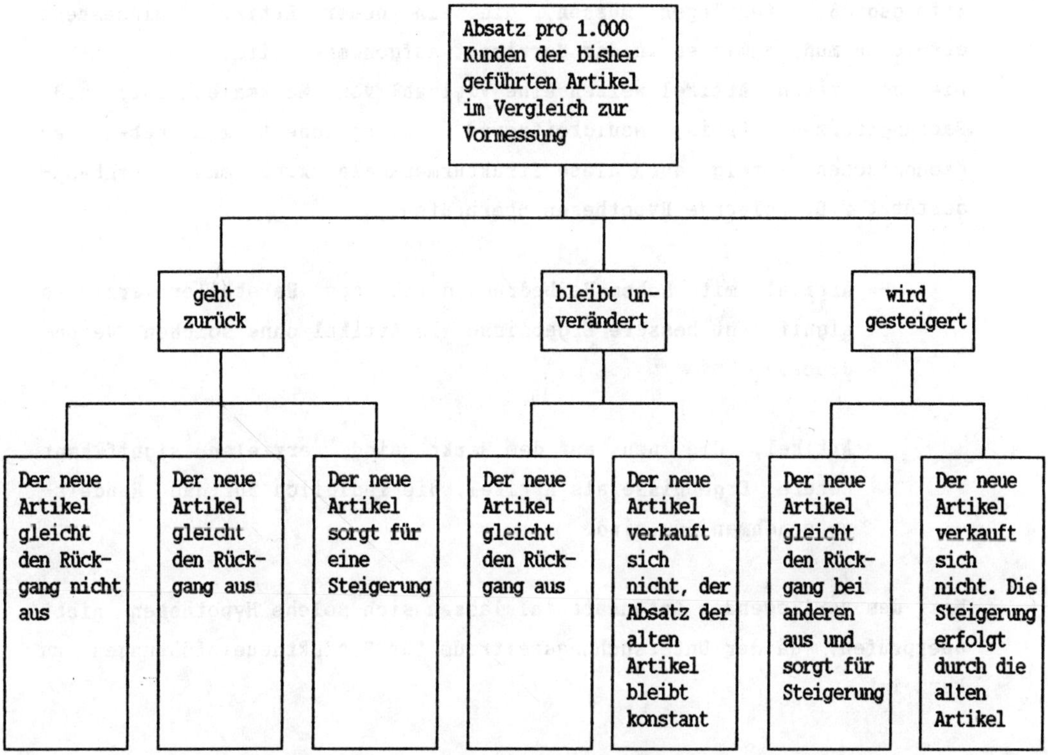

Abb. 4.3: Wirkungen eines neuen Artikels innerhalb eines Sortimentes

Werden bei einem Artikel mehrere absatzpolitische Instrumente gleichzeitig getestet, z.B. verschiedene Preisstellungen oder Plazierungsformen, kann man sich des Lateinischen Quadrates[1] bedienen. Mit Hilfe der Varianzanalyse läßt sich die "beste" Testalternative herausfiltern. Im Lateinischen Quadrat ist der Effekt durch den neuen Artikel

---

1. Vgl. z.B. Hüttner, M.: Informationen für Marketing-Entscheidungen, a.a.O., S. 141.

ausbalanciert, Experiment- und Kontrollgeschäfte werden jeweils ausgetauscht. Dabei wird angenommen, daß die Verkaufsstellen, in denen getestet wird, vergleichbar sind.
Die Grenzen des Experimentes liegen zum einen darin, daß die Treatmentgrößen nur innerhalb bestimmter Bandbreiten variiert werden können, zum anderen können nicht alle Störgrößen kontrolliert werden.

Zur Beurteilung der Ergebnisse wird man eine Sollvorgabe für eine Erfolgsgröße festlegen müssen, die ein neuer Artikel mindestens erreichen muß, damit er in das Sortiment aufgenommen wird.
Die getesteten Artikel weisen eine Vielzahl von Merkmalen auf; z.B. Packungsformen, Preis, Neuigkeitsgrad usw. Speichert man neben dem ökonomischen Erfolg auch diese Strukturmerkmale kann man datenbankgestützt z.B. folgende Hypothesen überprüfen:

- Artikel mit hohem Werbedruck durch den Hersteller erzielen signifikant bessere Ergebnisse als Artikel ohne solchen Werbedruck.

- Artikel, die neu auf dem Markt sind, erzielen signifikant höhere Ergebnisse als Artikel, die lediglich für das Handelsunternehmen neu sind.

Mit dem vorliegenden Datenmaterial lassen sich solche Hypothesen nicht überprüfen, da der Untersuchungszeitraum für Produktneueinführungen zu kurz ist.

4.3 Die Wirkung der Sortimentstiefe und der Sortimentsstruktur auf den Erfolg von Artikelgesamtheiten

4.3.1 Der Zusammenhang zwischen der Sortimentstiefe und dem Erfolg

Jeder Einzelhandelsbetrieb muß festlegen, ob er seinen Nachfragern eher ein breites und flaches, eher ein schmales und tiefes Sortiment oder Kombinationen aus den beiden Merkmalen anbietet. Im folgenden wird untersucht, wie sich die Zahl der Artikel in einer Warengruppe auf den Erfolg auswirkt.

Die ökonomische Wirkung von Veränderungen der Anzahl der Artikel in einer Warengruppe hängt u.a. davon ab, wie hoch der Anteil der markentreuen Käufer bzw. der Markenwechsler ist. Bei Käufern, die sich erst in der Verkaufsstelle für den Kauf eines Artikels aus einer Warengruppe entscheiden, besteht die Möglichkeit, daß sie sich eher markentreu oder eher nicht markentreu verhalten. Falls sie bislang keine Kenntnisse über diese Warengruppe besitzen, besteht darüberhinaus die Möglichkeit, daß sie Artikel z.B. nach deren Preis, der Verpackung, der speziellen Verwendung oder einfach zufällig auswählen. Eine Reduzierung der Anzahl der Artikel wird i.d.R. eine geringere Wirkung auf den ökonomischen Erfolg als die Hinzunahme neuer Artikel zur Folge haben, da man sich zunächst von den Artikeln trennen wird, die von den Nachfragern bislang kaum oder überhaupt nicht gekauft werden. Von 49 (= 5,0%) der 980 untersuchten Artikeln in den drei Warenhausfilialen wurden im untersuchten Zeitraum keine Einheiten verkauft. In den vier Verbrauchermärkten wurde von allen Artikel mindestens ein Stück abgesetzt.

Mit Sortimentsveränderungen können Absatzwirkungen, Verbundeffekte, Wirkungen auf das Insystem der Verbraucher und Veränderungen der Kosten- und Kapazitätssituation einhergehen (vgl. dazu Abbildung 4.4).

Die in der Literatur diskutierten Ansätze zur Erklärung der Wirkung unterschiedlicher Sortimentstiefen auf den ökonomischen Erfolg von:

(1) Baumol und Ide (1956)[1],

(2) Sabel (1971)[2],

(3) Gist (1968)[3] und Hansen (1976)[4] und

(4) Müller-Hagedorn und Heidel (1986)[5]

____

1. Vgl. Baumol, W.J. u. Ide, E.A.: Variety in Retailing. In: MS (1956), S. 93-101.

2. Vgl. Sabel, H.: Produktpolitik in absatzwirtschaftlicher Sicht - Grundlagen und Entscheidungsmodelle, a.a.O., S. 175ff.

3. Vgl. Gist, R.R.: Retailing: Concepts and Decisions. New York u.a. 1968, S. 258ff.

4. Vgl. Hansen, U.: Absatz- und Beschaffungsmarketing des Einzelhandels. Band 1, a.a.O., S. 223ff.

5. Vgl. zum folgenden Müller-Hagedorn, L. und Heidel, B.: Die Sortimentstiefe als absatzpolitisches Instrument. In: zfbf (1986), S. 39-63.

Handlungs-möglichkeiten	Mögliche Konsequenzen
(1)	(2)
1. Erweiterung der Anzahl der Artikel 2. Reduzierung der Anzahl der Artikel	A. Wirkungen auf das Verhalten der Konsumenten: Besuch und Kauf, insbesondere – zusätzlicher Absatz (Umsatz) mit neuem(n) Artikel(n) bzw. Wegfall des Absatzes (Umsatzes) bei gestrichenem(n) Artikel(n), – Veränderungen des Absatzes (Umsatzes) bei anderen Artikeln der Artikelgruppe (Verbundeffekte im engen Sinn), – möglicher Mehr- oder Minderabsatz (-Umsatz) bei Artikeln außerhalb der betreffenden Artikelgruppe (Verbundeffekte im weiten Sinn). B. Wirkungen auf das Insystem der Konsumenten, z. B. Veränderung des Images der Verkaufsstelle. C. Wirkungen auf die Kosten- und Kapazitätssituation: – Kapitalkosten für Warenbestände, – Inanspruchnahme von Verkaufsfläche.

Abb. 4.4: Ausgewählte Handlungsmöglichkeiten und Wirkungen der Sortimentspolitik; Quelle: Müller-Hagedorn, L. u. Heidel, B.: Die Sortimentstiefe als absatzpolitisches Instrument. In: zfbf (1986), S. 39-63, hier S. 39

gehen davon aus, daß die Attraktivität eines Sortimentes und damit die Umsatz- oder Absatzwirkung mit zunehmender Zahl von Artikeln degressiv ansteigt. Bei Baumol und Ide hängt die Attraktivität eines Sortimentes zum einen von der Wahrscheinlichkeit, daß die Nachfrager von ihnen gewünschte Artikel in der Verkaufsstelle finden, zum anderen auch von den Kosten für den Einkauf (Fahrt- und Suchkosten) ab[1]. Sabel führt neben der Wahrscheinlichkeit, in tieferen Sortimenten, den gewünschten Artikel zu finden, die Verbundwirkung von neu ins Sortiment aufgenommenen Artikeln an[2]. Der von Gist und Hansen vorgestellte Ansatz geht von einer festen Markenbindung der Konsumenten aus. Der isolierte Erfolg eines Artikels kann dann als prognostizierter Marktanteil interpretiert werden. Bei der Prognose muß berücksichtigt werden, daß Sortimentsveränderungen Substitutions-, Partizipations- und Bedarfserweiterungseffekte besitzen[3]. Allen drei Ansätzen liegt die Hypothese zugrunde, daß

---

1. Vgl. Baumol, W.J. u. Ide, E.A.: Variety in Retailing, a.a.O., S. 93ff.

2. Vgl. Sabel, H.: Produktpolitik in absatzwirtschaftlicher Sicht, a.a.O., S. 175ff.

3. Vgl. Hansen, U.: Absatz- und Beschaffungsmarketing des Einzelhandels. Band 1, a.a.O., S. 223; Vgl. auch Gist, R.R.: Retailing: Concepts and Decisions, a.a.O., S. 258ff.

zwischen der Anzahl der in einer Verkaufsstelle geführten Artikel und dem direkten ökonomischen Erfolg (Absatz, Umsatz) degressive oder s-förmige Zusammenhänge bestehen.

In den Ansätzen (1) - (3) werden die Wirkungen von Sortimentsveränderungen nur partiell untersucht. Baumol und Ide unterstellen, daß die Kunden die Sortimentstiefe bereits vor Betreten der Verkaufsstelle kennen. Kaufentscheidungen, die aufgrund des Angebotes erst in der Verkaufsstelle entstehen, bleiben unberücksichtigt. Bei Sabel fehlt die verhaltenswissenschaftliche Fundierung. Bei Gist bzw. bei Hansen wird nur der Fall untersucht, bei dem für die Nachfrager nur ein einziger Artikel in Frage kommt. Eine empirische Untersuchung bei 520 Kunden in vier SB-Warenhäusern zeigt, daß bei Lebensmitteln aus dem Trockensortiment (z.B. Nährmittel, Konserven) lediglich bei 36% aller Kaufakte die vor Betreten der Einkaufsstätte geplante Marke gekauft wird. Bei 2,6% der Käufe wechseln die Kunden von der zuvor genannten Marke auf eine andere Marke, bei 18,6% ist zuvor nur die Produktart genannt worden und 42,7% aller Käufe sind vor dem Betreten der Verkaufsstelle überhaupt nicht geplant[1]. Das bedeutet, daß über 60% aller Kaufentscheidungen am Point of Sale fallen. Bei Frischeprodukten ist die Quote der spontanen Kaufentscheidungen mit knapp 20% wesentlich niedriger, weil in diesem Bereich die Käufe meist auf der Artikelgruppenebene getätigt werden.

Ein Teil der Kaufakte, die zunächst geplant sind, wird nicht zustande kommen, weil z.B. die Ware nicht geführt wird, vergessen wird, zu teuer ist, nicht transportiert werden kann, oder nicht gefunden wird (bei Frischeartikeln im Lebensmittelsortiment beträgt der Anteil der "Nicht-Käufe" auf Warengruppenebene durchschnittlich 6,4% mit Schwankungen zwischen 4,3% für Fleisch und 9,8% für Fisch[2].

Die Kaufakte lassen sich in die folgenden vier Gruppen einteilen[3]:

a) Kaufakte, bei denen die Kunden immer dieselbe Marke kaufen,

b) Kaufakte, bei denen die Kunden zwar bestimmte Marken präferieren,

---

1. Vgl. Sichau, I.: Jeder zweite Artikel ist nicht geplant. Ein großer Teil der Kaufentscheidungen fällt am Point of Sale. In: LZ, Nr. 44 vom 04.11.1988, S. F24-F26.

2. Vgl. ebenda.

3. Vgl. Müller-Hagedorn, L. und Heidel, B.: Die Sortimentspolitik als absatzpolitisches Instrument, a.a.O., S. 44- 51.

aber durchaus bereit sind, zu einem anderen Artikel zu wechseln,

c) Kaufakte, bei denen die Kunden nur den Kauf irgendeines Artikels aus einer Produktgruppe planen und

d) Kaufakte bei denen Konsumenten aufgrund des vorhandenen Angebotes kaufen (bei Betreten der Verkaufsstelle haben sie noch keinen Kaufwunsch für einen Artikel aus der betreffenden Warengruppe). Die Gruppe d) (Impulskäufer) läßt sich, nachdem der Kaufwunsch innerhalb der Verkaufsstelle entstand, in eine der Gruppen a) bis c) überführen.

Der Verlauf der Sortimentstiefen-Absatz-Funktion hängt von der Größe der drei Gruppen ab. Durch die additive Verknüpfung ist eine Vielzahl von Kurvenverläufen möglich, die entweder s-förmig oder degressiv verlaufen und einem Sättigungsniveau zustreben werden. Es ist aber auch der Fall denkbar, daß bei Sortimentsausdehnungen ab einem bestimmten Punkt der Gesamtabsatz wieder zurückgeht, wenn z.B. die Kunden die Suchkosten innerhalb des Geschäftes höher einschätzen als den Nutzen durch die große Auswahl.

Da die Funktionen für die Gruppen nur mit sehr großem Aufwand zu erheben sind, kann man auch direkt auf die aggregierte Funktion zurückgreifen. Bislang liegen noch wenige Untersuchungen vor, in denen Sortimentstiefen-Absatz-Funktionen empirisch geschätzt werden. In dem bereits erwähnten Beitrag von Müller-Hagedorn und Heidel werden für die Warengruppen Zahnpasten, Haarwaschmittel und Maschinengeschirrspülmittel 116 Einzelhandelsbetriebe aus fünf Betriebsformen analysiert. Dabei stehen artikelgenaue Daten aus dem Einzelhandelspanel aus drei Jahren zur Verfügung[1]. Die Funktionen steigen - außer bei der Betriebsform Discounter - vom Ursprung oder ab einer bestimmten Sortimentstiefe mit steigenden Zuwächsen an. Das Absatzmaximum fällt mit der maximalen Zahl von Artikeln, die in einem Betrieb geführt werden, zusammen. In Abbildung 4.5 wird dies am Beispiel der Warengruppe Haarwaschmittel gezeigt. Die korrigierten Bestimmtheitsmaße liegen zwischen 0,28 und 0,79 und sind alle signifikant für $p \leq 0,05$.

Die Ergebnisse der Querschnittsanalyse können durch die Analyse der Wirkung von Sortimentstiefenveränderungen im Zeitablauf gestützt werden.

---

1. Vgl. zu weiteren Kritikpunkten die Ausführungen von Müller-Hagedorn, L. und Heidel, B.: Die Sortimentspolitik als absatzpolitisches Instrument, a.a.O., S. 51-56.

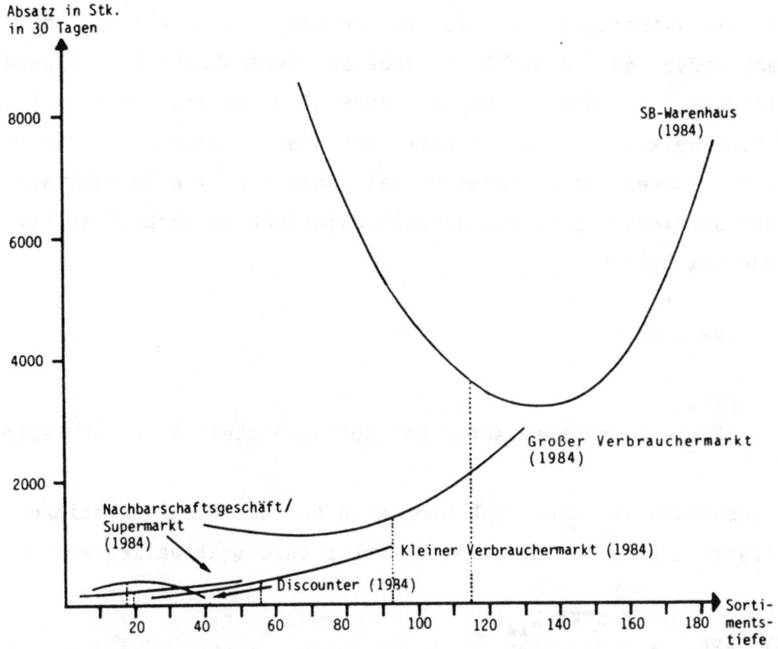

Abb. 4.5: Beispiel für den Verlauf der Sortimentstiefen-Absatz-Funktion für die Artikelgruppe Haarwaschmittel in fünf Betriebsformen im Jahr 1984 (die gepunktete senkrechte Linie gibt den Mittelwert der in den einzelnen Befriebsformen geführten Anzahl von Artikeln an; Quelle: Müller-Hagedorn, L. und Heidel, B.: Die Sortimentspolitik als absatzpolitisches Instrument, a.a.O., S. 59

Es zeigt sich dabei, daß diejenigen Betriebe, die im Zeitablauf ihr Sortiment vertiefen, auch einen höheren Absatz erzielen. Bei Haarwaschmitteln ergibt sich für den linearen Zusammenhang ein korrigiertes Bestimmtheitsmaß von 0,50, die korrigierten Bestimmtheitsmaße für Zahnpasten und Geschirrspülmittel betragen allerdings nur 0,38 und 0,08[1].

Das Wissen der Nachfrager über die Zahl der geführten Artikel kann sich über einen längeren Zeitraum bilden. Mit jedem Besuch einer Verkaufsstelle und gleichzeitigem Kontakt mit dem entsprechenden Sortimentsteil werden sich ihre Vorstellungen an die jeweils aktuelle Auswahl anpassen[2]. Die Kunden werden die aktuelle Sortimentstiefe in

---

1. Vgl. ebenda, S. 62.

2. Vgl. dazu die Adaptionstheorie von H. Helson: Adaptation Level Theory. New York 1964.

einer Verkaufsstelle mit der in vergangenen Perioden vorgefundenen Auswahl oder der Auswahl in anderen Verkaufsstellen (Auswahlbasis) vergleichen. Die Beurteilung der Auswahl eines Anbieters erfolgt also über eine Relativierung, entweder über eine Differenzenbildung oder über einen Quotienten. Im einfachsten Fall kann sich die Auswahlbasis (AWB_{it}) aus der Sortimentstiefe der aktuell aufgesuchten Verkaufsstelle j in der Periode t-1 bilden:

$$AWB_{it} = ST_{ijt-1} \quad (4.3)$$

mit:
AWB_{it}: Auswahlbasis für das Sortimentsteil i in der Periode t.

Die Auswahlbasis läßt sich aber auch aus der Sortimentstiefe der aus Nachfragersicht relevanten Wettbewerber in der aktuellen Periode bilden:

$$AWB_{it} = \frac{\Sigma \; STKonk_{ikt}}{K} \quad (4.4)$$

mit:
$STKonk_{ikt}$: Auswahl in Sortimentsteil i bei Konkurrenzunternehmen (k = 1,2,3,...,K) in der Periode t
K: Anzahl der Konkurrenten.

Weitere Modelle mit unterschiedlichen zeitlichen und sachlichen Abgrenzungen zur Ermittlung der Auswahlbasis sind möglich. Zur Berechnung der Auswahlbasis wird man die eigene Sortimentstiefe aus der oder den Vorperiode(n) immer dann heranziehen, wenn die Bindung der Nachfrager an eine Verkaufsstelle hoch ist. Bei geringer Kundenbindung an eine Verkaufsstelle bietet es sich an, die Auswahlbasis aus der Sortimentstiefe der Mitbewerber zu bilden. In beiden Fällen wird angenommen, daß die Kunden zumindest subjektiv in der Lage sind, die Auswahl zu beurteilen.

Die notwendigen Daten lassen sich zum einen durch Befragungen (direkt), zum anderen durch die Nutzung von Scannerdaten (indirekt) gewinnen. Die Bestimmung der Auswahlbasis mit Hilfe von Scannerdaten bietet die folgenden Vorteile:

- Eine explorative Modellbildung ist möglich (z.B. durch die Berück-

sichtigung unterschiedlich langer und vieler Perioden.
- Befragungsdaten können preisgünstig nachgebildet werden.

Als Nachteile lassen sich nennen:
- Es ist noch weitgehend ungesichert, ob die Nachfrager die objektive Sortimentstiefe auch subjektiv wahrnehmen.
- Bei Scannerdaten müssen die Carry-over-Effekte modelliert werden, bei Befragungen können sie direkt abgefragt werden.

Die Wirkung der Sortimentstiefe auf den Erfolg läßt sich für den Fall der Differenzenbildung wie folgt bilden:

$$(4.5) \quad E_{ijt} = f\ (ST_{ijt};\ (ST_{ijt} - AWB_{it})).$$

Quotienten haben gegenüber Differenzen den Vorteil, daß sie leichter zu interpretieren sind. Eine absolute Differenz kann nur im Vergleich zu den beiden Werten, aus denen sie gebildet wird, interpretiert werden, ein Quotient dagegen normiert (vgl. Formel (4.6)).

$$(4.6) \quad E_{ijt} = f\ (ST_{ijt};\ ST_{ijt}/AWB_{it})$$

Die lineare Sortimentstiefenresponsefunktion läßt sich mit der folgenden Gleichung abbilden:

$$(4.7) \quad E_{ijt} = a + b * ST_{ijt} + c * (ST_{ijt}/AWB_{it}).$$

mit: a, b, c: Regressionskoeffizienten

Aufgrund der Überlegungen für den einfachen statischen Fall kann angenommen werden, daß der Funktionsverlauf nicht-linear ist:

$$(4.8) \quad E_{ijt} = a * ST^{b}{}_{ijt} * (ST_{ijt}/AWB_{it})^{c}$$

Die Koeffizienten b und c können im multiplikativen Modell (4.8) als Elastizitäten interpretiert werden. Falls der Term ST/AWB den Wert 1 annimmt, geht die Wirkung der Auswahl ausschließlich von der aktuellen Auswahl aus: der Koeffizient c wird den Wert 0 annehmen. Bei degressiven Funktionsverläufen gilt für die Koeffizienten b und c: $0 < b < 1$. Der Koeffizient a ist definitionsgemäß 0. Der Term ST/AWB wird > 1, wenn das aktuelle Sortiment größer als die Auswahlbasis ist; im umgekehrten Fall gilt ST/AWB < 1. Mit dem für diese Untersuchung vorliegenden Datenmaterial läßt sich das Modell nicht überprüfen, da die Zeitreihen zu kurz sind.

Mit Sortimentsveränderungen sind in der Regel nicht nur Absatzänderungen, sondern auch Änderungen der Deckungsbeiträge verknüpft. Diese können sich zum einen als Folge von Umsatzveränderungen, zum anderen auch als Folge von Kostenveränderungen ergeben. Die Kosten setzen sich aus:
- Nachfüll- und Bestellkosten,
- Kapitalbindungskosten,
- Kosten für Schwund, Verderb oder modisch bedingten Wechsel und Diebstahl,
- Kosten für Inanspruchnahme des Raumes und
- Personalkosten

zusammen.

Es ist anzunehmen, daß Sortimentsvertiefungen zu einer Verringerung des

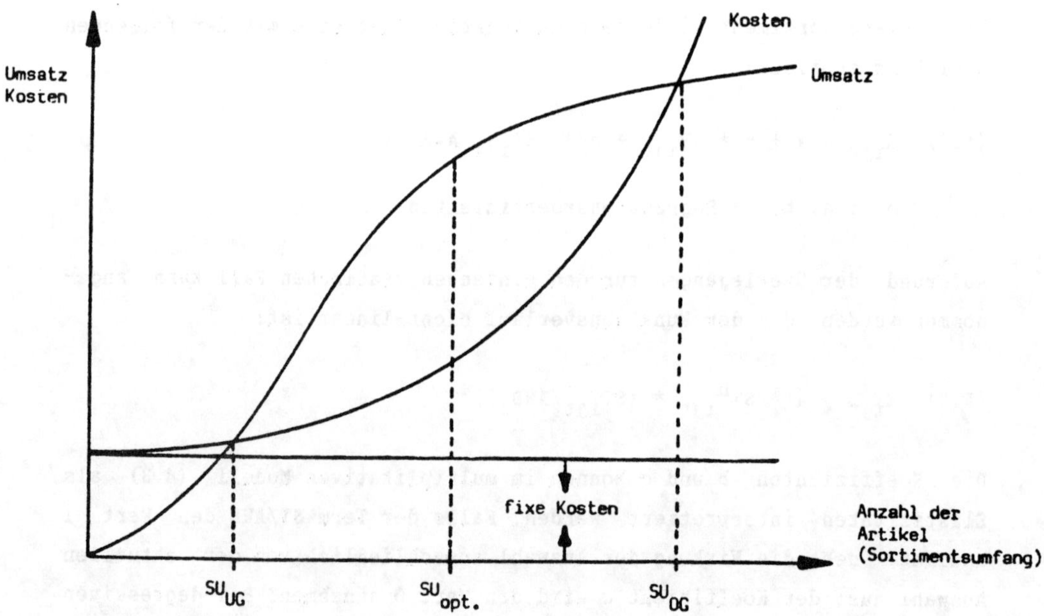

Abb. 4.6: Die Bestimmung des optimalen Sortimentsumfanges (SU)

Lagerumschlags und damit zu höheren Kapitalbindungskosten führen. Außerdem ist anzunehmen, daß die neu hinzugenommenen Artikel den durchschnittlichen Flächen- oder Raumertrag reduzieren werden. Unterstellt man einen progressiven Verlauf der Kostenfunktion und einen s-förmigen Verlauf der Sortimentstiefen-Umsatz-Funktion, dann ergeben sich zwei Break-Even-Punkte (vgl. Abbildung 4.6).
Die optimale Sortimentstiefe liegt an der Stelle, an der die Differenz zwischen beiden Funktionen am größten ist (SU opt).

4.3.2 Der Zusammenhang zwischen der Sortimentsstruktur und dem Erfolg

Neben der Anzahl der Artikel, die in einem Sortiment geführt werden sollen, müssen auch Überlegungen angestellt werden, wie die Struktur des Sortimentes gestaltet werden soll. Merkmale der Sortimentsstruktur sind vor allem:

(1) Preislagen,
(2) Packungsgrößen und
(3) Dessin.
(4) In Textilabteilungen kommen als Merkmale Konfektionsgrößen und/oder Farben hinzu.

Im folgenden wird beispielhaft die Wirkung von Preislagen behandelt.

4.3.2.1 Die Wirkung von Preislagen

Mit Preislagen (auch Preisklassen oder -stufen) wird das Sortiment auf Preisschwerpunkte hin ausgerichtet[1]. Die Preisschwerpunkte können sich jeweils auf einzelne Preise oder auf Preisklassen beziehen. Gümbel weist darauf hin, daß die Preisklasse sowohl produktbezogen als auch preis-

---

1. Vgl. Gümbel, R.: Die Sortimentspolitik in den Betrieben des Wareneinzelhandels, a.a.O., S. 184ff.; Hansen, U.: Absatz- und Beschaffungsmarketing des Einzelhandels, Bd. 2, a.a.O., S. 365-370; Flach, H.D.: Sortimentspolitik im Einzelhandel, a.a.O., S. 130-132.

vorstellungsbezogen interpretiert werden kann[1]. Bei der produktbezogenen Interpretation werden Substitutionsprodukte einzelner Qualitätsstufen in einem Preisschwerpunkt zusammengefaßt (z.B. könnten Weine mit den Bezeichnungen Tafelwein, QbA, Kabinett, Spätlese oder Auslese in je einer Preislage zusammengefaßt werden). Innerhalb eines Preisschwerpunktes können mehrere Varianten angeboten werden (z.B. Tafelwein aus verschiedenen Anbaugebieten). Voraussetzung für die Bildung von produktorientierten Preislagen ist, daß die Qualität der Artikel in einer einzigen Dimension, der Preislage, zusammengefaßt werden kann. Bei unterschiedlichen Packungsgrößen sollte der Preis pro Einheit als Preislagenmaßstab herangezogen werden. Bei der Preislagenbildung nach Preisvorstellungen werden Artikel aus unterschiedlichen Warenbereichen zusammengefaßt, z.B. Weine unterschiedlicher Qualitätsstufen zwischen DM 10,-- und DM 14,99, bzw. zwischen DM 15,-- und DM 19,99.

Aus zahlreichen empirischen Untersuchungen ist bekannt, daß Konsumenten dazu neigen, Preise als Indikatoren für die Qualität von Artikeln zu betrachten[2]. Je geringer die Produktkenntnisse sind, desto eher werden sie sich an dem Preis orientieren. Preislagen stellen für den Nachfrager Orientierungshilfen bei der Auswahl dar[3]. Für den Händler sind sie eine Möglichkeit, sich zu profilieren, Konsumentenselektion zu betreiben und den (persönlichen) Verkauf zu vereinfachen[4].

Für den Einzelhändler stellt sich die Frage, welche Preislagen (wieviele und mit welchen Sprüngen bzw. Intervallen) sollen angeboten werden. Hansen schlägt vor: "die Anzahl der Preislagen muß so festgelegt werden, daß einerseits zwar der vereinfachende und strukturierende Effekt erzielt wird, andererseits jedoch genügend abgestufte Wahlmöglichkeiten erhalten bleiben"[5]. Eine verbindliche Anzahl - häufig werden in der

---

1. Vgl. Gümbel, R.: Die Sortimentspolitik in den Betrieben des Wareneinzelhandels, a.a.O., S. 184f.

2. Vgl. Kroeber-Riel, W.: Konsumentenverhalten. 3. Aufl. München 1984, S. 301-303.

3. Vgl. Hansen, U.: Absatz- und Beschaffungsmarketing des Einzelhandels. Band 2, a.a.O., S. 367; Vgl. auch die Diskussion um den Schluß vom Preis auf die Qualität bei Kroeber-Riel, W.: Konsumentenverhalten, a.a.O., S. 301- 303; Simon, H.: Preismanagement, a.a.O., S. 344-360.

4. Vgl. Hansen, U.: Absatz- und Beschaffungsmarketing des Einzelhandels. Band 2, a.a.O., S. 368.

5. Vgl. ebenda, S. 369.

Literatur drei bis fünf genannt[1] - scheint nicht sinnvoll, da "die Modalitäten des Einzelfalles dabei nicht ausreichend Berücksichtigung finden"[2]. Es ist aber anzunehmen, daß mit zunehmender Sortimentstiefe auch die Zahl der Preislagen zunehmen wird.
Die Preisschwerpunkte müssen sich in das Gesamtsortiment der Verkaufsstelle oder Betriebsform einpassen, so werden Nachfrager z.B. in einem Discounter keine Luxusseifen für DM 5,-- oder mehr vermuten. Geht man von drei Preislagen aus, so kann die mittlere Preislage eines Fachmarktes die unterste einer Warenhausabteilung bilden und die mittlere Preislage einer Warenhausfiliale kann wiederum die unterste eines Fachgeschäftes darstellen.

Für die Gestaltung von Sortimentsteilen ist es wichtig zu wissen, ob sich der Absatzanteil einzelner Preisklassen oder Preisschwerpunkte im Zeitablauf verändert und wenn ja, warum. Seit einigen Jahren wird das Schlagwort vom "Verlust der Mitte" in bezug auf eine Polarisierung der angebotenen Artikel einer Warengruppe auf die unteren Preislagen (Billigprodukte) und oberen Preislagen ("Premium Produkte") in unterschiedlichen Branchen verwendet[3].
Zur Erklärung des "Verlustes der Mitte" können ökonomische und psycho-

---

1. Vgl. z.B. Filene, E.A.: Mehr Rentabilität im Einzelhandel (Der Normal-Lagerplan) übersetzt und bearbeitet von L. Herzberg. Berlin o.J. (1927), S. 24f., der davon ausgeht, daß ein Durchschnittskonsument drei Normalpreislagen unterscheidet; die obere Normalpreislage, die Hauptpreislage und die untere Normalpreislage. Darüberhinaus kann es erforderlich sein, Zwischenpreislagen zu bilden.

2. Gümbel, R.: Die Sortimentspolitik in den Betrieben des Wareneinzelhandels, a.a.O., S. 189.

3. Der "Verlust der Mitte" kann sich auch auf die Ausrichtung der strategischen Grundkonzeption eines Unternehmens beziehen (Kostenführerschaft, Differenzierung oder Marktnischenstrategie). Diejenigen Unternehmen, die ihre Strategie nicht konsequent in einer der drei Richtungen entwickeln, sitzen zwischen den Stühlen, also in der Mitte; vgl. Porter, M.E.: Wettbewerbsstrategie - Methoden zur Analyse von Branchen und Konkurrenten. 4. Aufl. Frankfurt u. New York 1987. Bei Handelsbetrieben läßt sich das sowohl auf Sortimente (vgl. z.B. o.V.: Das prägt die Anuga '87. Erlebnis - Gesundheit - Genuß. In: Lebensmittelpraxis (18/1987), S. 12) als auch auf Betriebsformen übertragen (vgl. auch Becker, J.: Die strategische (Neu-)Verteilung von Märkten. Marktschichtenveränderungen und positionsstrategische Konsequenzen. In: asw Sonderausgabe (10/1986), S. 78-88). Betriebsformen seien dann vom "Verlust der Mitte" bedroht, wenn sie weder einen ausgeprägten Leistungsvorteil noch einen Kostenvorteil besäßen. In diesem Zusammenhang werden die Warenhäuser genannt, für die dieser Zustand zuträfe; vgl. Meffert, H.: Marketingstrategien der Warenhäuser - Wege aus der Krise. In: Harvard Manager (2/1985), S. 20-31.

graphische Merkmale aus Nachfragersicht und Stimuli aus Anbietersicht herangezogen werden. Steigende Kaufkraft fördert den Wunsch der Verbraucher, sich auch einmal ein Luxus-Gut zu leisten. Die Bereitschaft kann durch Größen wie Gesundheitsbewußtsein, Spaß an Abwechslung oder gestiegenes Qualitätsbewußtsein, beeinflußt werden. Neben die finanzielle Voraussetzung muß aber auch die Bereitschaft treten, Artikel aus höheren Preisklassen zu kaufen. Als Grund für eine mögliche Zunahme der Bedeutung der unteren Preisklassen kann die finanzielle Situation einzelner Gruppen von Nachfragern angeführt werden (z.B. Arbeitslose, Sozialhilfeempfänger). Daneben können aber auch z.B. die verbesserte Markttransparenz (in bezug auf Qualität der angebotenen Produkte, z.B. gefördert durch die Testberichte der Stiftung Warentest oder heterogenes Konsumentenverhalten treten. Bei heterogenem Konsumentenverhalten wird für einen Teil des Konsums einfache Qualitäten benutzt, während ansonsten darauf geachtet wird, daß teurere, hochwertige Markenprodukte gekauft werden. Der Anteil der Artikel in einzelnen Preisklassen kann auch durch die eigene Werbung in Zeitungen und/oder plazierungspolitische Maßnahmen beeinflußt werden.

Mit dem vorliegenden Datenmaterial läßt sich lediglich eine statische Preisklassenanalyse durchführen, da die Zeiträume für eine dynamische Analyse zu kurz sind. Für eine Überprüfung der Hypothese vom Verlust der Mitte sollten Absatzdaten aus mehreren und möglichst langen Teilperioden (z.B. bei durchlaufenden Sortimenten Jahresdaten oder bei Saisonsortimenten Saisondaten) zur Verfügung stehen. Dabei kann sich das Problem ergeben, daß sich die Preisklassen durch Geldentwertung verschieben. Durch Prozentuierung läßt sich dieses Problem lösen, z.B. oberes, mittleres und unteres Drittel. Desweiteren müssen die Intervalle der einzelnen Preisklassen festgelegt werden.

Die Einteilung der Preislagen kann das Ergebnis der Analyse beeinflussen. Bei Zahnpasten und Seifen werden Intervalle von DM 0,50, beginnend bei DM 1,--, bei Kaffee werden Intervalle von DM 1,--, beginnend bei DM 7,-- und bei Spirituosen werden Intervalle von DM 5,--, beginnend unter DM 5,-- verwendet. Abbildung 4.7 zeigt die Ergebnisse der statischen Preisklassenanalyse der Warengruppe "Braune Spirituosen" in drei Warenhausfilialen.

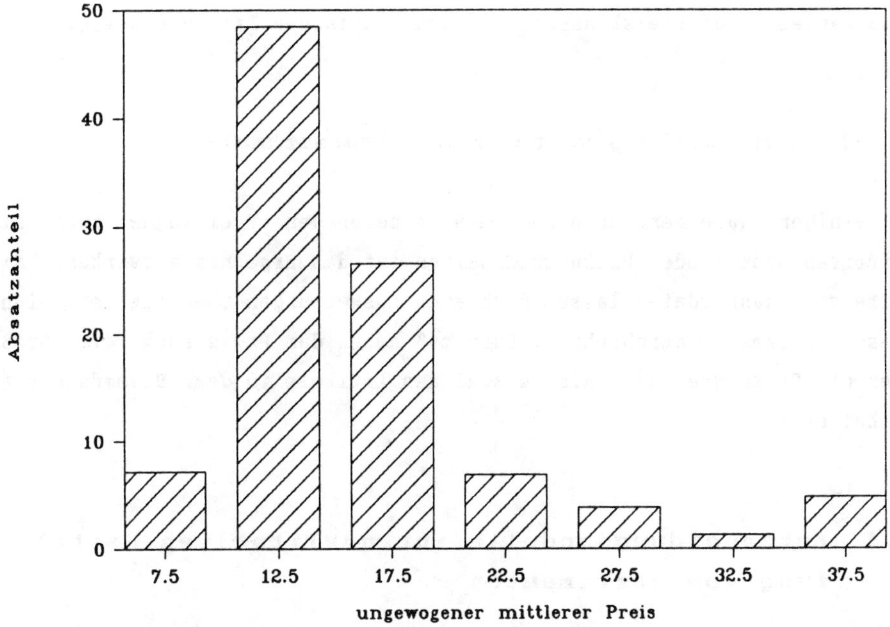

Anmerkung: In der letzten Preisklasse sind alle höheren Preise zusammengefaßt

Abb. 4.7: Preisklassen und Absatzanteil in der Warengeruppe Braune Spirituosen in drei Warenhausfilialen über 14 Wochen

In dieser Warengruppe erzielt die letzte Preisklasse einen höheren Absatzanteil als die vorletzte, so daß sich ab der zweiten Preisklasse ein u-förmiger Verlauf ergibt. In den übrigen Warenbereichen Zahnpasten/Seifen, Kaffee und Spirituosen dominieren eine oder zwei Preisklassen in der (den) unteren oder mittleren Preisklasse(n) mit Absatzanteilen zwischen 40% (klare Schnäpse zwischen DM 5,-- und DM 10,--) und 75% (Konsumseifen zwischen DM 1,-- und DM 1,50), so daß sich in diesen Warengruppen kein u-förmiger Zusammenhang ergibt. Die eigene Werbung konzentriert sich mit Ausnahme der Warengruppe Liköre auf die unteren und mittleren Preisklassen (Zahnpasten: 100%; Seifen: 57%, Kaffee: 68%; Braune Spirituosen: 65% und Klare Schnäpse: 71%). Der hohe Absatzanteil in diesen Preisklassen läßt sich daher zumindest teilweise auch durch die eigene Werbung erklären.

Ergebnis der Preisklassenanalyse: Bis auf eine Ausnahme in der Warengruppe "Braune Spirituosen" läßt sich kein u-förmiger Verlauf der

Absatzanteile auf Preisklassen für den statischen Fall nachweisen.

4.3.2.2 Die Wirkung weiterer Strukturmerkmale

In einigen Warenbereichen können sich neben den Preislagen auch die geführten Größen oder Packungseinheiten auf das Ergebnis auswirken. Mit Hilfe von Scannerdaten lassen sich auch Auswertungen über die Verteilung dieser Merkmale durchführen. Dazu muß neben dem Preis auch die Größe oder die Packungseinheit als Merkmal des Artikels in dem Stammdatensatz enthalten sein.

4.4 Entscheidungsmodelle zur qualitativen Gestaltung von Sortimenten

Bei den in Abschnitt 3.2 vorgestellten Erfolgskennzahlen handelt es sich zunächst lediglich um entscheidungsrelevante Informationen, die die Realität beschreiben. Mit Responsefunktionen kann die Realität erklärt werden. Zum Treffen von zieloptimalen Entscheidungen bedarf es einer Methode, mit deren Hilfe eine Alternative ausgewählt werden kann. Entscheidungen können isoliert für einzelne Sortimentsteile getroffen werden oder aber simultan unter Berücksichtigung der übrigen Artikel innerhalb eines Sortimentes.

4.4.1 Einfache Modelle zur isolierten Planung von Sortimentsteilen

Zu diesem Typ von Entscheidungsmodellen zählen:
a) die Rangreihung und
b) Punktbewertungsverfahren

zu a) Rangreihung
Bei der Rangreihung werden zunächst alle Ziele in eine Präferenz-

reihenfolge gebracht[1]. Anschließend werden die Alternativen (in unserem Fall die Sortimentsteile) in absteigender Reihenfolge sortiert. Besitzen zwei Sortimentsteile bei dem am meisten präferierten Ziel denselben Wert, wird die Reihenfolge nach dem Zielerreichungsgrad bei dem zweitwichtigsten Ziel usw. festgelegt.

Bei der Sortimentsgestaltung genügt es aber nicht, den besten Artikel auszuwählen, es müssen Sortimente zusammengestellt werden. Daher ist es notwendig, eine Mindestvoraussetzung zu definieren, die ein Artikel erfüllen muß, um in das Sortiment aufgenommen zu werden. Das Modell berücksichtigt im wesentlichen nur ein Ziel, die restlichen werden unterdrückt, schlechte Zielerreichungsgrade in einem Ziel können nicht durch andere Ziele kompensiert werden. Die Rangreihung bringt dann sinnvolle Ergebnisse, wenn ein dominantes Ziel verfolgt wird und wenn die Zielerreichungsgrade nur relativ grob abgeschätzt werden können. Beide Anforderungen sind im Handel meist nicht erfüllt, da mit einzelnen Artikeln durchaus mehrere Ziele verfolgt werden können.

zu b) Punktbewertungsmodelle

Bei einem Punktbewertungsmodell handelt es sich um ein Verfahren, bei dem jedem Sortimentsteil für jedes ausgewählte Ziel ein Punktwert für die Zielerreichung gegeben wird[2]. Es werden dann die Sortimentsteile ausgewählt, die einen bestimmten Punktwert überschreiten oder aber eine bestimmte Anzahl von Sortimentsteilen, die diesen Wert mindestens erreichen.

Das Verfahren besteht aus den folgenden Schritten, die auch computergestützt ablaufen können[3]:

(1) Es müssen voneinander unabhängige monetäre und/oder nicht-monetäre Ziele festgelegt werden.

(2) Die Ziele müssen quantifizierbar sein (Operationalisierung).

(3) Entsprechend der Wichtigkeit der Ziele können die Ziele gewichtet werden.

(4) Die Punkte für die zu beurteilenden Sortimentsteile müssen nach

---

1. Vgl. z.B. Diller, H.: Nutzwertanalysen, a.a.O. S. 48.

2. Vgl. z.B. Barth, K.: Betriebswirtschaftslehre des Handels, a.a.O., S. 262.

3. Vgl. Diller, H.: Nutzwertanalysen, a.a.O., S. 49-55.

eindeutigen, vorher festzulegenden Vorschriften, vergeben werden.

(5) Die Punktwerte und die Gewichtungsfaktoren werden nach einer vorgegebenen Regel verknüpft (meist wird die linear-kompensatorische Verknüpfung gewählt).

Punktbewertungsverfahren können zur Beurteilung der folgenden Handlungsmöglichkeiten herangezogen werden:

1. Für neu zu gründende Sortimente zur:
   - Ideenfilterung bei der Auswahl des Rahmensortimentes oder
   - zur Festlegung des Detailsortimentes.
2. Bei bestehenden Sortimenten zur:
   - Neuaufnahmeentscheidung für Sortimentsteile,
   - Eliminationsentscheidung für Sortimentsteile,
   - Entscheidung, die die Veränderung der Sortimentsstruktur betreffen,
   - Festlegung von Artikeln des Sonderangebotssortimentes.

Bei der Anwendung von Punktbewertungsmodellen können sich in allen fünf Stufen Probleme ergeben, die wichtigsten sind:

- Lassen sich voneinander unabhängige Ziele finden?
- Um die Alternativen vergleichbar zu machen, werden alle Daten auf intervallskalierte Punktwerte transformiert. Dadurch entsteht bei verhältnisskalierten Merkmalen (z.B. in Geldeinheiten gemessene Größen) ein Informationsverlust.
- Punktbewertungsverfahren berücksichtigen lediglich die Einschätzung eines Entscheiders. Sind am Sortimentsentscheidungsprozeß mehrere Entscheidungsträger beteiligt, so muß zunächst ein Mittelwert der Einschätzung berechnet werden, der dann als Einzelwert zur weiteren Berechnung verwendet wird.
- Das Modell berücksichtigt explizit keine Unsicherheit. Unsicherheit über das Eintreten bestimmter Umweltzustände kann allerdings über den Erwartungswert (Zielerreichung) berücksichtigt werden.
- Welche Verknüpfungsregel soll verwendet werden[1]? Die Verknüpfung impliziert Annahmen über die Realität, die vom Entscheider subjektiv festgelegt werden müssen.

----

1. Vgl. z.B. Diller, H.: Nutzwertanalysen, a.a.O., S. 55; Sabel, H.: Produktpolitik in absatzwirtschaftlicher Sicht, a.a.O., S. 91ff.

Punktbewertungsverfahren erlauben lediglich eine subjektive Validierbarkeit. Die Validität läßt sich mit der Verwendung von "objektiven" Daten steigern. Punktbewertungsverfahren sind einfach zu berechnen, die Aktualität der Ergebnisse ist gewährleistet. Sie lassen sich durch Veränderung der Zielkriterien leicht an betriebliche Gegebenheiten anpassen. Alles in allem handelt es sich um ein einfaches Verfahren zur Auswahl von Sortimentsteilen, das von Entscheidungsträgern ohne große Schwierigkeiten auch computergestützt eingesetzt werden kann. Die Qualität der darauf gefällten Entscheidungen (sofern dies überhaupt meßbar ist) hängt von der Auswahl und Bewertung der Ziele, den Gewichtungsfaktoren und der Verknüpfungsregel sowie der Seriösität der Daten zur Berechnung des Zielerreichungsgrades ab. Sowohl bei der Rangreihung als auch bei den Punktbewertungsverfahren muß der Anwender die Zielgröße selbst festlegen. Bei den folgenden Verfahren ist als Ziel die Maximierung des Deckungsbeitrages bereits vorgegeben.

4.4.2 Komplexe Modelle zur simultanen Planung von Sortimentsteilen

Die simultane Planung von Sortimenten kann nur mit Hilfe von Verfahren aus dem Operations Research gelöst werden. Im Unterschied aber zu zieloptimalen Lösungen bei direkt umsetzbaren Handlungsmöglichkeiten (z.B. kostenoptimale Lösungen) sind optimale Sortimentsstrukturen nur die Ausgangsbasis. Die Lösung gibt an, welche Umsatzanteile erreicht werden müssen, um ein optimales Ergebnis zu erzielen.
In der Literatur werden drei Modellansätze zur Optimierung von Sortimenten diskutiert:

a) der Ansatz von Brauer[1],
b) der Ansatz von Tietz und Zentes[2] und

---

1. Vgl. Brauer, K.M.: Die Ermittlung der optimalen Warengruppenstruktur einer Filiale in Lebensmittelfilialbetrieben. In: Gümbel, R.; Brauer, K.M.; Liebmann, H.-P. und Müller-Hagedorn, L.: (Hrsg.): Unternehmensforschung im Handel. Rüschlikon-Zürich 1969, S. 53-124.

2. Vgl. Tietz, B. und Zentes, J.: Sortimentsoptimierung auf der Basis empirisch verfügbarer Informationen. In: Köhler, R. u. Zimmermann, H.-J.: Entscheidungshilfen im Marketing. Stuttgart 1977, S. 87-119.

c) der Ansatz von Weis[1]

zu a) Das Modell von Brauer

In dem Modell von Brauer werden finanzielle, räumliche und personelle Kapazitäten sowie Absatzrestriktionen als Nebenbedingungen berücksichtigt. In der Zielfunktion wird der Deckungsbeitrag maximiert. Die Lösung erfolgt mit Hilfe der Linearen Programmierung.

In dem Modell werden die quantitativen Merkmale eines Sortimentes übersichtlich erfaßt. Aufgrund der Probleme, die sich bei der Zurechnung der Kosten auf einzelne Sortimentsteile ergeben, ist das Modell erst ab einem bestimmten Aggregationsniveau des Sortimentes (z.B. für Warengruppen oder Abteilungen) sinnvoll. Müller-Hagedorn kritisiert an dem Modell, daß nicht gezeigt wird, wie die als optimal berechneten Umsatzanteile erreicht werden können[2]. Gümbel kritisiert, daß in der Zielfunktion der Sortimentsverbund nur global und nicht explizit berücksichtigt wird[3]. Es kann durchaus sinnvoll sein, auch Sortimentsteile mit negativem Deckungsbeitrag im Sortiment zu berücksichtigen, wenn diese mit anderen deckungsbeitragliefernden im Verbund stehen. Solche Sortimentsteile müßten dann "gesetzt" werden, ebenso neue Sortimentsteile, für die noch keine Daten aus der Vergangenheit vorliegen.
Darüberhinaus ergeben sich die folgenden Probleme:

- Es handelt sich um ein statisches Verfahren.
- Das Sortiment wird nur im Hinblick auf ein Ziel maximiert.
- Interdependenzen innerhalb des Sortimentes und mit anderen absatzpolitischen Maßnahmen bleiben unberücksichtigt.
- Die optimale Stückzahl der einzelnen Artikel, die verkauft werden soll, ist eine diskrete Größe, wird aber im Modell der Linearen Programmierung als stetig betrachtet. Das Auf- bzw. Abrunden kann das "optimale" Ergebnis verfälschen. Abhilfe können hier Verfahren der Ganzzahligen Programmierung bringen.
- Es ist fraglich, ob die Linearitätsprämisse eingehalten werden kann,

---

1. Vgl. Weis, K.H.: Risiko und Sortiment. Der Portfolio-Ansatz als ein Instrument der Unternehmenspolitik im Han del. Wiesbaden 1985.

2. Vgl. Müller-Hagedorn, L.: Handelsmarketing, a.a.O., S. 164.

3. Vgl. Gümbel, R.: Sortimentspolitik. In: Tietz, B. (Hrsg): HWA. Stuttgart 1974, Sp. 1894.

da bei steigendem Umsatz meist mit fallenden Stückkosten zu rechnen ist, auf der anderen Seite aber werden die Deckungsbeiträge pro Artikel auch von wechselnden Preisen (z.B. Sonderangeboten oder Aktionspreisen) beeinflußt.

- Es handelt sich um einen deterministischen Planungsansatz.

Das Modell von Brauer ist für Entscheidungen über die Neuaufnahme oder Eliminierung von Sortimentsteilen wenig brauchbar. Bei Veränderungen der bestehenden Sortimentsstruktur liefert das Modell aber Hinweise, wie Umsatzanteile auf das bestehende Sortiment verteilt werden sollten. Es ist allerdings fraglich, ob durch absatzpolitische Maßnahmen die "optimale" Umsatzstruktur erreicht werden kann.

zu b) Das Modell von Tietz und Zentes

Tietz und Zentes simulieren[1] in ihrem Modell OLDIMOS[2] zur Sortimentsstrukturplanung (Neuplanung von Sortimenten) die vier Subsysteme Gesamtnachfrage, Verhalten der Konkurrenz, Entwicklung des Absatzes und Einsatz unterschiedlicher Faktorkombinationen.

Die einzelhandelsrelevante Nachfrage berechnet sich z.B. wie folgt:

(4.9) $\underline{ERN}_{it} = ERN_{it} * wen_{it} * zwn_{i} * com_{it}$

mit:

ERN_{it} = Einzelhandels Relevante Nachfrage

i = Index für die untersuchten Warengruppen ($i = 1,2,\ldots,N$)

t = Periode ($t=1,2,\ldots,T$).

$\underline{ERN}_{it}$ = Basiswert der Nachfrage für Warengruppe i in t; es gilt:

$$\underline{ERN}_{it} = \underline{ERN}_{it-1} * wen_{it} * zwn_{it}$$

wen_{it} = Wachstumsfaktor der Warengruppe i in t

---

1. Vgl. zur Simulation z.B.: Troll, K. F.: Zur Problematik quantitativer Marketing-Modelle. Köln 1975, S. 80; Vgl. auch: Müller-Merbach, H.: Operations Research. Methoden und Modelle der Optimalplanung. 3. durchgesehene Aufl. München 1973, S. 451.

2. ON-LINE-DIALOG-MODELL ZUR OPTIMIERUNG DER SORTIMENTSSTRUKTUR.

$$wen_{it} \begin{cases} < 1 \text{ bei Schrumpfung} \\ = 1 \text{ bei Stagnation} \\ > 1 \text{ bei Wachstum} \end{cases}$$

zwn_{it} = stochastische Störgröße, die durch eine Dichtefunktion (bzw. Verteilungsfunktion) beschrieben ist.

com_{it} = Wettbewerbsfaktor (dadurch wird der Einfluß der Marketingaktivitäten aller Anbieter erfaßt)

com_{it} = 1, wenn gilt:

$$\frac{ERN_{it-1}}{ERN_{it-2}} > 1 \quad \text{und } com_{it} > 1\text{, wenn gilt:}$$

$$\frac{ERN_{it-1}}{ERN_{it-2}} \leq 1.$$

Im Simulationslauf wird die stochastische Störgröße zwn_{it} aus der Dichtefunktion nach dem Zufallsprinzip gezogen und somit ein Wert für die **E**inzelhandels **R**elevante **N**achfrage (ERN_{it}) festgelegt. Nach demselben Prinzip werden dann die restlichen Subsysteme Konkurrenz, Absatz und Faktorkombination behandelt. Die Subsysteme Nachfrage, Konkurrenz und Absatz beziehen sich auf den erwarteten Umsatz einer Unternehmung in der Warengruppe i in einem relevanten Einzugsgebiet in der Periode t, das Subsystem Faktorkombination auf die Kosten für ein Unternehmen in der Warengruppe i in der Periode t.

Beurteilung des Modelles von Tietz und Zentes:
In Simulationsmodellen wird der Tatsache, daß die Wirkungen von Sortimentsentscheidungen stochastisch sein können, Rechnung getragen. Dabei werden sehr hohe Anforderungen an das Datenmaterial gestellt. In der Realität werden die benötigten Daten kaum vorhanden sein. Es besteht bei einer solch komplexen Modellstruktur leicht die Gefahr ein sogenanntes "garbage-in-garbage-out"-Ergebnis zu erhalten[1]. Empirische Überprüfungen des Simulationsmodelles von Tietz und Zentes stehen bislang noch aus.

---

1. Vgl. Voss, W.-D.: Modellgestützte Markenpolitik. Planung und Kontrolle markenpolitischer Entscheidungen auf der Grundlage computergestützter Informationssysteme. Wiesbaden 1983, S. 66.

zu c) Das Modell von Weis

Weis überprüft das Portfolio-Selections-Modell von Markowitz[1] auf die Belange von Handelsbetrieben. Einzelne Sortimentsteile werden als Investition betrachtet. Als Zielgröße wird der Bruttonutzen verwendet. Gleichzeitig wird auch das Risiko (operationalisiert als Varianz), das mit der Investition verbunden ist, berücksichtigt. Sortimentsteile mit hoher Varianz weisen demnach ein hohes Risiko und umgekehrt auf. Aus der Vielzahl der möglichen Sortimentsportfolios kann der Entscheider dasjenige auswählen, das ihm bei vorgegebenem Risiko (Varianz) den Bruttonutzen maximiert oder bei vorgegebenem Bruttonutzen das Risiko minimiert. Die Auswahl des Sortiments-Portfolios hängt von der Nutzenfunktion des Entscheiders ab. Das Modell kann zum einen vollständige Sortimente zusammenstellen (vollständige Anwendung), zum anderen kann überprüft werden, welche Sortimentsteile am besten zu vorhandenen Sortimenten passen (unvollständige Anwendung).

Dem Modell liegen die folgenden Annahmen zugrunde:

(1) Zwischen den Sortimentsteilen bestehen keine Verbundbeziehungen.

(2) Die Aufteilung des Limits auf die Sortimentsteile spiegelt sich im Abverkauf wider (Zielvorgabewert).

(3) Vergangenheitswerte des Bruttonutzens liegen für alle Sortimentsteile vor.

(4) Die Bruttonutzenwerte aller Perioden sind alle gleichgewichtet.

(5) Zutreffende Prognosen des Bruttonutzens sind möglich.

(6) Der Entscheider ist in der Lage, seine Nutzenfunktion in eine optimale Sortimentsentscheidung umzusetzen.

(7) Es besteht kein Informationsproblem, die Varianz für noch nicht geführte Sortimentsteile zu berechnen.

(8) Die Varianz ist ein Indikator für das Risiko.

(9) Der Bruttonutzen ist ein Indikator für die Gewinngröße.

(10) Die Entscheider verfolgen das Ziel Endwertmaximierung.

(11) Die Entscheider sind Risikovermeider.

(12) Die Erträge der Sortimentsteile sind normalverteilt.

(13) Es existieren keine carry-over-Effekte.

(14) Die Sortimentsteile sind stetig teilbar.

---

1. Vgl. Markowitz, H.M.: Portfolio Selection. Efficient Diversification of Investments. New York 1959.

Auf die Darstellung der rechentechnischen Lösung wird verzichtet[1]. Es sei lediglich darauf hingewiesen, daß der N-Sortimentsfall aufgrund seiner Komplexität nur durch stufenweises Vorgehen gelöst werden kann.

Das Modell von Weis ist von dem Gedanken geprägt, daß sich Sortimentsteile wie Wertpapiere zu einem Portfolio zusammenfassen lassen können. Sortimentsteile lassen sich aber nur bedingt mit Wertpapieren vergleichen, weil der vorgegebene Anteil für einzelne Sortimentsteile nur in geringem Umfang physikalisch jeweils verfügbar ist und somit Kosten verursacht. D.h. für Artikel ist in den Perioden nur ein relativ geringer Kapitalbedarf notwendig. Ein zweiter Unterschied besteht darin, daß bei Wertpapieren kaum Faktoreinsatzkosten entstehen. Bei dem Investitionsobjekt Ware entstehen aber über den Wareneinsatzwert hinaus eine Reihe von Kosten, die nicht immer eindeutig einzelnen Investitionsobjekten (z.B. Artikeln) zugeordnet werden können, z.B. Kühlaggregate oder Stromkosten. Bisher steht eine empirische Überprüfung des Modelles (und damit ein Vergleich mit sogenannten naiven Lösungen) noch aus. Der praktischen Umsetzung des Modelles stehen theoretische und praktische Probleme entgegen (vgl. dazu die Annahmen des Modelles).

4.5 Zusammenfassung

Scannerdaten ermöglichen eine relativ exakte Beurteilung von sortimentspolitischen Handlungsmöglichkeiten in bezug auf quantitative Zielgrößen. Dadurch lassen sich sortimentspolitische Entscheidungen absichern. Da aber qualitative Faktoren - wenn überhaupt - nur jeweils isoliert berücksichtigt werden können, kann die EDV letztendlich Sortimentsentscheidungen nur vorbereiten. Es wird auch zukünftig Kreativität und Spürsinn notwendig sein, um die richtige Ware zur richtigen Zeit zu den richtigen Preisen am richtigen Ort und in den richtigen Mengen anzubieten.

---

1. Vgl. Weis, K.H.: Risiko und Sortiment, a.a.O., S. 51-72.

5 Computergestützte Preispolitik

Bei dem Preis handelt es sich um den Geldbetrag, den ein Nachfrager für eine bestimmte Gutsmenge entrichtet[1]. Der Preis beeinflußt den Umsatz in zweifacher Weise. Zum einen wirkt er sich auf die abgesetzte Menge aus, zum anderen ergibt das Produkt aus abgesetzter Menge und Preis den Umsatz[2].

Die Preispolitik besitzt innerhalb des Marketing-Mix von Handelsbetrieben eine zentrale Bedeutung. Als Erklärung dafür wird u.a. angeführt[3]:

- In den letzten Jahren sind in vielen Bereichen Betriebsformen mit aggressiver Preispolitik entstanden (z.B. Discounter im Lebensmittelbereich, Fachmärkte in den Bereichen Heim- und Handwerk oder Drogerieartikel).
- Viele Einzelhandelsbranchen sind von Sättigungserscheinungen geprägt.
- Die im Einzelhandel geführten Artikel werden in einem Einzugsgebiet oft in mehreren miteinander konkurrierenden Betrieben geführt. Da die Leistungen des Einzelhandels (z.B. Beschaffung oder Präsentation der Ware) aus Kundensicht nur schwer zu quantifizieren sind, wird die Preispolitik zur Profilierung gegenüber Konkurrenzunternehmen eingesetzt.
- Der Preis ist das einzige absatzpolitische Instrument, das keine Kosten verursacht (sieht man von Kosten, die durch die Auszeichnung oder die Änderung von Preisen im Stammdatensatz entstehen, ab).

Bislang ist "das Preismanagement im Handel ... nach wie vor durch die Dominanz von Intuition, Erfahrung und Faustregeln gekennzeichnet"[4]. Bei der Preisbildung spielen in der Praxis u.a. Preisschwellen, Artikeleigenschaften, historisch gewachsene Kalkulationen, die Preispolitik der

---

1. Vgl. z.B. Müller-Hagedorn, L.: Handelsmarketing, a.a.O., S. 171; Simon, H.: Preismanagement, a.a.O., S. 3.

2. Vgl. Arbeitskreis Hax der Schmalenbach-Gesellschaft: Der Preis als Instrument der Absatzpolitik. In: zfbf (1980), S. 703.

3. Vgl. Diller, H.: Preispolitik, a.a.O. u.a. 1985, S. 271- 273; Simon, H.: Preismanagement, a.a.O., S. 5-7.

4. Simon, H.: Preismanagement, a.a.O., S. 410.

Konkurrenz, Artikelergebnisse (z.B. Lagerumschlag) und die Höhe des Einstandspreises eine dominierende Rolle. Die Reaktion der Nachfrager wird meist nur implizit bei der Preisbildung berücksichtigt. Scannerdaten bieten die Möglichkeit, die Reaktionen der Nachfrager auf unterschiedliche Preisstellungen zu messen. Damit wird eine nachfragebezogene Preisgestaltung ermöglicht. In Abschnitt 5.1 werden die preispolitischen Handlungsmöglichkeiten beschrieben. Daran schließen sich in Abschnitt 5.2 die Beschreibung der Preispolitik in den untersuchten Warenbereichen und die Messung der Preiselastizität an. Liegen die Voraussetzungen zur Bildung von Preisresponsefunktionen vor (mehrfache Variation der Verkaufspreise im Längs- und/oder Querschnitt in nicht zu geringen Bandbreiten), müssen die folgenden Fragen beantwortet werden:

(1) Welche Variablen sollen zur Erklärung der Preisresponse herangezogen werden (Abschnitt 5.3.1)?

(2) Wie können diese Variablen operationalisiert werden? Sollen z.B. absolute oder relative Preise verwendet werden (Abschnitt 5.3.2)?

(3) Sind die Variablen linear oder nicht-linear miteinander verknüpft (Abschnitt 5.3.3)?

(4) Wie gut sind die Schätzungen der Modellparameter für die untersuchten Warengruppen (Abschnitt 5.3.4)?

In Abschnitt 5.4 werden Preisentscheidungsmodelle vorgestellt und beurteilt.

5.1 Die Handlungsmöglichkeiten der Preispolitik

Im Rahmen der Preispolitik muß für jeden Artikel ein Preis festgelegt werden. Die Preisentscheidung kann sich zum einen auf einzelne Artikel beziehen, die neu in das Sortiment aufgenommen werden. Zum anderen müssen Preisentscheidungen für bereits im Sortiment befindliche Artikel getroffen werden (vgl. Abbildung 5.1).

Daneben muß entschieden werden, ob die Preise im Zeitablauf verändert oder ob sie konstant gehalten werden sollen. Veränderungen im Zeitablauf können als stetige Preissteigerung, als stetige Preissenkung und in der Form pulsierender Preise erfolgen.

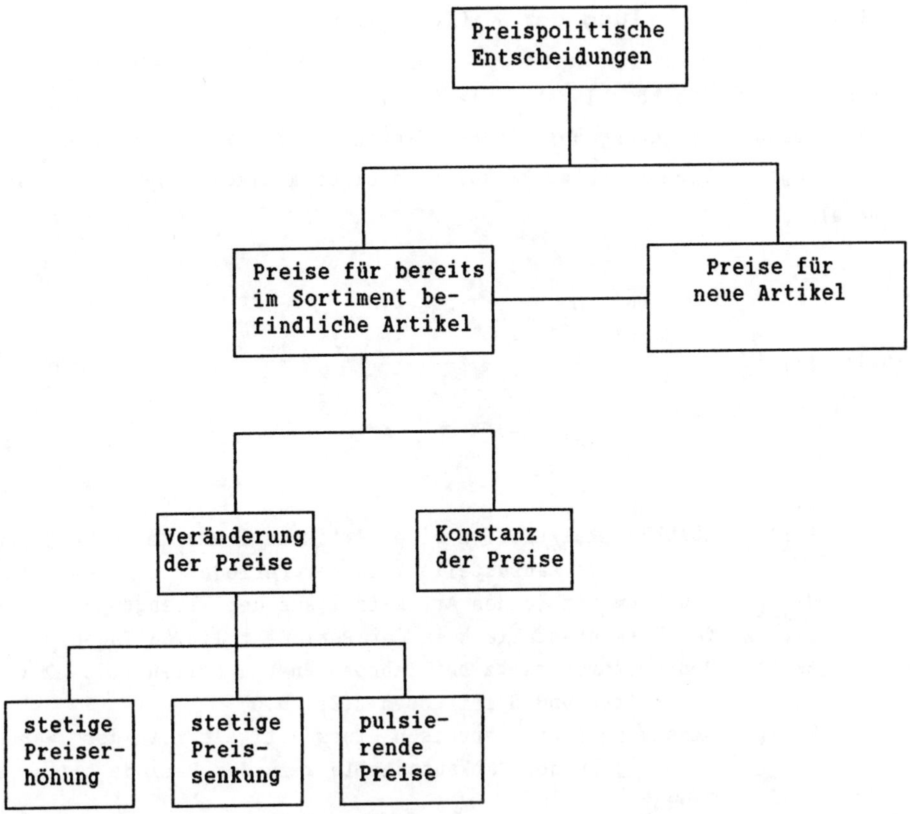

Abb. 5.1: Preispolitische Entscheidungen

5.2 Deskriptive Statistiken zur Beschreibung der Preispolitik und einfache Responsemessungen

Mit Scannerdaten lassen sich preispolitische Maßnahmen beschreiben und erklären. Von besonderer Bedeutung sind dabei Analysen über die Verteilung von Kalkulationssätzen in einzelnen Warenbereichen und das Aufdecken möglicher Bestimmungsfaktoren für die Kalkulationssätze, Analysen über die Verteilung der Endziffern, die Anzahl unterschiedlicher Preise für einzelne Artikel im Zeitablauf und im Querschnitt sowie die Berechnung von Preiselastizitäten.

5.2.1 Die Verteilung der Kalkulationssätze

Zur Berechnung der Abschlagskalkulation in den untersuchten Warenhausfilialen werden die durchschnittlichen Einkaufspreise in 86 Verkaufstagen herangezogen. Die Abschlagskalkulation eines Artikels berechnet sich dann als:

$$(5.1) \quad AK_{ijkt} = \frac{\sum_{i=1}^{I} U_{ijkt} / (1+MwSt)}{\sum_{i=1}^{I} E_{ijkt}}$$

mit:

AK_{ijkt}: Abschlagskalkulation eines Artikels i aus der Warengruppe j in der Verkaufsstelle k in der Periode t

U_{ijkt}: Bruttoumsatz eines Artikels i aus der Warengruppe j in der Verkaufsstelle k in der Periode t (in 86 Tagen)

MwSt: Mehrwertsteuersatz bei Zahnpasten und Seifen z.Zt. 0,14; bei Kaffee und Spirituosen z.Zt. 0,07

EK_{ijkt}: Umsatz zu Einkaufspreisen eines Artikels i in der Warengruppe j in der Verkaufsstelle k in der Periode t (in 86 Tagen).

Die Einkaufspreise enthalten weder Zuschläge für Warenbezugs- und Nebenkosten oder für die Zentrale noch Abschläge für Boni, Skonti oder sonstige Vergünstigungen.

Die Kalkulationssätze der drei Warenbereiche unterscheiden sich stark. Der mittlere Abschlag beträgt bei Zahnpasten und Seifen 8,1%. Bei Kaffee liegt der mittlere Abschlag bei -2,47%, bei Spirituosen dagegen bei 20,44% (vgl. Abbildung 5.2).
In allen drei Warenbereichen werden Artikel unter bzw. zum Einkaufswert verkauft, bei Zahnpasten/Seifen 11,1% der Artikel, bei Kaffee 36,7% der Artikel und bei Spirituosen 6,5% der Artikel. In allen drei Warenbereichen nähern sich die Verteilungen der Kalkulationssätze der Artikel einer Normalverteilung an.
In der Praxis werden häufig Faustregeln zur Festlegung der Kalkulations-

Abschlag in % von ... bis	Warenbereich			Gesamt in %
	Zahnpasten/ Seifen in % (n=135)	Kaffee in % (n=117)	Spirituosen in % (n=728)	
unter -10	1,5	3,4	0,2	0,7
-10 - 0	9,6	33,3	6,3	10,1
0 - 10	25,2	42,7	2,3	10,3
10 - 20	32,6	12,0	12,6	15,3
20 - 30	16,3	6,0	41,9	34,1
30 - 40	10,4	1,7	33,9	26,7
40 - 50	4,4	0	2,3	2,3
über 50	0,0	0,9	0,5	0,5
Summe	100,0	100,0	100,0	100,0
Mittlere Abschlagskalkulation (gewichtet mit Absatz)	8,21	-2,47	20,44	15,04

Abb. 5.2: Die Verteilung der Kalkulationssätze (Abschlag) in drei Warenbereichen in drei Warenhausfilialen

sätze verwendet[1]. Eine Faustregel lautet beispielsweise: Kalkuliere niedrigpreisige Artikel hoch! Um zu überprüfen, ob die Kalkulationssätze von niedrigpreisigen Artikeln tatsächlich höher sind als die von höherpreisigen, wird die Faustregel als Hypothese formuliert:

Hypothese (5.1): Je niedriger der absolute Preis ist, desto höher ist die Abschlagskalkulation bei einzelnen Artikeln.

Als Begründung für Hypothese 5.1 läßt sich anführen, daß der Kauf von Gütern, die einen geringen Wert besitzen, mit einem geringen Risiko für die Nachfrager verknüpft ist. Auf Preisvergleiche wird daher i. d. R. verzichtet. Desweiteren sind die Handlingkosten für niedrigpreisige Artikel u.U. gleich hoch wie für vergleichbare höherpreisige. Um diese Kosten auch bei Artikeln mit geringen absoluten Preisen decken zu können, müssen dann niedrigpreisige Artikel höher kalkuliert werden.

---

1. Vgl. Simon, H.: Preismanagement, a.a.O., S. 412.

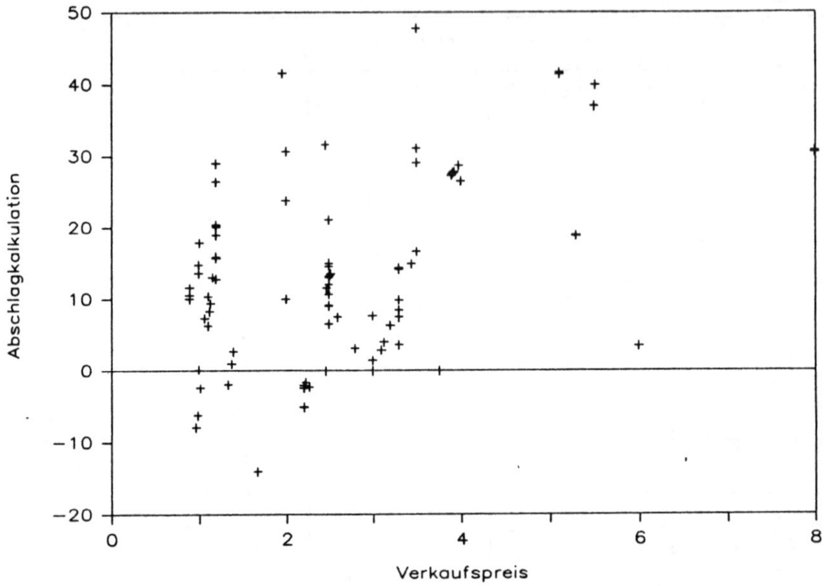

Abb. 5.3a: Der Zusammenhang zwischen absoluter Preishöhe und Abschlagskalkulation in den Warengruppen Zahnpasten und Seifen (Ausschnitt)

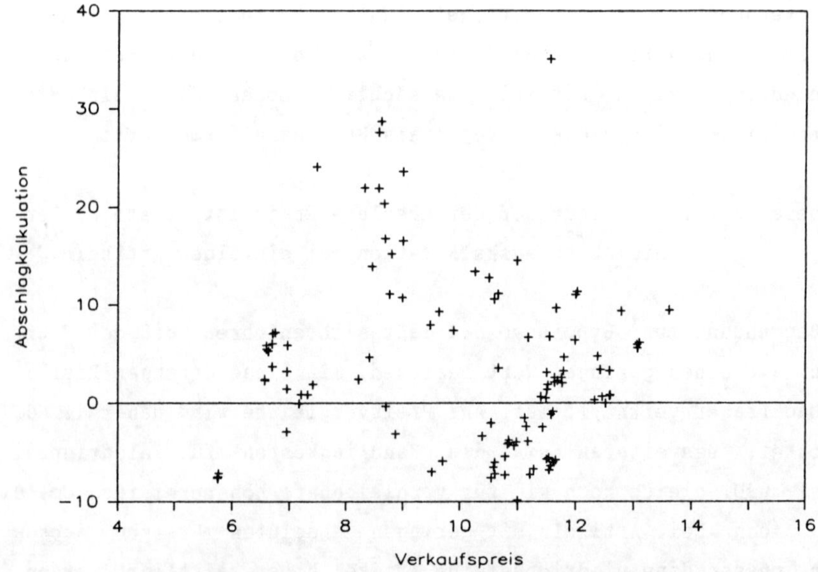

Abb. 5.3b: Der Zusammenhang zwischen absoluter Preishöhe und Abschlagskalkulation in dem Warenbereich Kaffee (Ausschnitt)

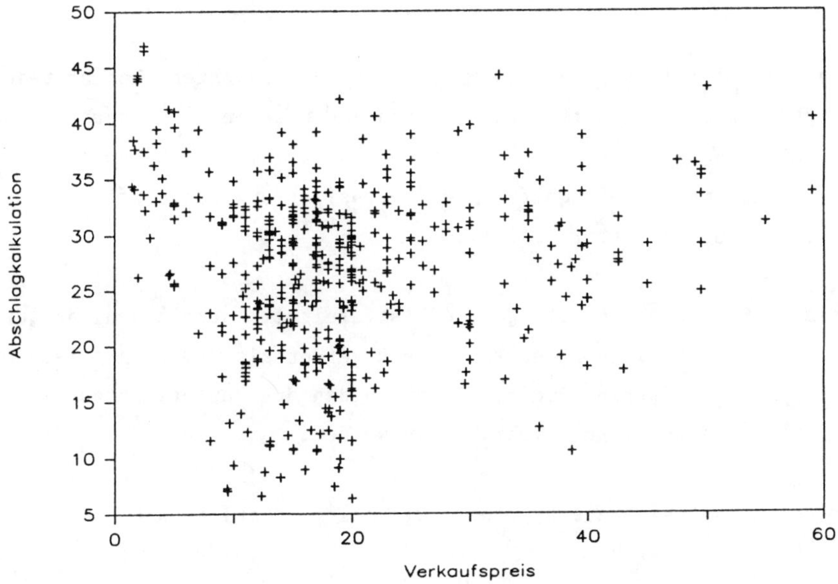

Abb. 5.3c: Der Zusammenhang zwischen absoluter Preishöhe und Abschlagskalkulation in dem Warenbereich Spirituosen (Ausschnitt)

Die Überprüfung der Hypothese 5.1 erfolgt mit Hilfe der linearen Regressionsanalyse (vgl. Abbildung 5.3 a-c und Abbildung 5.4). Abbildung 5.4 enthält die Regressionsfunktionen und die Bestimmtheitsmaße.

Warenbereich	Absolutglied	Steigung	Bestimmtheitsmaß
Zahnpasten/Seifen n = 135	6,72** (2,13)	3,04** (0,68)	0,13**
Kaffee n = 117	9,57* (4,23)	-0,59 (0,41)	0,02
Spirituosen n = 728	27,47** (0,58)	-0,01 (0,03)	0,00

In Klammern die Standardfehler der Regressionskoeffizienten
* signifikant für p < 0,05
** signifikant für p < 0,01

Abb. 5.4: Der Zusammenhang zwischen absoluter Preishöhe und Abschlagskalkulation in drei Warenbereichen

Die Hypothese 5.1 kann in keiner der drei untersuchten Warenbereiche bestätigt werden. Bei Kaffee und Spirituosen ergeben sich geringe negative Steigungen, die aber nicht signifikant sind, bei Zahnpasten und Seifen kann zwar eine signifikante Regressionsfunktion geschätzt werden, die Steigung ist aber positiv.

Ergebnis (5.1): Die Faustregel, daß Artikel mit absolut niedrigeren Preisen höher kalkuliert werden als andere Artikel mit höheren Preisen, kann in den drei untersuchten Warenbereichen nicht belegt werden.

Faustregel 2 läßt sich als Hypothese wie folgt formulieren:

Hypothese (5.2): Die Abschlagskalkulation einzelner Artikel eines Sortimentsteiles ist umso geringer, je größer der Lagerumschlag ist.

Die Hypothese (5.2) bezieht sich auf den Querschnitt, d.h. jeder Artikel einer Warengruppe wird nur zu einem Zeitpunkt erfaßt. Als Begründung für die Hypothese (5.2) läßt sich anführen, daß sich geringere Preise auf den Absatz und damit auch auf den Lagerumschlag auswirken. Durch die Erhöhung des Lagerumschlages läßt sich auch bei relativ geringen Stückdeckungsbeiträgen u.U. ein höherer Periodendeckungsbeitrag als mit höheren Preisen erzielen. Die Ausgleichswirkung von niedrigeren Preisen auf den Deckungsbeitrag wird allerdings vielfach überschätzt, da eine Senkung der Abschlagskalkulation mit einer überproportionalen Steigerung des Absatzes einhergehen muß, um denselben Deckungsbeitrag zu erzielen[1].

Die Abbildungen 5.5a bis 5.5c zeigen den Zusammenhang zwischen Kalkulationssätzen und Lagerumschlag für die drei Warenbereiche.
Bei einigen Artikeln ergeben sich relativ hohe Umschlaggeschwindigkeiten, weil diese Artikel nur für einen kurzen Zeitraum geführt und in dieser Zeit abverkauft werden. Der durchschnittliche Lagerbestand wird auf 12 Monate hochgerechnet. In allen drei Warenbereichen ist die

1. Vgl. dazu Hansen, U.: Absatz- und Beschaffungsmarketing des Einzelhandels. Band 2, a.a.O., S. 329.

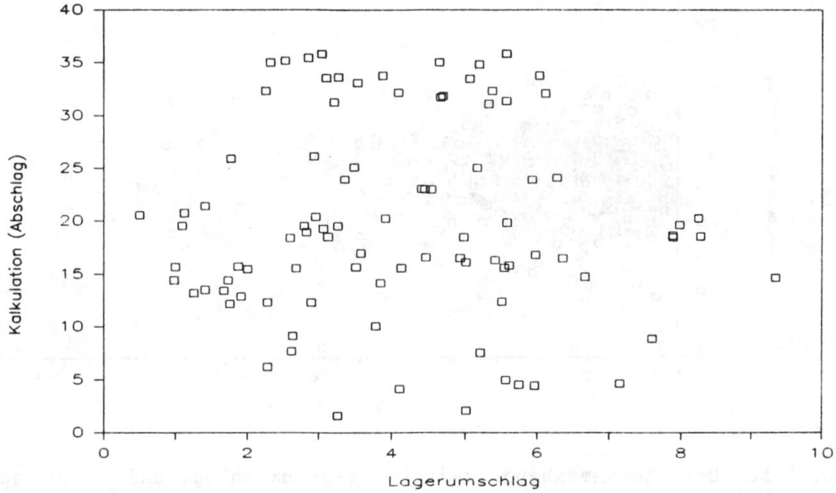

Abb. 5.5a: Der Zusammenhang zwischen Lagerumschlag und Abschlagskalkulation in den Warengruppen Zahnpasten/Seifen (Ausschnitt)

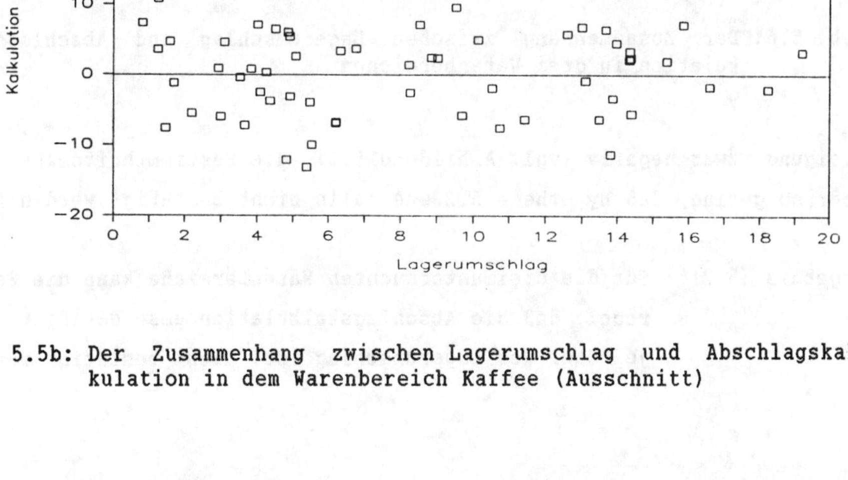

Abb. 5.5b: Der Zusammenhang zwischen Lagerumschlag und Abschlagskalkulation in dem Warenbereich Kaffee (Ausschnitt)

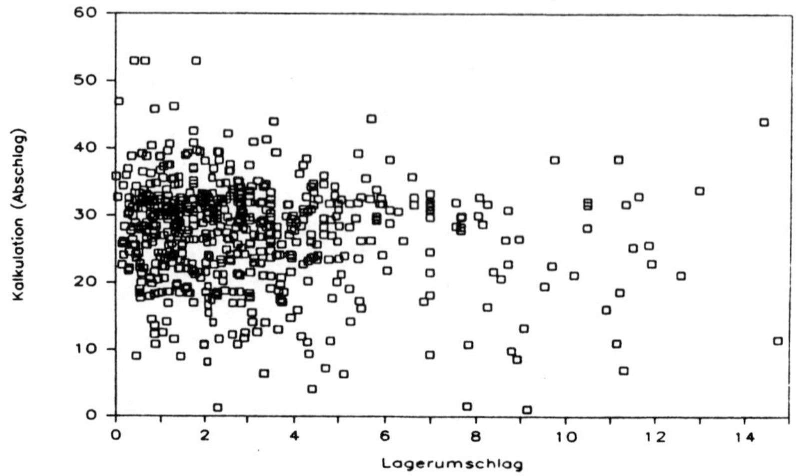

Abb. 5.5c: Der Zusammenhang zwischen Lagerumschlag und Abschlagskalkulation in dem Warenbereich Spirituosen (Ausschnitt)

Warenbereich	Absolutglied	Steigung	Bestimmtheitsmaß
Zahnpasten/Seife n = 135	20,3** (2,3)	-0,07 (0,50)	0,00
Kaffee n = 117	3,7* (1,7)	-0,30 (0,24)	0,02
Spirituosen n = 728	28,2** (0,4)	-0,4** (0,1)	0,03**

In Klammern die Standardfehler der Regressionskoeffizienten
* signifikant für $p \leq 0,05$
** signifikant für $p \leq 0,01$

Abb. 5.6: Der Zusammenhang zwischen Lagerumschlag und Abschlagskalkulation in drei Warenbereichen

Steigung zwar negativ (vgl. Abbildung 5.6), die Bestimmtheitsmaße sind aber so gering, daß Hypothese 5.2 ebenfalls nicht bestätigt werden kann.

Ergebnis (5.2): Für die drei untersuchten Warenbereiche kann die Faustregel, daß die Abschlagskalkulation umso geringer ist, je höher der Lagerumschlag ist, nicht bestätigt werden.

Faustregel 3 besagt, daß Artikel mit besonders starkem Preisinteresse seitens der Verbraucher niedrig kalkuliert werden sollen.
Das Preisinteresse ist das Bedürfnis der Nachfrager, Informationen über Preise zu suchen und bei der Kaufentscheidung zu berücksichtigen[1]. Als Ursache für unterschiedliches Preisinteresse können soziodemographische, psychographische und Variablen des Kaufverhaltens herangezogen werden[2]. Nachfrager können durch niedrig kalkulierte Artikel, deren Preise für sie von besonderer Bedeutung sind, (z.B. die Preise von Kaffee) angelockt werden. Durch die niedrig kalkulierten Artikel soll bei den Nachfragern ein preisgünstiges Image für die Verkaufsstelle erzeugt werden. Desweiteren wird angenommen, daß Nachfrager gleichzeitig neben den niedrig kalkulierten Artikeln auch noch andere, besser kalkulierte, erwerben. Da es meist nicht möglich sein wird, die Konsumenten über alle Sortimente hinweg nach ihrem Preisinteresse zu befragen, muß man das Preisinteresse indirekt messen. Ein erhöhtes Preisinteresse kann bei Artikeln angenommen werden, die von Handelsbetrieben beworben werden.
Die Hypothese (5.3) lautet dann wie folgt:

Hypothese (5.3): Artikel, die vom eigenen Unternehmen oder von Konkurrenzbetrieben beworben werden, weisen im Vergleich zu den übrigen Artikeln eines Warenbereiches geringere Kalkulationssätze auf.

Die Überprüfung der Hypothese 5.3 erfolgt mit Hilfe eines t-Testes für unverbundene Stichproben (vgl. Abbildung 5.7).
Die Hypothese 5.3 kann für alle drei Warengruppen bestätigt werden. Die Artikel, die sowohl von der Konkurrenz als auch von den drei Warenhausfilialen werblich herausgestellt werden, sind zwischen 5,1 und 7,8 Prozentpunkte (Mittelwert 5,8) niedriger kalkuliert als diejenigen Artikel, die nicht werblich hervorgehoben werden. Alle Mittelwertdifferenzen sind signifikant für $p \leq 0{,}01$.

---

1. Vgl. Diller, H.: Preispolitik, a.a.O., S. 86.

2. Vgl. z.B. Müller-Hagedorn, L.: Handelsmarketing, a.a.O., S. 196-198; Diller, H.: Preispolitik, a.a.O., S. 86-96.

Warenbereich	Differenz der Kalkulationssätze	t-Wert	Anzahl der Freiheitsgrade
Zahnpasten/Seifen	-7,8**	-3,75	133
Kaffee	-5,1**	-5,77	114
Spirituosen	-5,6**	-6,5	719

** signifikant für $p \leq 0{,}01$

Abb. 5.7: Ergebnisse des t-Testes zur Überprüfung von Hypothese 5.3

Ergebnis (5.3): Artikel, die vom eigenen und von Konkurrenzunternehmen beworben werden, werden signifikant niedriger als andere Artikel desselben Warenbereiches kalkuliert.

Weitere Faustregeln wie "bei Massenwaren sollen die Kalkulationsspannen niedriger als bei Spezialitäten sein" oder "die Kalkulationssätze sollen sich an den Preisen der Konkurrenz orientieren" können nicht überprüft werden, da es sich zum einen bei allen untersuchten Artikeln mehr oder weniger um Massenware handelt, zum anderen weil die normalen Konkurrenzpreise für die untersuchten Artikel nicht vorliegen.

5.2.2 Gebrochene Preise

Bei gebrochenen Preisen handelt es sich um Preise, die zwischen zwei Glattpreisen (mit der Endziffer "0") liegen. Es wird vermutet, daß gebrochene Preise, insbesondere solche, die knapp unter einem vollen Preis liegen, von den Nachfragern als besonders günstig eingeschätzt werden. In einer Reihe von Untersuchungen wurde die ungleiche Verteilung der Endziffern im Einzelhandel festgestellt, wobei die Endziffer "9" besonders häufig auftritt[1].

Ein Problem bei der Beurteilung der Bedeutung der Endziffer besteht darin, bei welchen Preislagen Pfennige, Groschen oder DM-Beträge den gebrochenen Preis ausmachen. In unteren Preislagen wird der Pfennig-Betrag eine größere Bedeutung als in mittleren oder oberen Preislagen besitzen[2]. Bislang ist allerdings umstritten, ob die Nachfrager gebrochene Preise tatsächlich günstiger beurteilen. Kaas und Hay sprechen in diesem Zusammenhang davon, daß die Wirkungen von gebrochenen Preisen und damit Preisschwellen das Ergebnis einer 'self fulfilling

Endziffern (Pfennige)	Warenhaus-Filialen			Verbrauchermärkte	
	Zahnpasten und Seifen in %	Kaffee in %	Spirituosen in %	Vollwaschmittel in %	Handgeschirrspülmittel in %
(1)	(2)	(3)	(4)	(5)	(6)
0	3,6		15,0	0,1	
1			*		
2			*		
3			*		
4					
5	5,3	1,7	6,0	6,0	
6			*	0,3	
7	1,5				
8		51,3	61,3	31,3	
9	89,6	47,0	17,7	62,3	100,0
	100,0	100,0	100,0	100,0	100,0

* = Werte < 0,1%

Anmerkung: Die Verteilung der Endziffern der drei Warenhausfilialen basiert auf Tagespreisen, die der Verbrauchermärkte auf durchschnittlichen Wochenpreisen

Abb. 5.8: Verteilung der Endziffern (Pfennige)

---

1. Vgl. Kaas, K.P. und Hay, Chr.: Preisschwellen bei Konsumgütern - eine theoretische und empirische Analyse. In: zfbf (1984), S. 333-346; vgl. Müller, S.; Brückner, M. und Heuer-Potthast, J.: Die Wirkung gebrochener Preise bei Entscheidungen mit geringem und hohem Risiko. In: JAVF (1982), S. 360-385; vgl. Kucher, E.: Scannerdaten und Preissensitivität bei Konsumgütern, a.a.O., S. 35; Twedt, D.W.: Does the '9 Fixation' in Retail Really Promote Sales? In: JoM (Oct. 1965), S. 54-55.

2. Vgl. Müller, S.: Die Rolle des Preises im Kaufentscheidungsprozeß. In: JAVF (1981), S. 40-63, hier S. 46-49.

prophecy' sein können[1].

In den untersuchten Warenbereichen werden fast ausschließlich gebrochene Preise verwendet. Abbildung 5.8 gibt eine Übersicht über die Endziffern (Pfennigbeträge).

Es zeigt sich eine starke Konzentration bei den Ziffern "8" und "9". Bei Kaffee und Spirituosen dominiert die "8" mit 51,3 bzw. 61,3%. Die Konzentration auf die Endziffern "8" und "9" wird in Deutschland auch von Müller, Brücken und Potthast[2] festgestellt, während Schmitz zu dem Ergebnis kommt, daß die Preise vorwiegend mit "0" und "5" enden, die "8" und die "9" aber eher eine untergeordnete Rolle spielt[3]. Amerikanische Untersuchungen deuten darauf hin, daß im dortigen Einzelhandel die Endziffern "5" und "9" präferiert werden[4].

Preisänderungen innerhalb von Wochen können die Verteilung der Endziffern bei Vollwaschmittel und Handgeschirrspülmittel verzerren. Es ist anzunehmen, daß eine Analyse taggenauer Verkaufspreise der vier Verbrauchermärkte für Vollwaschmittel nur noch Ziffern '5', '8' und '9' erbrächte. Interessant ist eine Gegenüberstellung gerader und ungerader Endziffern. Während in der Warengruppe Zahnpasten und Seifen mit relativ niedrigpreisigen Artikeln zwischen DM 0,79 und DM 7,99 in 96,4% aller Fälle ungerade Ziffern verwendet werden, werden in der Warengruppe Kaffee (Verkaufspreis zwischen DM 6,98 und DM 17,98) und Spirituosen (Verkaufspreis zwischen DM 1,50 und DM 149,--) vor allem gerade Endziffern verwendet. Die Endziffer '0' kommt bei Spirituosen hauptsächlich bei Preisen über DM 50,-- vor (84,2%). In der Preisklasse zwischen DM 20,-- und DM 49,99 kommt in 55,6% die '8' als Endziffer vor.

Bei den Endbeträgen in DM ist bei den Spirituosen mit zunehmender Preishöhe eine Vorliebe für die Ziffer '9' zu beobachten. In der Preislage bis DM 19,99 findet die '9' bei den DM-Beträgen zu 16,9%, in der

---

1. Vgl. Kaas, K.P. und Hay, Chr.: Preisschwellen bei Konsumgütern, a.a.O., S. 345.

2. Vgl. Müller, S.; Brücken, M. und Potthast, I.: Die Wirkung gebrochener Preise bei Entscheidungen mit geringem Risiko, a.a.O., S. 361.

3. Vgl. Schmitz, G.: Zwischenbetrieblicher Vergleich der Einzelhandelspreise sortengleicher Konsumwaren. Köln 1964, S. 129.

4. Vgl. Friedman, L.: Psychological Pricing in the Food Industry. In: Phillips, A. (Hrsg.): Prices Issue in Theory, Practice and Public Policy. Philadelphia 1967, S. 187-201, hier S. 191; vgl. auch Twedt, D.W.: Does the '9 Fixation' in Retail Pricing Really Promote Sales? a.a.O., S. 54-55.

Preisklasse zwischen DM 20,-- bis DM 49,99 zu 30,7% und in der Preisklasse über DM 50,-- zu 78,9% Verwendung.
Die Analyse der Werbepreise der 19 Mitbewerber der drei Warenhausfilialen zeigt, daß im Einzelhandel die Ansicht, daß gebrochene Preise das Preisgünstigkeitsurteil positiv beeinflussen, weit verbreitet ist (vgl. Abbildung 5.9).

	Warenbereich					
	Zahnpasten/Seifen		Kaffee		Spirituosen	
Endziffern	Warenhaus-Filialen	Mitwettbewerber	Warenhaus-Filialen	Mitwettbewerber	Warenhaus-Filialen	Mitwettbewerber
0	13,8	0,7		0,7		
1		2,1		0,7		
2		3,3				0,4
3		0,7		0,4		0,2
4		10,1		8,9		12,7
5		0,1				0,6
6		8,4		1,5		0,4
7		22,7		14,5		4,5
8		6,4		1,9		2,8
9	86,2	45,5	100,0	71,4	100,0	78,4
	100,0	100,0	100,0	100,0	100,0	100,0
absolute Häufigkeit	29	750	91	269	46	534

Abb. 5.9: Vergleich der Werbepreise der drei Warenhausfilialen und der Mitbewerber in drei Warenbereichen

Die Werbepreise enden fast ausschließlich mit gebrochenen Preisen, die '0' spielt eine untergeordnete Rolle. Interessant ist, daß bei der Warenhauswerbung die '9' in allen drei Warenbereichen dominiert, während eine Reihe von Wettbewerbern, vor allem bei Zahnpasten und Seifen (21,8%) und bei Kaffee (10,8%) die Endziffer '7' verwenden. Bei Spirituosen wird die Endziffer '4' mit 11,7% relativ häufig in der Werbung eingesetzt.

5.2.3 Preisvariationen und Preiselastizitäten

Für Preisanalysen ist es wichtig zu wissen, wieviel verschiedene Preise für einzelne Artikel in einem Untersuchungszeitraum gelten, in welchen Bandbreiten Preisänderungen vorgenommen werden und welche Absatzänderungen daraus resultieren.
Bei Kaffee wird im Untersuchungszeitraum bei nahezu allen Artikeln (86,5%) der Preis verändert (vgl. Abbildung 5.10). Es muß allerdings

Anzahl der Preise pro Artikel im Untersuchungszeitraum	Zahnpasten/ Seifen* in % (n=135)	Kaffee* in % (n=117)	Spirituosen* in % (n=728)	Vollwaschmittel** in % (n=121)	Geschirrspülmittel** in % (n=40)
1	75,0	13,5	84,3	44,6	63,6
2	7,8	40,7	8,6	16,1	13,6
3	9,6	25,4	4,3	10,7	9,1
4	3,8	3,4	2,3	7,1	9,1
5	3,8	5,1		12,5	4,5
6		5,1	0,5	3,6	
7		5,1		1,8	
8 und mehr		1,7		3,6	
	100,0	100,0	100,0	100,0	99,9

* Auf der Basis von Tagesdaten (86 Verkaufstage)
** Auf der Basis von Wochendaten (13 Wochen)

Abb. 5.10: Anzahl der Preise für einzelne Artikel in fünf Warenbereichen

angemerkt werden, daß die Preisveränderungen im Zuge einer allgemeinen Kaffeepreissenkung (aufgrund eines niedrigen Dollar-Kurses und guter Ernten sank der Preis für Rohkaffee Anfang 1987) vorgenommen wurden, bei der die Preise in zwei Stufen zunächst um ca. DM 0,50 und dann um nochmals DM 1,-- reduziert wurden. Besonders viele verschiedene Preise finden sich daneben bei Vollwaschmitteln: 55,4% der Artikel werden mit mehr als einem Preis angeboten. Besonders viele konstante Preise gelten dagegen bei Zahnpasten und Seifen sowie bei Spirituosen mit 75% bzw. 84%.

Abbildung 5.11 zeigt die Preise von den sechs Artikeln der Warengruppe

Zahnpasten in einer Warenhausfiliale, bei denen im Untersuchungszeitraum die Preise verändert werden.

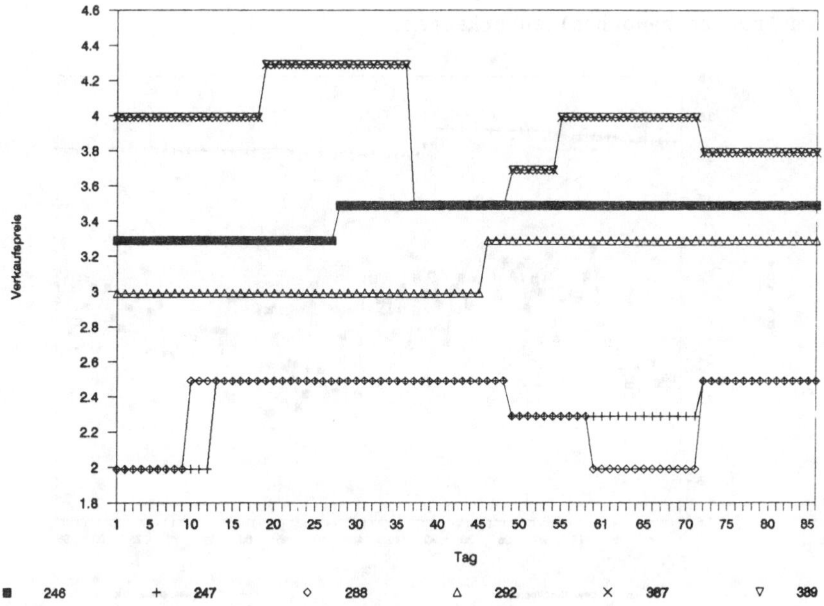

Abb. 5.11: Verkaufspreise von sechs Zahnpasten in einer Warenhausfiliale

Die maximale absolute Preisveränderung beträgt bei den Artikeln 387 und 389 -DM 0,80, die kleinste bei den Artikeln 246, 247, 288, 387 und 389 ± DM 0,20. Die größte relative Preisänderung wird bei den Artikeln 247 und 288 mit jeweils +25% beobachtet.

Bei Zahnpasten sinkt der ungewogene durchschnittliche Verkaufspreis im Untersuchungszeitraum von DM 3,48 auf DM 3,44, was zum einen darauf zurückzuführen ist, daß eine Zahnpastenmarke mit 30 ml Inhalt zum Preis von DM 1,-- am 35. Untersuchungstag in das Sortiment aufgenommen wurde (das entspricht einer Reduktion der ungewogenen Durchschnittspreise um ca. 10 Pf.). Zum anderen werden gleichzeitig bei den übrigen Artikeln die Preise um durchschnittlich ca. 1,7% erhöht (vgl. Abbildung 5.12).

Veränderungen des ungewogenen durchschnittlichen Verkaufspreises können auch durch die Eliminierung oder mangelnde Präsenz von Artikeln entstehen. Dies ist aber in der Warengruppe Zahnpasten im Untersuchungszeitraum nicht beobachtet worden. Der mit dem Absatz gewogene Durchschnittspreis weist im Zeitablauf große Schwankungen auf. Deutlich sind die Wirkungen von Werbeaktionen an den Ausschlägen nach unten in den ersten sieben Tagen und vor allem am 46. Tag (hier wird das 1,-- DM-Produkt beworben) zu erkennen.

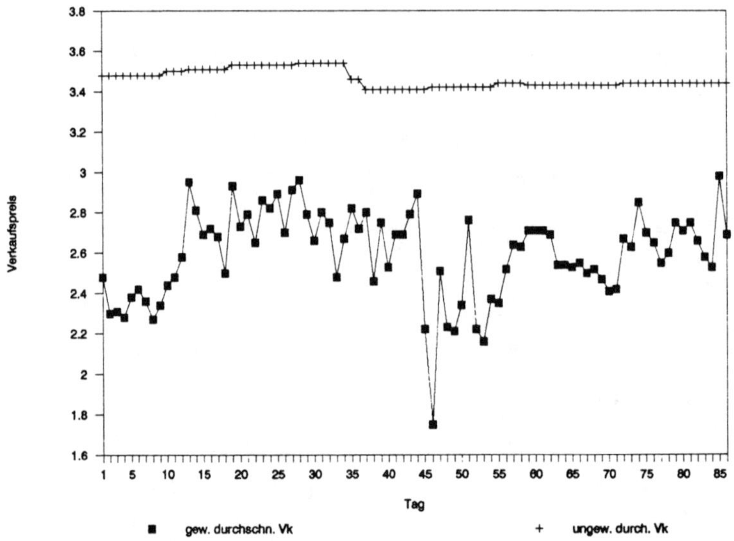

Abb. 5.12: Durchschnittliche Verkaufspreise pro Tag von 32 Zahnpasten in einer Warenhausfiliale

Neben der Preisvariation im Zeitablauf interessiert auch, welche Spannweite zwischen den Artikeln besteht. Bei Zahnpasten sind das beispielsweise in einer Warenhausfiliale DM 1,-- für eine 30 ml Tube bis DM 7,99 für ein Zahnpflegeset mit zwei Tuben Zahnpasta. Für die 75 ml Tube liegen die meisten Preise zwischen DM 1,99 und DM 2,49, für den 100 ml Spender zwischen DM 2,99 und DM 3,49. Höhere Preise gelten für Spezialzahnpasten (z.B. auf pflanzlicher Basis).

Die kurzfristige Preiselastizität (e_{ijkt}) gibt Auskunft darüber, welche relative Absatzänderung mit einer relativen Preisänderung verbunden ist. Sie ist definiert als[1]:

---

1. Mögliche Operationalisierungen für den Absatz sind z.B. der absolute Absatz, der Absatz pro 1.000 Kunden oder der Marktanteil.

$$(5.2)\quad e_{ijkt} = \frac{\dfrac{A_{ijkt} - A_{ijkt-1}}{A_{ijkt-1}}}{\dfrac{p_{ijkt} - p_{ijkt-1}}{p_{ijkt-1}}}$$

mit

e_{ijkt}: kurzfristige Preiselastizität des Artikels i aus der Warengruppe j in der Verkaufsstelle k in der Periode t

A_{ijkt}: Absatz des Artikels i aus der Warengruppe j in der Verkaufsstelle k in der Periode t

p_{ijkt}: Preis des Artikels i aus der Warengruppe j in der Verkaufsstelle k in der Periode t.

Die Preiselastizitäten können durch eine Reihe von Bestimmungsgrößen beeinflußt werden:

a) Unterschiedliche Abgrenzungen der Teilperioden können zu unterschiedlichen e_{ijkt} führen. Kucher unterscheidet die kurzfristige Preiselastizität (Impulselastizität) auf der Basis von Wochendaten und die langfristige Preiselastizität, zu deren Berechnung der Absatz mehrerer Perioden mit dem Absatz der Periode vor der Preisänderung verglichen wird. Offen bleibt dabei, wieviele Perioden bei der langfristigen Preiselastizität berücksichtigt werden müssen. Als Abgrenzungskriterium kann der Bedarfs- und Einkaufsrhythmus herangezogen werden. Einzelne Artikel können u.U. in einzelnen Perioden eher benötigt bzw. gekauft werden als in anderen[1].

b) Bei Daten, die zeitlich aggregiert sind, ergibt sich das Problem, daß wenn in Teilperioden mehr als ein Preis verlangt wird, die Durchschnittspreise einzelner Teilperioden und die jeweils kumulierten Absatzzahlen die tatsächliche Preiselastizität verzerren können.

c) Geringe Absatzzahlen in Teilperioden können dazu führen, daß die kurzfristige Preiselastizität hohe positive bzw. negative Werte annimmt. So kann z.B. eine Preissenkung um 10% (z.B. von DM 2,-- auf DM 1,80) zu einer 400%-igen Absatzsteigerung führen, wenn der Absatz von einem auf fünf Stück ansteigt. Daraus resultiert eine enorm hohe

---

1. Vgl. Müller-Hagedorn, L.: Marketing des Handels - Aufgaben für die Marktforschung. Vortragsmanuskript anläßlich des 23. Kongresses der deutschen Marktforschung (BVM) am 2. Mai 1988.

Preiselastizität von -40,0.

d) Ebenso wie geringe Absatzzahlen, können auch geringfügige Preisveränderungen zu hohen Elastizitäten führen. Daher sollten zur Berechnung der Elastizitäten nur die Artikel herangezogen werden, bei denen die Nachfrager eine Preisveränderung auch tatsächlich bemerkt haben. In der Literatur findet man sowohl die Ansicht, daß Preisveränderungen erst dann wahrgenommen werden, wenn sie wenigstens 20 bis 25% betragen[1] als auch, daß jede Art von Preisveränderung, also auch solche, die im Pfennigbereich liegen, wahrgenommen werden[2].

e) Neben der Preisänderung des betrachteten Produktes kann sich noch eine Reihe anderer Faktoren auf den Absatz auswirken (z.B. Konkurrenzpreise oder eigene absatzpolitische Instrumente).

Die Abgrenzung der Perioden sollte so vorgenommen werden, daß für die Ermittlung der Absatzänderung jeweils gleich lange Teilperioden miteinander verglichen werden. Bei der Verwendung von Tagesdaten muß darauf geachtet werden, daß in beiden Teilperioden jeweils dieselben Wochentage enthalten sind, da der Absatz an den Wochentagen teilweise stark schwankt. Die Teilperioden dürfen nicht zu lang sein, da sonst eine Zuordnung Absatzänderung zu Preisänderung u.U. nicht mehr möglich ist. Kucher berichtet, daß das Marktforschungsinstitut IRI, Chicago, bei zahlreichen empirischen Untersuchungen festgestellt habe, daß der durch Preisänderungen ausgelöste Anpassungsprozeß i.d.R. nicht über fünf Wochen hinausgehe[3]. Bei Gütern des täglichen Bedarfs werden sich Preisveränderungen meist relativ schnell auf den Absatz auswirken. Daher werden im folgenden für die Ermittlung der Preisresponse in den fünf untersuchten Warengruppen jeweils sechs Verkaufstage bzw. bei Wochendaten eine Kalenderwoche herangezogen.

Um Ausreißer zu vermeiden (in drei Fällen ergeben sich in der

---

1. Vgl. Miller, L.R.: Dr. Weber and the Consumer. In: JoM (Jan. 1962), S. 57-61, hier, S. 59 oder Britt, S. H.: How Weber's Law can be applied in Marketing. In: Business Horizons (Febr. 1975), S. 21-29, hier S. 24.

2. Vgl. dazu Lenzen, W.: Die Beurteilung von Preisen durch Konsumenten. Eine empirische Studie zur Verarbeitung von Preisinformationen des Lebensmitteleinzelhandels. Thun und Frankfurt 1984. S. 66-68.

3. Vgl. Kucher, E.: Scannerdaten und Preissensitivität bei Konsumgütern, a.a.O., S. 21.

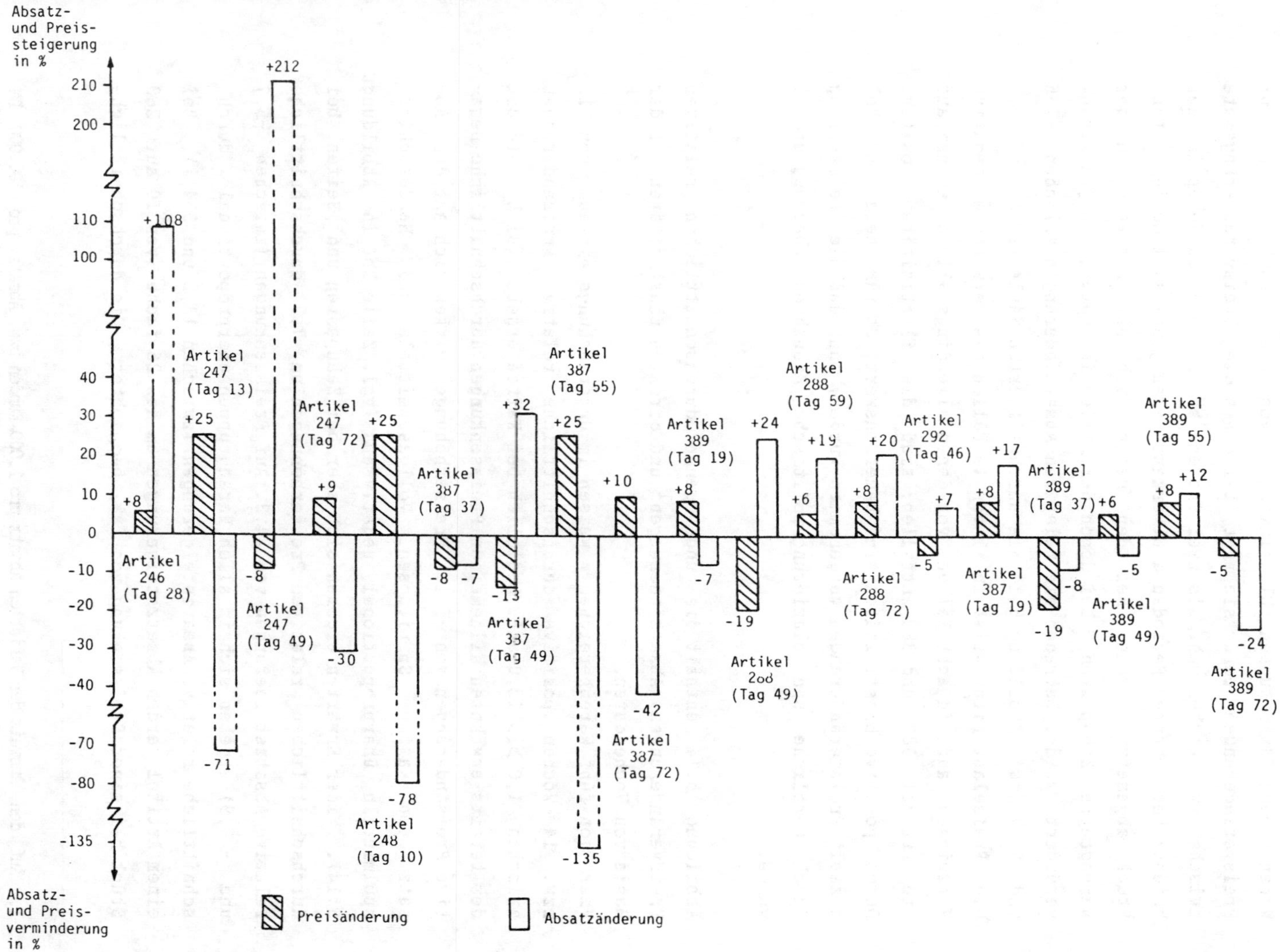

Abb. 5.13: Relative Absatz- und Preisänderungen von sechs Zahnpasten in einer Warenhausfiliale

Warengruppen Spirituosen Elastizitäten von über 2000) werden nur Preisveränderungen berücksichtigt, bei denen die Preisveränderungsrate zwischen zwei Wochen mehr als zwei Prozent beträgt und von denen in den beiden betrachteten Perioden à 6 Verkaufstagen jeweils mindestens fünf Stück abgesetzt werden. Bei den sechs (von 32) Artikeln in der Warengruppe Zahnpasten, bei denen der Preis im Untersuchungszeitraum verändert wurde, betragen die relativen Absatzänderungen zwischen -135 und +212% (vgl. Abbildung 5.13 die unschraffierten Säulen).
Die Preiselastizität weist in 11 von 19 Fällen das erwartete negative Vorzeichen auf. In acht Fällen, von denen allerdings allein sechs auf die Artikel 387 und 389 entfallen, sind die Elastizitäten positiv. Deren positive Elastizitäten sind bemerkenswert, da für beide Artikel gezielt Preisveränderungen vorgenommen wurden, ohne daß die Preissenkung durch werbliche und plazierungspolitische Maßnahmen herausgestellt wurde.

Abbildung 5.14 enthält die ungewogenen durchschnittlichen relativen Preisveränderungen, Absatzänderungen[1] und direkten Elastizitäten auf der Basis von Wochendaten.
Vier von fünf Warenbereichen weisen im Untersuchungszeitraum von 13 bzw. 14 Wochen positive durchschnittliche relative Preisänderungen zwischen 1,0 bis 12,0 auf. Lediglich bei Kaffee ergeben sich aufgrund der bereits erwähnten allgemeinen Preissenkungen durchschnittliche negative Preisänderungen von -5,1. Preiserhöhungen wirken sich auf den Absatz von Kaffee, Spirituosen, Vollwaschmitteln und Handgeschirrspülmitteln überproportional negativ aus (vgl. Zeile 2b in Abbildung 5.14). Wider Erwarten ergeben sich aber bei Zahnpasten und Seifen bei durchschnittlichen relativen Preiserhöhungen um 7,7 durchschnittliche relative Absatzsteigerungen von 24,3. Auf Preissenkungen (zwischen -5,7 und - 8,9) ergeben sich in allen Warengruppen überproportionale durchschnittliche relative Absatzsteigerungen (zwischen 14,2 und 394,1). Bei einem Artikel werden Absatzsteigerungen um das 26-fache (von 10 auf 269 Stück bei einer Preissenkung von 19%) beobachtet. Die durchschnittliche

---

1. Auf den Ausweis der Variablen Absatz pro 1.000 Kunden bzw. Absatz pro 100.000 DM Umsatz der Verkaufsabteilung wird verzichtet, da er zum einen nur für die Warenhausfilialen zur Verfügung steht, zum anderen, da sich die durchschnittlichen (Absatz)änderungen und Elastizitäten nur geringfügig unterscheiden.

	Zahnpasten/ Seifen	Kaffee	Spirituosen	Vollwaschmittel	Geschirrspülmittel
Anzahl der Artikel mit Preisänderungen	23	44	24	14	12
1. Durchschnittliche relative Preisänderungen					
a) gesamt	+1,0 (80)	-5,1 (83)	+1,2 (36)	+11,4 (40)	+12,0 (26)
b) durchschnittliche Preiserhöhungen	+7,7 (43)	+4,0 (5)	+6,6 (22)	+18,3 (30)	+23,0 (18)
c) durchschnittliche Preissenkungen	-6,8 (37)	-5,7 (78)	-7,1 (14)	-8,8 (10)	-8,9 (8)
2. Durchschnittliche relative Absatzveränderungen auf Preisveränderungen					
a) gesamt	+25,7	+13,3	+150,6	-30,7	-19,1
b) durchschnittliche Absatzänderungen auf Preiserhöhungen	+24,3	-1,4	-4,3	-62,4	-39,7
c) durchschnittliche Absatzänderungen auf Preissenkungen	+27,4	+14,2	+394,1	+61,34	+27,3
3. Durchschnittliche kurzfristige Preiselastizität					
a) gesamt	+0,03	-4,0	-15,9	-3,5	-0,5
b) bei Preiserhöhungen	+4,1	+0,9	-0,7	-2,8	-1,1
c) bei Preissenkungen	-4,7	-4,3	-39,9	-5,6	+0,7

Anmerkung: In Klammern ist die Zahl der Preisveränderungen angegeben.

Abb. 5.14: Die kurzfristige Preiselastizität für fünf Warenbereiche auf der Basis von Wochendaten

Preiselastizität ist mit Ausnahme der Zahnpasten/Seifen wie erwartet negativ. Die durchschnittlichen Elastizitäten liegen zwischen -15,9 bei Spirituosen und +0,03 bei Zahnpasten. Allerdings ergibt sich nur bei 68% der Preisänderungen die erwartete negative Preiselastizität. In 32% der Fälle wirken Preis- und Absatzänderungen in dieselbe Richtung. Zur Erklärung der relativ hohen Zahl von "falschen" Vorzeichen können die folgenden Größen herangezogen werden:

a) geringe Preiskenntnisse der Nachfrager,
b) hohe Markentreue oder Präferenz der Nachfrager für bestimmte Artikel, weitgehend unabhängig vom Preisniveau, oder
c) geringe Bedeutung des absoluten Preises für die Nachfrager (z.B. bei Artikeln, die impulsiv gekauft werden oder bei Artikeln, bei denen der Preis als Qualitätsindikator herangezogen wird).

Informationen über diese Größen werden für Artikel normalerweise nicht zur Verfügung stehen. Als Ersatzgrößen könnte man den Absatzanteil der

Artikel in den Verkaufsstellen heranziehen. Bei Artikeln mit einem geringen Marktanteil besteht der Verdacht, daß die Preiskenntnisse der Nachfrager relativ schlecht sind. Umgekehrt müßte dann für Artikel mit hohem Marktanteil gelten, daß eine Vielzahl von Nachfragern sie kauft und dementsprechend nimmt auch die Wahrscheinlichkeit zu, daß die Nachfrager ausgeprägte Preiskenntnisse besitzen.

Hypothese (5.4): Bei Artikeln des täglichen Bedarfs ist umso eher mit einer negativen direkten Preisresponse zu rechnen, je größer der Marktanteil (Absatz) in einzelnen Verkaufsstellen ist.

Zur Überprüfung des Zusammenhanges zwischen der negativen Preiselastizität und der Bedeutung einzelner Artikel kann alternativ zum Marktanteil auch der Absatz pro 100.000 DM bzw. pro 1.000 Kunden herangezogen werden, wenn einzelne Artikel zwar einen hohen Marktanteil in ihrer Warengruppe besitzen, der Absatz dieser Warengruppe aber im Vergleich zu anderen Warengruppen relativ gering ist.

Abbildung 5.15 enthält die Ergebnisse des t-Testes für die drei Warenhausfilialen. Für die Überprüfung der Hypothese 5.4 wird der langfristige Marktanteil (über 14 Wochen) benutzt, da mit dieser Operationalisierung die Bedeutung eines Artikels besser erfaßt werden. Bei Zahnpasten/Seifen und Spirituosen ist der durchschnittliche Marktanteil von Artikeln mit negativer Preiselastizität mit 13,5% größer als der durchschnittliche Marktanteil von Artikeln mit positiver Preiselastizität (12,1%). Die Differenz ist aber lediglich bei Spirituosen signifikant ($p \leq 0,05$). Bei Kaffee weisen die Artikel mit negativen Elastizitäten einen um 5,4 Prozentpunkte geringeren Marktanteil (14,8%) als die Artikel mit positiven Elastizitäten auf (9,4%). Dies läßt sich u.a. dadurch erklären, daß die Konkurrenz die Preise bei den Marken mit hohem Absatzanteil teilweise früher und stärker reduziert hat. Daher ist im Untersuchungszeitraum der Absatz trotz Preissenkungen teilweise zurückgegangen. Der durchschnittliche zeitvariabel gewichtete mittlere Verkaufspreis von 500g Kaffee liegt im Untersuchungszeitraum um durchschnittlich 22,7% über den Werbepreisen der Konkurrenz. Der durchschnittlich höhere Absatzanteil der Artikel mit positiver direkter Preisresponse könnte durch das starke Preisinteresse

Warenbereich	durchschnittlicher Marktanteil in %		Signifikanz, einseitig (p≤0,05)
	negative kurzfristige Preiselastizität	positive kurzfristige Preiselastizität	
Zahnpasten/Seife	13,5 (n= 49)	12,1 (n=31)	nicht signifikant
Kaffee	9,4 (n= 41)	14,8 (n=42)	nicht signifikant
Spirituosen	38,6 (n= 27)	18,3 (n= 9)	signifikant
Gesamt	17,9 (n=117)	14,1 (n=82)	nicht signifikant

Abb. 5.15: Vergleich der Mittelwerte des Marktanteils (Absatz) in drei Warenbereichen in drei Warenhausfilialen

und die höhere Preissensibilität erklärt werden.

Ergebnis (5.4): Lediglich bei Spirituosen läßt sich ein signifikanter Zusammenhang zwischen negativen Vorzeichen der Elastizitäten und dem Marktanteil feststellen.

5.3 Die Preisresponse als Basis zur Gestaltung der Preispolitik

5.3.1 Klassische und verhaltenswissenschaftliche Erklärungen zur Wirkung von Preisen

Zur Erklärung der Wirkung von Preisen lassen sich zwei Ansätze heranziehen, zum einen die klassische, zum anderen die verhaltenswissenschaftlich orientierte Preistheorie. Im klassischen Erklärungsmodell hängt der Erfolg einzelner Sortimentsteile ausschließlich von der Preishöhe ab. Bei dem verhaltenswissenschaftlich orientierten Ansatz werden Variablen aus dem Insystem der Nachfrager als unabhängige (erklärende) und als abhängige Variablen herangezogen.

5.3.1.1 Vier Grundmodelle der klassischen betriebswirtschaftlichen Theorie

Formal lassen sich Preisresponsefunktionen mit Hilfe der Regressionsanalyse ermitteln. Dazu genügt eine hinreichende Anzahl von Meßwerten für den Absatz bei unterschiedlichen Preisen. Dieses Vorgehen ist aber theorielos, da, selbst wenn sich in der Vergangenheit hohe Korrelationen zwischen Preis und Absatz ergeben haben, noch unklar ist, ob der Preis vom Absatz oder der Absatz vom Preis abhängt oder ob die kausale Beziehung durch einen gemeinsamen dritten Einflußfaktor zustande kommt[1]. Im allgemeinen geht man in der klassischen Preistheorie davon aus, daß zunächst der Preis p_{ijkt} den Absatz oder allgemein den Erfolg beeinflußt:

(5.3) $E_{ijkt} = f\ (p_{ijkt})$

mit

E_{ijkt}: Erfolg eines Artikels i aus der Warengruppe j in der Verkaufsstelle k in der Periode t.

Zur Erklärung von E_{ijkt} können darüberhinaus weitere Größen herangezogen werden:

(1) die Preise desselben Artikels in derselben Verkaufsstelle in früheren Perioden,
(2) die übrigen absatzpolitischen Instrumente der eigenen Unternehmung,
(3) der Erfolg der Vorperiode(n), wenn anzunehmen ist, daß der Erfolg u.a. auf das Produkt selbst zurückzuführen ist und
(4) Umweltgrößen wie z.B. die Preispolitik der Konkurrenz oder das Wetter.

In den folgenden vier Grundmodellen der Preistheorie dient lediglich der eigene Preis (p_{ijkt}) zur Erklärung des Erfolges[2].

---

1. Vgl. Kaas, K.P.: Empirische Preisabsatzfunktionen bei Konsumgütern. Berlin u.a. 1977, S. 4f.

2. Vgl. z.B. Diller, H.: Preispolitik, a.a.O., S. 67ff.; Simon, H.: Preismanagement, a.a.O., S. 62ff.

(1) Das lineare Modell

(5.4) $E_{ijkt} = a + b * p_{ijkt}$ mit $a > 0$ und $b < 0$

Das lineare Modell weist eine konstante absolute Response b auf, das heißt, an jeder Stelle der Preisresponsefunktion hat eine absolute Preisänderung jeweils dieselbe absolute Änderung der Erfolgsgröße zur Folge. Dementsprechend ergeben sich an jedem Punkt der Preisresponsefunktion andere Preiselastizitäten.

(2) Das multiplikative Modell

(5.5) $E_{ijkt} = a * p_{ijkt}^{\ b}$ mit $a > 0$ und $b < 0$

Das multiplikative Modell besitzt die Eigenschaft, daß prozentual gleiche Preisänderungen an jeder Stelle der Funktion stets zu denselben relativen Mengenveränderungen führen (konstante Preiselastizität b).

Abbildung 5.16 enthält für eine Waschmittelmarke (3 kg) in vier Verbrauchermärkten die Regressionskoeffizienten und die Bestimmtheitsmaße für das lineare und das multiplikative Modell mit dem mengenmäßigen Marktanteil als unabhängige Variable.

Verbrauchermarkt	lineares Modell Marktanteil Absatz a+b * p			multiplikatives Modell Marktanteil Absatz = a * p^b		
	a	b	$R^2_{korr.}$	a	b	$R^2_{korr.}$
1	30,0	-2,63	0,90	$2,90*10^{13}$	-13,3	0,75
2	18,0	-1,62	0,88	$1,20*10^{14}$	-14,0	0,42
3	17,9	-1,59	0,89	$8,89*10^{6}$	-8,9	0,87
4	27,9	-2,53	0,75	$3,21*10^{9}$	-9,3	0,48
1 - 4	20,25	-1,80	0,77	$4,55*10^{9}$	-9,6	0,63

Anmerkung: Alle Koeffizienten und Bestimmtheitsmaße sind signifikant für $p \leq 0,01$

Abb. 5.16: Ergebnisse alternativer Regressionsschätzungen für ein Vollwaschmittel (3 kg-Packung) in vier Verbrauchermärkten auf der Basis von 13 Wochen

In allen vier Verbrauchermärkten ergeben sich sowohl im linearen als auch im multiplikativen Modell signifikante Zusammenhänge zwischen dem Preis und dem Marktanteil mit korrigierten Bestimmtheitsmaßen[1]

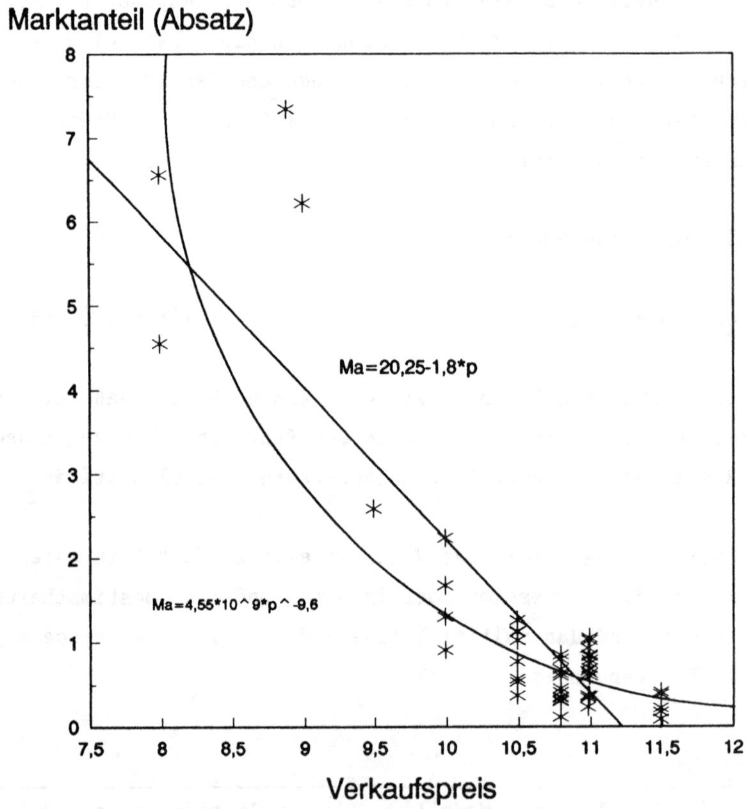

Abb. 5.17: Lineare und multiplikative Preisresponsefunktionen für ein Vollwaschmittel in vier Verbrauchermärkten (51 Fälle) als Zeitreihen-/Querschnittsdaten

---

1. $R^2_{korr.}$ berechnet sich:

$$R^2_{korr.} = R^2 - \frac{k - 1}{n - k} * (1 - R^2)$$

k = Anzahl der abhängigen und unabhängigen Variablen
n = Anzahl der Untersuchungseinheiten (Stichprobenumfang)

vgl. Frohn, J.: Grundausbildung der Ökonometrie. Berlin und New York 1980, S. 61.

zwischen 0,48 und 0,90. Preisänderungen werden bei diesem Artikel i.d.R. durch Out-Store-Werbung und Display-Plazierung unterstützt. Auf die gemeinsame Wirkung von absatzpolitischen Instrumenten wird in Kapitel 7 eingegangen. In allen vier Verbrauchermärkten ist das lineare Modell dem multiplikativen überlegen. Die Koeffizienten b sind in allen Fällen wie erwartet negativ. Im multiplikativen Modell liegen sie zwischen -14,0 und -8,9. Die Waschmittelmarke besitzt demnach eine relativ hohe Preiselastizität. Eine Preisänderung um ein Prozent hat eine Absatzänderung um 8,9 bis 14,0 Prozent zur Folge. Faßt man die Daten aus allen vier Verbrauchermärkten zusammen (Pooling), schneidet das lineare Modell ebenfalls besser ab. Abbildung 5.17 enthält die graphische Darstellung für den gepoolten Fall.

(3) Das Attraktionsmodell (logistische Preisresponse)

Bei dem Attraktionsmodell wird angenommen, daß sich der Erfolg eines Artikels i aus seiner Attraktivität im Vergleich zur Attraktivität der Konkurrenzartikel ergibt. Die Attraktivität eines Artikels i berechnet sich als

(5.6) $A_i = a_i * p_i^{-b}$

mit

A_i: Attraktivität des Artikels i

a_i: Sättigungsabsatz

b: markenspezifische Präferenzstärke

und entspricht somit formal dem multiplikativen Modell (auf die vollständigen Indizes wird aus darstellungstechnischen Gründen verzichtet). Summiert man die Attraktivität der konkurrierenden Artikel, einschließlich des untersuchten Artikels i im Nenner, der dann die Gesamtattraktivität aller Artikel einer Warengruppe j in einer Verkaufsstelle k einschließlich des Artikels i mißt, auf, ergibt sich:

$$(5.7) \quad E_i = a_o + \frac{a_i * p_i^{-b}}{\Sigma\, a_i * p_i^{-b}}.$$

In diesem Modell können schon geringe Preisveränderungen zu großen Absatzveränderungen führen (vgl. Abbildung 5.18).

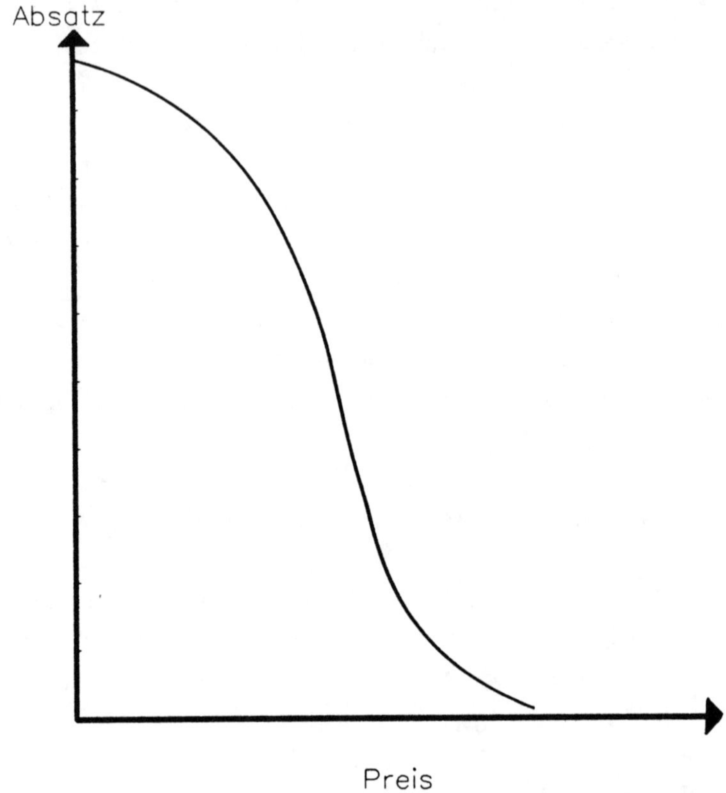

Abb. 5.18: Das Attraktionsmodell (logistische Preisresponsefunktion)

(4) Das Gutenberg-Modell

Das Gutenberg-Modell läßt sich formal als

(5.8) $E_i = a + b * p_i + c * \sin h\,(d(p_j - p_i))$

mit

p_j: Durchschnittspreis der konkurrierenden Artikel im Warenbereich j in einer Verkaufsstelle k in der Periode t

sin h: sinus hyperbolicus

abbilden.

Bei dem Gutenberg-Modell handelt es sich um eine doppelt gekrümmte Funktion mit drei Teilen. Im mittleren, relativ unelastischen (flachen)

Teil, besitzt ein Artikel i einen monopolistischen Spielraum, der umso größer ist:

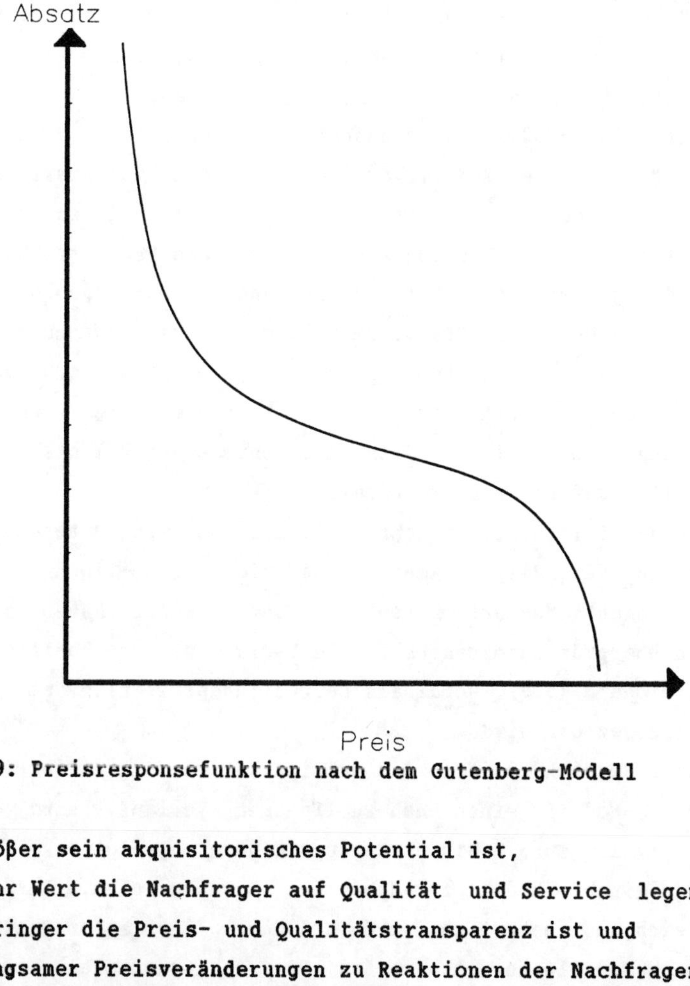

Abb. 5.19: Preisresponsefunktion nach dem Gutenberg-Modell

- je größer sein akquisitorisches Potential ist,
- je mehr Wert die Nachfrager auf Qualität und Service legen,
- je geringer die Preis- und Qualitätstransparenz ist und
- je langsamer Preisveränderungen zu Reaktionen der Nachfrager führen[1].

Außerhalb des monopolistischen Bereiches führen Preisveränderungen zu überproportionalen Absatzveränderungen.

Alle vier Modelle können mit Hilfe der Regressionsanalyse geschätzt werden. Im multiplikativen Fall können sich Probleme ergeben, wenn logarithmierte Rohdaten verwendet werden und der Absatz einzelner

---

1. Vgl. Gutenberg, E.: Grundlagen der Betriebswirtschaftslehre, a.a.O., S. 252ff. In der hier dargestellten mathematischen Formulierung wurde das Modell von Albach eingeführt; vgl. Albach, H.: Das Gutenberg-Oligopol. In: Koch, H. (Hrsg.): Zur Theorie des Absatzes. Wiesbaden 1973, S. 9-33.

Artikel in einzelnen Perioden den Wert Null annimmt. Dieses Problem läßt sich umgehen, indem man jeweils einen konstanten Wert hinzuaddiert. Die Höhe der Konstanten beeinflußt allerdings die Regressionskoeffizienten und die Höhe des Bestimmtheitsmaßes. Daher wird dieses Verfahren im folgenden auch nicht angewendet.

Für das Attraktions-Modell muß zunächst für jeden Artikel eine Schätzung nach dem multiplikativen Modell vorgenommen werden. Nakaniski und Cooper schlagen dazu eine Linearisierung durch Logarithmieren vor[1]. Die durchschnittlichen Koeffizienten a und b sowie die Preisvariable werden mit Hilfe des geometrischen Mittels errechnet. Dabei ergeben sich zwei Probleme: a) die Nakaniski-Transformation eignet sich nur zur Schätzung von Marktanteilen als abhängige Variable, b) bei Verwendung von gepoolten Daten (Zeitreihen aus mehreren Verkaufsstellen) ergibt sich ein Marktanteil von Null, wenn ein oder mehrere Artikel nicht in allen Verkaufsstellen geführt wird (werden).

Das Gutenberg-Modell benötigt mehrere Schätzungen mit unterschiedlichen Ausgangswerten für die Parameter, da sich nicht-lineare Responsefunktionen nicht bewährt haben[2]. Besser bewährt haben sich bei empirischen Überprüfungen systematische Variationen des Koeffizienten d aus der Gleichung (5.8), wobei als Beurteilungskriterium das Bestimmtheitsmaß herangezogen wird[3].

Im mittleren Bereich besitzen das multiplikative, das Attraktions- und das Gutenberg-Modell einen nahezu linearen Verlauf. Wird lediglich dieses Intervall zur Preisfestsetzung genutzt, genügt es in vielen Fällen, das lineare Modell zur Schätzung heranzuziehen. Darüberhinaus bietet es sich aus rechentechnischen Gründen an, nur auf relativ einfach zu schätzende Modelle zurückzugreifen. Die vier Grundmodelle tragen den

---

1. Vgl. Nakaniski, M. und Cooper, L.G.: Parameter Estimation for a Multiple Competitive Interaction Model - Least Square Approach. In: JoMR (Aug. 1974), S. 303-311; vgl. auch Kucher, E.: Scannerdaten und Preissensitivität bei Konsumgütern, a.a.O., S. 79-81.

2. Vgl. z.B. Albach, H.: Market Organization and Pricing Behaviour of Oligopolistic Firms in the Ethical Drugs Industry. In: Kyklos (1979), S. 523-540.

3. Empirische Schätzungen liegen von Simon (Simon, H.: Dynamics of Price Elasticity and Brand Life Cycles: An empirical Study. In: JoMR (Nov. 1979), S. 439-452), Albach (Albach, H.: Market Organisation and Pricing Behavior of Oligopolistic Firms in the Ethical Drugs Industry. a.a.O., S. 523-540) und Kucher (Kucher, E.: Scannerdaten und Preissensitivität bei Konsumgütern, a.a.O., S. 82-85) vor.

Verhältnissen im Einzelhandel allerdings nur teilweise Rechnung, da sie davon ausgehen, daß:

(1) kein Verbund zwischen einzelnen Sortimentsteilen vorliegt,

(2) der Erfolg ausschließlich auf die Wirkung der jeweils aktuellen Preise in einer Verkaufsstelle zurückzuführen ist. Wirkungen von Preisen für denselben Artikel bei Mitbewerbern werden im Grundmodell ebensowenig wie Preiswirkungen im Zeitablauf berücksichtigt.

Alle vier Modelle wurden bereits empirisch überprüft und erbrachten jeweils zufriedenstellende Erklärungen[1]. Dabei zeigt sich aber auch das Dilemma der klassischen Preistheorie. Die vier Modelle unterscheiden sich in den Annahmen, wie Nachfrager auf unterschiedliche Preisstellungen reagieren, teilweise widersprechen sie sich sogar[2]. Im folgenden wird gezeigt, wie Preisresponsefunktionen mit Hilfe von verhaltenswissenschaftlichen Erkenntnissen[3] gebildet werden können.

5.3.1.2 Verhaltenswissenschaftliche Erklärungen zur Wirkung von Preisen

Der Kaufentscheidungsprozeß wird u.a. von der Beurteilung der Preisgünstigkeit beeinflußt[4]. Sie gibt an, "inwieweit Preise, gleichgültig, ob sie bewußt wahrgenommen werden oder nicht, als günstig oder ungünstig

---

1. Vgl. die Übersicht bei Simon, H.: Preismanagement, a.a.O., S. 67f.
2. Vgl. Diller, H.: Preispolitik, a.a.O., S. 74; Kaas, K.P.: Empirische Preisabsatzfunktionen bei Konsumgütern, a.a.O., S. 7ff.
3. Vgl. z.B. Lenzen, W.: Die Beurteilung von Preisen durch Konsumenten, a.a.O.; Diller, H.: Preispolitik, a.a.O., S. 86-124; Feider, J.: Konsumentenreaktionen auf Preise. Göttingen 1985; Kaas, K.P.: Empirische Preisabsatzfunktionen bei Konsumgütern, a.a.O.; Nyström, H.: Retail Pricing. Stockholm 1970.
4. Daneben spielt bei der Kaufentscheidung eine Reihe von weiteren Faktoren, auf die hier nicht näher eingegangen werden soll, eine Rolle. Vgl. dazu die Totalmodelle des Käuferverhaltens von Howard u. Sheth; Engel u. Blackwell und Nikosia, in denen der Preis allerdings von geringer Bedeutung ist; vgl. Howard, J.A. und Sheth, J.N.: The Theory of Buyer Behavior. New York u.a. 1969; Engel, J.F. u. Blackwell, R.D.: Consumer Behavior. 4. Aufl. Chicago u.a. 1982; Nikosia, F.M.: Consumer Decisions Processes. Englewood Cliffs, N.J. 1966.

eingestuft werden"[1]. Das Urteil bezieht sich lediglich auf das zu zahlende Entgelt ("Preiszähler"). Es kann durch den Vergleich von Preiskenntnissen, die früher erworben wurden, mit aktuell wahrgenommenen Preisen oder durch die Übertragung von Preisgünstigkeitsurteilen von anderen Artikeln zustande kommen[2]. Die Preiskenntnisse hängen zum einen davon ab, welche Bedeutung einzelne Artikel für die Nachfrager besitzen, bzw. wie häufig sie mit Preisinformationen in Berührung kommen. Preiskenntnisse können direkt (während des Besuches von Verkaufsstellen, durch Werbung) oder indirekt (durch dritte Personen) erworben werden. Die Preiskenntnisse können sich aus mehreren vergangenen Preisen zusammensetzen. Im einfachsten Fall entsprechen sie den Preisen der letzten Periode[3].

Urteile über die Preisgünstigkeit können sich nicht nur auf einzelne Artikel, sondern auch auf Sortimentsteile (z.B. Warengruppen) beziehen[4]. Bei der Bildung von Preisgünstigkeitsurteilen für eine Warengruppe kann dann das Preisniveau derselben Warengruppe in derselben Verkaufsstelle in früheren Perioden (zeitlicher Vergleich), das Preisniveau von anderen Warengruppen in derselben Verkaufsstelle (sachlicher Vergleich), das Preisniveau derselben Warengruppe in anderen Verkaufsstellen (räumlicher Vergleich) herangezogen werden (vgl. dazu Abbildung 5.20). Anstelle von Warengruppen können auch einzelne Artikel verwendet werden.

Das Preisgünstigkeitsurteil für einzelne Artikel kann sich aus dem Vergleich auf Artikelebene, dem Vergleich Artikel mit Warengruppe und

---

1. Müller-Hagedorn, L.: Handelsmarketing, a.a.O., S. 205.

2. Vgl. Müller-Hagedorn, L.: Handelsmarketing, a.a.O., S. 205f.; Nyström, H.: Retail Pricing, a.a.O., S. 119-135; Lenzen, W.: Die Beurteilung von Preisen durch Konsumenten, a.a.O., S. 42-49.

3. Vgl. dazu Bettman, J.R.: Perceived Price and Product Perceptual Variables. In: JoMR (2/1973), S. 100-102. Andere Autoren bilden den Beurteilungsanker aus mehreren vergangenen Preisen, z.B.: Emery, F.: Some Psychological Aspects of Price. In: Taylor, B. u. Wills, G. (Hrsg.): Pricing Strategy. London 1969, S. 98-111 oder Kucher, E.: Scannerdaten und Preissensitivität bei Konsumgütern, a.a.O., S. 98ff.; Müller-Hagedorn nennt als Referenzpreis besonders extreme Preise (Müller-Hagedorn, L.: Handelsmarketing, a.a.O., S. 207).

4. Auf Preisgünstigkeitsurteile für Verkaufsstellen und Betriebsformen wird in dieser Untersuchung nicht eingegangen; vgl. zu diesem Bereich: Diller, H.: Preispolitik und Differenzierung in Preisbeurteilungsprozessen von Verbrauchern. In: Der Markt (1977), S. 11-21, hier S. 16; vgl. auch Cardozo, R.N.: How image vary by product class. In: JoR (1974/75), S. 85-98, hier S. 97.

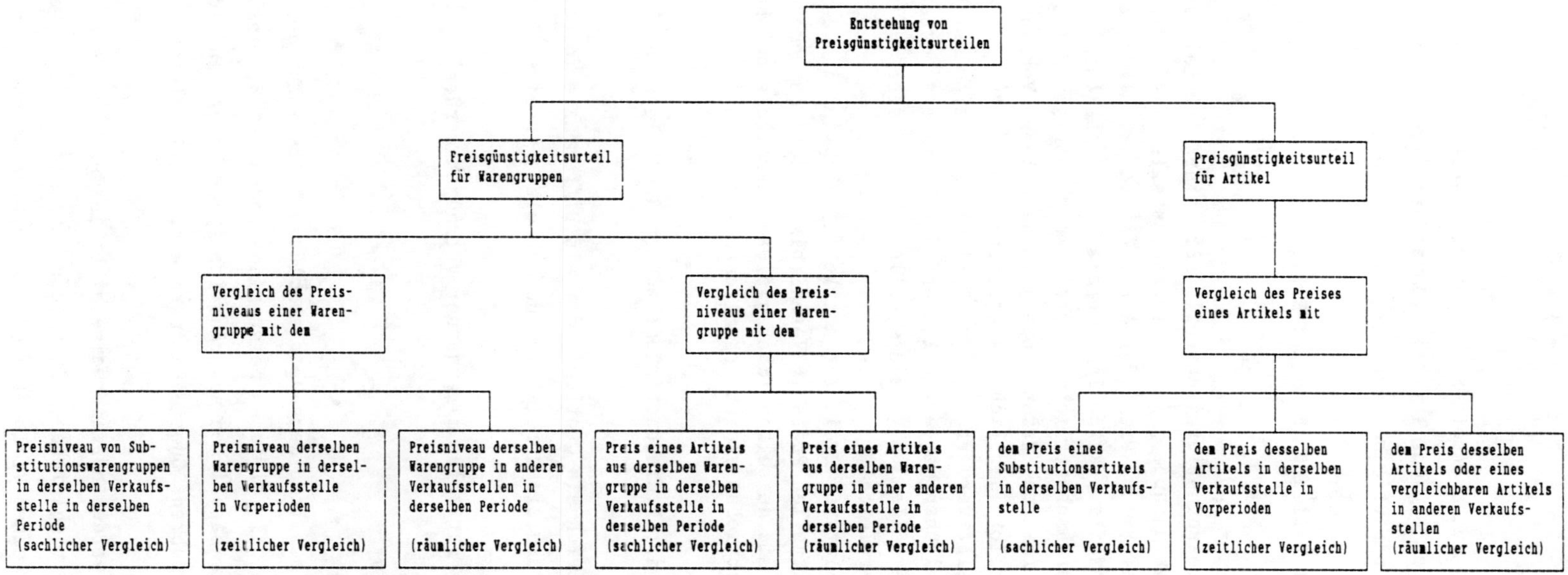

Abb. 5.20: Ausgewählte Bezugspunkte zur Bildung von Preisgünstigkeitsurteilen für Sortimentsteile und einzelne Artikel

aus Kombinationen zusammensetzen. Es ist anzunehmen, daß dieser Prozeß zum einen von der Art der Artikel, zum anderen von den Nachfragern selbst abhängt. Für häufig gekaufte Artikel könnte z.B. gelten:

(5.9) $PGU_{ijkt} = f\ (RP1_{ijkt};\ RP2_{ijkt};\ RP3_{ijkt})$

mit

PGU_{ijkt}: Preisgünstigkeitsurteil für einen Artikel i aus der Warengruppe j in der Verkaufsstelle k in der Periode t

$RP1_{ijkt}$: Relativer Preis für einen Artikel i, der sich aus dem jeweils aktuellen Preis im Verhältnis zu einem durchschnittlichen Preis der übrigen Artikel aus derselben Warengruppe j in derselben Verkaufsstelle k ergibt (sachlicher Vergleich).

$RP2_{ijkt}$: Relativer Preis für Artikel i, der das Verhältnis zwischen dem aktuellen und dem Preis aus Vorperioden in derselben Verkaufsstelle k angibt (zeitlicher Vergleich).

$RP3_{ijkt}$: Relativer Preis für Artikel i, der sich aus dem jeweils aktuellen Preis im Verhältnis zu dem durchschnittlichen Preis desselben (oder gleichen) Artikels bei Konkurrenzbetrieben ergibt (räumlicher Vergleich).

Für die Messung der Preisgünstigkeit müssen die folgenden Fragen beantwortet werden:

a) Soll der Vergleich als Quotient oder als Differenz erfolgen?
b) Sollen für Vergleiche relative oder absolute Preise herangezogen werden?
c) Wie sollen die Variablen miteinander verknüpft werden?
   - linear oder
   - multiplikativ?

Zu a) Quotienten besitzen gegenüber absoluten Differenzen den Vorteil, daß prozentual gleiche Preisveränderungen (z.B. inflationsbedingt) beim sachlichen und räumlichen Vergleich) zu identischen Quotienten führen. Quotienten normieren den Vergleich.

Zu b) Nachfrager werden normalerweise nicht in der Lage sein, relative Preise zu vergleichen, da hierzu aus der (den) vergangenen Periode(n) eine Vielzahl von Preisinformationen verarbeitet werden müßte. Daher bietet es sich an, die Quotienten aus jeweils absoluten Zahlen zu bilden. Dies gilt insbesondere für den zeitlichen Vergleich.

Zu c) Lenzen stellt bei sieben von zehn Artikeln aus dem Lebensmittelbereich zwischen dem Preisgünstigkeitsurteil und drei Preisvorgaben lineare Beziehungen fest. Bei drei Artikeln ergaben sich nicht-lineare Verläufe[1]. Hierbei muß allerdings berücksichtigt werden, daß nur drei Punkte zur Bestimmung der Preisgünstigkeitsresponsefunktion zur Verfügung stehen.

Im linearen Fall ergibt sich dann die folgende Funktion:

(5.10) $PGU_{ijkt} = a + b * RP1_{ijkt} + c * RP2_{ijkt} + d * RP3_{ijkt}$

mit
a, b, c, d: Koeffizienten.

Über die Wirkung der einzelnen Variablen lassen sich die folgenden Hypothesen aufstellen:

Hypothese (5.5): Je günstiger der aktuelle Preis im Vergleich zum durchschnittlichen Preis der übrigen Artikel einer Warengruppe in derselben Verkaufsstelle ist, desto günstiger wird der Preis beurteilt. Für den Koeffizienten b gilt dann entsprechend der klassischen Preistheorie:

(5.11) $b < 0$.

Hypothese (5.6): Der Koeffizient c wird ebenfalls ein negatives Vorzeichen aufweisen, da günstigere Preise in den aktuellen Perioden beim zeitlichen Vergleich i.d.R. zu Absatzsteigerungen (und umgekehrt) führen werden.

---

1. Die Frage dazu lautet: "Ich gebe Ihnen jetzt eine Liste, auf der Artikel mit einem Preis angegeben sind. Wie beurteilen Sie die Preise?" Die Antwort erfolgt anhand einer Ratingskala; Lenzen, W.: Die Beurteilung von Preisen durch Konsumenten. a.a.O., S. 181ff.

(5.12) c < 0;

Hypothese (5.7): Es ist anzunehmen, daß aktuelle Preise, die günstiger sind als die der Konkurrenten, sich positiv auf das Preisgünstigkeitsurteil auswirken[1]. Je größer die Differenz (bzw. je kleiner der Quotient) zwischen dem aktuellen Preis in einer Verkaufsstelle und dem Konkurrenzpreis für denselben oder einen vergleichbaren Artikel ist, desto eher wird ein Nachfrager bereit sein, zu kaufen. Dementsprechend wird für d ein negatives Vorzeichen erwartet;

(5.13) d < 0.

Das vorgeschlagene Modell weist die folgenden Vorteile auf:

- Die aktuellen Preise werden mit den Preisen der Konkurrenz verglichen.
- Durch den Vergleich der Preise mit der Vorperiode wird berücksichtigt, daß die Nachfrager sich ihre Preisurteile im Zeitablauf bilden.
- Durch die Verwendung von Quotienten führen gleich große relative Preisänderungen in einer gesamten Warengruppe (z.B. inflationsbedingte Preiserhöhungen) zu konstanten relativen Preisen RP1 und RP3.

Als Nachteil erweist sich, daß mit dem Modell nur bedingt Prognosen erstellt werden können, da der zukünftige durchschnittliche Preis der Warengruppe, zu der ein Artikel gehört, zunächst ebenso prognostiziert werden muß wie der durchschnittliche Preis für dieselben oder vergleichbare Artikel der Konkurrenz. Darüberhinaus können identische mittlere Preise einer Warengruppe durch eine Vielzahl von Preiskombinationen determiniert werden. Das Modell eignet sich daher besonders für die Erklärung der Wirkung von Preisen in vergangenen

---

1. Es ist aber auch denkbar, daß trotz negativer Differenzen die Nachfrage sinkt, (Erwartungseffekt) da die Verbraucher mit weiteren Preissenkungen rechnen. Im umgekehrten Fall gilt, daß die Nachfrage trotz Preiserhöhungen steigt, weil die Konsumenten mit weiteren Preissteigerungen rechnen.

Perioden.
Einem Einzelhandelsunternehmen wird es i.d.R. nicht möglich sein, für eine Vielzahl von Artikeln Preisgünstigkeitsurteile direkt zu ermitteln. Als Ersatz bieten sich artikelgenaue Absatzdaten an. Dabei wird angenommen, daß die Kaufakte das Ergebnis des Preisbeurteilungsprozesses widerspiegeln. Es muß aber berücksichtigt werden, daß ein Teil der Käufe auch bei negativen Preisgünstigkeitsurteilen zustande kommt, wenn andere Faktoren während des Kaufentscheidungsprozesses in der Verkaufsstelle stärker wirken (z.B. Kaufentscheidung unter Zeitdruck) und umgekehrt Kaufentscheidungen trotz günstiger Preisurteile nicht zustande kommen, wenn z.B. der Bedarf schon gedeckt ist.
Preiskenntnisse können mit Hilfe der jeweils aktuellen Preise nachgebildet werden. Dabei wird unterstellt, daß die objektiven Preise den subjektiv wahrgenommenen entsprechen. Nach den bislang vorliegenden Untersuchungen über die Preiskenntnisse sind die Nachfrager allerdings nur selten in der Lage, die tatsächlich verlangten Preise exakt zu benennen. Lenzen berichtet, daß nur 0,7% von 578 Befragten in der Lage sind, die Preise von zehn Lebensmittelartikeln mit einer Abweichung von maximal ±5% und 3,5% die Preise mit einer Abweichung zwischen ±5 und ±10% zu nennen[1]. In anderen empirischen Untersuchungen konnten allerdings wesentlich bessere Preiskenntnisse festgestellt werden. Shapiro berichtet, daß für ein Intervall von ±10% um den richtigen Preis 73% der Befragten den Preis nennen konnten, wobei sich bei einzelnen Produkten große Schwankungen ergeben[2]. Es ist anzunehmen, daß die Preiskenntnisse umso besser sein werden, je häufiger Personen den betreffenden Artikel kaufen bzw. je markentreuer sie sind. Darüberhinaus können die Preiskenntnisse durch die Anzahl der Preisänderungen innerhalb einer Periode beeinflußt werden (z.B. saisonabhängige Preise für Obst und Gemüse).

---

1. Vgl. Lenzen, W.: Die Beurteilung von Preisen durch Konsumenten, a.a.O., S. 171-173.
2. Vgl. Shapiro, B.P.: The psychology of pricing. In: HBR (1968), S. 14-25, hier S. 15, der sich auf eine Studie des Progressive Grocer stützt (How much do customers know about retail prices. In: Progressive Grocer (Febr. 1964), S. C104-C106); vgl. auch Bielefeld, W.: Preisschwellen. In: asw (11/1975), S. 90-94.

5.3.2 Die Operationalisierung der Modellvariablen

5.3.2.1 Vorüberlegungen zur Bildung von Operationalisierungsalternativen

Zunächst werden alternative Operationalisierungen für die drei Preisvariablen für Artikel diskutiert, anschließend solche für Artikelgesamtheiten. Operationalisierungen für die abhängige Variable wurden bereits in Abschnitt 3.2.1.1 besprochen.

(1) Der Relative Preis 1 ($RP1_{ijkt}$) für Artikel

Der Relative Preis 1 gibt das Verhältnis des Preises eines Artikels i im Vergleich zum Preisniveau einer Warengruppe an. Er ist definiert als:

$$(5.14)\quad RP1_{ijkt} = \frac{p_{ijkt}}{\bar{p}_{jkt}}.$$

Der Relative Preis 1 für einzelne Artikel kann nur gebildet werden, wenn die Warengruppe aus mindestens zwei Artikeln besteht. Gibt es in der Verkaufsstelle keinen Substitutionsartikel für einen Artikel, kann der Relative Preis 1 durch den absoluten Preis ersetzt werden. Der durchschnittliche Preis einer Warengruppe ($\bar{p}_{jkt}$) kann gewichtet oder gleichgewichtet ermittelt werden. Die Gleichgewichtung besitzt den Vorteil, daß die jeweils aktuelle Situation abgebildet werden kann. Als Nachteil erweist es sich, daß die Bedeutung der einzelnen Artikel unberücksichtigt bleibt. Zur Gewichtung können zum einen konstante Marktanteile, zum anderen zeitvariable (von Periode zu Periode wechselnde) Marktanteile herangezogen werden. Außerdem kann der mittlere Preis mit oder ohne den Preis eines Artikels i gebildet werden. Insgesamt ergeben sich somit sechs Operationalisierungsmöglichkeiten (vgl. Abbildung 5.21)[1].

Zur Mittelwertbildung dürfen nur die Artikel verwendet werden, die auch tatsächlich geführt werden und präsent sind. Der mit dem Marktanteil

---

1. Vgl. Kucher, E.: Preissensitivität und Scannerdaten bei Konsumgütern, a.a.O., S. 51-66.

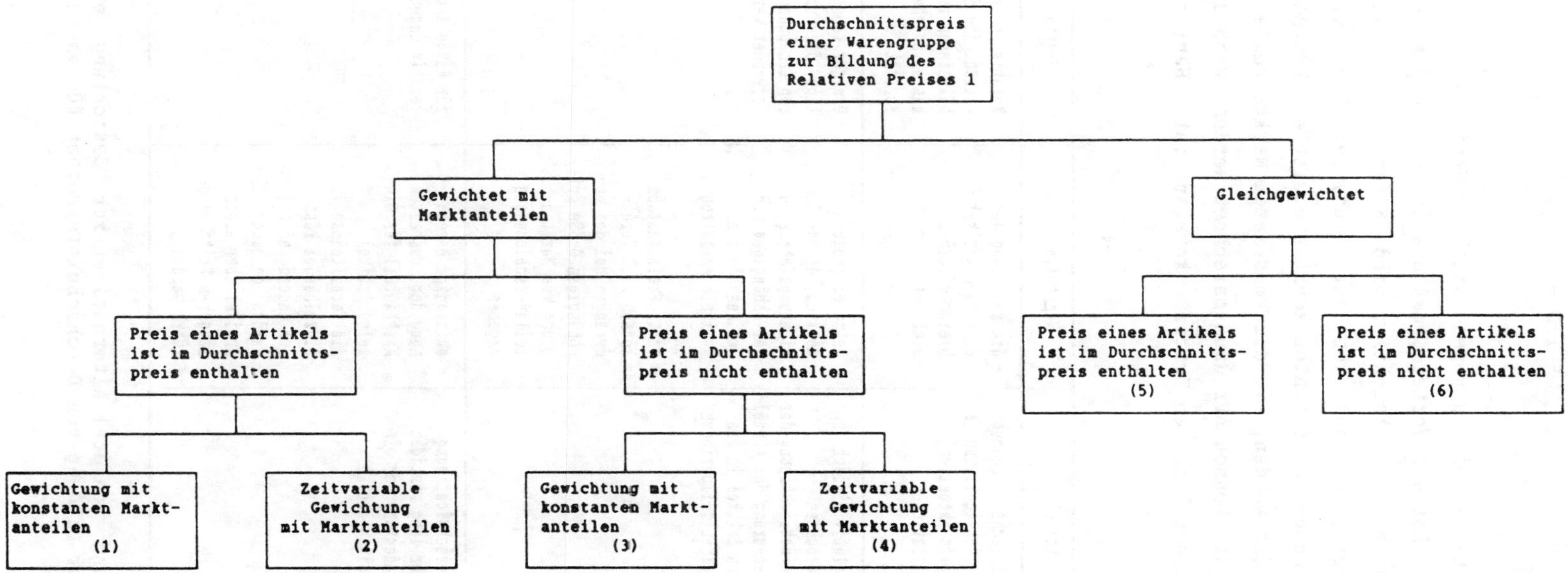

Abb. 5.21: Alternative Operationalisierungen des Durchschnittspreises von Warengruppen zur Bildung des Relativen Preises 1 von Artikeln in Preisresponsemodellen; angelehnt an Kucher, E.: Scannerdaten und Preissensitivität bei Konsumgütern, a.a.O., S. 56

(konstant oder zeitvariabel) gewogene mittlere Preis im Nenner des Relativen Preises 1 hat den Vorteil, daß die Bedeutung der einzelnen Artikel der Warengruppe berücksichtigt wird. Sofern die Gewichtungen über einen längeren Zeitraum konstant sind, ergeben sich bei unveränderten Preisen und Sortimenten konstante mittlere Preise. Dabei muß das Problem gelöst werden, wie die konstanten Marktanteile festgelegt werden sollen. Sie können nur dann berechnet werden, wenn die Zahl der Artikel über einen längeren Zeitraum konstant ist. Häufig werden

Operationalisierung	Vorteile	Nachteile	Beurteilung
Gleichgewichtung aller Artikel	- einfache Berechnung - Berücksichtigung jeweils aktueller Situationen	- die Bedeutung der einzelnen Artikel bleibt unberücksichtigt	Relativ robuste Definition, die den Verhältnissen im Einzelhandel am ehesten entspricht
zeitvariable Gewichtung	- relativ einfach zu berechnen - Berücksichtigung der Bedeutung der einzelnen Artikel in einzelnen Teilperioden	- keine Prognose möglich, da der Gewichtungsfaktor in der abhängigen und der unabhängigen Variable enthalten ist - Trotz Preiskonstanz können sich Veränderungen bei der unabhängigen Größe aufgrund von Marktanteilsverschiebungen ergeben	Weniger robuste Definition, die nur bei größeren Erhebungsintervallen verwendet werden sollte
konstante Gewichtung	- Berücksichtigung der langfristigen Bedeutung der einzelnen Artikel	- aufwendige Berechnung der konstanten Marktanteil für einzelne Artikel - die Verhältnisse im Einzelhandel können nur ungenügend erfaßt werden, da nicht alle Artikel über einen längeren Zeitraum geführt werden	für Handelsbetriebe relativ ungeeignet

Abb. 5.22: Beurteilung von drei Alternativen zur Gewichtung einzelner Preise zur Bildung von Durchschnittspreisen für Warengruppen

aber zu Aktionszwecken Artikel nur für einen kurzen Zeitraum geführt. Als eine mögliche Lösung für dieses Problem bietet es sich daher an, die Marktanteile der einzelnen Teilperioden (zeitvariable Gewichtung) zur Gewichtung heranzuziehen. Diese Vorgehensweise weist aber den Nachteil auf, daß sich der Relative Preis 1 eines Artikels bereits durch Marktanteilsverschiebungen verändern kann. Ein weiterer Nachteil dieser Operationalisierung besteht darin, daß mit einem gewichteten Relativen Preis 1 keine Prognosen erstellt werden können, da der Absatz sowohl in der abhängigen als auch in der unabhängigen Variablen enthalten ist. Abbildung 5.22 enthält die zusammenfassende Beurteilung für die drei Alternativen zur Gewichtung der Preise.

Je geringer die Preisdifferenzen zwischen den Artikeln einer Warengruppe sind und je größer die Zahl der Artikel in einer Warengruppe ist, desto geringer fällt der Unterschied zwischen einer Operationalisierung, bei der der Preis eines Artikels i zur Bildung des mittleren Preises herangezogen wird, und einer alternativen Operationalisierung ohne den Preis dieses Artikels, aus. Aufgrund der zu erwartenden relativ geringen Differenz zwischen beiden Alternativen und aufgrund des höheren Rechenaufwandes wird in dieser Untersuchung der Durchschnittspreis verwendet, der sich aus den Preisen aller Artikel einer Warengruppe zusammensetzt.

(2) Der Relative Preis 2 ($RP2_{ijkt}$) für Artikel

Der zeitliche Vergleich von Preisen kann im einfachsten Fall zwischen zwei Perioden vorgenommen werden. Die Periodenlänge sollte dabei dem Einkaufs- bzw. dem Verbrauchsrhythmus entsprechen. Für die untersuchten Warenbereiche wird angenommen, daß die Einkaufsstätten mit den untersuchten Warenbereichen mindestens einmal pro Woche aufgesucht werden, wenn auch nicht bei jedem Einkauf Artikel aus diesen Warenbereichen gekauft werden. Die Preiskenntnisse der Vorperioden können sich aber auch aus einer Vielzahl von früheren Preisen zusammensetzen, deren Gewicht umso geringer sein wird, je länger die Perioden zurückliegen. Da die Anzahl der verschiedenen Preise für einzelne Artikel relativ gering ist (u.a. aufgrund des kurzen Untersuchungszeitraumes von 13 bzw. 14 Wochen), wird im folgenden zur Bestimmung des Relativen Preises 2 nur der Preis der jeweils letzten Woche herangezogen.

$$(5.15)\quad RP2_{ijkt} = \frac{p_{ijkt}}{p_{ijkt-1}}.$$

(3) Der Relative Preis 3 ($RP3_{ijkt}$) für Artikel

Der Relative Preis 3 für Artikel gibt an, in welchem Verhältnis der Preis eines Artikels i im Vergleich zu den Preisen desselben oder eines vergleichbaren Artikels bei Konkurrenzunternehmen steht. Zur Ermittlung von $RP3_{ijkt}$ sind die folgenden Fragen zu beantworten:

a) Welche Artikel sollen als Vergleichsartikel herangezogen werden, wenn ein Artikel bei konkurrierenden Unternehmen nicht geführt wird, z.B. bei Eigenmarken?

b) Wie können die benötigten Daten über Preise von Konkurrenzunternehmen beschafft werden?

c) Welche Verkaufsstellen sollen bei der Berechnung des durchschnittlichen Preises berücksichtigt werden?

d) Soll im Nenner von RP3 der mittlere Preis gewogen oder ungewogen gebildet werden?

zu a) Wenn ein Artikel i in einem Einkaufsgebiet nur in der eigenen Verkaufsstelle geführt wird, muß ein vergleichbarer Artikel der von mindestens einem Konkurrenzbetrieb geführt wird, ausgewählt werden. Ist dies nicht möglich, muß auf den Vergleich verzichtet werden. Entsprechend muß aus dem eigenen Sortiment ein vergleichbarer Artikel ausgewählt werden, wenn der Verdacht besteht, daß die Nachfrager als Bezugspunkt einen Artikel verwenden, der nur bei einem Konkurrenzunternehmen geführt wird (z.B. Albrecht-Kaffee als Eigenmarke der Firma Aldi).

zu b) Es besteht die Möglichkeit, die Verkaufspreise der örtlichen Konkurrenz von Hand aufzuzeichen und daraus einen ungewogenen mittleren Preis für einen Artikel (z.B. Jacobs Kaffee 500 g) zu bilden. Die Beschaffung dieser Daten ist aber mit einem sehr hohen Aufwand verbunden. Darüberhinaus liegt diesem Verfahren die Annahme zugrunde, daß die Nachfrager über die Preise aller Konkurrenten Kenntnisse besitzen, was in der Realität nicht der Fall sein wird. Die Nachfrager werden nur relativ unklare

Vorstellungen über die Preise derelben Artikel bei einer Vielzahl von Konkurrenzunternehmen besitzen. Es ist anzunehmen, daß die Preiskenntnisse insbesondere durch die beworbenen Preise der Konkurrenz beeinflußt werden. Es bietet sich daher an, die Werbepreise zur Berechnung des Durchschnittspreises der Konkurrenz heranzuziehen. Dann erfolgt der Vergleich aber nicht über alle Konkurrenten, sonderen nur über diejenigen, die für den untersuchten Artikel (oder einem vergleichbaren) Werbung im Untersuchungszeitraum betreiben. Hier ergibt sich das Problem, daß nur ein kleiner Teil des Sortimentes beworben wird und daß die Bewerbung oft in größeren Zeitabständen erfolgt. Der Relative Preis 3 kann nur dann zur Schätzung herangezogen werden, wenn für den analysierten Artikel in dem untersuchten Gesamtzeitraum mindestens zwei verschiedene Werbepreise der Konkurrenz vorliegen. Dann können die restlichen Teilperioden - unter der Voraussetzung, daß die Preise des (der) Konkurrenten repräsentativ sind - für die restlichen Teilperioden als Mittelwert der Werbepreise (meansubstitution) eingesetzt werden. Wenn ein Artikel von der Konkurrenz nicht beworben wird, kann dieser Teil des Modelles nicht zur Schätzung herangezogen werden.
Eine andere Möglichkeit zur Berechnung des Durchschnittspreises bei anderen Einzelhandelsbetrieben besteht darin, die Durchschnittsverkaufspreise aus den Preisen eines Einzelhandels-Panels eines Marktforschungsunternehmens (z.B. Nielsen oder GfK) zu berechnen. Der Vorteil dieser Datenbasis besteht darin, daß detaillierte Preisinformationen aus einer Vielzahl von Verkaufsstellen vorliegen. Der Nachteil der Paneldaten besteht darin, daß die mit Querschnittsdaten berechneten mittleren Preise u.U. für den lokalen Markt nicht gelten.
Mit dem vorliegenden Datenmaterial aus drei Warenhausfilialen kann der Nenner von RP3 nur aus Werbepreisen gebildet werden, da über die Preise der Mitbewerber in einzelnen Teilperioden keine weiteren Daten vorliegen.

zu c) Die Abgrenzung der relevanten Konkurrenz muß nach sachlichen und räumlichen Kriterien vorgenommen werden. Das Einzugsgebiet eines Einzelhandelsbetriebes ist aber oft schwer abzugrenzen. Bei der sachlichen Abgrenzung ergibt sich das Problem, ob nur die Mitbewerber berücksichtigt werden sollen, die derselben Betriebsform angehören oder ob die Konsumenten auch Preisvergleiche über verschiedene Betriebsformen hinweg anstellen. Da anzunehmen ist, daß Einzelhandelsunternehmen nicht nur innerhalb ihrer Betriebsform miteinander konkurrieren, sollten alle Betriebe im Einzugsgebiet berücksichtigt werden, die dieselben Sortimente führen. In dieser Untersuchung werden alle Unternehmen berücksichtigt, die Werbung für die ausgewählten Warengruppen in Zeitungen (einschließlich kostenloser Wochenzeitungen) betreiben[1]. Aus Abbildung 5.23 ist zu ersehen, wieviele Konkurrenzbetriebe an den einzelnen Standorten und in den Warenbereichen zur Berechnung von RP3 herangezogen werden. Außerdem ist aus Abbildung 5.23 zu entnehmen, wie oft Artikel, die in den drei Warenhausfilialen geführt werden und solche die nicht dort geführt werden, im Untersuchungszeitraum beworben werden.

Warenbereich	Filiale 1			Filiale 2			Filiale 3		
	Anzahl der Konkurrenzbetriebe	Anzahl der Bewerbungen für Artikel, die geführt werden	Anzahl der Bewerbungen für Artikel, die nicht geführt werden	Anzahl der Konkurrenzbetriebe	Anzahl der Bewerbungen für Artikel, die geführt werden	Anzahl der Bewerbungen für Artikel, die nicht geführt werden	Anzahl der Konkurrenzbetriebe	Anzahl der Bewerbungen für Artikel, die geführt werden	Anzahl der Bewerbungen für Artikel, die nicht geführt werden
Zahnpasten/ Seifen	19	25	15	19	16	9	27	19	14
Kaffee	27	17	34	14	14	39	29	15	50
Spirituosen	30	61	91	13	54	88	23	65	76

Abb. 5.23: Anzahl der Konkurrenzbetriebe in den untersuchten Warenbereichen und Anzahl der verschiedenen Artikel, für die Konkurrenzwerbung betrieben wurde

zu d) Zur Berechnung des mittleren Preises bei Konkurrenzunternehmen sollte man aus den oben bereits diskutierten Gründen auf das

---

1. Handzettel, Prospekte oder Beilagen werden nur berücksichtigt, wenn sie in Zeitungen enthalten sind.

ungewogene arithmetische Mittel zurückgreifen. $RP3_{ijkt}$ wird in dieser Untersuchung als das Verhältnis des Preises eines Artikels i im Vergleich zu dem durchschnittlichen Werbepreis der lokalen Konkurrenzunternehmen, die in der aktuellen Periode bzw., falls in den aktuellen Perioden keine Werbung für einen Artikel betrieben wird, in früheren Perioden, Werbung in der lokalen Zeitung schalteten, operationalisiert.

(4) Der Relative Preis 1 ($RP1_{ikt}$) für Artikelgesamtheiten

Der Relative Preis 1 für Artikelgesamtheiten sollte nur dann zur Schätzung verwendet werden, wenn zwischen Warengruppen substitutive Beziehungen bestehen. Bei den untersuchten Warenbereichen ist das nicht der Fall. Daher wird anstelle des Relativen Preises 1 das absolute Preisniveau verwendet. Es ist definiert als:

(5.16) $p_{jkt} = \Sigma \, p_{ijkt}/I.$

Als Alternative wird daneben noch das mit zeitvariablen Marktanteilen gewogene Preisniveau überprüft:

(5.17) $p_{jkt} = \Sigma \, p_{ijkt} * m_{ijkt}$

mit

m_{ijkt}: Marktanteil auf der Basis Absatz eines Artikels i aus der Warengruppe j in der Verkaufsstelle k in der Periode t.

(5) Der Relative Preis 2 (RP2jkt) für Artikelgesamtheiten

Das aktuelle Preisniveau von Artikelgesamtheiten kann mit dem Preisniveau der Vorperiode oder aber mit einem aus mehreren Vorperioden gebildeten Preisniveau verglichen werden. Die Länge der Teilperioden hängt, genauso wie bei Artikeln, von dem Einkaufs- und Verbrauchsrhythmus ab. Für die empirische Untersuchung wird auch hier nur das Preisniveau der Vorwoche herangezogen

(5.18) $RP2_{jkt} = p_{jkt}/p_{jkt-1}.$

(6) Der Relative Preis 3 ($RP3_{jkt}$) für Artikelgesamtheiten

$$(5.19)\quad RP3_{jkt} = \frac{\sum_{i=1}^{I} p_{ijkt} * A_{ijkt}}{p_{jt}}$$

Bei der Operationalisierung des Relativen Preises 3 für eine Artikelgesamtheit ergeben sich bei der Ermittlung des Nenners dieselben Probleme wie bei Artikeln, wobei allerdings durch die größere Aggregation zu erwarten ist, daß in den Teilperioden jeweils mehr Daten zur Berechnung des Preisniveaus bei Konkurrenzunternehmen zur Verfügung stehen werden.

5.3.2.2 Die Überprüfung von Operationalisierungsalternativen für die abhängige Variable und die erste Preisvariable

Die Operationalisierung der Modellvariablen kann die Ergebnisse einer Regressionsschätzung in einem hohen Maße beeinflussen. Die Anzahl der Operationalisierungsmöglichkeiten für drei unabhängige und eine abhängige Variable beträgt bei je sechs Alternativen bereits $6^4 = 1.296$. Es wird i.d.R. aus Kosten- und Zeitgründen nicht möglich sein, eine solch große Zahl unterschiedlicher Modelle für jeden Artikel mit Preisänderungen zu testen. Daher wird im folgenden in zwei Schritten vorgegangen. Im ersten Schritt wird die erste Preisvariable (sachlicher Vergleich) überprüft. Es ist anzunehmen, daß diese Variable auch im multiplen Fall bereits einen Großteil der Streuung erklärt. Im zweiten Schritt werden dann alle drei Preisvariablen simultan überprüft, wobei das Ergebnis des ersten Schrittes als Basis dient. Im folgenden werden 36 Operationalisierungen für den ersten Preisterm und die abhängige Variable für Artikel getestet.
Der Erfolg wird mit Hilfe der Variablen[1]

---

1. Vgl. dazu die Ausführungen in Abschnitt 3.2.1.1.

Operationalisierung	Abhängige Variable	Unabhängige Variable
1	Absatz	Verkaufspreis
2	Absatz	logarithmierter Verkaufspreis
3	Absatz	relativer Verkaufspreis gewichtet[1]
4	Absatz	log. relativer Verkaufspreis gewichtet
5	Absatz	relativer Verkaufspreis ungewichtet[2]
6	Absatz	log. relativer Verkaufspreis ungewichtet
7	logarithmierter Absatz	Verkaufspreis
8	logarithmierter Absatz	logarithmierter Verkaufspreis
9	logarithmierter Absatz	relativer Verkaufspreis gewichtet[1]
10	logarithmierter Absatz	log. relativer Verkaufspreis gewichtet
11	logarithmierter Absatz	relativer Verkaufspreis ungewichtet[2]
12	logarithmierter Absatz	log. relativer Verkaufspreis ungewichtet
13	Marktanteil (Absatz)	Verkaufspreis
14	Marktanteil (Absatz)	logarithmierter Verkaufspreis
15	Marktanteil (Absatz)	relativer Verkaufspreis gewichtet[1]
16	Marktanteil (Absatz)	log. relativer Verkaufspreis gewichtet
17	Marktanteil (Absatz)	relativer Verkaufspreis ungewichtet[2]
18	Marktanteil (Absatz)	log. relativer Verkaufspreis ungewichtet
19	logarithmierter Marktanteil (Absatz)	Verkaufspreis
20	logarithmierter Marktanteil (Absatz)	logarithmierter Verkaufspreis
21	logarithmierter Marktanteil (Absatz)	relativer Verkaufspreis gewichtet[1]
22	logarithmierter Marktanteil (Absatz)	log. relativer Verkaufspreis gewichtet
23	logarithmierter Marktanteil (Absatz)	relativer Verkaufspreis ungewichtet[2]
24	logarithmierter Marktanteil (Absatz)	log. relativer Verkaufspreis ungewichtet
25	Absatz pro 1.000 Kunden[3]	Verkaufspreis
26	Absatz pro 1.000 Kunden[3]	logarithmierter Verkaufspreis
27	Absatz pro 1.000 Kunden[3]	relativer Verkaufspreis gewichtet[1]
28	Absatz pro 1.000 Kunden[3]	log. relativer Verkaufspreis gewichtet
29	Absatz pro 1.000 Kunden[3]	relativer Verkaufspreis ungewichtet[2]
30	Absatz pro 1.000 Kunden[3]	log. relativer Verkaufspreis ungewichtet
31	log. Absatz pro 1.000 Kunden[3]	Verkaufspreis
32	log. Absatz pro 1.000 Kunden[3]	logarithmierter Verkaufspreis
33	log. Absatz pro 1.000 Kunden[3]	relativer Verkaufspreis gewichtet[1]
34	log. Absatz pro 1.000 Kunden[3]	log. relativer Verkaufspreis gewichtet
35	log. Absatz pro 1.000 Kunden[3]	relativer Verkaufspreis ungewichtet[2]
36	log. Absatz pro 1.000 Kunden[3]	log. relativer Verkaufspreis ungewichtet

1) zeitvariable Gewichtung unter Einbezug des jeweiligen Preises im Zähler
2) Gleichgewichtung unter Einbezug des jeweiligen Preises im Zähler
3) bzw. bei Zahnpasten/Seifen der Absatz pro 100.000 DM Umsatz der Abteilung Parfümerie

Abb. 5.24: 36 Operationalisierungen zur Schätzung einfacher Preisresponsefunktionen

- Absatz,
- Marktanteil und
- Absatz pro 1.000 Kunden, bzw. (bzw. Absatz pro 100.000 DM Umsatz);

die Preiswirkung mit den Alternativen:

- absoluter Preis,
- Relativer Preis 1 mit zeitvariabler Gewichtung und
- Relativer Preis 1 mit gleicher Gewichtung

gemessen.

Die Schätzungen werden sowohl mit unlogarithmierten als auch mit logarithmierten Werten vorgenommen (vgl. Abbildung 5.24). Gleichzeitig wird dabei die Verknüpfung der Modellvariablen (linear oder nicht-linear) untersucht. Als Ergebnis erhält man für jeden Artikel bzw. für jede Warengruppe eine bestmögliche Schätzung für den Untersuchungszeitraum. Diese Vorgehensweise hat den Vorteil, daß zumindest für die erste Preisvariable ($RP1_{ijkt}$) eine bestmögliche Schätzung ausgewählt wird. Der Nachteil besteht darin, daß durch die beiden in diesem Schritt nicht berücksichtigten Preisvariablen im vollständigen Modell u.U. nur eine suboptimale Operationalisierung gewählt wird. Desweiteren kann es vorkommen, daß einzelne Alternativen zufällig signifikante Ergebnisse liefern. Eine einfachere Methode wird u.a. von Kucher vorgeschlagen[1]. Dabei wird jedes Teilproblem (Wahl der abhängigen Variablen, Wahl der unabhängigen Variablen und möglicher Verlauf der Responsefunktion) nur mit einem kleinen Ausschnitt der zur Verfügung stehenden Operationalisierungsalternativen überprüft. Da jedoch dann schon im einfachen Modell nur ein Teil der möglichen Operationalisierungen, deren Ergebnisse in der nächsten Stufe dann verwendet werden, untersucht wird, kann es leicht zu falschen Entscheidungen bei der Auswahl der besten Operationalisierungsalternativen kommen. Daher soll dieses Verfahren hier nicht angewendet werden.

Die Beurteilung der Operationalisierungen wird mit Hilfe des Korrelationskoeffizienten (Bravais Pearson) vorgenommen. Dabei werden die absolute Höhe, das Vorzeichen und die Signifikanz (d.h. es wird überprüft, ob mit einer vorgegebenen Irrtumswahrscheinlichkeit damit zu rechnen ist, daß der Korrelationskoeffizient sich von Null unterscheidet) zur Beurteilung herangezogen.

---

1. Vgl. z.B. Kucher, E.: Scannerdaten und Preissensitivität bei Konsumgütern, a.a.O., S. 41-66.

Abbildung 5.25 enthält die durchschnittlichen Korrelationskoeffizienten[1] für die drei Warenbereiche Zahnpasten/Seifen, Kaffee und Spirituosen.
Die Operationalisierung Nr. 21 (logarithmierter Marktanteil = f (ungewichteter relativer Preis)) liefert in allen drei Warenbereichen den jeweils besten durchschnittlichen Korrelationskoeffizienten mit -0,45 für Zahnpasten/Seifen, - 0,24 für Kaffee und -0,29 für Spirituosen. Alternative 22 weist für Zahnpasten/Seifen und Kaffee, Alternative 26 für Spirituosen die jeweils zweitbesten durchschnittlichen Korrelationskoeffizienten aus. Der Anteil der negativen Vorzeichen von Alternative 21 ist bei Zahnpasten/Seifen mit 66,7 relativ gering im Vergleich zu den übrigen Modellen. Bei dem Anteil der (negativ) signifikanten Korrelationen schneidet diese Alternative aber als beste ab. Bei Kaffee und Spirituosen liegt der Anteil der Artikel mit negativem Vorzeichen bei Modell 21 mit 71,4 im oberen Drittel, bei dem Anteil der signifikanten Koeffizienten nimmt es den ersten Platz ein. Bei Zahnpasten/Seifen liegen die Korrelationskoeffizienten von 20 Operationalisierungen unter dem Durchschnitt von -0,26 für den gesamten Warenbereich, bei Kaffee liegen 18 von 36 über dem Durchschnitt von -0,12, bei Spirituosen 24 über dem Durchschnitt von -0,16. Die schlechtesten Ergebnisse in allen drei Warenbereichen liefern die Operationalisierungen 3, 4, 17 und 28. Bei keiner Alternative ergeben sich für jeweils alle Artikel eines Warenbereiches signifikante Korrelationen und negative Vorzeichen.
Der logarithmierte Marktanteil (Alternativen 19-24) erweist sich mit unterschiedlichen Operationalisierungen für die erste Preisvariable in allen drei Warenbereichen als die durchschnittlich beste Alternative (vgl. Zwischensummen in Abbildung 5.25). Der logarithmierte Absatz schneidet insgesamt etwas besser als der unlogarithmierte ab. Die schlechtesten Ergebnisse werden jeweils mit dem Absatz pro 1.000 Kunden (bzw. pro 100.000 DM Umsatz bei Zahnpasten/Seifen) erzielt.

---

1. Zur Bildung der mittleren Korrelationskoeffizienten wird die Fisher'sche Z-Transformation benutzt:

$$Z = \frac{1}{2} * \ln \left(\frac{1 + r}{1 - r}\right)$$

Z: transformierter Korrelationskoeffizient
r: Korrelationskoeffizient
ln: Logarithmus naturalis (auf der Basis e);

vgl. z.B. Bortz, J.: Lehrbuch der Statistik für Sozialwissenschaftler, a.a.O., S. 260ff. u. S. 842.

Operationalisierungsalternative	Zahnpasten/Seifen (n=33)			Kaffee (n=96)			Spirituosen (n=91)		
	Anteil negativer Vorzeichen	Anteil signifikanter Korrelationskoef.	mittlerer Korrelationskoeffizient	Anteil negativer Vorzeichen	Anteil signifikanter Korrelationskoef.	mittlerer Korrelationskoeffizient	Anteil negativer Vorzeichen	Anteil signifikanter Korrelationskoef.	mittlerer Korrelationskoeffizient
1	72,7	30,3	-0,36	54,6	8,3	-0,07	71,4	18,4	-0,27
2	72,7	30,3	-0,36	54,6	8,3	-0,07	71,4	18,4	-0,27
3	51,5	6,1	-0,04	65,7	5,6	-0,09	50,0	14,8	0,00
4	51,5	6,1	-0,04	66,7	5,6	-0,09	50,0	13,6	0,00
5	78,8	30,3	-0,33	62,5	12,5	-0,14	70,6	13,2	-0,19
6	78,8	27,3	-0,34	61,9	13,3	-0,14	71,0	13,0	-0,19
1-6	67,7	21,7	-0,25	61,0	8,9	-0,10	63,9	15,5	-0,16
7	81,3	34,4	-0,35	55,1	10,2	-0,09	66,7	18,2	-0,27
8	81,3	34,4	-0,35	55,1	10,2	-0,09	66,7	18,2	-0,27
9	63,6	9,1	-0,06	64,6	15,2	-0,15	46,3	11,1	0,02
10	63,6	9,1	-0,06	64,6	15,2	-0,15	46,3	11,1	0,02
11	84,8	24,2	-0,33	66,0	18,1	-0,17	72,1	16,3	-0,29
12	84,8	24,2	-0,34	66,0	18,1	-0,17	72,1	16,3	-0,29
7-12	76,5	22,4	-0,25	61,9	14,4	-0,14	61,3	15,3	-0,18
13	75,8	18,2	-0,22	56,6	8,5	-0,02	69,3	18,2	-0,22
14	75,8	18,2	-0,23	56,6	7,5	-0,02	69,3	18,2	-0,22
15	63,6	39,4	-0,83	74,5	12,3	-0,19	61,3	20,0	-0,12
16	63,6	39,4	-0,39	74,5	11,3	-0,19	61,3	21,3	-0,12
17	84,8	33,3	-0,34	64,8	11,4	-0,15	71,4	17,1	-0,24
18	84,8	33,3	-0,34	64,8	12,4	-0,15	71,4	17,1	-0,24
13-18	74,7	30,3	-0,32	65,3	10,6	-0,12	67,2	18,7	-0,19
19	81,3	12,5	-0,19	61,2	9,7	-0,07	63,8	20,7	-0,15
20	81,3	12,5	-0,19	61,2	9,7	-0,07	63,8	20,7	-0,15
21	66,7	42,4	-0,45	71,4	23,8	-0,24	62,3	36,1	-0,29
22	66,7	39,4	-0,45	73,3	23,8	-0,24	62,3	36,1	-0,26
23	81,8	18,2	-0,33	67,3	11,5	-0,15	63,8	25,9	-0,26
24	81,8	18,2	-0,33	67,3	11,5	-0,15	63,8	25,9	-0,26
19-24	76,5	24,0	-0,33	67,0	15,1	-0,15	63,3	27,7	-0,23
25	78,8	27,3	-0,35	62,0	13,9	-0,14	71,4	19,4	-0,28
26	81,8	27,3	-0,36	62,0	13,9	-0,14	71,4	20,4	-0,28
27	48,5	6,1	-0,00	67,6	8,3	-0,11	50,0	15,9	-0,01
28	48,5	6,1	-0,01	67,6	7,4	-0,11	48,9	15,9	-0,01
29	75,8	24,2	-0,31	61,9	14,3	-0,13	70,0	14,3	-0,20
30	75,8	24,2	-0,31	61,9	14,3	-0,13	71,4	14,3	-0,21
25-30	68,2	19,2	-0,22	63,9	12,0	-0,13	63,7	17,0	-0,17
31	57,6	12,1	-0,16	53,7	6,5	-0,05	50,9	17,0	-0,11
32	57,6	15,2	-0,16	53,7	6,5	-0,05	50,9	17,0	-0,11
33	75,8	12,1	-0,23	62,0	7,4	-0,07	34,6	5,8	0,20
34	75,8	12,1	-0,24	63,0	7,4	-0,07	34,6	5,8	0,20
35	63,6	15,2	-0,20	61,0	7,6	-0,10	38,9	13,9	0,01
36	63,6	15,2	-0,20	61,0	9,5	-0,10	38,9	13,9	0,01
31-36	65,7	13,6	-0,20	59,0	7,5	-0,07	41,8	12,1	0,03

* signifikant für $p \leq 0,025$ (einseitig)

Abb. 5.25: Durchschnittliche Korrelationskoeffizienten von 36 Operationalisierungen zur Ermittlung einfacher Preisresponsefunktionen

Ergebnisse (3.1) und (3.2)[1]: Der Marktanteil besitzt bei der Durchschnittsbetrachtung eine höhere Erklärungskraft für die Wirkung von Preisen als der absolute Absatz. Die Annahme, daß Marktanteil und Absatz pro 1.000 Kunden gleichermaßen zur Erklärung der Wirkung des Preises herangezogen werden können, muß dagegen für die Durchschnittsbetrachtung abgelehnt werden.

Die durchschnittlichen Ergebnisse für die sechs Operationalisierungen der ersten Preisvariablen sind in Abbildung 5.26 enthalten.
Am besten schneiden der unlogarithmierte und der logarithmierte Relative Preis 1, bei dem im Nenner der Durchschnittspreis aus dem zeitvariabel gewogenen mittleren Verkaufspreis der Artikelgesamtheit gebildet wird, mit einem durchschnittlichen Korrelationskoeffizienten von -0,31 bei

Operationalisierungsalternativen für die erste Preisvariable	Zahnpasten/Seifen	Kaffee	Spirituosen	Gesamt
a) Verkaufspreis	-0,27	-0,07	-0,23	-0,16
b) logarithmierter Verkaufspreis	-0,27	-0,07	-0,23	-0,16
c) relativer Preis mit zeitvariabel gewogenem mittleren Verkaufspreis der Warengruppe im Nenner	-0,19	-0,14	-0,03	-0,11
d) logarithmierter relativer Preis mit zeitvariabel gewogenem mittleren Verkaufspreis der Warengruppe im Nenner	-0,19	-0,14	-0,03	-0,11
e) relativer Preis mit ungewogenem mittleren Verkaufspreis der Warengruppe im Nenner	-0,31	-0,14	-0,20	-0,19
f) logarithmierter Preis mit ungewogenem mittleren Verkaufspreis der Warengruppe im Nenner	-0,31	-0,14	-0,20	-0,19

Abb. 5.26: Durchschnittliche Korrelationskoeffizienten in drei Warenbereichen zur Überprüfung von sechs Operationalisierungen für die unabhängige Variable Preis

---

1. Vgl. Formulierung der Hypothesen Abschnitt 3.2.1.1.

Zahnpasten/Seifen ab. Dieselben Operationalisierungen erzielen bei Kaffee einen Wert von -0,14 und bei Spirituosen von -0,20. Bei Kaffee ist dies derselbe Wert wie der unlogarithmierte und logarithmierte Relative Preis 1 (ungewichtet). Bei Spirituosen schneidet der unlogarithmierte und logarithmierte Verkaufspreis mit durchschnittlich -0,23 am besten ab. Aus Abbildung 5.26 wird deutlich, daß sich die Ergebnisse für unlogarithmierte und logarithmierte Operationalisierungen der unabhängigen Variable kaum unterscheiden.

Die durchschnittlichen Korrelationskoeffizienten einer Operationalisierungsalternative setzen sich aus teilweise sehr unterschiedlichen einzelnen Korrelationskoeffizienten zusammen. Für einzelne Artikel bedeutet dies, daß mit anderen Operationalisierungen u.U. ein stärkerer Zusammenhang zwischen Preisstellung und Absatz nachgewiesen werden kann als bei Anwendung der Alternative mit dem besten durchschnittlichen Korrelationskoeffizienten.

Die 220 Artikel liefern insgesamt 278 "beste" Korrelationskoeffizienten, die sich entsprechend Abbildung 5.27 auf die 36 Operationalisierungsalternativen verteilen.

39 Artikel haben mehr als eine beste Alternative. Zweckmäßigerweise sollte man für diese Artikel dann jeweils das Modell verwenden, das bei den übrigen Artikeln der Warengruppe den jeweils höchsten Anteil besitzt. 47% der Korrelationskoeffizienten sind signifikant von Null verschieden ($p \leq 0,025$ einseitig) lediglich 3 der 222 Artikel (1,4%) besitzen positive Vorzeichen. Die beste Anpassung beträgt - 0,998, die 'schlechteste' liegt bei +0,27. Immerhin 25% der Korrelationskoeffizienten in allen drei Warenbereichen liegen unter -0,75. Die Operationalisierungen 21 und 26 (logarithmierter Marktanteil = f (relativer Preis ungewichtet) und Absatz pro 1.000 Kunden bzw. pro 100.000 DM Umsatz bei Parfümerie = f (logarithmierter Verkaufspreis)) sind mit 9,7 und 9,0% am häufigsten vertreten. Alle 36 Operationalisierungen sind mehr oder weniger in der Lage, den Zusammenhang zwischen Preis und Absatz bei einzelnen Artikeln in einzelnen Filialen jeweils 'optimal' abzubilden. Hier wird das Dilemma der empirischen Preisforschung deutlich. Alle Operationalisierungen lassen sich plausibel erklären, die Realität läßt sich aber dann nur bedingt damit abbilden.

Die Korrelationskoeffizienten zwischen dem Durchschnittspreis von Warengruppen, operationalisiert mit

- dem gewogenen durchschnittlichen Preis,

Operationalisierung	Zahnpasten/Seifen		Kaffee		Spirituosen	
	durchschnittlicher Korrelationskoeffizient	Anzahl	durchschnittlicher Korrelationskoeffizient	Anzahl	durchschnittlicher Korrelationskoeffizient	Anzahl
1					-0,76	4
2	-0,84	1			-0,49	9
3			-0,34	1	-0,27	1
4			-0,50	2	-0,72	2
5	-0,29	1			-0,36	2
6	-0,79	2	-0,43	2	-0,36	4
7	-0,77	1	-0,51	2	-0,50	6
8	-0,55	1	-0,66	3	-0,57	7
9			-0,56	5	-0,33	1
10			-0,71	5	-0,52	1
11	-0,57	2	-0,61	5	-0,85	2
12			-0,23	2	-0,83	2
13	-0,75	2			-0,54	4
14			-0,59	1	-0,43	4
15	-0,46	1	-0,30	4	-0,50	5
16	-0,79	4	-0,65	6	-0,83	6
17			-0,89	1	-0,55	2
18			-0,70	1	-0,51	4
19			-0,08	1	-0,55	4
20			-0,65	2	-0,50	3
21	-0,83	7	-0,62	13	-0,95	7
22	-0,83	2	-0,65	3	-0,95	3
23			-0,48	5	-0,57	9
24			-0,27	2	-0,52	6
25	-0,61	1	-0,68	9	-0,74	8
26	-0,54	6	-0,55	6	-0,76	13
27			-0,45	3	-0,28	2
28			-0,43	4	-0,79	1
29			-0,96	1		
30			-0,64	2	-0,33	1
31			-0,36	2	-0,36	4
32			-0,62	4	-0,36	7
33			-0,18	2	-0,09	2
34	-0,61	1	-0,57	3	-0,21	1
35	-0,29	1				
36	-0,64	2	-0,65	3	-0,64	1

Anmerkung: In 58 Fällen weisen insgesamt 39 Artikel in mehr als einer Operationalisierung denselben besten Korrelationskoeffizienten auf.

Abb. 5.27: Maximale Korrelationskoeffizienten bei alternativen Operationalisierungen mit Wochendaten. Basis: 220 Artikel aus drei Warenbereichen in drei Warenhausfilialen

- dem logarithmierten gewogenen durchschnittlichen Preis,
- dem ungewogenen durchschnittlichen Preis und
- dem logarithmierten ungewogenen durchschnittlichen Preis

Operationalisierung Preis	ausgewählte Warengruppen	Operationalisierung der abhängigen Variablen: Absatz (1) pro Warengruppe	Absatz (1) Mittelwert	log. Absatz (2) pro Warengruppe	log. Absatz (2) Mittelwert	Absatz pro 1.000 Kunden (3) pro Warengruppe	Absatz pro 1.000 Kunden (3) Mittelwert	log. Absatz pro 1.000 Kunden (4) pro Warengruppe	log. Absatz pro 1.000 Kunden (4) Mittelwert
zeitvariabel	Zahnpasten	-0,74**		-0,72**		-0,61**		-0,63**	
gewogener	Seifen	-0,52**	-0,49	-0,55**	-0,48	-0,52**	-0,47	-0,58**	-0,49
Durchschnitts-	Kaffee 500g	-0,20		-0,19		-0,33		-0,31	
preis (1)	Deutscher Weinbrand	-0,38		-0,36		-0,37		-0,37	
logarithmierter	Zahnpasten	-0,74**		-0,72**		-0,60**		-0,61**	
zeitvariabel	Seifen	-0,54**	-0,49	-0,56**	-0,49	-0,54**	-0,47	-0,59**	-0,49
gewog. Durch-	Kaffee 500g	-0,20		-0,20		-0,33		-0,33	
schnittspreis(2)	Deutscher Weinbrand	-0,37		-0,36		-0,36		-0,38	
	Zahnpasten	-0,01		+0,01		-0,06		-0,07	
ungewogener	Seifen	-0,43		-0,32		-0,49*		-0,39	
Durchschnitts-	Kaffee 500g	-0,12	-0,17	-0,09	-0,15	-0,28	-0,21	-0,23	-0,18
preis (3)	Deutscher Weinbrand	-0,11		-0,19		+0,05		-0,01	
logarithmierter	Zahnpasten	+0,08		+0,01		-0,06		-0,07	
ungewogener	Seifen	-0,43		-0,31		-0,49*		-0,39	
Durchschnitts-	Kaffee 500g	-0,12	-0,15	-0,11	-0,16	-0,28	-0,21	-0,23	-0,18
preis (4)	Deutscher Weinbrand	-0,11		-0,19		+0,05		-0,01	

1) bzw. bei Zahnpasten/Seifen Absatz pro 100.000 DM Umsatz der Abteilung Parfümerie
** signifikant für p ≤ 0,01
* signifikant für p ≤ 0,05

Abb. 5.28: Matrix der durchschnittlichen Korrelationskoeffizienten zwischen Preis und Absatz für je vier Operationalisierungen für vier ausgewählte Warengruppen in drei Warenhausfilialen, Basis: 14 Wochen, (die besten Korrelationskoeffizienten sind eingerahmt)

und der abhängigen Variablen, operationalisiert mit

- dem Absatz,
- dem logarithmierten Absatz,
- dem Absatz pro 1.000 Kunden (bzw. bei Zahnpasten und Seife mit dem Absatz pro 100.000 DM Umsatz) und
- dem logarithmierten Absatz pro 1.000 Kunden (pro 100.000 DM Umsatz)

sind in Abbildung 5.28 für vier ausgewählte Warengruppen wiedergegeben. Die durchschnittlichen Korrelationskoeffizienten sind bis auf vier Ausnahmen negativ. Der zeitvariabel gewogene Durchschnittspreis (1) schneidet in allen vier ausgewählten Warengruppen besser ab als der ungewogene mittlere Verkaufspreis. Die Differenz der Korrelationskoeffizienten zwischen den unlogarithmierten und logarithmierten Operationalisierungen ist relativ gering. Die durchschnittlichen Korrelationskoeffizienten aller vier Warengruppen unterscheiden sich kaum. Alle 16 Modelle weisen einen Einfluß des Preisniveaus auf den Erfolg aus, wobei der Einfluß bei Kaffee erwartungsgemäß aufgrund der allgemeinen Preissenkung niedriger ausfällt als bei den übrigen Warengruppen. Eine generelle Empfehlung für ein bestimmtes Grundmodell kann aus diesem Ergebnis nicht abgeleitet werden, wenn auch die linearen und die doppellogarithmierten gegenüber den links- und rechtslogarithmierten Modellen den Vorteil besitzen, daß die Koeffizienten leichter zu interpretieren sind. Zu Prognosezwecken sollte man die Modelle nur heranziehen, wenn die Gewichtungsfaktoren zur Berechnung des Durchschnittspreises im Prognosezeitraum den durchschnittlichen Anteilen im Analysezeitraum entsprechen.

5.3.3 Die Verknüpfung der Modellvariablen

In Abschnitt 5.3.1.1 wurde bei der Vorstellung der vier Grundmodelle bereits darauf hingewiesen, daß ein durchgängig linearer Verlauf von Preisresponsefunktionen normalerweise nicht zu erwarten ist. Da jedoch in der Realität meist nur ein kleiner Ausschnitt für alternative Preise in Frage kommt, kann auch mit linearen Modellen eine gute Anpassung erzielt werden (vgl. Abbildung 5.29)[1]. Bei neun der 36 Alternativen wird der Zusammenhang zwischen Preis und Response linear, bei 27 nicht-linear abgebildet.

Operationalisierung		Zahnpasten/Seifen			Kaffee			Spirituosen		
Absatz	Preis	Korrelationskoeffizient	Anteil negativer Vorzeichen	Anteil Signifikanz $p \leq 0{,}025$	Korrelationskoeffizient	Anteil negativer Vorzeichen	Anteil Signifikanz $p \leq 0{,}025$	Korrelationskoeffizient	Anteil negativer Vorzeichen	Anteil Signifikanz $p \leq 0{,}025$
unlogarithmiert	unlogarithmiert	-0,26	70 %	24 %	-0,11	64 %	11 %	-0,17	65 %	17 %
logarithmiert	unlogarithmiert	-0,26	70 %	24 %	-0,11	64 %	10 %	-0,17	65 %	17 %
unlogarithmiert	logarithmiert	-0,26	73 %	20 %	-0,12	66 %	12 %	-0,14	56 %	19 %
logarithmiert	logarithmiert	-0,26	73 %	20 %	-0,12	63 %	12 %	-0,13	56 %	19 %

Abb. 5.29: Durchschnittliche Korrelationskoeffizienten in drei Warengruppen zur Überprüfung der Art der Beziehung von 36 Operationalisierungsalternativen pro Artikel

Die durchschnittlichen Korrelationskoeffizienten der linearen und nichtlinearen Modelle unterscheiden sich nur in geringem Ausmaß. Lediglich

Operationalisierung		Zahnpasten/Seifen			Kaffee			Spirituosen		
Absatz	Preis	Korrelationskoeffizient	Anteil negativer Vorzeichen	Anteil Signifikanz $p \leq 0{,}025$	Korrelationskoeffizient	Anteil negativer Vorzeichen	Anteil Signifikanz $p \leq 0{,}025$	Korrelationskoeffizient	Anteil negativer Vorzeichen	Anteil Signifikanz $p \leq 0{,}025$
unlogarithmiert	unlogarithmiert	-0,60	100 %	60 %	-0,62	100 %	47 %	-0,60	96 %	43 %
logarithmiert	unlogarithmiert	-0,67	100 %	77 %	-0,56	100 %	63 %	-0,64	98 %	48 %
unlogarithmiert	logarithmiert	-0,76	100 %	73 %	-0,54	100 %	43 %	-0,68	97 %	51 %
logarithmiert	logarithmiert	-0,70	100 %	83 %	-0,60	100 %	63 %	-0,61	97 %	45 %

Abb. 5.30: Durchschnittliche Korrelationskoeffizienten in drei Warenbereichen zur Überprüfung der Art der Beziehung von 36 Operationalisierungsalternativen mit dem jeweils höchsten negativen Korrelationskoeffizienten pro Artikel

---

1. Vgl. z.B. Kucher, E.: Scannerdaten und Preissensitivität bei Konsumgütern, a.a.O., S. 74-87, der mit einem linearen Modell für 12 Küchenpapierrollenmarken Bestimmtheitsmaße zwischen 0,12 und 0,40 erzielt.

bei Kaffee ergibt sich ein leichter Vorteil für nicht-lineare Modelle. Die lineare Anpassung erweist sich bei Kaffee mit einem Korrelationskoeffizienten von -0,62 gegenüber den übrigen Alternativen überlegen (vgl. Abbildung 5.30).
Bei Zahnpasten/Seifen und Spirituosen wird das beste Ergebnis mit der links-logarithmierten (nicht-linearen) Anpassung erzielt. Bei den ausgewählten vier Warengruppen (vgl. Abbildung 5.28) weichen die Korrelationskoeffizienten zwischen dem linearen und nicht-linearen Modell nur geringfügig voneinander ab.

5.3.4 Multiple empirische Preisresponsefunktionen

5.3.4.1 Preisresponsefunktionen für Artikel

Bei insgesamt 220 Artikeln werden analog zur besten Operationalisierung für die erste Preisvariable die Variablen, die den zeitlichen und räumlichen Vergleich widergeben, in die Funktion mit aufgenommen. Bei einer Kaffeemarke ergibt sich z.B. für die Operationalisierung Absatz pro 1.000 Kunden = $f(p_{ijkt})$ ein Korrelationskoeffizient von -0,37 ($R^2_{korr.}$=0,06). Durch die Hinzunahme des zeitlichen Vergleichs (der räumliche Vergleich ist nicht möglich, da die Konkurrenz diesen Artikel im Untersuchungszeitraum nicht beworben hat) erhöht sich das korrigierte multiple Bestimmtheitsmaß auf 0,65. Die Zusammenfassung der Ergebnisse für alle drei Warenbereiche ist aus Abbildung 5.31 zu entnehmen.
Bei der Schätzung werden alle unabhängigen Variablen simultan in die Funktion aufgenommen. Bei 82 Artikeln (37,3%) stehen alle drei Preisvariablen zur Verfügung, bei den restlichen 138 (62,7%) nur zwei, weil die Konkurrenten diese Artikel im Untersuchungszeitraum nicht beworben haben. Bei 71 Artikeln (=32,2%) kann durch die Hinzunahme einer oder zweier Preisvariablen das korrigierte Bestimmtheitsmaß gegenüber der einfachen Preisresponsefunktion verbessert werden. Bei 132 Artikeln (=60%) verschlechtert sich das korrigierte Bestimmtheitsmaß durch die Hinzunahme der weiteren Preisvariablen. Bei 16 Artikeln (=7,2%) sind die Bestimmtheitsmaße gleich hoch. Die Verschlechterung ist gleichzeitig mit hohen Korrelationen zwischen den unabhängigen Variablen verknüpft (Multikollinearität), so daß in diesen Fällen auf die zusätzlichen Variablen

Beurteilungs-kriterium	Ausprägungen	einfaches Modell relative Häufigkeit	multiples Modell relative Häufigkeit
1a) korrigiertes Bestimmtheitsmaß	- 0	15,5	17,7
	über 0 bis 0,20	22,7	29,1
	über 0,20 bis 0,40	22,7	27,7
	über 0,40 bis 0,60	19,9	18,2
	über 0,60	19,5	7,3
1b) Anteil der Verbesserung gegenüber dem anderen Modell	einfaches Modell besser als multiples	32,2	
	einfaches Modell gleich multiples	7,7	
	einfaches Modell schlechter als multiples	60,0	
1c) Signifikanz Bestimmtheitsmaß	p ≤ 0,1	67,7	47,2
	p > 0,1	32,2	52,8
2a) konstantes Glied a	negativ		11,4
	positiv		88,6
2b) Signifikanz a	p ≤ 0,1		47,3
	p > 0,1		52,7
3a) Koeffizient b (sachlicher Preisvergleich)	negativ		86,4
	positiv		13,6
3b) Signifikanz b	p ≤ 0,1		49,5
	p > 0,1		50,5
4a) Koeffizient c (zeitlicher Preisvergleich)	negativ		55,0
	positiv		45,0
4b) Signifikanz c	p ≤ 0,1		13,7
	p > 0,1		86,3
5a) Koeffizient d* (räumlicher Zeitvergleich)	negativ		50,0
	positiv		50,0
5b) Signifikanz d	p ≤ 0,1		14,6
	p > 0,1		85,4

* nur für die 82 Artikel, für die Werbepreise der Konkurrenz vorliegen

Abb. 5.31: Zusammenfassung der Ergebnisse von 220 Preisresponsefunktionen in drei Warenhausfilialen

verzichtet werden sollte.

Das konstante Glied a ist wie erwartet bei den meisten Artikeln (88,6%) positiv. Der Anteil der signifikanten Konstanten beträgt (für $p \leq 0,1$) 47,3%.
Die erste Preisvariable (je nach Operationalisierung ist dies der absolute Preis oder der relative Preis) ist bei 86,4% der Artikel negativ. 49,5% dieser Regressionskoeffizienten b sind signifikant ($p \leq 0,1$). Der Regressionskoeffizient c (zeitlicher Preisvergleich) ist bei 55% der Artikel negativ, der Anteil der signifikanten Artikel beträgt dabei 13,7% ($p \leq 0,1$). Der räumliche Preisvergleich (Koeffizient d) erbringt bei 50% der Artikel negative Vorzeichen. Der Anteil der signifikanten Koeffizienten ist mit 14,6% ebenfalls gering.

Ergebnis (5.5): Bei über 86% der Artikel mit Preisveränderungen im Untersuchungszeitraum führen Preiserhöhungen zu einer Verringerung des Absatzes und umgekehrt, d.h. $b < 0$[1].

Ergebnis (5.6) und (5.7): Der Anteil der negativen Vorzeichen für die Koeffizienten c und d ist wesentlich niedriger als für den Koeffizienten b. Die Hypothesen 5.6 und 5.7, daß Preisveränderungen im Zeitablauf und günstige Preise im Vergleich zu den Mitbewerbern den Absatz fördern, müssen daher zumindest bei fast der Hälfte der untersuchten Artikel abgelehnt werden[2].

Zusammenfassend läßt sich feststellen, daß die Hinzunahme weiterer Preisvariablen nur bei einem Drittel der Artikel zu einer Verbesserung des Bestimmtheitsmaßes führt. Die geringere Erklärung ist auf die teilweise hohe Korrelation zwischen den unabhängigen Variablen zurückzuführen. In diesen Fällen sollten diese Variablen in den Responsefunktionen nicht berücksichtigt werden.

5.3.4.2 Preisresponsefunktionen für Artikelgesamtheiten

Wie bei den Regressionsschätzungen für Artikel wird auch für die Waren-

---

1. Vgl. zur Formulierung der Hypothese Abschnitt 5.3.1.2.
2. Vgl. ebenda.

gruppen das Modell mit den jeweils höchsten Korrelationskoeffizienten als Ausgangsbasis herangezogen. Da die Korrelationskoeffizienten der Basismodelle teilweise für verschiedene Operationalisierungen identisch sind (vgl. Abbildung 5.28) werden die jeweils besten vier Modelle untersucht (vgl. Abbildung 5.32).

In keinem Fall wirken sich alle drei Preisparameter signifikant auf den

Warengruppe	Filiale	Modell	$R^2_{korr.}$		Regressionskoeffizienten			
			einf. Modell	multipl. Modell	a	b	c	d
Zahnpasten	1	$Absatz=a+b*p_{gew}$		0,38	2656	-700		
	2	$+c*RP2_{gew}$	0,51	0,67	706	-214		
	3	+d*RP3		0,42	815	-249		
		(Modell 11)						
Seifen	1	Absatz pro 100.000		0,44	54	-2,4		
	2	DM $Umsatz=a*p_{gew}{}^{b}$	0,29	0,29	37		-4,2	
	3	$*RP2_{gew}{}^{c}*RP3_{gew}{}^{d}$		0,26	22			60,9
		(Modell 24)						
Kaffee 500g	1	Absatz pro 10.000		0,62	$e^{14,7}$	-5,4		1,5
	2	$Kunden=a*p_{gew}{}^{b}$	0,03					
	3	$*RP2_{gew}{}^{c}*RP3_{gew}{}^{d}$		0,36	6,9			3,3
		(Modell 22)						
Deutscher Weinbrand	1	Absatz pro 10.000						
	2	$Kunden=a*p_{gew}{}^{b}$	0,07					
	3	$*RP2_{gew}{}^{c}*RP3_{gew}{}^{d}$		0,30	$e^{19,6}$	-7,0		
		(Modell 24)						

Anmerkung: Alle ausgewiesenen Koeffizienten des multiplen Modelles sind signifikant für $p \leq 0,05$. Vgl. zu den Modellen auch Abbildung 5.28.

Abb. 5.32: Ergebnisse von Regressionsschätzungen für das vollständige Preismodell für vier ausgewählte Warengruppen in drei Warenhausfilialen

Absatz bzw. den Absatz pro 10.000 Kunden (100.000 DM Umsatz) aus. Lediglich in der Warengruppe Kaffee 500g in der Filiale 1 können mit logarithmierten gewogenen Durchschnittspreisen und dem logarithmierten Quotienten für den räumlichen Vergleich zwei Koeffizienten geschätzt werden. In allen anderen Fällen ergibt sich nur ein Parameter, bzw. in zwei Fällen ist die gesamte Funktion nicht signifikant. Als Begründung für die schlechten Schätzergebnisse läßt sich anführen, daß zum einen die Zeitreihen mit 14 Werten relativ kurz sind, zum anderen, daß die unabhängigen Variablen teilweise hoch miteinander korrelieren.

5.4 Entscheidungsmodelle zur Preisgestaltung

Verfahren zur Festlegung von Preisen unter Berücksichtigung der Reaktionen der Nachfrager können auf eine lange Entwicklung zurückblicken[1]. Trotzdem werden im Handel bislang quantitative Entscheidungsmodelle, die kosten- und erlöswirtschaftliche Aspekte enthalten, so gut wie nicht eingesetzt. Dies läßt sich zum einen mit den wenig stabilen Preisresponsefunktionen begründen, zum anderen, daß bislang noch kein Entscheidungsmodell für die erlöswirtschaftliche Realität des Einzelhandels vorliegt[2]. Die in der Literatur vorgestellten Modelle besitzen aufgrund ihrer realitätsfernen Annahmen keine praktische Bedeutung.

Ott versucht in seinem Warenkorbmodell, über die Preisresponsefunktion eines gesamten Warenkorbes die Preise einzelner Artikel festzulegen[3]. Kritische Einwände betreffen vor allem die Mengenkonstanz des Waren-

---

1. Auf Kalkulationsverfahren zur Preisfestlegung (kostenorientierte Verfahren) wird in dieser Untersuchung nicht eingegangen; vgl. dazu z.B. Hansen, U.: Absatz und Beschaffungsmarketing des Einzelhandels. Bd. 2, a.a.O., S. 345-353.

2. Vgl. Heidel, B.: Der Einsatz von OR-Methoden zur Planung der Absatzpolitik des Handels. In: Isermann,H.; Merle, G.; Rieder, U.; Schmidt, R. und Streitferdt, L. (Hrsg).: Operations Research Proceedings. Paper of the 15th Annual Meeting. Vorträge der Jahrestagung 1986. Berlin 1987, S. 219-227, hier S. 222-223.

3. Vgl. Ott, E.A.: Ein statisches Modell der Preisbildung im Einzelhandel. In: Jahrbuch für Nationalökonomie und Statistik. Bd. 172 (1960), S. 1-31.

korbes[1], sowie die Annahme, daß der Handel bei seiner Preisbildung nicht das Ziel der Gewinnmaximierung verfolge[2].
Albach berücksichtigt in seinem Modell Verbundbeziehungen zwischen zwei, bzw. drei Artikeln[3]. Sein Modell scheitert aber in der Praxis an den realitätsfremden Annahmen (der Preis des Ausgangsartikels steht als Datum fest, eine Planungsperiode, konstante Nachfrage- und Konkurrenzreaktion) und vor allem an rechentechnischen Gründen, da die Zahl der Verbundbeziehungen bei 10 Artikeln schon auf 45[4], bei 1.000 aber bereits auf 499.500 Verbundbeziehungen anwächst. Positiv ist an dem Modell, daß sowohl kosten- als auch erlöswirtschaftliche Verbundbeziehungen enthalten sind. Es wird im albach'schen Ansatz allerdings eine asymmetrische Verbundbeziehung unterstellt, die in der Realität nicht ohne Schwierigkeiten nachgewiesen werden kann[5].
Kucher versucht in seinem Entscheidungsmodell, das Verhalten der Nachfrager mit Hilfe von Scannerdaten zu simulieren[6]. Er betrachtet das Entscheidungsproblem allerdings nicht aus der Sicht des Einzelhandels, sondern aus der Sicht eines Herstellers. Die Preisresponsefunktionen müßten dementsprechend modifiziert werden, wie es in dieser Untersuchung der Fall ist. Bei seinem Modell handelt es sich um ein dynamisches Entscheidungsmodell mit dem Ziel Deckungsbeitragsmaximierung, in dem allerdings keine Verbundinformationen berücksichtigt werden.
Simon zeigt in einem einfachen Ansatz die Möglichkeit, asymmetrische Verbundbeziehungen bei der Festlegung von Preisen zu berücksichtigen[7]. Er setzt dabei voraus, daß eine lineare Preis-Absatz-Funktion vorliegt

---

1. Vgl. Borchardt, K.: Preisbildung und Konkurrenz im Einzelhandel unter besonderer Berücksichtigung der Probleme der Mehrproduktunternehmung. Bemerkungen zu A.E. Ott: Ein statisches Modell der Preisbildung im Einzelhandel. In: Jahrbuch für Nationalökonomie und Statistik. Bd. 172 (1960), S. 32-56.

2. Vgl. Müller-Hagedorn, L. Handelsmarketing, a.a.O., S. 184.

3. Vgl. Albach, H.: Zur Sortimentskalkulation im Einzelhandel, a.a.O., S. 13-42.

4. Die Anzahl der Verbundbeziehungen berechnet sich: $(n(n-1))/2$, wobei n = Anzahl der Sortimentsteile.

5. Vgl. Abschnitt 3.2.2.

6. Vgl. Kucher, E.: Scannerdaten und Preissensitivität bei Konsumgütern, a.a.O., S. 207-261.

7. Vgl. Simon, H.: Preismanagement. a.a.O. S. 418.

und die asymmetrischen Verbundbeziehungen quantifizierbar sind. Das folgende Beispiel soll die Preisfestlegung unter Berücksichtigung von Verbundbeziehungen erläutern. Bei einer isolierten Betrachtung ergibt sich für einen Anzug eine Preis-Absatz-Funktion von x = 1.000 - 2p. Bei einem Einstandspreis von DM 200,-- läßt sich bei einem Absatz von 300 Stück ein optimaler Verkaufspreis von DM 350,-- errechnen. In seinem Beispiel geht er weiterhin davon aus, daß pro Anzug 0,8 Hemden (Deckungsbeitrag: DM 15,--) und 1,2 Krawatten (Deckungsbeitrag: DM 10,--) mitverkauft werden können. Die Ausgangsdaten für dieses Beispiel sind in Abbildung 5.33 aufgeführt.
Zunächst wird der Koeffizient m_j, der die Verbundinformation zwischen den beiden Artikeln enthält, gebildet.

Artikel	optimaler Verkaufspreis	Einstandspreis (Grenzkosten)	Absatz in Stück	Deckungsbeitr. Stk.	Deckungsbeitrag gesamt
Anzug	350,—	200,—	300	150,—	45.000,—
Hemd			(0,8 x Anzug-Absatz) = 240	15,—	3.600,—
Krawatte			(1,2 x Anzug-Absatz) = 360	10,—	3.600,—
					52.200,—

Abb. 5.33: Ausgangsdaten für ein Beispiel zur Berechnung von Preisen für Artikel unter Berücksichtigung von Verbundbeziehungen; entnommen aus: Simon, H.: Preismangement, a.a.O., S. 418

$$(5.20) \quad m_j = \sum_{\substack{i=1 \\ i \neq j}}^{N} a_{ij} \, (p_i - C'_i)$$

mit:

a_{ij}: Anzahl der Einheiten des Artikels j, die bei dem Kauf von Artikel i mitgekauft werden (i=1,2,...,N; j=1,2,...,N; i≠j).

Setzt man die Zahlen des Beispiels aus Abbildung 5.33 ein, so ergibt sich:

$m_{Anzug} = 0,8 * 15 + 1,2 * 10 = 24.$

Die Variable m_j gibt den Betrag für Artikel j (in unserem Fall für den Artikel Anzug) an, um den die Originalgrenzkosten des auslösenden Artikels reduziert werden müssen. Sie spiegelt also die Wirkung des Artikels i auf den Artikel j wider. Es gilt dabei, daß der optimale Preis eines Artikels um so niedriger sein wird, je mehr er den Kauf von anderen Artikeln fördert und je höher deren Deckungsbeitrag ist. Der unter Berücksichtigung asymmetrischer Verbundinformationen erzielte Deckungsbeitrag und Absatz ist in Abbildung 5.34 aufgeführt.

Artikel	optimaler VK-Preis	Absatz in Stück	Deckungsbeitrag pro Stück	Deckungsbeitrag Gesamt
Anzug	338,--	324	138,--	44 712,--
Hemd		259	15,--	3 885,--
Krawatte		389	10,--	3 890,--
				52 487,--

Abb. 5.34: Berechnung von Preisen für Artikel unter Berücksichtigung von Verbundbeziehungen; entnommen: Simon, H.: Preismanagement, a.a.O., S. 418

Der gewinnmaximale Preis für den Artikel Anzug beträgt nur noch DM 338,--, also DM 12,-- weniger als bei der isolierten Betrachtung. Dafür steigt aber der Absatz von 300 auf 324 Stück. Der Verlust von DM 288,-- Deckungsbeitrag bei dem Artikel Anzug wird durch die asymmetrisch verbundenen Artikel Krawatte und Hemd ausgeglichen. Die Einbeziehung der Verbundinformationen zur Preisfestsetzung verbessert den Deckungsbeitrag aller drei untersuchten Artikel um 287 Geldeinheiten.

Der Ansatz von Simon stößt in der Praxis auf die folgenden Probleme:

1. Es wird angenommen, daß die asymmetrischen Beziehungen ermittelbar sind. Ein Artikel kann mit wesentlich mehr als mit zwei Artikeln in asymmetrischen Beziehungen stehen (Beispiel: Kameras stehen mit Filmen, Papierbildern, Diarahmen, Objektiven, Batterien, Reinigungsgeräten, Stativen, Blitzgeräten, Bilderrahmen usw. in asymmetrischen

Beziehungen). Diese können dabei wiederum mit anderen in asymmetrischen Beziehungen stehen (z.B. Negativfilme mit Papierbildern). Die Verbundbeziehungen erweisen sich in der Realität als komplexer als sie im Modell dargestellt werden.

2. Es wird vorausgesetzt, daß die Verbundbeziehungen mit den Nebenprodukten ermittelbar sind und auch in Zukunft gelten. Werden die Käufe (wie beispielsweise bei Kameras und deren Zubehör) aber zeitlich gestreckt, führt dies zu einer Verzerrung der Informationen über Verbundbeziehungen, da diese Art von Verbundbeziehungen durch Warenkorbanalysen (Querschnitt) nicht erfaßt werden.
3. Es wird eine (monopolistische) lineare Preis-Absatz-Funktion unterstellt. Es ist fraglich, ob für bestimmte Artikel eine solche Preis-Absatz-Funktion angenommen werden kann. Es wird davon ausgegangen, daß Preis-Absatz-Funktionen ohne Schwierigkeiten gebildet werden können.
4. Es wird nicht angegeben, wie die Preise der Nebenprodukte festgelegt werden sollen.
5. Dieses Verfahren ist nur für komplementäre Verbundbeziehungen anwendbar. Eine Preisfestlegung für substitutiv miteinander verbundene Artikel ist damit nicht möglich.
6. Absatzrestriktionen und beschränkte Kapazitäten bleiben unberücksichtigt.

Es handelt sich um ein deterministisches, statisches Ein-Ziel-Modell, in dem schematisch Preise für Artikel festgelegt werden, deren Absatz den Absatz von anderen Artikeln beeinflußt. Ein solches Vorgehen wird nur für eine geringe Zahl von Artikeln in Frage kommen, bei denen offensichtlich asymmetrische Verbundbeziehungen vorliegen und bei denen sich Preis-Absatz-Funktionen problemlos schätzen lassen.

Ein Preisentscheidungsmodell für den Handel sollte die folgenden verhaltenswissenschaftlichen und ökonomischen Aspekte berücksichtigen:

a) verhaltenswissenschaftliche Merkmale:
   - Preisschwellen, bzw. die Wirkung von Endziffern,
   - Bedeutung von Preisen, bzw. der Anlockeffekt von Artikeln
   - Preiskenntnisse
   - Urteile über die Preisgünstigkeit
   - Carry-over-Effekte der Preise

b) ökonomische Merkmale:

- das Verhalten der Mitbewerber (Konkurrenzpreise)
- Informationen über der Verbund zwischen Sortimentsteilen (dabei müssen auch die Preise der Substitutions- und Komplementärgüter berücksichtigt werden)
- Preisbildung unter Berücksichtigung mehrerer Ziele, wobei die Maximierung des Deckungsbeitrages nur ein Ziel ist[1]
- Berücksichtigung der übrigen absatzpolitischen Instrumente.

Ein Verfahren, das den Preis entsprechend der verfolgten Ziele optimal festlegt, gibt es z.Zt. nicht und wird es auch mit Scannerdaten in absehbarer Zukunft nicht geben. Bei den meisten Artikeln wird daher auch in Zukunft die Kosten-plus-Kalkulation eingesetzt werden müssen. Für Artikel, die besonders in der Preisoptik stehen, sollten auch die übrigen absatzpolitischen Instrumente Berücksichtigung finden. Ein Erklärungsmodell, das auch für Preisentscheidungen herangezogen werden kann, wird im Rahmen der Sonderangebotspolitik in Kapitel 7 vorgestellt.

5.5 Zusammenfassung

Die in der Literatur formulierte Hypothese, daß in der Praxis der Kalkulationssatz häufig nach Faustregeln festgelegt wird, kann mit dem vorliegenden Datenmaterial lediglich für die Faustregel, daß "beworbene Artikel signifikant niedriger als nicht-beworbene kalkuliert werden", bestätigt werden. Der Zusammenhang zwischen den "unabhängigen" Merkmalen absolute Preishöhe und Lagerumschlag und dem "abhängigen" Merkmal Kalkulationssatz läßt sich dagegen nicht nachweisen.

Die Kalkulation wird auch durch die Vorliebe für gebrochene Preise (bei den Pfennig-Endziffern) mit beeinflußt. Bei Zahnpasten/Seifen, Vollwaschmitteln und Handgeschirrspülmitteln wird die Endziffer "9" bevorzugt, bei Spirituosen die "8" und bei Kaffee zu etwa gleichen Teilen die "8" und die "9". Die Werbepreise der Wettbewerber weisen bei Kaffee und Spirituosen mit ca. 3/4 einen Schwerpunkt bei der Endziffer "9" auf. Bei Kaffee wird die "9" nur in 46% präferiert. Danach folgen die "7" (22,7%)

---

1. Vgl. Diller, H.: Preispolitik, a.a.O., S. 282-288, der darauf hinweist, daß neben der Gewinnmaximierung auch Prestigeziele, isolierte Kosten- und Umsatzziele und Ausgleichsziele (Mischkalkulation) verfolgt werden können.

und die "5" (10,1%).

Die kurzfristigen Preiselastizitäten der fünf Warenbereiche zeigen nur in 68% der Fälle die erwarteten negativen Vorzeichen. Bei 32% der Preisveränderungen wirken die Preis- und die Mengenveränderung in dieselbe Richtung.

Bei dem vorgeschlagenen verhaltenswissenschaftlich gestützten Erklärungsmodell wird angenommen, daß der Absatz vom sachlichen, zeitlichen und räumlichen Vergleich beeinflußt wird. Aufgrund der Vielzahl von Operationalisierungsmöglichkeiten für die vier Variablen sowie der großen Zahl von Verknüpfungsmöglichkeiten wird ein mehrstufiges Verfahren zur Schätzung der Parameter vorgeschlagen. In einem ersten Schritt wird der Zusammenhang zwischen der abhängigen Variablen und der Preisvariablen für den sachlichen Vergleich bei 36 Operationalisierungsalternativen mit Hilfe des Korrelationskoeffizienten überprüft. Dabei zeigt sich, daß eine Alternative weder für alle Warenbereiche noch für einen Warenbereich als bestes Modell ausgewählt werden kann. In einem zweiten Schritt wird daher für jeden Artikel das jeweils beste Modell, als Beurteilungskriterium wird der jeweils niedrigste negative Korrelationskoeffizient herangezogen, ausgewählt. Dabei zeigt sich, daß alle 36 Modelle jeweils "beste" Anpassungen an das empirische Material liefern. Für den zeitlichen und räumlichen Vergleich wird in der Regressionsschätzung die vergleichbare Operationalisierung wie für den ersten Preisterm verwendet. Das korrigierte Bestimmtheitsmaß verbessert sich durch die Hinzunahme der beiden Preisvariablen bei 60% der Artikel, bei 7,7% ist der Anteil der erklärten Streuung gleich groß und bei 32,2% verschlechtert sich das Ergebnis durch die Hinzunahme weiterer Preisvariablen. Die empirischen Schätzungen können daher nur bedingt als Responsefunktionen zur isolierten Erklärung der Wirkung von Preisen und zur Preisentscheidung herangezogen werden.

Die vorgestellten Preisentscheidungsmodelle berücksichtigen nur jeweils einzelne Problembereiche der Preisfestlegung. Dadurch wird das Entscheidungsproblem so sehr reduziert, daß die Realität dem Modell nicht mehr entspricht. Preisentscheidungen im Einzelhandel sollten nicht losgelöst von Werbung und Plazierung getroffen werden.

6 Computergestützte Plazierungspolitik

Durch die Einführung der Selbstbedienung im stationären Einzelhandel und die Zunahme der durchschnittlichen Verkaufsfläche pro Verkaufsstelle wächst die Bedeutung der Plazierungspolitik. Von besonderem Interesse ist dabei der Zusammenhang zwischen der Zahl der Frontstücke einzelner Artikel und dem Absatz sowie die Wirkung von Displayplazierungen (Abschnitt 6.3). In Abschnitt 6.1 werden die Handlungsmöglichkeiten der Plazierungspolitik vorgestellt, in Abschnitt 6.2 werden verhaltenswissenschaftliche Erklärungen zur Wirkung plazierungspolitischer Maßnahmen diskutiert. In Abschnitt 6.4 werden Verfahren zur Planung der Plazierungspolitik behandelt.

6.1 Die Handlungsmöglichkeiten der Plazierungspolitik

Für jedes Sortimentsteil muß festgelegt werden, wo es plaziert werden soll (qualitativer Aspekt) und wieviel Verkaufsraum ihm zur Verfügung gestellt werden soll (quantitativer Aspekt)[1]. Plazierungsentscheidungen lassen sich für Aggregationen von Artikeln (im folgenden als Plazierungsgruppen bezeichnet) und für Artikel treffen. Die Plazierungsgruppen können sich von den im Rahmen der Sortimentspolitik gebildeten Warengruppen oder Warenbereichen unterscheiden. Plazierungspolitische Entscheidungen lassen sich in:

(1) Entscheidungen darüber, welche Artikel gemeinsam plaziert werden sollen (Bildung von Plazierungsgruppen),

(2) wo Sortimentsteile innerhalb einer Verkaufsstelle bzw. in Verkaufsaggregaten angeordnet werden sollen und

(3) Entscheidungen über die Aufteilung des Verkaufsraumes

unterteilen (vgl. Abbildung 6.1).

---

1. Vgl. Hansen, U.: Absatz- und Beschaffungsmarketing des Einzelhandels. Bd. 1, a.a.O., S. 302-310; Davidson, H.R.; Doody, H.F. u. Sweeny, D.J.: Retailing Management. 4. Aufl. New York 1975, S. 536 f.; vgl. auch die zusammenfassende Literaturübersicht bei Müller, H.: Die Warenplazierung als absatzpolitisches Instrument im Selbstbedienungseinzelhandel. Göttingen 1982, S. 28-32.

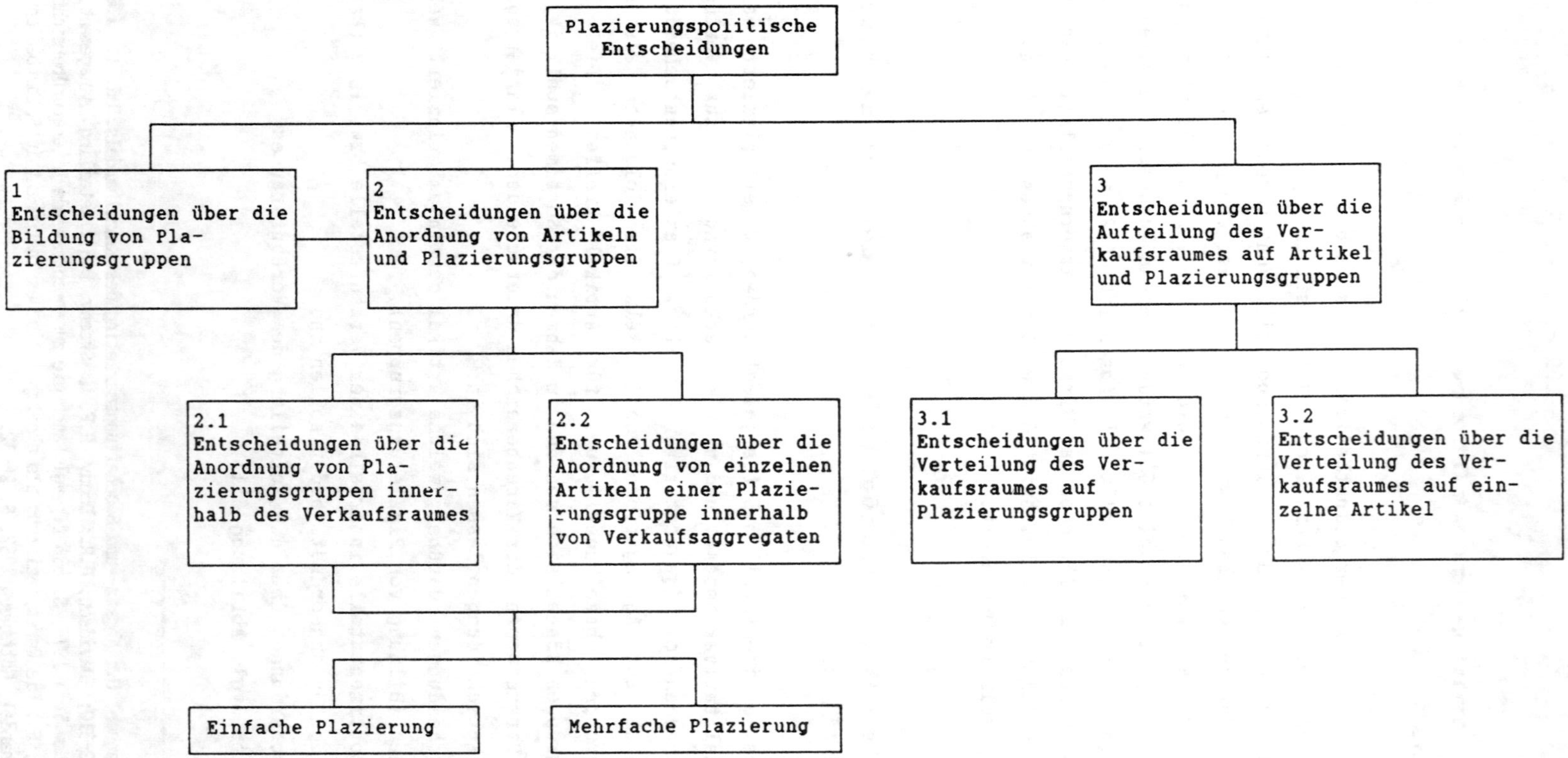

Abb. 6.1: Plazierungspolitische Entscheidungen

Zu (1) Plazierungsgruppen können nach äußeren Merkmalen (z.B. Verwendungszweck, Verkaufspreis, Größe der Artikel, Zusammensetzung der Artikel, technische Behandlung) oder aufgrund von verhaltenswissenschaftlichen Überlegungen (z.B. Bildung von Plazierungsgruppen nach der Bedeutung einzelner Artikel aus Sicht der Nachfrager, Bildung von Plazierungsgruppen nach Art ihres Verbundes) zusammengestellt werden[1].

Zu (2) Entscheidungen über den Ort, an dem Plazierungsgruppen bzw. Artikel innerhalb der Verkaufsstelle und innerhalb von Verkaufsaggregaten plaziert werden können. Dabei wird vermutet, daß Standorte unterschiedliche Wertigkeiten besitzen, die durch die unterschiedliche Attraktivität von Sortimentsteilen ausgeglichen werden können[2]. Desweiteren wird angenommen, daß die Anordnung der Sortimentsteile innerhalb der Verkaufsstelle die Anzahl und die Intensität der Kontakte und damit den Erfolg beeinflussen kann[3]. Es ist z.B. zu entscheiden, welche Artikel in frequenzstarken Zonen im Eingangs- oder Kassenbereich und welche in Zonen mit geringerer Frequenz plaziert werden sollen. Innerhalb von Regalen muß zum einen festgestellt werden, welche Artikel im unteren Teil (Bückzone), im mittleren Teil (Greifzone) und im oberen Teil (Sichtzone) von Regalen[4], zum anderen, ob Artikel in der Regalmitte, im rechten oder linken Bereich plaziert werden sollen. Gleichzeitig muß entschieden werden, ob Sortimentsteile einfach oder mehrfach plaziert werden sollen. Die Mehrfach-

---

1. Vgl. Müller-Hagedorn, L. und Heidel, B.: Optimale Verkaufsflächennutzung in Handelsbetrieben, a.a.O., S. 13-17; Hansen, U.: Absatz- und Beschaffungsmarketing des Einzelhandels. Bd. 1, a.a.O., S. 307f.

2. Vgl. Müller, H.: Die Warenplazierung als absatzpolitisches Instrument im Selbstbedienungseinzelhandel, a.a.O., S. 232- 236 und S. 240-242; Bufe, P.H.: Güterbeschaffung des täglichen Bedarfs. Ein Beitrag zur Ressourcenallokation privater Haushalte unter dem Einfluß der Einkaufsstättengestaltung. Berlin 1982, S. 105-121.

3. Vgl. dazu Heidel, B. und Müller-Hagedorn, L.: Plazierungspolitik nach dem Verbundkonzept im stationären Einzelhandel, a.a.O., S. 19-26.

4. Vgl. dazu Bufe, R.H.: Güterbeschaffung des täglichen Bedarfs, a.a.O., S. 116, Fußnote 46. Bufe gibt ohne weitere Quellen an, daß die Sichtzone höher als 120 cm, die Greifzone zwischen 80 und 120 cm und die Bückzone unter 80 cm liege. Diese Einteilung scheint willkürlich, da sie von der Größe der Kunden abhängig gemacht werden sollte.

plazierung kann als mehrfache Stammplazierung oder als Stammplazierung und hervorgehobene Plazierung (Sonderplazierung) erfolgen. Sonderplazierungen sind daneben aber auch für Artikel möglich, die keinen normalen Stammplatz besitzen (Aktionsartikel, die nur über einen kurzen Zeitraum geführt werden).

Zu (3) Für jede Plazierungsgruppe bzw. für jeden Artikel muß entschieden werden, wieviel Verkaufsraum ihr (ihm) zur Verfügung gestellt werden soll. Als Maßeinheiten kommen dafür einerseits physikalische Maße wie Meter, Quadrat- oder Kubikmeter, andererseits Frontstücke als ein Maß, das durch die Produktverpackung bestimmt wird, in Frage. Physikalische Einheiten erleichtern den Vergleich von verschiedenen Sortimentsteilen, z.B. Deckungsbeiträge pro in Anspruch genommene Frontlänge in cm oder Regalraum in Kubikzentimetern. Physikalische Einheiten können nur für Aggregationen (z.B. Warengruppen) bei einzelnen Artikeln (Intravergleich) oder bei Artikeln mit denselben Maßen zur Beurteilung des Ertrages oder zur Ermittlung von Responsefunktionen herangezogen werden. Da jeder Artikel spezifische Abmessungen besitzt, können keine beliebigen Werte zugewiesen werden. Die Einheit Frontstück eignet sich daher für Responsefunktionen besser als physikalische Maßeinheiten.

Die Handlungsmöglichkeiten der Plazierungspolitik lassen sich nach strategischen und taktischen Gesichtspunkten ordnen. Die Bildung von Plazierungsgruppen, die Anordnung der Warenbereiche innerhalb der Verkaufsstelle und innerhalb des Regals sind eher strategisch orientierte Entscheidungen. Zu den taktischen Maßnahmen zählen die Planung von Frontstückzahlen und Displayplazierungen. Im folgenden stehen die taktischen Entscheidungen der Plazierungspolitik im Mittelpunkt.

6.2 Verhaltenswissenschaftliche Erklärungen zur Wirkung plazierungspolitischer Maßnahmen

Bislang liegen nur relativ wenige empirische Ergebnisse über die Wirkung plazierungspolitischer Maßnahmen auf den Absatz, Marktanteil oder den Absatz pro 1.000 Kunden vor (vgl. Abbildung 6.2).

Untersuchungsbereich	Autoren	Ergebnisse
1. Die Wirkung des Regalortes auf den Absatz		
a) Absatz=f(Regalort)	- Colonial-Studie (o.J.)	Bei allen 12 untersuchten Artikeln, die von einem tieferen Regalbrett auf ein höheres umplaziert wurden, ergeben sich Absatzsteigerungen und umgekehrt.
	- Frank und Massy (1970)	Veränderungen des Regalortes haben, wenn überhaupt, einen geringen Einfluß auf den Absatz (untersucht werden 7 Artikel aus dem Warenbereich Lebensmittel).
b) Absatz pro 1000 Kunden=f(Regalort)	- Müller-Hagedorn und Heidel (1986)	Bei insgesamt 16 Artikeln (drei Mayonnaisen, drei Ketchup-Sorten, zwei Dressing- und sieben Specialsaucen) kann keine Wirkung des Regalortes auf den Absatz festgestellt werden.
2. Die Wirkung der Frontlänge auf den Absatz und den Marktanteil		
a) Absatz=f(Frontlänge)	- Harris (1958)	Bei zwei Waschmitteln ergibt sich kein signifikanter Zusammenhang zwischen Absatz und Frontstückzahl.
	- Cox (1964)	Nur bei einem der drei untersuchten Impulsartikel zeigt sich ein signifikanter Zusammenhang; kein Zusammenhang bei Artikeln des Grundbedarfs (Suchkaufartikel).
	- Kotzan und Evanston (1969)	Bei 3 Artikeln aus dem Grundbedarfssortiment (Nonfood-Bereich) ergibt sich ein signifikanter Zusammenhang. Für den 4. Artikel, einen Impulsartikel, ergibt sich kein Zusammenhang.
	- Cox (1970)	Signifikanter Zusammenhang bei Impulsartikel mit hohem Bekanntheitsgrad; vgl. dazu auch die Kritik von Peterson und Cagley 1973.
	- Bates (1971)	Unterscheidung von Artikeln, die eine hohe (Impulsartikel), eine niedrige und keine Response aufweisen. Es werden 28 Artikel untersucht. Impulsartikel reagieren stärker als Suchkaufartikel, kleine Artikel stärker als große auf Veränderung der Frontstückzahl
	- Curhan (1972)	Der Einfluß von Flächenveränderungen auf den Absatz ist sehr gering ($R^2_{korr.}$=0,012; die Elastizitäten liegen zwischen 0,115 und 0,294).
	- Curhan (1974)	Bei allen 16 untersuchten Artikeln aus dem Obst- und Gemüsebereich ergeben sich bei Verdopplung der Frontlänge geschätzte (Regression) Absatzsteigerungen von 28-59%.
b) Absatz pro 1000 Kunden=f(Frontlänge)	- Frank und Massy (1970)	Bei größeren Verkaufsstellen ergeben sich bei sieben Lebensmittelprodukten Absatzsteigerungen von ca. 60%, bei kleineren dagegen nur von 3%.
	- Müller-Hagedorn und Heidel (1986)	Bei neun Artikelgruppen aus den Warenbereichen Ketchup, Saucen und Mayonnaisen ergibt sich keine Wirkung unterschiedlicher Frontstückzahlen auf den Absatz pro 1000 Kunden.
c) Marktanteil=f(Flächenanteil)	- Anderson (1979)	Bei den 7 untersuchten Artikeln ergeben sich Elastizitäten zwischen 0 und 1.

Abb. 6.2: Ausgewählte empirische Untersuchungen über die Wirkung plazierungspolitischer Maßnahmen, Teil 1

Untersuchungsbereich	Autoren	Ergebnisse
3. Die Response von Displays auf den Absatz		
a) Absatz=f(Displayort)	- Curhan (1974)	Der Ort eines Displays wirkt sich auf den Absatz der displayplazierten Artikel aus (untersucht werden Artikel aus dem Obst- und Gemüsesortiment).
	- Dyer (1980)	Displayplazierte Dosensuppen, Tee und Glühbirnen werden mit den höchsten Steigerungen gegenüber der Normalplazierung im Eingangsbereich verkauft.
b) Absatz=f(Display)	- Chevalier (1975)	Bei 16 untersuchten Artikeln wird festgestellt, daß Displayplazierung den Absatz zwischen 312% und 1197% gegenüber der Normalplazierung erhöht, wobei sich Displays bei neuen Produkten und bei Produkten, die mit anderen stark im Wettbewerb stehen, besonders auswirken.
	- A.C. Nielsen Company (1983)	In 11 von 12 Warengruppen werden mit Display-Plazierungen Absatzsteigerungen zwischen durchschnittlich 8 und 82% erzielt.
	- Milde (1986)	Am Beispiel einer Schokoladenmarke wird gezeigt, daß sich durch die Displayplazierung der Absatz c.p. um 63% steigern läßt; bei 30% Preisreduktion, gleichzeitiger Anzeige in der Tageszeitung und Handzettelwerbung beträgt die Steigerung rechnerisch 3.080%
c) Wirkung von Display auf Substitutionsartikel	- Chevalier(1975/76)	Bei 16 displayplazierten Artikeln kann keine Substitutionswirkung auf andere Artikel aus derselben Warengruppe festgestellt werden.
	- Wilkinson, Paksoy und Mason (1981)	Bei allen vier untersuchten Artikeln aus dem Lebensmittelbereich erbringt die Displayplazierung den höchsten Absatz. Die Substitutionswirkung ist gering.
	- Gagnon und Osterhaus (1985)	2 Artikel aus dem Drogerie-/Apothekenbereich erbringen bei Displayplazierung signifikant höheren Absatz; keine Auswirkung auf den Absatz derselben Artikel im Regal.
d) Auswirkung von Displays auf den Absatz und Diebstahl	- Kennedy (1970)	Der höchste Absatz (Zigaretten) wird im Gang in der Nähe der Kassenzone, erzielt. Die höchste Diebstahlgefahr wird in hinteren Teil des Ladens ermittelt.

Abb. 6.2: Ausgewählte empirische Untersuchungen über die Wirkung plazierungspolitischer Maßnahmen, Teil 2

Mit Ausnahme der Untersuchung von Milde[1] und der A.C. Nielsen Company[2] wurden alle Untersuchungen als Experimente durchgeführt. Die empirischen Untersuchungen konzentrieren sich auf die Absatzwirkung des Regalortes, die Wirkung der Frontstücke und die Wirkung von Displays auf den Absatz, den Marktanteil oder den Absatz pro 1.000 Kunden. Lediglich in der

---

1. Vgl. Milde, H.: Aus der Praxis der Scanning-Forschung: Auswirkungen von Aktionen auf den Absatz eines Produktes (Preis-Promotion-Modell). In: Marktforschung (3/1986), S. 94-97.

2. Vgl. A.C. Nielsen Company: Display Effectiveness - An Evaluation. In: the nielsen researcher (2/1983), S. 2-8, Part II. In: the nielsen researcher (3/1983), S. 2-10.

Untersuchung von Kennedy wird ein Kostenaspekt (die Kosten für Diebstahl) im Rahmen einer Studie über die Wirkung von Displays untersucht[1]. Die bislang vorliegenden empirischen Ergebnisse zeigen nur bei Displays eindeutige Absatzwirkungen, wobei die Ergebnisse darauf hindeuten, daß mit Displays eher zusätzlicher Umsatz getätigt werden kann. Bei den Studien über die Wirkung von Standorten innerhalb von Regalen und der Anzahl der Frontstücke, sind die Ergebnisse eher spärlich und teilweise heterogen. Dies veranlaßte Nieschlag, Dichtl und Hörschgen zu der Feststellung: "Spärlichkeit und Widersprüchlichkeit einschlägiger Befunde lassen es ... also nicht geraten erscheinen, die positive Regalflächenelastizität als Element gesicherten Marketing-Wissens zu inventarisieren"[2]. Positiver, wenn auch mit gewissen Einschränkungen, interpretieren Leone und Schulz den Stand der empirischen Forschung: "Nonetheless, the empirical research in this area is an general agreement that there is a positive relationship between shelf space and unit sales. The evidence does point out, however, that this relationship ist not uniform among products, now across stores"[3]. Peterson und Cagley sowie Doyle und Gidengil weisen auf methodische Mängel bei der Durchführung und Analyse der Experimente (mangelnde interne Validität, mangelnde externe Validität und Mißinterpretationen) hin[4]. Barth kritisiert, daß in den empirischen Untersuchungen die Absatzwirkung zu sehr im Vordergrund stehe. Dabei werde auf die Funktion der Verkaufsaggregate als Lager und die damit verbundenen Kosten (Kapitalbindungskosten, Nachfüllkosten, Fehlmengenkosten und Opportunitätskosten, wenn durch eine großzügige Platzzuweisung andere ertragsstarke Artikel nicht plaziert werden können), in den empirischen Untersuchungen nicht eingegangen[5].

---

1. Vgl. Kennedy, J.R.: The Effect of Display Location on the Sales and Pilferage of Cigarettes. In: JoMR (May 1970), S. 210-215.

2. Nieschlag, R.; Dichtl, E. und Hörschgen, H.: Marketing. 14. Aufl. Berlin 1985, S. 397.

3. Leone, R.P. u. Schultz, R.L.: A Study of Marketing Generalizations. In: JoM (1/1980), S. 10-18, hier S. 14.

4. Vgl. Peterson, R.A. u. Cagley, J.W.: The Effect of Shelf Space Upon Sales of Branded Products: An Appraised. In: JoMR (Febr. 1973), S. 103-104; Doyle, P. u. Gidengil, B.Z.: A Review of In-Store Experiments. In: JoR (Summer 1977), S. 47-63, hier S. 49.

5. Vgl. Barth, K.: Betriebswirtschaftslehre des Handels, a.a.O., S. 196.

Nachfrager, die eine Verkaufsstelle betreten, treffen dort auf eine Flut von Reizen. Ein Teil dieser Reize geht auf Maßnahmen der Plazierungspolitik zurück[1]. Sie können im Insystem eine Reihe von primären emotionalen Reaktionen bewirken, die sich im wesentlichen auf die zwei Dimensionen Erregung bzw. Nichterregung und Lust bzw. Unlust zurückführen lassen[2]. Die Erregung gibt die Stärke emotionaler Reaktionen an und kann daher auch als Aktivierung interpretiert werden. Die Dimension Lust/Unlust zeigt auf, ob die Gefühle eher positiv oder eher negativ ausgerichtet sind[3].

Maßnahmen der Plazierungspolitik setzen insbesondere an der Aktivierung an. Die Voraussetzung für die Aktivierung ist die Aufmerksamkeit[4]. Die Aufmerksamkeit kann durch

(1) die Ware selbst,

(2) den Plazierungsort einzelner Sortimentsteile innerhalb der Verkaufsfläche und innerhalb des Regales,

(3) die Anzahl der Verkaufsraumeinheiten (Fläche, Kontaktstrecke) für einzelne Sortimentsteile und

(4) In-Store-Werbung (z.B. Preisschilder, die auf die Attraktivität des Angebotes hinweisen)

beeinflußt werden.

Zu (1) Alle in Abbildung 6.2 kurz charakterisierten Untersuchungen wurden mit Convenience Goods durchgeführt[5]. Darunter werden alle Artikel verstanden, deren Kauf mit niedriger physischer

---

1. Desweiteren wirken Maßnahmen der Verkaufsraumgestaltung (z.B. Licht oder Farben) und die weiteren absatzpolitischen Instrumente auf den Nachfrager.

2. Vgl. Mehrabin, A.: Räume des Alltags oder wie die Umwelt unser Verhalten bestimmt. Frankfurt u.a. 1978, S. 16ff.

3. Vgl. Kroeber-Riel, W.: Konsumentenverhalten, a.a.O., S. 418.

4. Vgl. ebenda, S. 56.

5. Der Begriff Convenience Goods geht auf Copeland zurück (Copeland, T.: Principles of Merchandising. Chicago u.a. 1926, S. 28-31), der als erster eine Dreiteilung der Güter in Convenience Goods, Shopping-Goods und Specialty Goods vorschlug. Verfeinerungen der Dreiteilung finden sich bei Holten, R.H.: The Distinction between Convenience Goods, Shopping Goods, and Specialty Goods. In: JoM (July 1958), S. 53-56 und Bucklin, L.P.: Retail Strategy and the Classification of Consumer Goods. In: Britt, S.H. u. Boyd, H.W. (Hrsg.): Marketing Management and Administrative Action. New York 1963, S. 389-399.

Anstrengung (z.B. Entfernung zur Verkaufsstelle), niedriger psychischer Anstrengung (z.B. relativ unkomplizierte Auswahl aus Substitutionsgütern) und niedrigem Risiko (vor allem finanzielles Risiko) verbunden ist. Nachfrager kaufen solche Low- Involvement-Produkte meist habitualisiert, was wiederum zu einer hohen Markentreue führen kann[1].

In den meisten Untersuchungen zur Wirkung von Frontstückvariationen auf den Absatz wird eine Unterteilung in Impulsartikel[2] und Suchkaufartikel[3] vorgenommen. Bei Impulsartikeln wird z.B. bei Frontstückveränderungen eine positive Elastizität vermutet, wohingegen bei Suchkaufartikeln keine Reaktion des Absatzes auf Frontstückvariationen erwartet wird. Die Zusammenfassung von Artikeln zu Gruppen hat den Vorteil, daß für eine Gruppe von Artikeln Aussagen gemacht werden können. Sie hat nur den "Schönheitsfehler", daß in keiner der empirischen Studien angegeben wird, nach welchen Kriterien Impulsartikel bestimmt werden können. Generell kann jeder Artikel aus dem Sortiment impulsiv[4] erworben werden. Wenn es aber nicht möglich ist, den Impulscharakter eines Sortimentsteiles festzustellen, müssen andere Merkmale für die Generalisierung herangezogen werden, z.B. die Zugehörigkeit zu einem bestimmten Warenbereich, die Zeitspanne zwischen einzelnen Käufen desselben Artikels, die Markierung der Artikel oder die Größe einzelner Artikel[5].

Zu (2) Der Plazierungsort innerhalb der Verkaufsstelle kann sich auf den Absatzerfolg eines Sortimentsteiles auswirken. Es kann als

---

1. Vgl. Kumar, N.: Markentreue, Kognitive Dissonanz und Klassifizierung von Konsumgütern. In: BFuP (1973), S. 226- 232 und Müller, H.: Die Warenplazierung als absatzpolitisches Instrument im Selbstbedienungseinzelhandel, a.a.O., S. 252f.

2. Statt "Impulsartikel" wird bisweilen auch der Begriff "Artikel mit Reizkaufcharakter" benutzt.

3. Statt "Suchkaufartikel" werden bisweilen auch die Begriffe "Gewohnheitsartikel" und "Güter des Grundbedarfs" verwendet.

4. Vgl. zur Abgrenzung der unterschiedlichen Typen von Kaufentscheidungen Weinberg, P.: Das Entscheidungsverhalten von Konsumenten. Paderborn u.a. 1981.

5. Vgl. Bates, A.D.: Estimating the Relationship between Shelf Space and Sales for Supermarkt Products Diss. Indiana University. Graduate School of Business 1970.

gesichert angenommen werden, daß das akquisitorische Potential in Zonen mit starker Kundenfrequenz (Eingangszone, Checkout-Zone) größer ist als das von frequenzschwachen Zonen[1]. Ein weiterer Einflußfaktor auf den Absatz kann die räumliche Nähe zu Sortimentsteilen, zwischen denen aus Nachfragersicht eine Verbundbeziehung besteht, sein. Dies gilt sowohl für stammplazierte Sortimentsteile als auch für kurzfristige Aktionsplazierungen[2]. In den Studien zur Plazierung von Sortimentsteilen innerhalb von Verkaufsaggregaten wird meist davon ausgegangen, daß mittlere horizontale und vertikale Bereiche eines Verkaufsaggregates die höchste Wertigkeit[3] besitzen. Als Begründung wird eine physiologisch begründete Ausrichtung auf die Mitte angeführt. Bei einer empirischen Untersuchung über den Blickverlauf bei drei Personen stellt Leven fest, daß der mittlere Bereich von Verkaufsaggregaten tatsächlich bevorzugt betrachtet wird[4]. Die wenigen empirischen Untersuchungen, bei denen der Einfluß des Regalortes auf den Absatz untersucht wurde, lassen aber eher den Schluß zu, daß die Reaktionen, wenn überhaupt, sehr gering sind[5].

---

1. Vgl. dazu z.B. die empirischen Untersuchungen von Dyer, L.W.: In Store Research at Publix: Scanning the Selling Power Merchandising. In: Progressive Grocer (Nov. 1980), S. 100f.; Curhan, R.C.: The Effects of Merchandising and Temporary Promotional Activities on the Sales of Fresh Fruits and Vegetables in Supermarkets. In: JoMR (Aug. 1974), S. 286-294.

2. Vgl. Heidel, B. u. Müller-Hagedorn, L.: Plazierungspolitik nach dem Verbundkonzept im stationären Einzelhandel, a.a.O., S. 19-26; so weist z.B. Joe Zadrowski, Unternehmensberater aus Oldsmar, Florida, in einem Gespräch mit dem Verfasser am 16.03.1989 darauf hin, daß Synergieeffekte zwischen Nonfood-Artikeln und Food-Artikeln (z.B. gemeinsame Präsentation von Wein und Weingläsern oder Artikeln zum Backen und Backgeräten) bestehen, mit denen die Fa. Shaw, USA (New England), beträchtliche Steigerungen des Deckungsbeitrages erzielt.

3. Vgl. z.B. Bufe, R.H.: Güterbeschaffung des täglichen Bedarfs, a.a.O., S. 115-121 oder Müller, H.: Die Warenplazierung als absatzpolitisches Instrument im Selbstbedienungseinzelhandel, a.a.O., S. 240-242.

4. Vgl. Leven, W.: Konfuse Käufer am Kühlregal. In: LZ (40/41 und 42/1984).

5. In diesem Zusammenhang wird sehr häufig auf die "Colonial-Studie" (Deutsche Übersetzung: Gesellschaft für Selbstbedienung mbH (Hrsg.): Colonial-Studie. Untersuchungen über Umsatz, Kosten, Ertrag, Kundenverhalten und Verkaufstechniken amerikanischer Supermärkte. Köln 1964) verwiesen, bei der alle 12 horizontal umplazierten Artikel auf den Regalort reagieren. Frank und Massy stellen dagegen nur sehr geringe Absatzveränderungen durch Standortveränderungen im Regal fest (Frank,

Zu (3) Die Erweiterung von Frontstücken hat neben der möglichen akquisitorischen Wirkung den Vorteil, daß die Zahl der Stock outs (Leerverkäufe) abnimmt[1]. Die akquisitorische Wirkung wird häufig bei Impulsartikeln vermutet, während Suchkaufartikel auf Frontstückvariationen in geringem Maße reagieren[2]. Als Begründung läßt sich anführen, daß sich eine Erweiterung der Kontaktstrecke bei Artikeln, die gezielt gekauft werden, auf den Absatz kaum auswirkt, während die Aktivierung bei Artikeln, deren Kauf bei dem Betreten der Verkaufsstelle nicht geplant ist, durch die Zahl der Frontstücke beeinflußt werden kann. Es ist noch weitgehend ungeklärt, ab welcher Veränderungsrate Nachfrager Frontstückvariationen überhaupt wahrnehmen. Mögliche Reaktionen bei Artikeln, die mit einer Vielzahl von Frontstücken plaziert werden, lassen sich zum einen durch ihre eigene Attraktivität erklären, die u.U. dadurch verstärkt werden kann, daß die Nachfrager das massierte Angebot als Sonderangebot wahrnehmen. Eine große Zahl von Frontstücken für Artikel kann dazu beitragen, Nachfrager an Artikel zu erinnern, deren Kauf sie sonst u.U. vergessen hätten. Eine massierte Plazierung kann auch bewirken, daß die Nachfrager auf Artikel aufmerksam gemacht werden, die sie bislang noch nicht gekauft haben. Eine zu große Zahl von massierten Plazierungen birgt aber die Gefahr, daß Nachfrager die Übersicht innerhalb der Verkaufsstelle verlieren. Es ist anzunehmen, daß die Responsefunktion keinen linearen Verlauf, sondern einen degressiven Verlauf aufweist[3]. Bei wenig attraktiven Gütern (z.B. geringer Absatz, hoher Preis,

---

...fortlaufend...

R.E. u. Massy, W.F.: Shelf Position and Space Effects on Sales. In: JoMR (Feb. 1970), S. 59-66); dies stimmt auch mit eigenen Untersuchungen in einem Verbrauchermarkt mit Ketchup und Mayonnaise überein (Müller-Hagedorn, L. u. Heidel, B.: Optimale Verkaufsflächennutzung in Handelsbetrieben, a.a.O., S. 53-57).

1. Vgl. Barth, K.: Betriebswirtschaftslehre des Handels, a.a.O., S. 196f.

2. Vgl. z.B. die Untersuchungen von Cox, K.K.: The Responsiveness of Food Sales to Shelf Space in Supermarkets. In: JoMR (May 1964), S. 63-67 und derselbe: The Effect of Shelf Space upon Sales of Branded Products. In: JoMR (Febr. 1970), S. 55-58.

3. Vgl. Cairns, J.P.: Allocate Space for Maximum Profit. In: JoR (Summer 1963), S. 41-45 u. S. 52, hier S. 44; vgl. auch Hansen, U.: Absatz- und Beschaffungsmarketing des Einzelhandels. Bd. 1, a.a.O., S. 302f.

"Suchkaufartikel") wird ein Sättigungspunkt schnell erreicht sein. Bei attraktiven Artikeln wird der Sättigungspunkt erst später erreicht sein.

Hypothese (6.1): Zwischen der Anzahl der Frontstücke und dem Absatz besteht ein degressiver Zusammenhang.

$$(6.1) \quad A_{ijkt} = a * FS_{ijkt}^{\;b}$$

mit:

A_{ijkt}: Absatz eines Artikels i aus der Warengruppe j aus der Verkaufsstelle k in der Periode t

FS_{ijkt}: Anzahl der Frontstücke für Artikel i in der Warengruppe j in der Verkaufsstelle k in der Periode t

a,b: Regressionskoeffizienten

Es ist anzunehmen, daß a = 0 ist, da im Selbstbedienungseinzelhandel Absatz normalerweise nur erzielt wird, wenn die Ware auch plaziert ist. Für b wird erwartet $0 < b < 1$, d.h. eine Frontstückerweiterung wird mit einer Zunahme des Absatzes verbunden sein und umgekehrt.

Zu (4) Die hervorgehobene Plazierung in Form eines massierten Aufbaues von Ware ist eine Komponente der Sonderangebotspolitik[1]. Die Display-Plazierung soll den Nachfragern den Eindruck vermitteln, daß diese Artikel besonders günstig sind, bzw. daß in der Verkaufsstelle ein besonders preisgünstiges Sortiment geführt wird[2]. Displayplazierungen fördern über einen kurzen Zeitraum den Absatz der dort plazierten Artikel. Die Wirkung entfaltet sich vor allem in der Kaufsituation. Es ist anzunehmen, daß Displaywirkungen besonders groß sind, wenn aus Kundensicht attraktive Artikel plaziert werden. Inwieweit weitere Bestimmungsfaktoren wie z.B. die Entfernung zwischen dem Display

---

1. Vgl. zu weiteren Komponenten der Sonderangebotspolitik Abschnitt 7.1.

2. Vgl. dazu die von Simon formulierte Hypothese, daß Nachfrager bei der Beurteilung der Preisgünstigkeit einer Verkaufsstelle die tatsächlichen Einkäufe verwenden (in: Preismanagement, a.a.O., S. 425).

und der Stammplazierung desselben Artikels oder zu Substitutionsartikeln, die Reihenfolge von Displays wirken, ist noch weitgehend ungeklärt[1]. Der Erfolg display-plazierter Artikel wird wie derjenige von normalplazierten Artikeln durch den Plazierungsort und die Kontaktstrecke beeinflußt. Die räumliche Nähe einer permanenten Displayplazierung zu der Stammplazierung kann sich auch negativ auf die stammplazierten Artikel auswirken. Wenn z.B. Dosen-Cola permanent auf einer Kopftheke displayplaziert ist, kann die Stammabteilung "übersehen" werden, da sich viele Nachfrager bereits an der Displayplazierung bedienen und die Stammabteilung überhaupt nicht mehr betreten. Desweiteren können die werbliche Ausgestaltung des Verkaufsaggregates, z.B. Hinweise auf die Preisgünstigkeit ... wie "Auf Dauer niedrig" oder "Aus unserem Inserat" und die Dauer der Displayplazierung den Erfolg beeinflussen[2]. Die Erfassung des Display-Erfolges ist mit dem Problem verknüpft, daß die dort plazierten Artikel nicht nur optisch in der Verkaufsstelle herausgestellt werden, sondern daß außerdem häufig der Preis dieser Artikel gegenüber den Vorperioden reduziert wird und daß für sie Out-Store-Werbung betrieben wird[3].

6.3 Deskriptive Statistiken zur Beschreibung der Plazierungspolitik und einfache Responsemessungen

In den Abschnitten 6.3.1 und 6.3.2 wird aufgezeigt, welche Probleme bei der Messung von Frontstücken und Displays und deren Absatzwirkung auftreten. Desweiteren wird die Frontstück- und Displaypolitik in den drei Warenhausfilialen beschrieben. Drittens werden die Ergebnisse der

---

1. Vgl. Bufe, R.H., der ohne Angabe von Quellen auf die Effizienz der Verbundplazierung hinweist (in: Güterbeschaffung des täglichen Bedarfs, a.a.O., S. 131).

2. Weitere Probleme bei der Erfolgsmessung sind z.B. die Abgrenzung der Perioden, Carry-over-Effekte und die Sortimentsabgrenzung.

3. Vgl. Dyer, L.W.: In-Store Research at Publix ..., a.a.O., S. 103, der darauf hinweist, daß der Absatz von displayplazierten Artikeln in der zweiten Woche im Vergleich zur ersten zwischen 30% und 62,5% zurückgeht.

Messungen der Frontstückresponse bzw. der Displaywirkungen diskutiert.

6.3.1 Frontstückvariation und Absatzwirkung

6.3.1.1 Meßprobleme bei der Erfassung von Frontstücken und deren Absatzwirkung

Unter Frontstücken werden im folgenden die nebeneinander plazierten Einheiten eines Artikels, die von Nachfragern bei einer frontalen Betrachtung des Verkaufsaggregates wahrgenommen werden können, verstanden. Es handelt sich also nur um die Einheiten eines Artikels, die in der vordersten Reihe stehen[1]. Bei dieser Definition bleiben die Einheiten eines Artikels, die in die Tiefe gestapelt werden, unberücksichtigt. Dies erscheint sinnvoll, da diese wegen ihrer Lagerfunktion häufig variiert werden, so daß eine Messung nur mit sehr hohem Aufwand möglich ist[2].

Bei der Messung der Frontstücke nach der obigen Definition ergeben sich die folgenden Probleme:

(1) Wie soll die Zahl der Frontstücke in solchen Warengruppen, in denen Artikel sowohl gestellt als auch gelegt präsentiert werden (z.B. bei Seifen, Zahnpasten, Getränken) gemessen werden?

(2) Wie sollen die Frontstücke von Artikeln erfaßt werden, die in unterster Lage in einem Karton verpackt sind?

(3) Wie sollen die Frontstücke für geschüttete Artikel gemessen werden?

Zahnpasten, Seifen und Spirituosen werden in den drei untersuchten Warenhausfilialen gestellt, gelegt und gestapelt angeboten, Kaffee gestellt und gestapelt. Die Anzahl der Frontstücke wird nach den folgenden Regeln gemessen: Bei Spirituosen werden stehende und liegende Flaschen

---

1. Vgl. Bufe, R.H.: Güterbeschaffung des täglichen Bedarfs, a.a.O., S. 118.

2. Daneben erfüllt das Regal eine Funktion als Lager. Eine Anforderung zur Erfüllung der Servicebereitschaft von durchschnittlich 95% könnte z.B. eine Bevorratung eines durchschnittlichen Bedarfs für 18 Verkaufstage zur Folge haben. Hierzu wird neben der Anzahl der Frontstücke auch die Tiefe und u.U. auch die Regalfachhöhe benötigt. Das akquisitorische Potential des Artikels selbst wird aber i.d.R. weniger durch die Tiefe als vielmehr durch die Zahl der Frontstücke beeinflußt.

als je ein Frontstück gezählt. Bei Zahnpasten werden gestellte und gelegte Tuben/Spender jeweils als Frontstücke gezählt. Bei Artikeln, die teilweise in unteren Lagen in Kartons verpackt sind (in zwei Filialen bei Spirituosen) werden die Kartonlagen auch als Frontstücke mitgerechnet. Bei geschütteter Ware (bei Zahnpasten und Seifen) wird die Zahl der Frontstücke entsprechend der Zahl von Frontstücken, die sich bei Stapelung (je nach Artikel quer, liegend oder stehend) ergeben würden, gezählt. Frontstücke für displayplazierte Artikel werden nicht separat erfaßt.

Die Frontstücke wurden in den drei Warenhausfilialen während des Untersuchungszeitraumes sechsmal (am 4., 22., 39., 57., 75. und 84. Untersuchungstag) gezählt. Eine tägliche Erfassung der Zahl der Frontstücke war aus organisatorischen Gründen nicht möglich. Die Tage, an denen keine Messung durchgeführt wurde, wurden hochgerechnet. Für die Zeit

- vom 1. bis 3. und vom 5. bis 13. Tag wurde der Meßwert des 4. Tages,
- vom 14. bis 21. und vom 23. bis 31. Tag wurde der Meßwert des 22. Tages,
- vom 32. bis 48. Tag wurde der Meßwert des 39. Tages,
- vom 49. bis 66. Tag wurde der Meßwert des 57. Tages,
- vom 67. bis 80. Tag wurde der Meßwert des 75. Tages und
- vom 81. bis 86. Tag wurde der Meßwert des 84. Tages

eingesetzt. Dabei ergibt sich das Problem, daß die sechs Meßpunkte die Situation in den vorherigen oder in den folgenden Perioden falsch widergeben können, wenn z.B. ein Artikel zum Zeitpunkt der Messung nicht vorhanden ist oder statt zwei Frontstücken nur eines aufweist, am Tag vor und/oder unmittelbar nach der Messung aber wieder über die Soll-Frontstückzahl verfügt. Nach Auskunft der Geschäftsleitung der drei Warenhausfilialen sollen Lücken, die entstehen, wenn Artikel des Stammsortimentes zur Zeit nicht vorrätig sind, nicht durch Erweiterung der Frontstückzahl benachbarter Artikel gefüllt werden. Damit soll u.a. gewährleistet werden, daß Präsenzlücken schnell erkannt werden können. Diese Politik wird im Untersuchungszeitraum in den drei Filialen nicht in allen Fällen auch tatsächlich realisiert. In einigen Fällen werden Lücken mit benachbarten Artikeln gefüllt, so daß die Frontstückvariationen zum Teil auf Logistikprobleme zurückgeführt werden können. Gezielte Veränderungen der Frontstückzahlen werden bei Spirituosen in den Filialen 2 und 3 bei insgesamt 21 Artikeln vorgenommen[1]. Um den Fehler bei der Hochrechnung der Frontstückzahlen möglichst gering zu halten, wird anhand der Absatzdaten für jeden Tag überprüft, ob mit Artikeln, für die bei den sechs Messungen keine Frontstücke gezählt werden, in den Tagen vorher und/oder nachher Absatz getätigt wird. In diesen Fällen wird den Artikeln die Frontstückzahl zugewiesen, die sie bei der jeweils letzten Messung haben[2].

Bei der Messung des Absatzes ergeben sich dieselben Probleme wie bei der Messung der Preisresponse. Zum einen muß festgelegt werden, welche Erfolgskennzahl zur Wirkungsmessung herangezogen werden soll, zum anderen welche Periodenlänge zur Wirkungsmessung benutzt werden soll. Analog zur Preispolitik werden Wochendaten zur Bildung der Responsefunktionen verwendet.

6.3.1.2 Frontstückvariation in den untersuchten Warenbereichen

Bei 284 Artikeln (29%) werden im Untersuchungszeitraum Veränderungen bei der Zahl der Frontstücke gemessen (vgl. Abbildung 6.3).

	Zahnpasten/Seifen		Kaffee		Spirituosen		Gesamt	
	absolut	in % von der Anzahl der geführten Artikel	absolut	in % von der Anzahl der geführten Artikel	absolut	in % von der Anzahl der geführten Artikel	absolut	in % von der Anzahl der geführten Artikel
Filiale 1	9	18	25	43	141	38	175	36
Filiale 2	9	20	17	59	38	21	64	25
Filiale 3	7	18	15	50	23	13	45	19
Gesamt	25	19	57	49	202	28	284	29

Abb. 6.3: Übersicht Frontstückvariation in drei Warenbereichen in drei Warenhausfilialen (Basis: Wochendaten)

---

1. Dabei haben sich allerdings keine signifikanten Absatzveränderungen ergeben.

2. Falls bei der ersten Messung am 4. Tag keine Frontstücke gezählt werden, aber an den folgenden Tagen Absatz erzielt wird, wird auf das Ergebnis der nächsten Messung am 22. Tag zurückgegriffen.

wie folgt beschreiben:
In der größten Filiale (Filiale 1) ergeben sich bei 175 Artikeln (36%) Veränderungen bei der Zahl der Frontstücke. Mit durchschnittlich 49% werden bei Kaffee die meisten Veränderungen beobachtet. Eine relativ konstante Plazierung weisen Zahnpasten und Seifen auf. 81% der Artikel haben konstante Frontstückzahlen.
Abbildung 6.4 zeigt beispielhaft die Frontstückvariationen für die 19

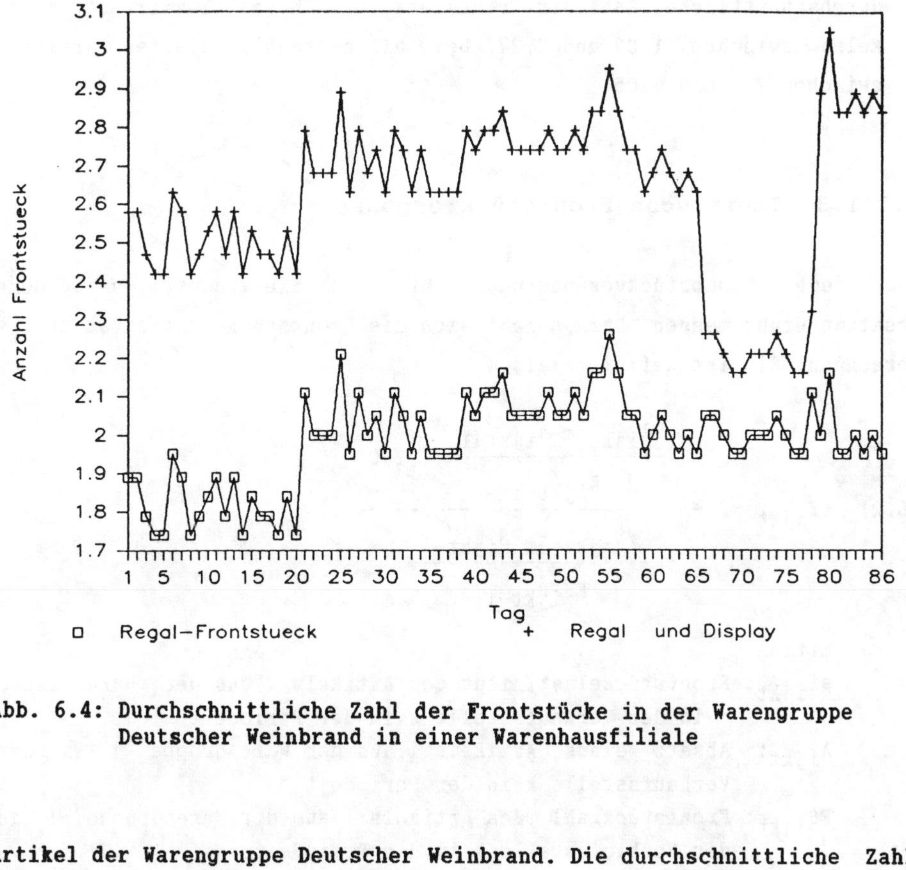

Abb. 6.4: Durchschnittliche Zahl der Frontstücke in der Warengruppe Deutscher Weinbrand in einer Warenhausfiliale

Artikel der Warengruppe Deutscher Weinbrand. Die durchschnittliche Zahl der Frontstücke der regalplazierten Artikel steigt im Zeitablauf leicht an. Im unteren Teil der Abbildung ist die durchschnittliche Zahl der Frontstücke pro Artikel für die Marken, die ohne Hinweis auf ihre Preisgünstigkeit (durch ein Preisschild) plaziert sind, enthalten.
Im oberen Teil sind neben diesen Artikeln auch diejenigen eingezeichnet, die im Regal mit einem werblichen Zusatz "auf Dauer niedrig" einschließlich der Produktinformationen und dem Preis versehen sind.
Die Plazierungspolitik für die Warengruppe Deutscher Weinbrand läßt sich

- in sachlicher Hinsicht: Frontstückvariation bei fünf Artikeln, bei den restlichen 14 Artikeln konstante Frontstückzahlen,
- die Streubreite der Frontstückveränderung:

  absolutes Maximum: 13 Frontstücke

  absolutes Minimum: 1 Frontstück

  maximale Veränderung: +433,3%

  minimale Veränderung: -6,7%

  und
- durchschnittliche Zahl der Frontstücke bei "normalplazierten" Artikeln: zwischen 1,89 und 2,27, bei allen regalplazierten Artikeln zwischen 2,2 und 3,05.

6.3.1.3 Empirische Frontstückresponse

Für jede Frontstückveränderung läßt sich die damit verbundene Absatzänderung messen. Daraus läßt sich die Frontstückelastizität ef_{ijkt} berechnen. Sie ist definiert als

$$(6.2)\quad ef_{ijkt} = \frac{\dfrac{A_{ijkt} - A_{ijkt-1}}{A_{ijkt-1}} * 100}{\dfrac{FS_{ijkt} - FS_{ijkt-1}}{FS_{ijkt-1}}}$$

mit:

ef_{ijkt}: Frontstückelastizität des Artikels i aus der Warengruppe j in der Verkaufsstelle k in der Periode t

A_{ijkt}: Absatz eines Artikels i aus der Warengruppe j in der Verkaufsstelle k in der Periode t

FS_{ijkt}: Frontstückzahl des Artikels i aus der Warengruppe j in der Verkaufsstelle k in der Periode t.

Abbildung 6.5 enthält die Frontstückelastizitäten für die insgesamt 12 Veränderungen in der Warengruppe Deutscher Weinbrand auf der Basis von Wochendaten. In fünf Fällen ergibt sich eine negative Frontstückelastizität, d.h. hier führt eine Frontstückerweiterung zu geringerem Absatz oder umgekehrt. Bei sechs Veränderungen zeigt sich die erwartete positive Elastizität, in einem Fall beträgt die Absatzveränderung Null, so daß ef_{ijkt} nicht ausgewiesen werden kann.

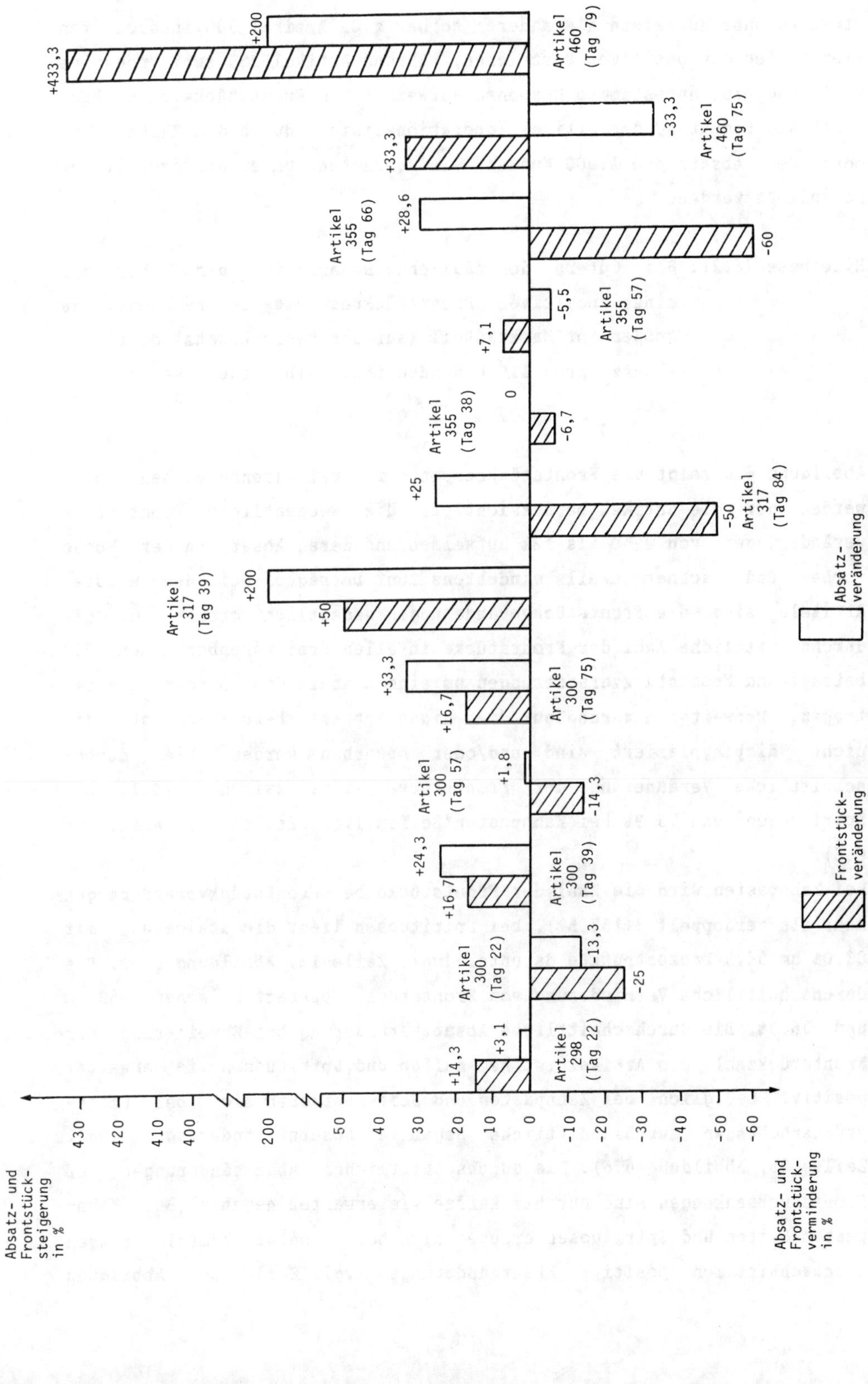

Abb. 6.5: Relative Frontstück- und Absatzänderungen bei fünf Weinbrandmarken in einer Warenhausfiliale

Es stellt sich die Frage, ob bestimmte Artikel eher eine positive Frontstückresponse aufweisen als andere; so hat z.B. Artikel 300 in drei von vier Fällen ein positives Vorzeichen, während Artikel 355 zwei negative Werte und eine unbestimmte Response aufweist. Die Frontstückwirkung kann durch die Bedeutung der Artikel (operationalisiert durch den Marktanteil oder den Absatz pro 1.000 Kunden) im gesamten Untersuchungszeitraum beeinflußt werden.

Hypothese (6.2): Bei Gütern des täglichen Bedarfs ist umso eher mit einer positiven Frontstückresponse zu rechnen, je größer ihr Marktanteil (auf der Basis Absatz) oder ihr Absatz pro 1.000 Kunden innerhalb einer Warengruppe ist.

Abbildung 6.6 zeigt die Frontstückresponse in drei Warenbereichen. Dabei werden nur die Artikel berücksichtigt, die wöchentliche Frontstückveränderungen von mehr als ±2% aufweisen und deren Absatz in der Woche vorher und nachher jeweils mindestens fünf beträgt. Bei den meisten Artikeln sind die Frontstückveränderungen wesentlich größer, da die durchschnittliche Zahl der Frontstücke in allen drei Warenbereichen 2,8 beträgt und Frontstückveränderungen um eine Einheit dann bereits 36% betragen. Desweiteren werden nur diejenigen Artikel berücksichtigt, die nicht displayplaziert sind und/oder beworben werden. Die durchschnittliche Veränderung der Frontstücke liegt zwischen 24,1% bei Spirituosen und 73,9% bei Zahnpasten/Seifen (vgl. Zeile 1a, Abbildung 6.6).
Bei Zahnpasten wird die Zahl der Frontstücke bei Frontstückveränderungen mehr als verdoppelt (+137,5%), bei Spirituosen liegt die Steigerung mit 83,0% um 54,5 Prozentpunkte darunter (vgl. Zeile 1b, Abbildung 6.6). Die durchschnittliche Verminderung von Frontstücken beträgt zwischen -53,3% und -36,3%. Die durchschnittliche Absatzveränderung bei Erweiterung der Frontstückzahl pro Artikel ist bei Kaffee und Spirituosen wie erwartet positiv. Lediglich bei Zahnpasten und Seifen ergeben sich bei Frontstückerhöhungen durchschnittliche negative Absatzveränderungen (vgl. Zeile 2b, Abbildung 6.6). Die durchschnittlichen Absatzänderungen auf Frontstücksenkungen sind nur bei Kaffee wie erwartet negativ. Bei Zahnpasten/Seifen und Spirituosen ergeben sich bei Frontstückverminderungen durchschnittlich positive Absatzänderungen (vgl. Zeile 2c, Abbildung

	Zahnpasten/ Seifen	Kaffee	Spirituosen
Anzahl der Artikel mit Frontstückänderungen	10	24	97
1. durchschnittliche Frontstückänderungen in %			
a) gesamt	+73,9 (12)*	+26,5 (35)	+24,1 (194)
b) durchschnittliche Frontstückerhöhungen	+137,5 (8)	+120,6 (14)	+83,0 (98)
c) durchschnittliche Frontstücksenkungen	-53,3 (4)	-36,3 (21)	-36,7 (96)
2. durchschnittliche Absatzveränderungen auf Frontstückveränderungen in %			
a) gesamt	-9,2	+15,4	+23,5
b) durchschnittliche Absatzänderungen auf Frontstückerhöhungen	-17,3	+46,0	+29,0
c) durchschnittliche Absatzänderungen auf Frontstücksenkungen	+7,1	-5,0	+17,9
3. durchschnittliche direkte Frontstückresponse			
a) gesamt	+0,01	+1,42	+0,50
b) bei Frontstückerhöhungen	-0,12	+4,36	+1,79
c) bei Frontstücksenkungen	+0,29	-0,53	-0,82

* In Klammern: Anzahl der Frontstückänderungen

Anmerkung: Auf den Ausweis der Elastizität für den Absatz pro 1.000 Kunden wird verzichtet, da sich die Ergebnisse kaum unterscheiden.

Abb. 6.6: Die Frontstückresponse auf der Basis Absatz in drei Warenbereichen in drei Warenhausfilialen mit Wochendaten

6.6). Die Frontstückelastizität ist für alle drei Warenbereiche positiv (zwischen +0,01 und +1,42). Frontstückerweiterungen führen bei der Gesamtbetrachtung kurzfristig durchschnittlich zu Absatzsteigerungen. Eine genaue Analyse des Durchschnittsergebnisses zeigt dann aber deutlich die Probleme der Messung der Frontstückelastizität. In 50,9% der Fälle ergeben sich negative Vorzeichen; lediglich in 49,1% der Fälle kann beobachtet werden, daß Frontstückerweiterungen den Absatz tatsächlich erhöhen.

Die durchschnittlichen Marktanteile der Artikel mit der erwarteten positiven Frontstückelastizität liegen bei Zahnpasten/Seifen und Kaffee über denen mit negativer Frontstückelastizität. Die Differenzen sind jedoch nicht signifikant für $p \leq 0,05$ (vgl. Abbildung 6.7).

Warenbereich	durchschnittlicher Marktanteil in %		
	negative Frontstückelastizität	positive Frontstückelastizität	Signifikanz, einseitig ($p \leq 0.05$)
Zahnpasten/Seifen	5,5 (n= 9)	12,1 (n= 3)	nicht signifikant
Kaffee	7,4 (n= 13)	14,8 (n= 22)	nicht signifikant
Spirituosen	22,5 (n=101)	18,3 (n= 93)	nicht signifikant
Gesamt	19,6 (n=123)	14,1 (n=118)	nicht signifikant

Abb. 6.7: Vergleich der Mittelwerte des Marktanteils (Absatz) in drei Warenbereichen in drei Warenhausfilialen

Bei Spirituosen besitzen die Artikel mit negativen Frontstückelastizitäten einen um 4,2 Prozentpunkte höheren durchschnittlichen Marktanteil in der jeweiligen Warengruppe als diejenigen mit positiven Frontstückelastizitäten. Auf die Darstellung der Ergebnisse für die Variablen Absatz pro 1.000 Kunden wird verzichtet, da sich auch dafür keine signifikanten Differenzen ergeben.

Ergebnis (6.2): In zwei von drei Warenbereichen weisen die Artikel mit positiven Frontstückelastizitäten durchschnittlich höhere Marktanteile als die Artikel mit negativer Frontstückelastizität auf. Bei Spirituosen ist es umgekehrt. Die Mittelwertdifferenzen sind jedoch nicht signifikant.

Der Zusammenhang zwischen der Anzahl der Frontstücke und dem
- Absatz pro Teilperiode,
- Marktanteil in einzelnen Teilperioden und dem
- Absatz pro 1.000 Kunden (bzw. DM 100.000 Umsatz)

wird mit insgesamt 12 Operationalisierungsalternativen überprüft (vgl. Abbildung 6.8).

Die Alternativen 2, 4, 6 (linkslogarithmiert), mit b > 0; 7, 9, 11 (-rechtslogarithmiert) mit b > 0 und 8, 10 und 12 (doppellogarithmiert)

Operationa-lisierungs-alternative	Abhängige Variable	Unabhängige Variable	Funktions-typ	erwartete Ausprägungen von b
1	Absatz	Anzahl Frontstücke	linear	b > 0
2	logarithmierter Absatz	Anzahl Frontstücke	degressiv	b > 0
3	Marktanteil (Absatz)	Anzahl Frontstücke	linear	b > 0
4	logarithmierter Marktanteil (Absatz)	Anzahl Frontstücke	degressiv	b > 0
5	Absatz pro 1.000 Kunden	Anzahl Frontstücke	linear	b > 0
6	logarithmierter Absatz pro 1.000 Kunden	Anzahl Frontstücke	degressiv	b > 0
7	Absatz	logarithmierte Anzahl Frontstücke	degressiv	b > 0
8	logarithmierter Absatz	logarithmierte Anzahl Frontstücke	degressiv	0 < b < 1
9	Marktanteil (Absatz)	logarithmierte Anzahl Frontstücke	degressiv	b > 0
10	logarithmierter Marktanteil (Absatz)	logarithmierte Anzahl Frontstücke	degressiv	0 < b < 1
11	Absatz pro 1.000 Kunden	logarithmierte Anzahl Frontstücke	degressiv	b > 0
12	logarithmierter Absatz pro 1.000 Kunden	logarithmierte Anzahl Frontstücke	degressiv	0 < b < 1

Abb. 6.8: Operationalisierungsalternativen für Frontstückresponsefunktionen

mit 0 < b < 1 sind in der Lage, den in Hypothese 6.1 formulierten degressiven Zusammenhang zwischen Erfolg und Anzahl der Frontstücke widerzugeben. Der Vollständigkeit halber wird die lineare Version (Alternativen 1, 3 und 5) im folgenden mit überprüft. Bei allen Operationalisierungen wird erwartet, daß das absolute Glied a sich nicht signifikant von Null unterscheidet.
Bei der Analyse der Wirkung von Frontstücken werden nur die Wochen berücksichtigt, in denen ein Artikel mindestens an vier Tagen im Regal plaziert ist und dabei mindestens durchschnittlich mehr als null Frontstücke aufweist. Die Vorzeichen der durchschnittlichen Korrelationskoeffizienten sind

- bei Zahnpasten/Seifen in 37,5% bis 73,3%,
- bei Kaffee in 39,1% bis 61,8% und
- bei Spirituosen in 47,7% bis 57,7% der Fälle

positiv. Der Anteil der signifikanten durchschnittlichen Korrelationskoeffizienten ($p \leq 0,025$ einseitig) schwankt zwischen 3,8% und 21,4% bei Zahnpasten/Seifen, 6,5% und 17,8% bei Kaffee und 6,9% und 13,3% bei Spirituosen und ist damit relativ gering. Die durchschnittlichen Korrelationskoeffizienten für die 12 Operationalisierungen liegen zwischen -0,09 (für Alternative 12 in dem Warenbereich Kaffee) und 0,19 (für die Alternative 1) in dem Warenbereich Zahnpasten/Seifen (vgl. Abbildung 6.9).

Operationa-lisierungs-alternative	Zahnpasten/Seifen (n=25)			Kaffee (n=57)			Spirituosen (n=202)		
	Anteil positiver Vorzeichen	Anteil signifikanter Korrelationskoef.	mittlerer Korrelationskoeffizient	Anteil positiver Vorzeichen	Anteil signifikanter Korrelationskoef.	mittlerer Korrelationskoeffizient	Anteil positiver Vorzeichen	Anteil signifikanter Korrelationskoef.	mittlerer Korrelationskoeffizient
1	56,0	16.0	0.19	59.6	17.5	0.16	55.4	10.9	0.08
2	54.2	16.7	0.08	59.2	14.3	0.12	57.7	8.8	0.07
3	64.0	12.0	0.15	64.9	17.5	0.16	52.3	10.1	0.07
4	54.2	8.3	0.08	62.7	13.7	0.09	54.5	10.2	0.07
5	61.5	3.8	0.04	45.9	6.6	-0.05	53.5	7.0	0.04
6	37.5	8.3	-0.06	43.6	10.9	0.01	56.9	6.9	0.03
7	68.8	18.8	0.17	60.0	17.8	0.13	48.8	10.5	-0.05
8	71.4	21.4	0.14	61.8	17.6	0.12	50.4	8.4	-0.03
9	73.3	13.3	0.20	54.5	11.4	0.11	48.4	7.7	0.01
10	61.5	15.4	0.20	51.4	11.4	0.12	49.6	7.4	0.04
11	40.0	0.00	-0.07	52.9	8.1	0.01	46.0	8.7	-0.09
12	38.5	7.7	0.07	39.1	6.5	-0.09	47.7	13.3	-0.00

Abb. 6.9: Durchschnittliche Korrelationskoeffizienten von 12 Operationalisierungen zur Ermittlung von Frontstückresponsefunktionen

Die besten durchschnittlichen Korrelationen in allen drei Warenbereichen werden mit der linearen Alternative 1 (Absatz = f (Frontstückzahl)) erzielt. Bei Alternative 1 kommt hinzu, daß alle Artikel berücksichtigt werden können, während bei den Alternativen mit logarithmierten Variablen nur die Artikel in die Berechnung eingehen, die in allen untersuchten Wochen jeweils mindestens einmal verkauft werden. Auf die Addition einer Konstanten wird verzichtet, da dadurch der Korrelationskoeffizient stark beeinflußt werden kann. In sieben von 27 Fällen ergeben sich im degressiven Modell durchschnittliche Korrelationskoeffizienten mit falschen (negativen) Vorzeichen. Der Anteil der Artikel mit positiven Vorzeichen ist dementsprechend bei diesen Modellen geringer als bei den Modellen mit durchschnittlich positiven Korrelationskoeffizienten. Lediglich für 28% der Artikel mit Frontstückveränderungen kann ein jeweils bestes Modell mit einem signifikanten positiven Korrelationskoeffizienten ($p \leq 0,025$, einseitig) ermittelt werden. Bei 12% liegt auch der höchste Korrelationskoeffizient im negativen Bereich. Eine Konzentration auf wenige Operationalisierungsalternativen kann nicht beobachtet werden. Alle Alternativen weisen jeweils höchste Korrelationskoeffizienten auf, die bei Zahnpasten/Seifen zwischen -0,10 und +0,78, bei Kaffee zwischen 0,25 und 0,71 und bei Spirituosen zwischen 0,19 und 0,53 liegen. Ein ausschließlich degressiver Zusammenhang kann nicht beobachtet werden, da auch die drei linearen Alternativen 1, 3 und 5 jeweils höchste Korrelationskoeffizienten enthalten. Die Hypothese 6.1 muß daher abgelehnt werden.

Ergebnis (6.1): Der vermutete degressive Zusammenhang zwischen der Zahl der Frontstücke und dem Absatz, dem Marktanteil und dem Absatz pro 1.000 Kunden kann nicht eindeutig festgestellt werden.

Analog zur Preispolitik wird in Hypothese 6.3 vermutet:

Hypothese (6.3): Es ist umso eher mit hohen positiven Korrelationskoeffizienten zu rechnen, je höher der Marktanteil bzw. der Absatz pro 1.000 Kunden eines Artikels ist.

Auch diese Hypothese muß verworfen werden, da der Zusammenhang zwischen dem Korrelationskoeffizienten und dem Marktanteil mit Werten zwischen -0,04 (Kaffee) und 0,11 (Zahnpasten/Seifen) nicht signifikant ist. Die Werte für den Absatz pro 1.000 Kunden, bzw. pro 100.000 DM Umsatz bei Zahnpasten/Seifen sind ebenfalls nicht signifikant (Zahnpasten/Seifen: 0,14, Kaffee: 0,08 und Spirituosen: -0,04).

Ergebnis (6.3): Zwischen der Höhe des Marktanteils bzw. dem Absatz pro 1.000 Kunden und der Stärke des Zusammenhanges zwischen der Zahl der Frontstücke und dem Erfolg (Marktanteil, Absatz, Absatz pro 1.000 Kunden, pro 100.000 DM Umsatz) besteht kein signifikanter Zusammenhang.

6.3.2 Displayvariation und Absatzwirkung

6.3.2.1 Meßprobleme bei der Erfassung von Displays und deren Absatzwirkung

Der Begriff Display wird in der Literatur unterschiedlich verwendet. Zum einen versteht man darunter Werbemittel[1] zur Absatzförderung am Point of Sales, die weitgehend unabhängig von der Form der Plazierung sind[2]. Zum anderen dient der Begriff zur Bezeichnung einer hervorgehobenen Plazierung von Sortimentsteilen, bei der die Ware oft am Anfang bzw. Ende eines Regales oder auf einer speziellen Fläche in größerer Menge geschüttet oder gestapelt plaziert wird[3]. In der Praxis findet man häufig eine Kombination von hervorgehobener Plazierung und Ausgestaltung mit Werbemitteln. Im Rahmen der Displaypolitik sind die folgenden Größen festzulegen:

(1) die qualitative Ausgestaltung mit Werbemitteln (z.B. mit oder ohne Preisschild oder die Form des Warenträgers),

(2) der Ort, an dem die Ware plaziert wird. Neben einer Plazierung außerhalb des Regales auf Sonderflächen können einzelne Artikel auch innerhalb von Regalen hervorgehoben werden, z.B. durch:
- Bretter, die auf den mittleren Regalböden zwischen einzelnen Regaleinheiten ca. 20 cm aus dem Regal herausragen,
- Drahtkörbe, die in der untersten Regalzone angebracht sind oder
- Preisschilder, die am Regalbrett befestigt sind,

(3) die Anzahl der Einheiten, die von einem Artikel angeboten werden soll,

(4) die Art der Darbietung (gestapelt oder geschüttet),

(5) die Dauer der Plazierung und

(6) die Häufigkeit der Plazierung eines Artikels innerhalb des Verkaufsraumes (Zweitplazierung oder wird der displayplazierte Artikel

---

1. Z.B. Preisschilder und -hänger, Bodenaufsteller, Thekenaufsteller.

2. Vgl. z. B. Bufe, R.H.: Güterbeschaffung des täglichen Bedarfs, a.a.O., S. 129 ff.; Welzel, K.: Marketing im Einzelhandel. Dargestellt am Beispiel des Einsatzes von Sonderangeboten. Wiesbaden 1974, S. 136.

3. Vgl. z.B. Chevalier, M.: Increase in Sales Due to In-Store Display. In: JoMR (4/1975), S. 426-431, hier S. 426.

ausschließlich auf dem Display angeboten).

Mit Hilfe dieser sechs Merkmale lassen sich die in den drei untersuchten Warenhausfilialen vorgefundenen Plazierungen in sechs Typen unterteilen:

Typ 1: Normalplazierung im Regal auf Regalböden

Typ 2: Plazierung im Drahtkorb in der untersten Regalebene ohne weiteren Hinweis, geschüttet (Seife/Zahnpasten), gelegt (Spirituosen)

Typ 3a: Plazierung im Drahtkorb in der untersten Regalebene mit Hinweis auf Sonderangebot durch Preisschild am Drahtkorb im Format ca. 10 x 15 cm

Typ 3b: Plazierung (mindestens zwei Frontstücke) mit Hinweis auf Sonderangebot durch Preisschild wie oben am Regalbrett

Die Typen 3a und 3b werden wegen ihrer Ähnlichkeit zu Typ 3 zusammengefaßt.

Typ 4a: Massierte Plazierung im Regal auf einem ca. 20 cm vorgezogenen Brett von ca. 35 cm Breite mit Preisschild (Din A 4) auf Ständer

Typ 4b: Plazierung auf Kopftheke in unmittelbarer Nähe der normalplazierten" Ware, wobei es diese Plazierungsform nur in der Filiale 1 bei der Warengruppe Seifen gibt.

Typ 4a und 4b werden wegen ihrer Ähnlichkeit zu Typ 4 zusammengefaßt.

Typ 5: Massierte Plazierung außerhalb des Regales auf Theken, Paletten oder Kopfgondeln an Plätzen, auf denen die Artikel meist nur jeweils über einen kurzen Zeitraum plaziert werden. Diese Orte liegen entweder in der Nähe der Kasse oder aber zumindest an einem Hauptgang durch die Verkaufsstelle. Die werbliche Unterstützung erfolgt in jedem Fall durch Preisschilder (Deckenhänger oder Aufsteller).

In Abbildung 6.10 sind die Display-Typen zusammengefaßt. Die Typen 2 bis 4 werden im folgenden auch als Regaldisplay, Typ 5 als Display bezeichnet.

Die Displayformen 1 bis 3 werden analog zu den in Abschnitt 6.3.1.1 beschriebenen Frontstückzahlen erfaßt. Die Displaytypen 4 und 5 werden vom Verkaufspersonal in der Filiale täglich gemessen. Die Zahl der Frontstücke steht nur für den Display-Typ 4 zur Verfügung. Auf eine Erfassung von Frontstückzahlen für den Display-Typ 5 wird verzichtet, da

Plazierungsformen	Merkmale						
	Einsatz von Werbemitteln (separater Hinweis auf Preis)	Plazierung im Regal		Plazierung außerhalb des Regals auf Sonderfläche	Art der Darbietung	wird nur über einen kurzen Zeitraum genutzt (bis ca. 4 Wochen)	Plazierung als Zweitplazierung
		Plazierung im Drahtkorb	Plazierung auf Brett		massiertes Angebot		
	(1)	(2)	(3)	(4)	(5)	(6)	(7)
1 Normalplazierung im Regal	nein	nein	nein	nein	nein	nein	i.d.R. nein
2 Plazierung im Drahtkorb ohne separaten Hinweis auf Preis	nein	ja	nein	nein	nein	nein	i.d.R. ja
3a Plazierung im Drahtkorb mit separatem Hinweis auf Preis	ja	ja	nein	nein	nein	nein	i.d.R. ja
3b Plazierung im Regal mit mindestens zwei Frontstücken und separatem Hinweis auf Preis	ja	nein	nein	nein	nein	nein	i.d.R. nein
4a 4b Hervorgehobene Plazierung im Regal oder in unmittelbarer Nähe zu der normalplazierten Warengruppe	ja	nein	ja, bei Typ 4b auch auf Kopftheke	nein	ja	i.d.R. ja	ja
5 Plazierung auf Sonderfläche	ja	nein	nein	ja	ja	i.d.R. ja	ja

Abb. 6.10: Merkmalsausprägungen unterschiedlicher Plazierungsformen

die Zahl der Frontstücke durch relativ hohe Abverkäufe häufigen Schwankungen unterliegt. Die Display-Typen 2, 3a, 4a und 4b werden sowohl als Stammplazierung als auch als Zweitplazierung, der Typ 5 fast ausschließlich als Zweitplazierung realisiert. Da kaum eine Möglichkeit besteht, den Absatz der verschiedenen Standorte separat zu erfassen, enthält die Wirkung der Displayplazierung auch gleichzeitig die Wirkung der Stammplazierung. Nach Auskunft der Geschäftsleitungen in den drei Warenhausfilialen wird aber von den displayplazierten Artikeln in der Zweit- oder Mehrfachplazierung durchschnittlich mehr als 80% von dem Displaystandort verkauft. Daher ist zu erwarten, daß der Fehler bei der

Erfassung des Absatzerfolges relativ gering ist.

6.3.2.2 Displayvariation in den untersuchten Warenbereichen

Ca. 35% der Artikel sind im Untersuchungszeitraum mindestens einmal auf einem der vier Regal-Display-Typen plaziert. Besonders häufig wird die Regal-Displayplazierung bei Zahnpasten/Seifen in Anspruch genommen: 30 Artikel sind im Untersuchungszeitraum auf Typ 2, 29 auf Typ 3, 7 auf Typ 4 und 27 auf Typ 5 plaziert. Bei Kaffee werden die Displaytypen 4 und 5 präferiert, während bei Spirituosen der Display-Typ 4 bevorzugt genutzt wird (vgl. Abbildung 6.11).
Die durchschnittliche Verweildauer auf dem Display-Typ 4 beträgt 29,2 Tage, auf dem Display-Typ 5 24,5 Tage.

Plazierungs-form	Zahnpasten/Seifen		Kaffee		Spirituosen		Gesamt	
	absolut	in %	absolut	in %	absolut	in %	absolut	in %
1	135	100	117	100	728	100	980	100
2	30	22	7	6	46	6	83	8
3	29	22	-0	0	42	6	71	7
4	7	5	20	17	60	8	87	9
5	27	20	36	31	44	6	107	11

Abb. 6.11: Die Plazierungsformen im Untersuchungszeitraum (86 Tage) in drei Warenbereichen in drei Warenhausfilialen

Abbildung 6.12 zeigt beispielhaft für die Warengruppe Deutscher Weinbrand in einer Warenhausfiliale die Displaypolitik.
Die Artikel 298, 300 und 317 werden ab dem 23. Tag in Körben in der untersten Regalzone mit jeweils fünf Frontstücken präsentiert. Artikel 298 wird bis zum 14. Untersuchungstag neben der Stammplazierung auf einem Sondertisch in der Nähe der Kasse (Display-Typ 5) angeboten. Am 81. Verkaufstag werden die Artikel 300 und 355 auf Diplay-Typ 5 angeboten. Artikel 355 ist während des gesamten Untersuchungszeitraumes

auf einem Brett in der Regalmitte (Typ 4) plaziert.

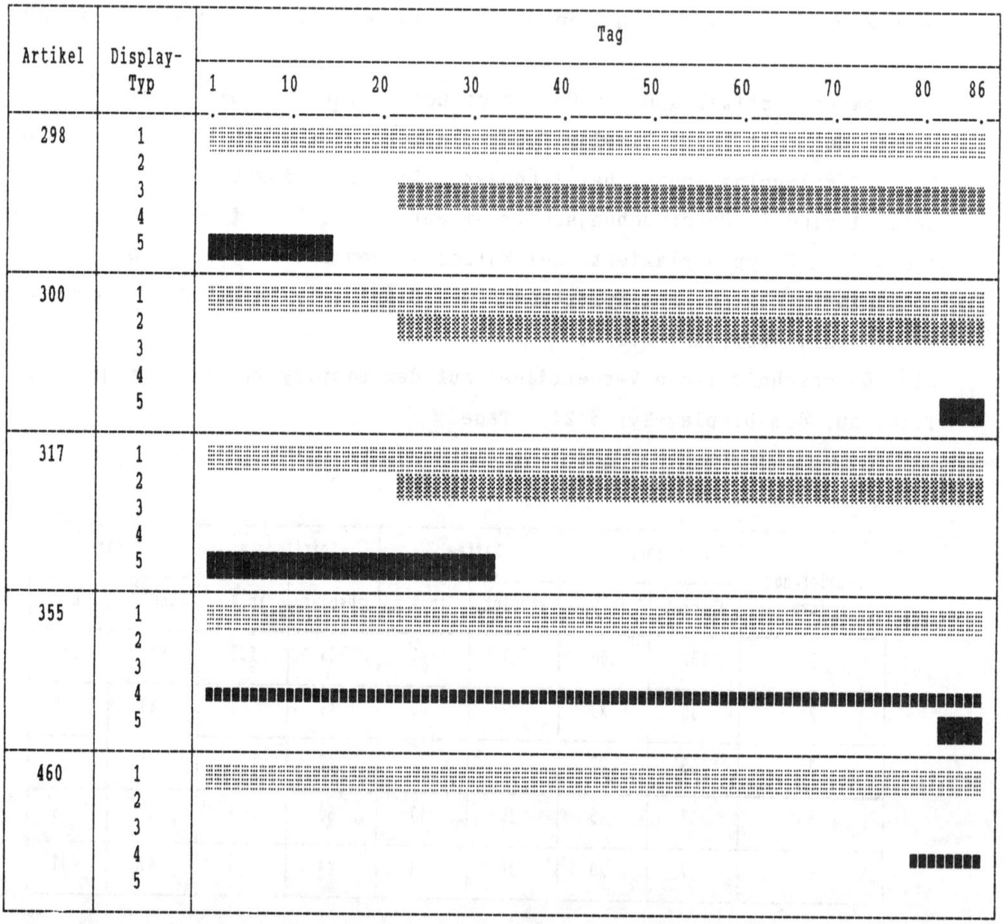

Abb. 6.12: Beispiel für Displayvariationen bei fünf Artikeln der Warengruppe Deutscher Weinbrand in einer Warenhausfiliale

6.3.2.3 Empirische Displayresponse

Bei der Variablen "Display-Typ" handelt es sich um eine 0/1-Variable, die den Wert 1 annimmt, wenn ein bestimmter Display-Typ vorliegt, ansonsten wird ihr der Wert Null zugewiesen. Geht man davon aus, daß maximal alle fünf Typen gleichzeitig vorliegen können, können sich bis zu 26 Kombinationen ergeben. Da zum einen eine solche Vielfalt nur selten auftreten wird, zum anderen eine Zuordnung des Erfolges zu den einzelnen Plazierungsformen kaum möglich ist, wird der hierarchischen Lösung der Vorzug gegeben. Dabei gilt, daß bei Auswertungen jeweils pro Teilperiode der "größte" Display-Typ herangezogen wird. Falls z.B. ein Artikel gleichzeitig regalplaziert (Typ 1) auf einem Brett im Regal (Typ 4) und auf einer Sonderfläche (Typ 5) plaziert ist, wird dieser Artikel lediglich unter dem Typ 5 erfaßt. Es ist anzunehmen, daß die Display-Typen sich entsprechend ihrer Reihenfolge auf den Absatz bzw. den Marktanteil auswirken. Typ 5 ist am ehesten in der Lage, die Aufmerksamkeit der Nachfrager zu erregen, Typ 2 am wenigsten[1].

Hypothese (6.4): Die Plazierung auf unterschiedlichen Display-Typen wirkt sich auf den Absatz der einzelnen Artikel in einzelnen Teilperioden aus. Der geringste durchschnittliche Wert ist für Typ 2, der höchste für Typ 5 zu erwarten.

Die durchschnittlichen Wochenergebnisse der fünf Plazierungstypen für die Erfolgsgrößen Absatz und Marktanteil sind aus Abbildung 6.13 zu entnehmen. Da displayplazierte Artikel der Typen 2 bis 5 häufig gleichzeitig auch im Preis reduziert und beworben werden, wird zusätzlich zu diesen Größen auch der Deckungsbeitrag ausgewiesen.
Der Absatzanteil liegt in allen drei Warenbereichen bei den Plazierungsformen 2 bis 5 über dem Plazierungsanteil, während mit der Plazierungsform 1 nur ein unterproportionaler Absatzanteil erzielt wird. Dabei bleibt allerdings unberücksichtigt, daß die Artikel mit Displayform 1 meist nur ein oder zwei Frontstücke besitzen, während die übrigen Plazierungsformen i.d.R. mehr als zwei Frontstücke aufweisen. In Spalte 6 ist der Index auf der Basis durchschnittlicher wöchentlicher Absatz mit Plazierungsform 1 eingetragen. Der Index enthält sowohl den Vergleich für Artikel, wenn sie im Untersuchungszeitraum unterschiedlich plaziert sind, als auch den Vergleich zwischen verschiedenen Artikeln. Bei Zahnpasten/Seifen wird auf Plazierungsform 2 durchschnittlich 78%, auf Plazierungsform 3 126%, auf Plazierungsform 4 640% und auf Plazierungsform 5 1.174% mehr als auf Plazierungsform 1 abgesetzt. Bei Kaffee und Spirituosen ergeben sich Steigerungen zwischen 233 und 895%.

---

1. Zur Begründung dieser Hypothese vgl. Abschnitt 6.3.1.2.

Pla- rungs- form	Warenbereich	Anzahl Plazie- rung in Tagen	Häufig- keit zierungs- form in %	Anteil Absatz in %	Index auf der Basis durchschn. wöchentlicher Absatz mit Pla- zierungsform 1	ungewogener durchschnitt- licher Marktanteil pro Woche	durchschnitt- licher wöchent- licher DB pro plaziertem Artikel
(1)	(2)	(3)	(4)	(5)	(6)	(7)	(8)
1	Zahnpasten/Seife Kaffee Spirituosen	8.772 8.017 54.392	76,0 81,6 90,2	43,0 35,9 65,5	100 100 100	2,1 6,7 6,5	+0,68 -0,60 +8,02
2	Zahnpasten/Seife Kaffee Spirituosen	1.190 - 1.720	10,3 - 2,9	10,4 - 9,7	178 - 470	7,5 - 16,5	-3,87 - +29,65
3	Zahnpasten/Seife Kaffee Spirituosen	890 123 2.082	7,7 1,3 3,4	9,9 3,6 14,1	226 662 564	8,3 11,8 22,4	-2,47 -9,44 +21,11
4	Zahnpasten/Seife Kaffee Spirituosen	240 508 1.488	2,1 5,2 2,5	8,7 8,1 6,0	740 357 333	12,3 3,1 19,3	-1,46 -6,24 +25,59
5	Zahnpasten/Seife Kaffee Spirituosen	451 1.177 642	3,9 12,0 1,1	28,1 52,4 4,6	1274 995 602	23,1 10,9 18,3	+1,24 -14,11 +27,11

Abb. 6.13: Durchschnittliche Ergebnisse der fünf Displaytypen in drei Warenbereichen in drei Warenhausfilialen

Bei diesen beiden Warenbereichen ergibt sich für die Plazierungsform 4 ein geringerer Index als für die Plazierungsform 3, d.h. die Forcierung durch die Plazierung auf Brettern in der Mitte des Regales ist in diesen beiden Warenbereichen durchschnittlich weniger erfolgreich als die im Drahtkorb (Spirituosen) oder die massierte Regalplazierung (Kaffee) ergänzt durch ein Preisschild. Bei Zahnpasten/Seifen entspricht die Rangfolge der Plazierungsformen der Rangfolge des durchschnittlich erzielten Marktanteils. Bei Kaffee und Spirituosen wird mit 11,8% bzw. 22,4% der höchste durchschnittliche Marktanteil (vgl. Spalte 7) mit der Plazierungsform 3 erzielt. Bei Kaffee entfallen auf diesen Typ 1,3% der Plazierungen, bei Spirituosen 3,4% (vgl. Spalte 4). Durchweg positive Deckungsbeiträge werden nur bei Spirituosen erzielt, die höchsten durchschnittlichen mit den Typen 2 und 5 (vgl. Spalte 8). Kaffee erwirtschaftet in allen fünf Formen negative durchschnittliche Deckungsbeiträge, die schlechtesten Ergebnisse werden auf der Plazierungsform 5 erzielt.

Ergebnis (6.4): Die Display-Typen wirken sich signifikant auf den Marktanteil und den Absatz aus, wenn auch nur bei Zahnpasten/Seifen der Index für den wöchentlichen Absatz auf der Basis der Plazierungsform 1 kontinuierlich für die vier Typen wächst. Bei Kaffee und Spirituosen wirkt der Typ 4 (Regaldisplay in der Form einer Brettplazierung) geringer als der Typ 3. Die höchste Steigerung gegenüber der Normalplazierung wird mit dem Typ 5 erreicht.

Dieses Ergebnis entspricht den bislang gewonnenen Erkenntnissen, daß mit Displayplazierungen beträchtliche Absatzsteigerungen erzielt werden können. Dabei muß allerdings auch berücksichtigt werden, daß meist umsatzstarke Artikel displayplaziert werden. Auf die artikelgenaue Displayresponse wird innerhalb der Sonderangebotspolitik in Kapitel 7 eingegangen.

6.4 Verfahren zur Aufteilung der Verkaufsfläche und der Regalkapazität auf Plazierungsgruppen und Artikel[1]

Ziel der Verfahren zur Vergabe des Verkaufsraumes ist es, die vorhandenen Ressourcen so zu nutzen, daß eine Erfolgskennzahl (i.d.R. ist das der Deckungsbeitrag, bzw. die Direkte Produkt-Rentabilität) unter der Nebenbedingung, daß ein bestimmter Servicegrad erreicht wird, maximiert wird. Die Verfahren berücksichtigen in unterschiedlichem Maße das akquisitorische Potential der Frontstückzahl und des Plazierungsortes. Im folgenden werden nur Verfahren vorgestellt, mit deren Hilfe die Vergabe von Plazierungseinheiten für die Stammplazierung geplant wird.
Bei der Nutzung von Verfahren zur Planung der Verkaufsfläche müssen die

---

1. Vgl. zum folgenden auch Müller-Hagedorn, L. und Heidel, B.: Optimale Verkaufsflächennutzung in Handelsbetrieben, a.a.O., S. 6-12.

folgenden Probleme berücksichtigt, bzw. die folgenden Fragen beantwortet werden[1]:

- Wie sollen dynamische Aspekte berücksichtigt werden?
- Welche Rolle spielt die Blockbildung (d.h. die gemeinsame Plazierung von Artikeln, die sich entweder substitutiv oder komplementär ergänzen)? Blöcke werden normalerweise eher wahrgenommen als einzelne Artikel.
- Wie können bzw. müssen die qualitativen Merkmale der Artikel, z.B. das Image, die Bedeutung eines Artikels für die Nachfrager, aber auch die Größe und das Gewicht bei der Vergabe von Regalfläche berücksichtigt werden?
- Bei Kennzahlenverfahren wird die Multivalenz der Regale meist über eine Konstante, die von außen eingegeben werden muß, berücksichtigt. Es ist allerdings nicht sicher, ob solche Multivalenzen tatsächlich bestehen (vgl. dazu auch die Literaturübersicht in Abbildung 6.2).
- Es muß festgelegt werden, welche Bestimmungsgrößen (Frontstücke, Fläche oder Raum) als Ergebnis des Verfahrens benutzt werden sollen. In der Praxis wird inzwischen meist der Regalraum verwendet, da sich eine Reihe von Artikeln auch im Regal stapeln lassen.
- Kostenaspekte, wie z.B. Nachfüll- und Fehlmengenkosten, müssen mitberücksichtigt werden, da sonst die Gefahr besteht, daß diese Kosten höher sind als der Erfolg durch die Umplazierung.
- Verbundeffekte zwischen Artikeln bzw. zwischen Warenbereichen sollten mitberücksichtigt werden, da sonst Artikel nicht mehr plaziert werden, die zwar für sich gesehen keinen Deckungsbeitrag erwirtschaften, aber mit anderen deckungsbeitragsstarken Artikeln im Verbund stehen.
- Je nachdem welche Kennzahl zur Aufteilung benutzt wird, besteht die Gefahr, daß einzelne Artikel überrepräsentiert sind, während andere Artikel aufgrund ihrer "schlechten Kennzahlen" nicht plaziert werden.
- Wie können Absatzschwankungen berücksichtigt werden?
- Regionale (Verbrauchsgewohnheiten) und lokale Unterschiede (Kon-

---

1. Vgl. auch Müller, H.: Die Warenplazierung als absatzpolitisches Instrument im Selbstbedienungseinzelhandel, a.a.O. 1982, S. 203; Höller, W.: Reserven im Regal. In: asw (12/1988), S. 82-85.

kurrenzverhältnisse) erschweren die Übertragbarkeit der Ergebnisse.

- Wie sollen neue Artikel, für die noch keine Daten vorliegen, berücksichtigt werden?
- In welchen Abständen soll die Regalplanung vorgenommen werden?
- Aufgrund der empirischen Ergebnisse besteht ein Unterschied, ob Stammplazierungen oder ob Sonderplazierungen geplant werden. Während bei Stammplazierungen der Regalraum (bzw. die Regalfläche) geplant wird, wird die Sonderfläche für Sonderplazierungen i.d.R. fest vorgegeben und aktuell wird jeweils entschieden, welcher Artikel sonderplaziert wird.
- Es handelt sich - wie auch bei den Verfahren zur Gestaltung der Sortimentsstruktur - um Vorschläge, wie plaziert werden soll. Der Erfolg kann erst durch die Kaufakte der Nachfrager realisiert werden.

Die Verfahren lassen sich wie folgt untergliedern[1]:

(1) Verfahren, bei denen die Verkaufsfläche mit Hilfe von Kennzahlen festgelegt wird,

(2) Marginalanalytische Verfahren,

(3) Verfahren der Mathematischen Programmierung und

(4) Verfahren, die auf allgemeinen Regeln basieren.

zu (1) Kennzahlenorientierte Verfahren

Kennzahlenorientierte Modelle basieren darauf, daß die Verkaufs- oder Regalfläche aufgrund einer einfachen Erfolgskennzahl (z.B. Umsatz- oder Absatzanteil) oder einer Kombination von Kennzahlen (z.B. Anteil des Deckungsbeitrages, Lagerumschlag, ROI) vergeben wird[2]. In einer Reihe von Softwarepaketen werden Kennzahlen zur Aufteilung des Verkaufsraumes verwendet (z.B. in den Mainframe-Softwarepaketen COSMOS und HOPE sowie in den PC-Programmen APOLLO, COMPAS, SPACEMAN/SPACEMAX. In unterschiedlichem Maße kann bei diesen

---

1. Vgl. auch die Übersicht von Barth, K.: Die Warenpräsentation von Einzelhandelsunternehmungen. In: IfH Mitteilungen (7/1975), S. 93-97.

2. Vgl. die Übersichten bei Müller, H.: Die Warenplazierung als absatzpolitisches Instrument im Selbstbedienungseinzelhandel, a.a.O., S. 198-203; Dalrymple, D.J. u. Thompson, D.L.: Retailing: An economic View. New York 1969, S. 276-279.

Programmen die Multivalenz der Regalhöhe und des Regalortes sowie die Frontstückelastizität zusätzlich berücksichtigt werden. In erster Linie werden diese Programme genutzt, um Leerverkäufe (stock outs) zu verhindern. Die Programme errechnen für jeden Artikel den Regalraum, der benötigt wird, um die durchschnittliche Nachfrage in einer Periode zu befriedigen, wobei gleichzeitig der Deckungsbeitrag (bzw. DPR) des gesamten Verkaufsaggregates maximiert wird.

Im folgenden wird ein Entscheidungsmodell vorgestellt, in dem die Verkaufsraumresponse, die Handlingkosten in einzelnen Perioden sowie der Deckungsbeitrag (bzw. DPR) berücksichtigt werden können. Das Modell soll an dem folgenden Beispiel demonstriert werden. Für zwei Artikel ergibt sich die folgende Ausgangssituation (vgl. Abbildung 6.14).

(6.4) $DB_{ij} = DBStk_j * A_{ij} - K_{ij}$

	Artikel 1			Artikel 2		
	Alternative			Alternative		
	1	2	3	1	2	3
1 Verkaufsraumeinheiten (z.B. in cm)	20	40	60	20	40	60
2 Gelagerte Menge zu Beginn einer Teilperiode	20	40	60	22	44	66
3 Verkaufte Menge pro Teilperiode	20	26	18	10	18	25
4 Vorrat reicht für ... Teilperioden (Zeile 3 : Zeile 2)	1,00	1,54	2,14	2,20	2,44	2,64
5 Durchschnittliche Handlingkosten pro Teilperiode (Annahme pro Nachsortiervorgang fallen 15 GE an: (15 : Zeile 4)	15,00	9,74	7,00	6,82	6,15	5,68
6 Rohertrag pro Artikel	5,00			8,00		
7 Anteil in Anspruch genommener Verkaufsraumeinheiten im Verhältnis zu einem Normartikel	1,00			0,90		

Abb. 6.14: Ausgangssituationen zur Planung der Verkaufsraumeinheiten für zwei Artikel

Ziel des Verfahrens ist die Maximierung des Deckungsbeitrages der plazierten Artikel:

(6.3) $\Sigma \Sigma DB_{ij} x_{ij} \stackrel{!}{=} max.$

mit:

DB_{ij}: Deckungsbeitrag, der mit Artikel i (i=1,2,...,I) und Alternative j (j=1,2,...,J) erzielt wird

$DBStk_i$: Stückdeckungsbeitrag von Artikel i

A_{ij}: Absatz von Artikel i mit Alternative j

K_{ij}: Kosten für Artikel i, wenn Alternative j realisiert wird

x_{ij}: Dummy-Variable für Realisation von Alternative j für Artikel i; 0: nicht realisiert, 1: realisiert

unter den Nebenbedingungen:

(6.5) $\Sigma \Sigma r_{ij} x_{ij} \leq R$

mit:

r_{ij}: Verkaufsraum für Artikel i, wenn Alternative j realisiert wird; für r_{ij} können auch artikelindividuelle Vorgaben gemacht werden

R: Gesamter zur Verfügung stehender Verkaufsraum für Artikel i.

(6.6) $x_{ij} * r_{ij} * z_i \geq M_i$

mit:

z_i: Anteil des Verkaufsraumes im Vergleich zu einem Normartikel

M_i: Mindestbestand von Artikel i, um die Lieferbereitschaft für eine bestimmte Anzahl von Perioden zu gewährleisten

Die Nebenbedingung (6.6) kann u.U. entfallen.

(6.7) $\Sigma x_j = 1$, d.h., es kann für jeden Artikel nur jeweils eine Alternative j verfolgt werden, für die anderen Alternativen ergibt sich der Wert 0.

(6.8) x_{ij} ganzzahlig (0,1)

Setzt man die Werte aus Abbildung 6.14 in die Formel (6.3) ein, dann ergibt sich:

$$85x_{11} + 120{,}26x_{12} + 133x_{13} + 73{,}18x_{21} + 137{,}85x_{22} + 194{,}32x_{23} \overset{!}{=} \max.$$

u.d.N.

$$20x^{11} + 40x^{12} + 60x^{13} + 20x^{21} + 40x^{22} + 60x^{23} = 100$$

Die Lösung erfolgt mit Hilfe einer vollständigen Enumeration aller Alternativen, wobei der Deckungsbeitrag pro Verkaufsraumeinheit als Entscheidungsgrundlage herangezogen wird. Gleichzeitig kann überprüft werden, ob die Lieferbereitschaft gewährleistet ist. Bei zwei Artikeln und je drei Alternativen ergibt sich dann (ohne Vorgabe einer Lieferbereitschaft):

1. Schritt: Verteilung der ersten 20 Flächeneinheiten:

Nutzen von Artikel 1	Nutzen von Artikel 2	Verwendung
85:20 = 4,25	73,18:20 = 3,66	für Art. 1

2. Schritt: Verteilung der nächsten 20 Flächeneinheiten:

Nutzen von Artikel 1	Nutzen von Artikel 2	Verwendung
(120,26-85):20 = 1,76	73,18:20 = 3,66	für Art. 2

3. Schritt: Verteilung der nächsten 20 Flächeneinheiten:

Nutzen von Artikel 1	Nutzen von Artikel 2	Verwendung
(120,26-85):20 = 1,76	(137,85-73,18):20 = 3,23	für Art. 2

4. Schritt: Verteilung der nächsten 20 Flächeneinheiten:

Nutzen von Artikel 1	Nutzen von Artikel 2	Verwendung
(120,26-85):20 = 1,76	(194,32-137,85):20 = 2,82	für Art. 2

Maximale Fläche für Artikel 2 erreicht, der Rest geht an Artikel 1.

Bei Verfügbarkeit von insgesamt	sollte bereitgestellt werden	
	für Art. 1	für Art. 2
20 Verkaufsraumeinheiten	20	-
40 Verkaufsraumeinheiten	20	20
60 Verkaufsraumeinheiten	20	40
80 Verkaufsraumeinheiten	20	60
100 Verkaufsraumeinheiten	40	60

Der maximale Deckungsbeitrag beträgt:

$$DB_{max} = 120,26 + 194,32 = 134,58.$$

Die Alternativen können für jeden Artikel so gewählt werden, daß sie Frontstücken entsprechen (Abbildung 14, Zeile 1). Falls keine Frontstückelastizität vorliegt, wird in Zeile 3 für jede Alternative derselbe Periodenabsatz eingetragen. Im Grundmodell sind lediglich Handlingkosten (für das Nachsortieren) enthalten. Lager- oder Bestellkosten können zusätzlich berücksichtigt werden. Das Verfahren geht davon aus, daß außerhalb des Verkaufsraumes keine Ware gelagert wird. Desweiteren werden konstante Lagerabgänge vermutet, es wird unterstellt, daß der Absatz zukünftiger Perioden zuverlässig prognostizierbar ist und daß zwischen den Artikeln kein Verbund besteht. Das Verfahren sollte nur für Artikel einer Plazierungsgruppe eingesetzt werden, da ansonsten die Zahl der Alternativen, die jeweils verglichen werden müssen zu groß wird.

Die Vergabe der Verkaufsfläche nach dem Deckungsbeitrag unter der Nebenbedingung, daß ein vorgegebener Servicegrad erreicht wird, scheint aufgrund der komplexen Ausgangssituation mit unsicheren Erwartungswerten und einer Vielzahl von qualitativen Variablen, die sich z.T. gegenseitig beeinflussen, das einzig praktikable Instrument zur artikelgenauen Planung. Es sollte allerdings gewährleistet sein, daß der Entscheidungsträger einen Teil der Planungsaufgabe selbst übernehmen muß. Der Computer sollte nur als Handwerkszeug eingesetzt werden und Vorschläge erarbeiten.

zu (2) Marginalanalytische Verfahren

Marginalanalytische Verfahren gehen davon aus, daß die Vergabe des Verkaufsraumes sich auf den Erfolg auswirkt. Dies kann nach dem gegenwärtigen Stand der empirischen Forschung nicht als gesichertes Wissen angenommen werden. Hinzu kommt, daß auch in den Fällen, in denen sich Frontstückelastizitäten ergeben, das Funktionsgesetz jeweils zunächst bestimmt werden muß. Für den häufig angenommenen degressiven Zusammenhang

(6.9) $A_i = a * r_i^b$

mit:

A_i: Absatz eines Artikel i (i=1,2,...,I)

a: Konstante
r_i: Verkaufsraum für Artikel i
b: Elastizitätskoeffizient,
wobei $a > 0$ und $0 < b < 1$

kann, wenn für jeden Artikel eine Funktion nach (6.3) bestimmt werden kann, die Regalfläche unter der Restriktion

$$(6.10) \quad \Sigma r_i \leq R$$

mit R: Gesamtregalfläche

deckungsbeitragsmaximal vergeben werden. Formal wird bei diesem Verfahren eine aus dem Erklärungsmodell übernommene Funktion, in unserem Fall die Frontstückresponsefunktion, in Bezug auf eine Zielgröße "optimal" gelöst. Rechentechnisch bedient man sich der Differentialrechnung. Lee, der als erster die Marginalanalyse zur Planung des Verkaufsraumes heranzog, berücksichtigt darüberhinaus bei der Zuweisung von Regalfläche Fehlmengenwahrscheinlichkeiten und die Möglichkeit, daß Konsumenten Substitutionsprodukte kaufen[1].
Solange keine gesicherten Kenntnisse über das Vorhandensein von Frontstück-, Regalflächen- oder Regalraum-Responsefunktionen vorliegen, kann dieses Verfahren nicht angewendet werden. Darüberhinaus ergibt sich das Problem, daß die Plazierungseinheiten nicht - wie im Verfahren angenommen - beliebig teilbar sind. Falls tatsächlich Responsefunktionen im Bereich der Plazierung existieren, kann man die Plazierungseinheiten auch zuteilen, indem Plazierungseinheiten jeweils dem Sortimentsteil zugewiesen werden, das den höchsten Grenzertrag bringt.

zu (3) Methoden der mathematischen Programmierung

In der Literatur finden sich einige Arbeiten, bei denen Verfahren der Mathematischen Programmierung zur Lösung des Plazierungsproblemes heran-

---

1. Vgl. Lee, W.: Space Management in Retail Stores and Implications to Agriculture. In: Dolva, W.K. (Hrsg).: Marketing: Key to Profits in the 1960's. American Marketing Association. Chicago 1960, S. 523-533; Dalrymple, D.J. u. Thompson, D.L.: Retailing: An economic View, a.a.O., S. 283ff.; Barth, K.: Die Warenpräsentation von Einzelhandelsunternehmungen, a.a.O., S. 96.

gezogen werden[1]. Alle Ansätze bedienen sich mathematischer Heuristiken. Befragungen von Konsumenten zur Ermittlung der Responsefunktionen müssen nicht durchgeführt werden. Die notwendigen Modelldaten werden entweder aufgrund von Erfahrungen geschätzt oder experimentell erhoben.
Beispielhaft soll der Ansatz von Anderson und Amato aus dem Jahr 1979 kurz vorgestellt werden. Sie unterteilen die erwartete Nachfrage in

- eine markentreue Nachfrage,
- eine Nachfrage aufgrund von Markenwechsel und
- eine Nachfrage, die sich aufgrund der Präsentation eines Produktes ergibt.

Ziel ihres Verfahrens ist es, den Deckungsbeitrag eines Regals unter Berücksichtigung der vorhandenen Regalkapazität zu maximieren. Mathematisch gesehen handelt es sich um einen Spezialfall des sog. Knapsack-Problems[2], bei dem in Anlehnung an das zweite Gossensche Gesetz der Grenznutzen einzelner Regaleinheiten abnimmt, wenn weitere Einheiten desselben Artikels plaziert werden. Der Regalplatz ist dann optimal aufgeteilt, wenn der Grenznutzen der Regaleinheiten für alle Artikel gleich ist. Die Verfasser treffen die folgenden Annahmen[3]:

1. Das Regal besitzt keine unterschiedlichen Platzwertigkeiten.
2. Für jedes plazierte Produkt wird ein ausreichendes Lager unterhalten, so daß die Nachfrage nach jedem plazierten Artikel befriedigt werden kann.
3. Handlingkosten, Verkaufspreise und Handelsspannen sind konstant.
4. Die plazierten Artikel sind von derselben Größe und weisen dieselbe Frontlänge auf.

---

1. Vgl. z.B.: Anderson, E.E. u. Amato, H.N.: A Mathematical Model for Simultaneously Determining the Optimal Brand-Collection and Display-Area Allocation. In: Operations Research, Vol. 22 (1/1973), S. 13-21; Anderson, E.E.: An Analysis of Retail Display Space: Theory and Methods. In: JoB, Vol. 52 (1/1979), S. 103-118; Corstjens, M. u,. Doyle, P.: A Model for Optimizing Retail Space Allocations. In: MS (1981), S. 822-833; Hansen, P. u. Heinsbroek, H.: Product Selection and Space Allocation in Supermarkets. In: European Journal of Operations Research (1979), S. 474-484; Wieland, H.-J.: Computergestützte Regalplanung - Aspekte und Möglichkeiten durch elektronische Kassensysteme. In: Elektronische Rechenanlagen, 21. Jg. (1979), S. 147-151.

2. Vgl. z.B. Müller-Merbach, H.: Operations Research, a.a.O., S. 144ff.

3. Vgl. Anderson, E.E. u. Amato, H.N.: A Mathematical model for Simultaneously Determining the Optimal Brand-Collection and Display-Area Allocation, a.a.O., S. 15.

5. Die gesamte Frontstückzahl ist ein Vielfaches der einzelnen Frontstücke pro Artikel, wobei der Faktor ganzzahlig ist.

Die Lösung erfolgt iterativ, wobei neben der Frontstückzuordnung simultan auch die Sortimentsplanung erfolgt.
Das Verfahren weist die folgenden Probleme auf:
- Die Unterteilung in markentreue Nachfrage, Nachfrage aufgrund von Markenwechsel und Nachfrage, die sich aufgrund der Zahl der Frontstücke ergibt, ist nur sehr schwer mit Daten zu belegen.
- Die vereinfachende Annahme, daß alle Artikel dieselbe Größe besitzen, erscheint unrealistisch.
- Die Autoren weisen selbst darauf hin, daß das Verfahren nur für Artikelgruppen mit einer geringen Zahl von Artikeln anwendbar ist, da sonst der Rechenaufwand zu groß wird.

Verfahren der Mathematischen Programmierung zur Vergabe von Plazierungseinheiten sind aufgrund des anspruchsvollen Dateninputs in der Praxis nicht einsetzbar.

zu (4) Regeln zur Vergabe von Regalorten und Regalflächen

Solche Regeln beziehen sich u.a. auf[1]:
- allgemeine Regeln der Warenplazierung (z.B. die Ware muß erlebnisgerecht aufgebaut sein),
- die Warenanordnung im Laden (z.B. verkaufsstarke Ladenzonen sollen für Impulsartikel genutzt werden),
- die Anordnung von Artikelgruppen (Artikel einer Artikelgruppe sollen vertikal untereinander plaziert werden),
- die horizontale und vertikale Warenanordnung (z.B. Magnet- und Suchkaufartikel werden in den Randzonen plaziert),
- die Planung von Sonderangeboten und Displays und außerdem
- wie man Widersprüche zwischen Regeln löst (durch Setzen von Prioritäten[2]).

Diese Regeln sind relativ weich formuliert, so daß man sie in der Praxis nur begrenzt nutzen kann. Sie können aber eine Ergänzung zur quanti-

---

1. Vgl. Engel, R.: Ihre Lücke: Spezialwissen über verkaufswirksame Warenplazierung - Mit 79 Regeln über verkaufswirksame Warenpräsentation bei Selbstbedienung. Köln 1979.

2. Vgl. dazu auch Barth, K.: Die Warenpräsentation von Einzelhandelsunternehmen, a.a.O., S. 96.

tativen Planung darstellen, da eine Reihe von Produktcharakteristika nur sehr schwer quantitativ erfaßbar ist (z.B. die Farbe, die Form, die Qualität von Artikeln).

6.5 Zusammenfassung

Die Reaktionen auf die Veränderungen der Zahl der Frontstücke sind geringer als die Wirkung von Preisveränderungen. Es lassen sich zwar Frontstückresponsefunktionen schätzen, die Varianzerklärung ist aber so gering (in keinem Modell liegt sie über 4%), daß solche Schätzungen für Entscheidungsmodelle nicht genutzt werden können. Für Displayplazierungen kann dagegen gezeigt werden, daß sie sich auf den Erfolg auswirken. Insbesondere der Display-Typ 5 (massierter Warenaufbau außerhalb der Stammplazierung) ist geeignet, den Absatz zu forcieren.
Entscheidungsmodelle zur Vergabe von Verkaufsraumeinheiten, die Responsefunktionen benötigen, eignen sich zur Planung der Plazierungspolitik nicht. Besser geeignet sind Verfahren, bei denen der Deckungsbeitrag pro Verkaufsaggregat unter der Nebenbedingung, daß eine bestimmte Servicebereitschaft erfüllt ist, "maximiert" wird. Dabei sollte darauf geachtet werden, daß das gewählte Verfahren genügend "Freiheitsgrade" gewährleistet, um qualitative Merkmale zu berücksichtigen.

7 Computergestützte Sonderangebotspolitik

Bei der Sonderangebotspolitik handelt es sich nicht um eine eigene Politik im Sinne der bisher behandelten Politiken, sondern um eine Kombination absatzpolitischer Instrumente, die "eine von den Nachfragern als vorübergehend empfundene absatzpolitische Aktivität eines Einzelhandelsbetriebes"[1] darstellen. Sonderangebotsartikel können entweder anbieterorientiert (Out-Store- oder In-Store-Werbung, Preisreduktion gegenüber Vorperiode und hervorgehobene Plazierung) oder kundenorientiert ("günstige Gelegenheit") operationalisiert werden. Bei einer Befragung über das Einkaufsverhalten in SB-Warenhäusern ergab sich, daß die Kunden weit mehr Sonderangebote wahrgenommen haben als tatsächlich nach der anbieterorientierten Operationalisierung vorhanden waren. Der Stimulus erfolgte wahrscheinlich vor allem durch die Beschilderung am Regal (In-Store-Werbung), die auf "Rosarote Preise" hinwies[2]. Hinzu kommt, daß die Kaufentscheidung tendenziell weniger von der Preisdifferenz eines Artikels zur Vorperiode sondern eher von der Preisdifferenz zu anderen Verkaufsstellen beeinflußt wird. Der Sonderangebotsartikel besteht aus einer Kombination von mehreren absatzpolitischen Instrumenten, die in unterschiedlicher "Intensität" auftreten können[3]. Da es i.d.R. nicht möglich sein wird, die kundenorientierte Sichtweise bei Massendaten wie sie im Einzelhandel anfallen, zu operationalisieren, wird man auf die anbieterorientierte Operationalisierung zurückgreifen müssen. Ein Sonderangebotsartikel zeichnet sich dann durch die folgenden Merkmale aus[4]:

---

1. Welzel, K.: Marketing im Einzelhandel, a.a.O., S. 49.

2. Die Untersuchung wurde im Auftrag der Fa. Instore Marketing von dem Marktforschungsinstitut Blähser und Partner, Frankfurt, in vier SB-Warenhäusern im Juni 1988 im Auftrag der Fa. Instore-Marketing, Kelkheim, durchgeführt. Die Aussagen über die Anzahl der Sonderangebote, die die Befragten ihrer Ansicht nach gekauft hatten, wurde dabei allerdings lediglich "qualitativ" von der Verkaufsleitung der SB-Warenhäuser überprüft.

3. Vgl. Eckhardt, K.: Sonderangebotspolitik in Warenhandelsbetrieben, a.a.O., S. 54-74.

4. Vgl. Gümbel, R.: Die Sortimentspolitik in den Betrieben des Wareneinzelhandels, a.a.O., S. 224f.; vgl. auch Müller-Hagedorn, L.: Handelsmarketing, a.a.O., S. 177.

(1) Out-Store-Preis-Werbung (zur Unterstützung kann auch In-Store-Werbung betrieben werden),

(2) günstige Preise oder Konditionen aus Kundensicht und

(3) hervorgehobene Plazierung innerhalb des Geschäftes, z.B. auf einer Kopftheke oder in einer separaten Sonderangebotszone.

Durch die Dominanz der Preispolitik innerhalb des Marketing-Mix bei vielen Einzelhandelsbetrieben[1] erhält die Sonderangebotspolitik zentrale Bedeutung innerhalb der Absatzpolitik des Handels. In einigen Warenbereichen wird der größte Teil des Umsatzes mit Sonderangeboten getätigt (z.B. Wollwaschmittel oder Tafelschokoladen)[2]. Die Sonderangebote werden dabei häufig unter dem Einstandspreis verkauft, so daß sie von anderen Artikeln subventioniert werden müssen. Das Verbot, Sonderangebote für Endverbraucher auf "haushaltsübliche Mengen" zu limitieren, eine verschärfte Überprüfung (oftmals durch die Wettbewerber), ob die beworbenen (Sonderangebots)Artikel auch tatsächlich in der Insertionswoche in ausreichendem Maß vorhanden sind, (falls nicht drohen Abmahnungen), die hohen Manipulationskosten durch das Warenhandling und die hohen "Sonderangebotsabschriften", haben allerdings in jüngster Vergangenheit zu einer Renaissance der Dauerniedrig- oder Festpreispolitik für das Standardsortiment geführt[3]. Als Sonderangebote werden in diesen Unternehmen nur noch Artikel aus einem Teil des Frischesortimentes oder Artikel, die normalerweise nicht geführt werden, angeboten.

In Abschnitt 7.1 werden die Handlungsmöglichkeiten der Sonderangebotspolitik aufgezeigt, anschließend werden verhaltenswissenschaftliche Ansätze zur Erklärung der Wirkung von Sonderangeboten vorgestellt. In

---

1. Vgl. Diller, H.: Preispolitik, a.a.O., S. 271ff.

2. Mündliche Auskunft (17.10.1988) von Frau Milde, verantwortlich für die Analyse von Scannerdaten bei der Fa. A.C. Nielsen, Frankfurt; vgl. auch die empirischen Ergebnisse in Abschnitt 7.4)

3. Beispiele für Unternehmen mit Dauerniedrigpreisen sind die Discounter Aldi und PENNY sowie die Verbrauchermarktketten miniMAL und Marktkauf in Norddeutschland.

Abschnitt 7.3 wird die Sonderangebotspolitik in den untersuchten Verkaufsstellen beschrieben und in Abschnitt 7.4 wird die empirische Response auf Sonderangebote behandelt. In Abschnitt 7.5 werden die Ergebnisse kurz zusammengefaßt.

7.1 Die Handlungsmöglichkeiten der Sonderangebotspolitik

In den Kapiteln 4 bis 6 wurden die Handlungsmöglichkeiten der Sortiments-, Preis- und Plazierungspolitik bereits vorgestellt. An dieser Stelle wird daher nur noch kurz auf die Werbepolitik und die Besonderheiten der Sonderangebotspolitik eingegangen. Zur Bewerbung von Sonderangebotsartikeln eignen sich insbesondere Wurfsendungen und Inserate in Tages- oder Wochenzeitungen. Andere Werbeträger wie z.B. Fernsehen, Rundfunk und Plakate geben den Konsumenten nur unzureichend die Gelegenheit, die Sonderangebotsinformationen in Ruhe zu "studieren" und spielen daher bei der Vermittlung von Kenntnissen über Sonderangebotsartikel eine untergeordnete Rolle.

Im Rahmen der Werbepolitik müssen Entscheidungen über die quantitativen Merkmale (z.B. Fläche für einzelne Artikel, Größe der Preise usw.) und qualitative Merkmale (z.B. Art der Darstellung: mit Bild oder ohne Bild, Verwendung eines Herstellerlogos, Art und Inhalt der Artikelbeschreibung) getroffen werden[1]. Analog zur Preispolitik muß entschieden werden, wie häufig Sonderangebote gemacht werden sollen, wann die Sonderangebote geschaltet werden sollen und für welchen Zeitraum die Sonderangebote gelten. Zusätzlich muß festgelegt werden, ob die Anzahl der Artikel limitiert wird und ob die Limitierung bekanntgegeben wird oder nicht. Abbildung 7.1 zeigt die Handlungsmöglichkeiten der Sonderangebotspolitik im Überblick.

---

1. Vgl. z.B. Müller-Hagedorn, L.: Handelsmarketing, a.a.O., S. 232-235.

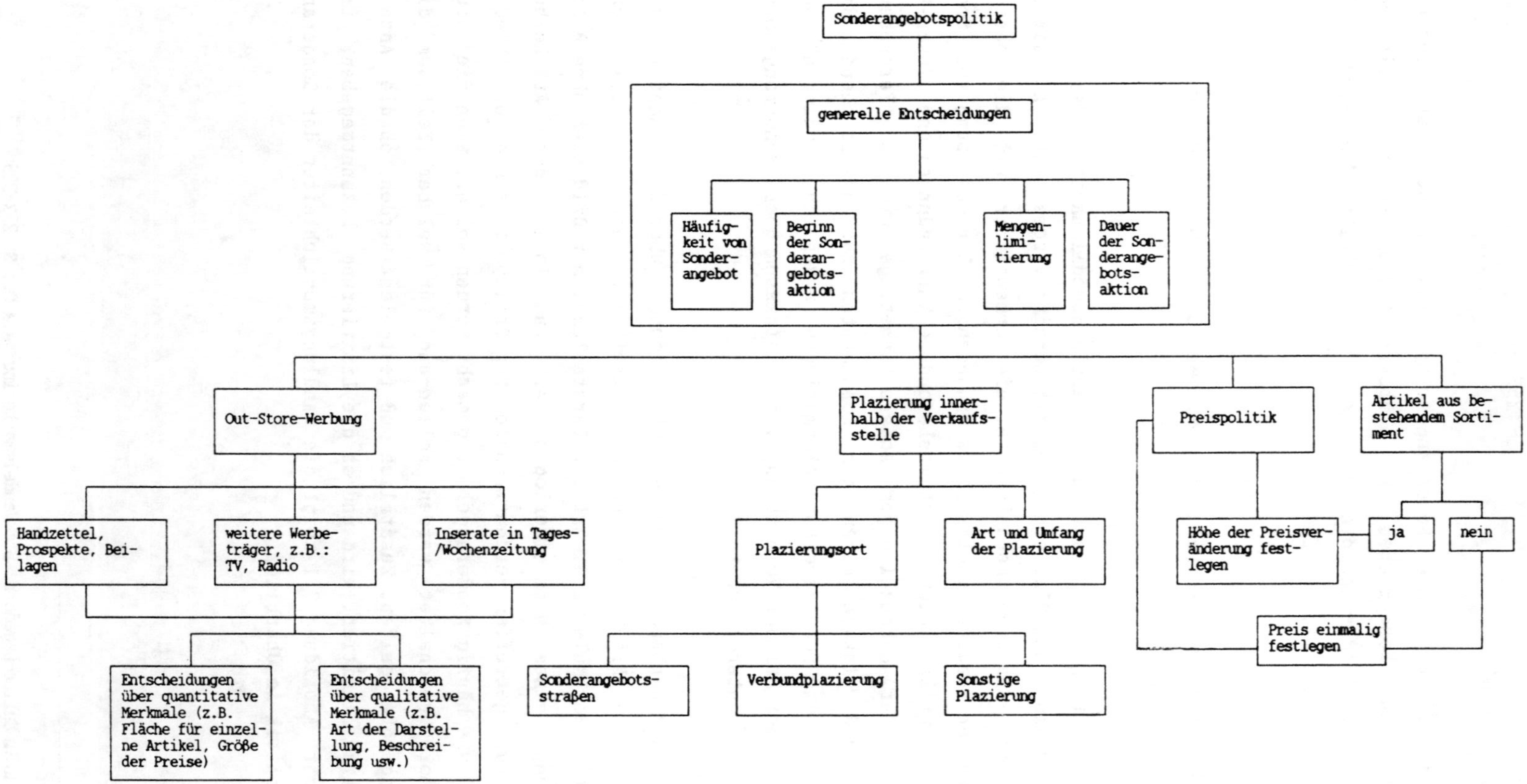

Abb. 7.1: Ausgewählte Handlungsmöglichkeiten der Sonderangebotspolitik im Überblick

7.2 Verhaltenswissenschaftliche Grundlagen der Sonderangebotspolitik

Mit Hilfe der Sonderangebotspolitik sollen i.d.R. zum einen vorhandene Kunden an ein Unternehmen gebunden werden, zum anderen neue Kunden gewonnen werden (Imagekomponente). Ein weiteres Ziel ist die Forcierung des Umsatzes unmittelbar nach der Bewerbung des Sonderangebotsartikels. Der höhere Umsatz soll allerdings nicht nur durch den Sonderangebotsartikel selbst, sondern auch durch höhere Durchschnittsbons, die durch den Kauf anderer Artikel (Verbundkäufe) entstehen, erreicht werden. Befinden sich außer dem Sonderangebot weitere "normal" kalkulierte Artikel in den Warenkörben, kann der eventuell negative Deckungsbeitrag pro Stück des Sonderangebotes durch die übrigen Artikel ausgeglichen oder gesteigert werden.

Folgende Bedingungen müssen erfüllt sein, damit die Sonderangebotspolitik Image- und/oder kurzfristige Umsatzwirkung erreicht:

- Die Nachfrager müssen entweder relativ präzise Preiskenntnisse über den normalen Preis eines Sonderangebotsartikels besitzen oder aber der Preis muß zumindest aus Sicht der Nachfrager günstig erscheinen.
- Gleichzeitig darf der Preis eine bestimmte untere Schwelle nicht unterschreiten, da sonst die Gefahr besteht, daß der Preis als Merkmal schlechter Produktqualität ausgelegt wird.
- Der Artikel muß für eine Vielzahl von Nachfragern in der betreffenden Periode eine gewisse Bedeutung besitzen (inhaltliche und saisonale Bedeutung).
- Das Sonderangebot muß in den Verkaufsstellen so plaziert werden, daß es von den Kunden auch gefunden werden kann.

Zur Sonderangebotspolitik eignen sich damit letztlich alle Artikel, die standardisiert sind und bei denen zumindest ein Großteil der Kunden über Preisvorstellungen verfügt.

Sonderangebote bewirken bei den Nachfragern - sofern sie über Kenntnisse des "normalen" Preises verfügen - das Erlebnis, besonders günstig gekauft zu haben. Das Preiserlebnis kann die Bedeutung anderer Größen, die die Wahl der Einkaufsstätte beeinflussen (z.B. unfreundliche oder unqualifizierte Bedienung, längere Anfahrt) zurückdrängen.

7.3 Deskriptive Statistiken zur Beschreibung der Sonderangebotspolitik in den untersuchten Verkaufsstellen

Das Warenhausunternehmen hat in den drei Filialen insgesamt 156 Artikel mit Inseraten in Tageszeitungen und bei Zahnpasten/Seifen mit einem Prospekt in der örtlichen Tageszeitung beworben:

- 23 mal Zahnpasten/Seifen (sechs Artikel),
- 90 mal Kaffee (12 Artikel) und
- 43 mal Spirituosen (16 Artikel).

Lebensmittel werden wöchentlich, i.d.R. am Donnerstag, beworben. Die Sonderangebotspreise gelten dann bis Samstag. Bei Zahnpasten/Seifen wird die Sonderangebotsware über einen längeren Zeitraum (meist ca. zwei bis drei Wochen) zum reduzierten Preis angeboten, die Reste werden "hochgezeichnet".

In 67 Fällen wird mit dem Preis der Vorperiode geworben, in 12 Fällen wird der Preis gegenüber der Vorperiode sogar erhöht. Von den 77 Bewerbungen mit Preisreduktion werden 48 gleichzeitig displayplaziert. Diese 48 Bewerbungen verteilen sich auf 23 Artikel in den drei Filialen (vgl. linken Teil der Abbildung 7.2).

	Warenhaus-Filialen				Verbrauchermarkt-Filialen				
Warengruppen	1	2	3	Σ	1	2	3	4	Σ
Zahnpasten/Seifen	2	3	- (1)	5					
Kaffee	4	5	4	13					
Spirituosen	1	3 (1)	1	5					
Σ	7	11	5	23					
Vollwaschmittel					5	3	3	1	12
Handgeschirrspülmittel					2	–	–	–	2
Σ					7	3	3	1	14

Anmerkung: Die Ziffern in runden Klammern geben die Zahl der Artikel an, für die geworben wird und die displayplaziert werden, bei denen der Preis aber nicht reduziert wird. In den Zeitreihen der übrigen Artikel sind bei insgesamt neun von 48 Bewerbungen die Preise nicht reduziert worden, es war aber in jeder Zeitreihe mindestens eine Bewerbung mit Preisreduktion.

Abb. 7.2: Anzahl der Sonderangebotsartikel in drei Warenhausfilialen und vier Verbrauchermärkten

In den vier Verbrauchermärkten wird insgesamt 42 mal in Tageszeitungen oder per Handzettel geworben. Über den Wochentag, an dem die Werbung geschaltet wurde, steht keine weitere Information zur Verfügung. In

Kaffee 500 g Absatzanteil der Sonderangebote in einzelnen Wochen	Filialen		
	1	2	3
Woche 2			67
3			80
5		59	
6	18	70	31
7		3	19
8	47	61	67
9	18	71	
10	50	84	71
12		15	10
13			78
Absatzanteil der Sonderangebote insgesamt	58	84	79

Vollwaschmittel (Absatz in kg) Absatzanteil der Sonderangebote in einzelnen Wochen	Filialen			
	1	2	3	4
Woche 1		63	21	
3	44			
4		28	3	
5				13
6	73			
7	45			
8	51		30	
9	71			
12	62			
Absatzanteil der Sonderangebote insgesamt	39	20	13	7

Handgeschirrspülmittel (Absatz in kg) Absatzanteil der Sonderangebote in einzelnen Wochen	Filialen			
	1	2	3	4
Woche 2	59			
3	58			
8	50			
12	50			
Absatzanteil der Sonderangebote insgesamt	23	0	0	0

Abb. 7.3: Marktanteile der Sonderangebotsartikel auf der Basis Absatz dreier Warenbereiche im gesamten Untersuchungszeitraum und nach Wochen

keinem Fall geht die Bewerbung mit einer Preiserhöhung einher, in 10 Fällen werden die Vorperiodenpreise verwendet. Insgesamt werden 12 Vollwaschmittelmarken und zwei Handgeschirrspülmittel als Sonderangebot herausgestellt (vgl. den rechten Teil der Abbildung 7.2). Die Marktanteile der Sonderangebotsartikel auf der Basis Absatz sind aus Abbildung 7.3 zu entnehmen.
Abbildung 7.3 zeigt, daß sowohl in den Verbrauchermärkten als auch in den Warenhausfilialen insgesamt und in einzelnen Wochen, ein Großteil des Absatzes mit Sonderangeboten erzielt wird. Im folgenden wird untersucht, wie der Erfolg von Sonderangeboten erklärt werden kann, bzw. wie Sonderangebotskomponenten auf den Erfolg des Sonderangebotsartikels und der übrigen Artikel einer Warengruppe wirken.

7.4 Die Response auf Sonderangebote als Basis zur Planung der Sonderangebotspolitik

Das Wissen über die Wirkung der Sonderangebotspolitik kann zur Beschreibung und Erklärung von Verbundwirkungen und zur Planung der einzelnen Komponenten der Sonderangebotspolitik, einschließlich der Auswahl der betreffenden Artikel, herangezogen werden.

Wie in den vorangegangenen Kapiteln ergeben sich auch bei Sonderangeboten die Probleme:

- Welche absatzorientierte Erfolgskennzahl soll zur Beschreibung und Erklärung der Wirkung von Sonderangeboten herangezogen werden?
- Besteht zwischen den Bestimmungsfaktoren und der Erfolgskennzahl eine lineare oder eine nicht-lineare Beziehung?
- Sind in dem Modell Carry-over-Effekte zu berücksichtigen?
- Darüberhinaus stellt sich die Frage, ob man den Erfolg der Sonderangebotspolitik isoliert betrachten kann. Sollte man nicht auch den Absatz der mit den Sonderangeboten gekauften Artikel (Warenkorbanalyse) und der Substitutionsartikel mit berücksichtigen?

7.4.1 Verbundwirkungen von Sonderangeboten

Die kurzfristige Wirkung von Sonderangeboten kann durch die Analyse von

Warenkörben erfaßt werden. Sie sollte die folgenden drei Stufen umfassen, von denen die ersten drei relativ einfach durchzuführen sind.

(1) Umsatz, bzw. Absatz von Warenkörben mit und ohne Sonderangebotsartikel,

(2) Deckungsbeitrag von Warenkörben mit und ohne Sonderangebotsartikel und

(3) Beziehung zu anderen Artikeln[1],
- zu anderen Sonderangebotsartikeln
- zu Nicht-Sonderangebotsartikeln.

Es ist erstaunlich, daß die Handelsunternehmen erst in jüngster Zeit den Wert von Warenkorbanalysen erkannt haben[2], obwohl die Analysen (1) und (2) mit geringem Aufwand durchgeführt werden können und aus Warenkorbdaten immer Absatzdaten einzelner Artikel errechnet werden können, umgekehrt aber aus Absatzdaten keine Warenkörbe gebildet werden können. Die Warenkorbanalyse beschränkt sich darauf, welche Artikel gemeinsam gekauft werden. Für den Händler ist es aber auch von Interesse, ob zwischen Artikeln substitutive Beziehungen bestehen. Der Erfolg eines Sonderangebotes kann dann an seiner eigenen Umsatzveränderung zu einer Vorperiode (sofern der Artikel schon geführt wurde) im Vergleich zu der Veränderung anderer Artikel (z.B. Substitutionsartikel) gemessen werden. Die Veränderung der Erfolgskennzahl (δE_i) des Sonderangebotes ergibt sich dann als:

(7.1) $$\delta E_i = E_{it} - E_{it-1}$$

mit E_{it}: Erfolgskennzahl für Sonderangebotsartikel i (i=1,2, 3,...,I) in der Periode t.

Entsprechend läßt sich für andere Artikel j(j≠i) δE_j ermitteln:

(7.2) $$\delta E_j = \sum_{\substack{j=1\\j\neq i}}^{J} E_{jt} - \sum_{\substack{j=1\\j\neq i}}^{J} E_{jt-1}$$

---

1. Vgl. zur Berechnung von Verbundintensitäten auch Abschnitt 3.2.2 dieser Arbeit.

2. Warenkorbdaten werden bislang von Marktforschungsinstituten (noch) nicht standardmäßig wie z.B. Handelspaneldaten angeboten. Bis zur Datenerhebung für dieses Projekt war dem Verfasser lediglich die Existenz einer Studie bekannt, bei der ein Marktforschungsinstitut zusammen mit einem EDV- und einem Handelsunternehmen Warenkorbdaten analysiert hat.

mit E_j: Erfolgskennzahl für Sortimentsteil j (ohne Sonderangebotsartikel i).

Der von Chevalier vorgeschlagene Substitutionskoeffizient (c_{ij}) lautet dann[1]:

$$(7.3)\quad c_{ij} = \frac{E_{jt} - E_{jt-1}}{E_{it} - E_{it-1}} = \frac{\delta E_j}{\delta E_i}$$

Als Periode schlägt Chevalier die Woche vor. Chevalier diskutiert nicht, nach welchen Kriterien Substitutionsartikel ausgewählt werden können. Als Alternativen bieten sich zum einen die anbieterorientierte Operationalisierung, zum anderen die nachfragerorientierte Operationalisierung an. Bei der nachfragerorientierten Operationalisierung werden alle Artikel, die aus Kundensicht denselben oder zumindest einen vergleichbaren Nutzen besitzen, als Substitutionsartikel eingestuft. Bei der anbieterorientierten Operationalisierung werden alle Artikel, die technisch dieselben Bedürfnisse befriedigen und/oder aus vergleichbarem Rohstoff gefertigt sind, als Substitutionsartikel eingestuft. I.d.R. wird die anbieterorientierte Operationalisierung mehr Artikel umfassen als die nachfragerorientierte.
Der Koeffizient c_{ij} besitzt die folgenden Eigenschaften (falls $\delta E_i > 0$):

$c_{ij} < -1$	ausgeprägter Substitutionseffekt (negatives Absatzwachstum der Substitutionsartikel)
$c_{ij} = -1$	Zuwachs des Sonderangebotsartikels und der übrigen Artikel gleich hoch (Absatzwachstum der Substitutionsartikel und des Sonderangebotsartikels = 0)
$-1 < c_{ij} < 0$	Zuwachs durch den Sonderangebotsartikel geht teilweise auf Kosten der Substitutionsartikel (insgesamt positives Absatzwachstum)
$c_{ij} = 0$	Absatzwachstum bei Substitutionsartikel = 0, Wachstum durch Sonderangebotsartikel

1. Vgl. Chevalier, M.: Substitution Patterns as a Result of Display in the Product Category. In: JoR (Winter 1975-76), S. 65-72 u. S. 88, hier S. 67f.

$0 < c_{ij} < 1$	Der Zuwachs beim Sonderangebot ist größer als der Zuwachs bei den übrigen Artikeln (insgesamt positives Absatzwachstum)
$c_{ij} = 1$	Zuwachs bei Sonderangebot und Substitutionsartikel jeweils gleich groß
$c_{ij} > 1$	Zuwachs bei Substitutionsartikel größer als bei Sonderangebot, wobei beide positive Veränderungen besitzen.

Für $\delta E_i = 0$ ist c_{ij} nicht bestimmbar.

Für $\delta E_i < 0$ gilt:

$c_{ij} > 0$	negatives Wachstum für Sonderangebot und Substitutionsartikel
$c_{ij} < 0$	Übrige Artikel weisen positives Wachstum auf, wobei der Verlust des Sonderangebotes für $c_{ij} \leq -1$ mindestens ausgeglichen wird.

Zur Beurteilung von c_{ij} können die folgenden Gesichtspunkte herangezogen werden:

(1) Das Verfahren kann nur für Artikel benutzt werden, die sich in der Vorperiode im Sortiment befinden.

(2) Bei der Festlegung des Zeitraumes muß berücksichtigt werden, für welchen Zeitraum das Sonderangebot gilt. Dementsprechend muß die Referenzperiode für t-1 festgelegt werden. Bei Lebensmitteln und Gütern des täglichen Bedarfs kann bei den meisten Warengruppen die Woche als Zeitraum verwendet werden[1].

(3) Der Koeffizient berücksichtigt auch den Erfolg der Nicht-Sonderangebotsartikel aus derselben Warengruppe. Dabei wird allerdings unterstellt, daß die Artikel einer Warengruppe auch aus Kundensicht substituierbar sind.

(4) Die Relativierung erleichtert die Vergleichbarkeit unterschiedlicher absoluter Ausgangssituationen. Gleichzeitig kann aber die Relativierung zu Verzerrungen führen, zum einen, weil unter-

---

1. Vgl. dazu auch die Ausführungen in Abschnitt 3.2.4.1.

schiedliche Ausgangssituationen zu identischen Ergebnissen führen können, zum anderen kann der Quotient die absoluten Zahlen stark "dramatisieren". Zur Absicherung von Sonderangebotsentscheidungen sollte man sich aber zusätzlich die absoluten Werte von δE_i und δE_j ansehen[1].

(5) Der Koeffizient c_{ij} ist für $E_i = 0$ unbestimmbar, unabhängig vom Niveau von δE_j und für $E_j = 0$ ist er immer gleich Null, unabhängig von δE_i. In diesen Fällen muß man die absoluten Werte von δE_i und δE_j verwenden.

Im folgenden wird c_{ij} auf der Basis von Wochendaten verwendet, um Substitutionseffekte von Sonderangeboten bei Kaffee 500g, Vollwaschmittel und Handgeschirrspülmittel zu analysieren[2]. Als Erfolgsgröße wird der Absatz verwendet, da die Anzahl der Kunden pro Woche relativ konstant ist, so daß der Absatz nicht relativiert werden muß. Die Absatzdaten sind unabhängig vom Bewerbungstermin auf Kalenderwochen aggregiert (vgl. Abbildung 7.4).

Der Absatz der Substitutionsvollwaschmittel (in kg) geht in insgesamt sieben Fällen überproportional zurück, in fünf Fällen wird der Rückgang der Substitutionsartikel durch das Sonderangebot mindestens ausgeglichen, in drei Fällen weisen sowohl die Substitutionsartikel als auch die Sonderangebote positive Differenzen auf. Bei Handgeschirrspülmittel wird der Absatz insgesamt durch die Sonderangebotsartikel gesteigert, wenn auch in drei Fällen der Absatz der Substitutionsartikel geringer als in der Vorperiode ist. Bei 500g Kaffee ergibt sich das folgende Bild: Drei Sonderangebote (alle in der Filiale 2) weisen gegenüber der Vorperiode negative Abweichungen auf, in allen drei Fällen geht auch der Absatz der gesamten Warengruppe zurück. Ausgeprägte Substitutionseffekte zeigen sich in zwei Fällen, bei den restlichen Sonderangeboten wird der Absatzverlust mindestens ausgeglichen.

Die Sonderangebote können bei Vollwaschmitteln und Geschirrspülmitteln

---

1. Von Greilich stammt ein Vorschlag, den Erfolg von Anzeigen durch die gleichzeitige Erfassung des Erfolges einer übergeordneten oder nebengeordneten Einheit (z.B. Umsatz der gesamten Verkaufsstelle) mit Hilfe von Differenzen zu messen; vgl. Greilich, E.-C.: Messung des Anzeigen-Werbeerfolges im Einzelhandel. In: MF (1976), S. 14-18.

2. Es wird angenommen, daß die Artikel tatsächlich Substitute darstellen, da sie zum einen dieselben Bedürfnisse befriedigen, zum anderen aus demselben oder zumindest vergleichbarem Rohmaterial hergestellt sind.

Basis: $\delta E_i > 0$		Vollwaschmittel (Absatz in kg)		Hanndgeschirrspülmittel (Absatz in kg)		Kaffee 500 g (Absatz in Packungen)	
$E_i \geq 0$ Substitutionseffekt	Ergebnis c_{ij}	Häufigkeit	durchschn. Zuwachs der gesamten WG*	Häufigkeit	durchschn. Zuwachs der gesamten WG*	Häufigkeit	durchschn. Zuwachs der gesamten WG*
ausgeprägt	$c_{ij} < -1$	7	-101	-	-	2	-653
teilweise	$-1 < c_{ij} < 0$	2	72	3	27	5	97
nein	$0 < c_{ij} < 1$	2	252	1	120	6	367
nein	$c_{ij} = 1$	-	-	-	-	1	62
nein	$c_{ij} > 1$	1	213	-	-	1	191
Gewichteter Mittelwert		12	6,8	4	50	15	4,3
Basis: $E_i < 0$		-	-	-	-	3	-215
Gewichteter Mittelwert		12	6,8	4	50	18	-32,3

*WG: Warengruppe

Abb. 7.4: Substitutionseffekte in drei Warengruppen

den Gesamtabsatz durchschnittlich steigern, bei Kaffee ergibt sich aufgrund von fünf Fällen, in denen der Absatz der Substitutionsartikel gegenüber der Vorperiode zurückgeht, ein durchschnittlicher Absatzrückgang pro Sonderangebot von -32,3, d.h. die überwiegend positiven (15 von 18) Absatzdifferenzen der Sonderangebote haben die negativen Abweichungen der übrigen Artikel nicht kompensieren können. Analog zur Berechnung von c_{ij} für Absatzwirkungen läßt sich c_{ij} auch für den Deckungsbeitrag berechnen.

7.4.2 Sonderangebotsresponsefunktionen

Sonderangebotsresponsefunktionen lassen sich aus Zeitreihen einzelner Artikel oder aus aggregierten Daten (datenbankorientierte Analyse) bilden. Die akquisitorische Wirkung der Sonderangebotspolitik kann sich aus den folgenden Bestimmungsgrößen ergeben:

(1) <u>absatzpolitische Instrumente:</u>

- Preis (Höhe der Preisänderung gegenüber Normalpreis bzw. Preis-

differenz zu Mitbewerbern),
- Werbung (Häufigkeit der eigenen Bewerbung und durch Mitbewerber, Art der Bewerbung),
- Standort innerhalb der Verkaufsstelle,

(2) ökonomische Ergebnisse in Vorperioden wie z.B.:
- Absatz in Nicht-Sonderangebotsperioden,
- Marktbedeutung (Marktanteil),
- Verbund mit anderen Artikeln,

(3) physische und psychische Eigenschaften[1]:
- physische Eigenschaften:
  * Lagerfähigkeit,
  * Preishöhe (Preisklasse),
  * Kühlbedürftigkeit,
  * Packungsgröße (groß oder klein),
  * Gewicht (schwer oder leicht),
  * sonstige physische Eigenschaften wie z.B. Transportmöglichkeiten (leicht/schwer),
  * Gebrauchsartikel/Verbrauchsartikel,
- psychische Eigenschaften:
  * Qualität (Sicherheit, daß das gekaufte Produkt den Erwartungen entspricht),
  * Markentreue der Nachfrager,
  * die Bedeutung von Substitutionsartikeln aus Sicht der Nachfrager,
  * sonstige psychische Eigenschaften wie z.B. modische Farben, Formen.

Während die absatzpolitischen Bestimmungsgrößen, die ökonomischen Ergebnisse in Vorperioden und die physischen Eigenschaften relativ einfach erhoben werden können, müssen die psychischen Eigenschaften durch Kunden- oder Expertenbefragungen ermittelt werden. Da sich die untersuchten Warenbereiche in ihren (absatzpolitisch wirksamen) physischen Eigenschaften kaum unterscheiden (es handelt sich um Güter des täglichen Bedarfs) und Daten über (absatzpolitisch wirksame) psychische Eigen-

1. Vgl. auch Eckhardt, K.: Sonderangebotspolitik in Warenhandelsbetrieben, a.a.O., S. 121-146, der allerdings auch die Zahl der Käufer, die den Artikel in Nicht-Sonderangebots-Perioden kaufen, zu den Gutseigenschaften zählt.

schaften nicht zur Verfügung stehen, wird im folgenden lediglich der Einfluß absatzpolitischer Instrumente und der ökonomischen Ergebnisse in Vorperioden auf den Erfolg analysiert. Dabei werden zwei Modelle diskutiert, mit denen Marktforschungsinstitute bereits Erfahrungen gesammelt haben:

(1) Das Preis-Promotion-Modell von Nielsen[1] und

(2) das Promotion-Modell der GfK[2].

7.4.2.1 Das Preis-Promotion-Modell von Nielsen

Bei dem Preis-Promotion-Modell von Nielsen handelt es sich um ein Modell mit Periodendaten:

(7.4) $A_i = f(p_i; WZ_i; WHZ_i; D_i)$

mit A_i: Absatz von Artikel i (i=1,2,3,...,I)
p_i: Verkaufspreis von i
WZ_i: Zeitungswerbung für Artikel i (Dummy- Variable)
WHZ_i: Handzettelwerbung für Artikel i (Dummy- Variable)
D_i: Displayplazierung für Artikel i (Dummy- Variable).

Das Modell beinhaltet den Preis als metrisch-skaliertes Merkmal sowie Werbung und Plazierung als Dummy-Variable mit den Ausprägungen "0" für nicht vorhanden und "1" für vorhanden.
Die Verknüpfung der Variablen ist nach den Recherchen des Verfassers nicht dokumentiert. Verwendet man aber die Ergebnisse des Modelles (z.B. wie die in Abbildung 7.5), läßt sich das folgende lineare Modell ableiten:

(7.5) $\ln A_i = a + b * \ln p_i + c * WZ_i + d * WHZ_i + e * D_i$

---

1. Vgl. Milde, H.: Aus der Praxis der Scanning-Forschung: Auswirkungen von Aktionen auf den Absatz eines Produktes (Preis-Promotion-Modell). In: Marktforschung (3/1986), S. 94-97.

2. Vgl. Litzenroth, H.A.: Neue Marktforschungsperspektiven durch hochentwickelte Technologien. In: Simon, H. (Hrsg.): Marketing im technologischen Umbruch, a.a.O., S. 79-82.

mit: a, b, c, d, e: zu schätzende Regressionskoeffizienten[1].

Falls sich alle Parameter schätzen lassen, können für jedes Sortimentsteil Elastizitäten für den isolierten und kombinierten Einsatz der absatzpolitischen Instrumente angegeben werden. Abbildung 7.5 zeigt ein Beispiel für eine solche Anwendung.
Der Absatz, der ohne Werbung und ohne Sonderplazierung zum "normalen" Verkaufspreis (dabei kann es sich im Prinzip um einen beliebigen

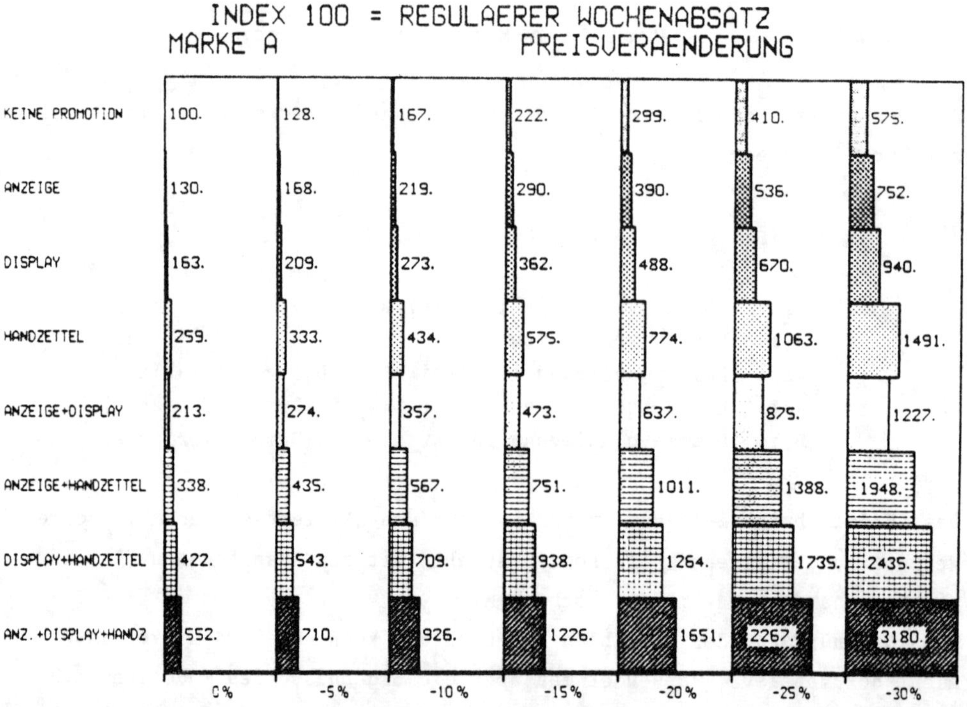

Abb. 7.5: Umsetzung der Ergebnisse des Preis-Promotion-Modelles von Nielsen; entnommen aus: Milde, H.: Auswirkungen von Aktionen auf den Absatz eines Produktes (Preis-Promotion-Modell), a.a.O., S. 96

---

1. Im vorliegenden Beispiel ergeben sich für Preise von 1,0; 0,95 usw.) die folgenden Regressionskoeffizienten

   a = 4,60   c = 0,27   e = 0,49.
   b = -4,91   d = 0,95

   Durch Logarithmierung läßt sich das Modell mit Hilfe der linearen Regression schätzen.

handeln) erzielt wird, wird gleich 100 gesetzt. Das Schalten einer Anzeige erhöht den Absatz um 30%, ein Display um 63% und ein Handzettel um 159%. Anzeige und Display besitzen im Beispiel Synergieeffekte, der Absatz erhöht sich statt 93% (30%+63%) um 113%. Die Kombination Anzeige, Display und Handzettel sorgt für ein Wachstum um 452% gegenüber der Vorperiode (im Beispiel gegenüber der Vorwoche). Das Verhältnis der Instrumente zueinander bleibt bei jedem Preis gleich. Die Matrix läßt sich genauso für den Umsatz und für Deckungsbeiträge (sofern sich die Kosten für Werbung, Sonderplazierung und Artikel bestimmen lassen) bilden. Denkbar ist auch, daß Verbundkoeffizienten (vgl. Abschnitt 3.2.2) berücksichtigt werden.

Bei dem Preis-Promotion-Modell handelt es sich um ein relativ einfaches Modell zur Erklärung der Wirkung sonderangebotspolitischer Maßnahmen. Die Annahme, daß die Bestimmungsgrößen multiplikativ miteinander verknüpft sind, bzw. daß Synergieeffekte vorliegen, läßt sich mit dem vorliegenden empirischen Datenmaterial nicht belegen. Bei 12 von 13 Sonderangebotsartikeln ist das korrigierte Bestimmtheitsmaß des linearen Modelles (7.4) deutlich größer als bei dem nicht-linearen Modell nach Funktion (7.5). Sowohl im linearen (ausführlich in Abbildung 7.6 dargestellt) als auch im nicht-linearen Modell korrelieren die Bestimmungsfaktoren hoch miteinander.
Damit ist die Forderung des Regressionsmodelles, daß die Bestimmungsfaktoren (unabhängige Variable) untereinander unabhängig sein sollen, verletzt[1], es liegt Multikollinearität vor. Das bedeutet inhaltlich, daß derselbe Sachverhalt mehrfach erfaßt wird, in unserem Fall ist dies das gemeinsame Auftreten der absatzpolitischen Instrumente zur Gestaltung der Sonderangebotspolitik. Multikollinearität führt zu verzerrten Schätzungen der Regressionskoeffizienten, da die Aufteilung der Wirkung der einzelnen Größen nicht möglich ist, wenn sie i.d.R. gemeinsam auftreten. Das Preis-Promotion-Modell sollte nur angewendet werden, wenn die Dummy-Variablen jeweils auch isoliert auftreten. Werden sie in der Mehrzahl der Fälle gemeinsam eingesetzt, können sie zu einer Variablen zusammengefaßt werden. Alternativ können alle sieben

---

1. Vgl. zu den Annahmen der Regressionsanalyse z.B. Schuchard-Ficher, Chr. u.a.: Multivariate Analysemethoden. Eine anwendungsorientierte Einführung. 2. Auflage. Berlin u.a. 1982, S. 92-103.

isolierten und kombinierten Dummy-Bestimmungsgrößen zu jeweils eigenen Dummy-Merkmalen zusammengefaßt werden. Die verwendeten Zeitreihen (13 Wochen stehen zur Verfügung) sind aber zu kurz, um die gesamte Variabilität des absatzpolitischen Instrumentariums "durchzuspielen".
Die Ergebnisse der Regressionsschätzung weisen (ungeachtet des Verdachtes auf Multikollinearität) für 11 der 13 Artikel für das lineare

	Artikel/Verbrauchermarktfiliale												
	14/1	16/1	87/1	4071/1	87/2	101/2	21422/2	87/3	159/3	4071/3	87/4	549/1	588/1
1. Korrelationskoeffizienten (linearer Fall)													
Absatz - VK	-0,95	-0,88	-1,0	-0,69	-0,98	-0,99	-0,68	-0,53	-0,75	-0,85	-0,94	-0,95	-0,71
Absatz - Anzeige	1,0	+1,0	+1,0	0,98	n.v.	n.v.	n.v.	0,50	0,62	0,94	n.v.	0,51	n.v.
Absatz - Handzettel	1,0	+1,0	+1,0	0,98	0,98	0,98	0,68	n.v.	0,40	0,94	0,47	0,95	0,71
Absatz - Display	1,0	+1,0	+1,0	0,69	0,98	0,98	0,68	0,36	0,61	0,78	0,47	0,74	0,72
VK - Anzeige	-0,94	-0,89	-1,0	-0,53	n.v.	n.v.	n.v.	-0,94	-0,68	-0,77	n.v.	-0,67	n.v.
VK - Handzettel	-0,94	-0,89	-1,0	-0,53	-	-1,0	-	n.v.	-0,68	-0,77	-0,67	-1,0	-1,0
VK - Display	-0,94	-0,89	-1,0	-1,0	-	-1,0	-	-0,14	-0,28	-0,52	-0,67	-0,63	-0,29
Anzeige - Handzettel	1,0	1,0	1,0	1,0	n.v.	n.v.	n.v.	n.v.	-0,08	1,0	n.v.	0,67	n.v.
Anzeige - Display	1,0	1,0	1,0	0,52	n.v.	n.v.	n.v.	0,04	0,19	0,67	n.v.	0,43	n.v.
Handzettel - Display	1,0	1,0	1,0	0,52	1,0	1,0	1,0	n.v.	0,19	0,67	1,0	0,63	0,29
2. Ergebnisse der Regressionsschätzung*													
a) nicht-linearer Fall													
$R^2_{adj.}$	0,83**	0,63**	0,79**	0,88**	0,59**	0,87**	0,21	0,26	0,53*	0,77**	0,34	0,86**	0,46*
b) linearer Fall													
$R^2_{adj.}$	0,998**	0,996**	0,996**	0,996**	0,965**	0,996**	0,42**	0,10	0,68**	0,95**	0,93**	0,95**	0,74**
a	142,6*	-37,6	6,54**	8,56**	3,33**	10,42**	3,17**	-	13,5*	80,6*	588,6**	24,62**	19,08**
VK	-11,4	2,7	-	-	-	-	-	-	-	-4,2*	-57,9**	-	-
Anzeige	-	-	-	-	n.v.	n.v.	n.v.	n.v.	30,14**	-	n.v.	32,00*	n.v.
Handzettel	414,0	220,57**	136,45	155,5**	34,67**	170,6	6,83**	-	19,14	27,00**	-37,00*	96,00**	35,41**
Display	-	-	-	27,9**	-	-	-	-	13,35*	18,00*	-	18,4*	31,75**
3. Marktanteil Absatz in %	16,7	8,0	5,9	9,4	4,1	16,0	2,5	2,1	12,0	8,9	7,2	25,1	26,4

Anmerkung: Ein Sonderangebotsartikel wird in Filiale 1 nur in vier Perioden geführt, daher werden in dieser Abbildung nur die statistischen Kennzahlen von 13 Artikeln aufgelistet.

n.v. = Nicht vorhanden. * Regressionskoeffizienten sind signifikant für $p \leq 0,10$
\- = Kein Wert im Datensatz enthalten. ** Regressionskoeffizienten sind signifikant für $p \leq 0,05$

Abb. 7.6: Ergebnisse des Preis-Promotion-Modelles am Beispiel Vollwaschmittel und Handgeschirrspülmittel

Modell korrigierte Bestimmtheitsmaße von über 0,68 auf. In keinem Fall werden für alle Bestimmungsfaktoren Regressionskoeffizienten geschätzt. Der Preis wird nur vier mal, die Anzeige zwei mal (von 7 möglichen Fällen), der Handzettel in 11 von 12 Fällen und das Display in fünf von 13 Fällen geschätzt. Mit den vorliegenden Schätzergebnissen lassen sich die in Abbildung 7.5 gezeigten Analysemöglichkeiten nicht durchführen. In dem Preis-Promotion-Modell werden lediglich die Artikel, mit denen Sonderangebotspolitik betrieben wird, berücksichtigt. Der Absatz der übrigen Artikel in den Aktionsperioden oder den Nichtaktionsperioden bleibt unberücksichtigt.

7.4.2.2 Das Promotion-Modell der GfK[1]

In dem Promotion-Modell der GfK wird der "Aktionsmultiplikator" Q mit Hilfe der Preissenkung, der Handelswerbung und des Marktanteils des Sonderangebotes in aktionsfreien Perioden (z.B. Wochen) erklärt.

(7.6) $Q_i = f\ (\delta p_i;\ W_i;\ Ma_i)$

mit Q_i: Aktionsmultiplikator von Artikel i (i=1,2,3,...,I)

$$Q_i = \frac{\text{Ø Absatz pro Aktionswoche}}{\text{Ø Absatz pro aktionsfreier Woche}}$$

δp_i: Preissenkung von Artikel i in %

$$\delta p_i = 1 - \frac{\text{Aktionspreis}}{\text{Normalpreis}} * 100$$

W_i: Handelswerbung für Artikel i
0: für keine Anzeige/Handzettel
1: für Anzeige/Handzettel

Ma_i: Marktanteilsvariable

---

1. Vgl. Litzenroth, H.A.: Neue Marktforschungsperspektiven durch hochentwickelte Technologien, a.a.O., S. 80.

$$Ma_i = \ln \frac{\text{Ø Absatz der betr. Marken in aktionsfreien Wochen}}{\text{Ø Absatz der Warengruppe in aktionsfreien Wochen.}}$$

Litzenroth formuliert das Modell wie folgt:

$$(7.7) \quad Q_i = e^{(a + b * \delta pi + c * Wi + d * \ln Mai)}$$

mit e: Euler'sche Zahl (2,718...)
a, b, c, d: Regressionskoeffizienten.

Bei der Schätzung des Modelles ergeben sich zum einen Operationalisierungsprobleme, zum anderen stellt sich die Frage, warum eine nichtlineare Funktionsgleichung gewählt wird.

zu (1) Operationalisierung der Modellvariablen:
Litzenroth berücksichtigt in seinem Modell keine Plazierungsvariablen. Da die Werbung auch die Ausprägung "0" (nicht vorhanden) erhalten kann, entspricht seine Definition nicht der bislang zugrunde gelegten, da ein Sonderangebotsartikel bereits dann vorliegt, wenn ein Artikel sonderplaziert und/oder im Preis verändert (reduziert) wird.
Zur Berechnung der Marktanteilsvariablen muß der durchschnittliche Marktanteil des Artikels i in aktionsfreien Perioden ermittelt werden. Litzenroth berichtet, daß er Daten aus neun Wochen zur Verfügung hatte. Je länger die Datenreihen sind, desto stabiler ist der Wert für den langfristigen Marktanteil. Probleme ergeben sich aber, wenn es sich um einen Artikel handelt, der lediglich zu Sonderangebotszwecken in das Sortiment aufgenommen wird. Für solche Artikel muß man auf die Marktanteilsvariable verzichten.
Verfolgt die Unternehmung bei allen Sonderangeboten jeweils dieselbe Werbe- und Preispolitik (z.B. alle Artikel, die displayplaziert sind, werden ohne Preisveränderung im Handzettel beworben), kann das Modell nur für die Marktanteilsvariable geschätzt werden, weil die beiden anderen Bestimmungsgrößen konstant sind. Handelt es sich zusätzlich um Artikel, für die keine Vorperiodenwerte vorliegen, kann das Modell überhaupt nicht geschätzt werden.

zu (2) Litzenroth wählt ohne Begründung eine nicht-lineare Funktionsgleichung, in der die Variable Ma_i zusätzlich logarithmiert wird. Dies trägt der Tatsache Rechnung, daß in Aktionswochen der Absatz gegenüber Nicht-Aktionswochen um ein Vielfaches ansteigen kann. Außerdem bildet das nicht-lineare Modell mögliche Synergieeffekte zwischen den Bestimmungsgrößen besser als das lineare Modell ab[1].

Die geschätzten Regressionskoeffizienten beziehen sich nicht auf einen bestimmten Artikel, sondern auf "fiktive" Artikel, da in das Modell Daten von mehreren Artikeln eingehen. Mit dem Modell läßt sich dann z.B. die Frage beantworten, wie hoch fällt der Aktionsmultiplikator bei einem Artikel aus, der bisher 3% Marktanteil in aktionsfreien Perioden hatte, wenn der Preis um 5% reduziert wird und der gleichzeitig per Handzettel beworben wird. Das Optimum für den Aktionsmultiplikator liegt bei möglichst hoher Preisreduktion gepaart mit geringen Marktanteilen und Handzettelwerbung. Um die verschiedenen Sonderangebotswirkungen vergleichbar zu machen, wird anstelle von absoluten Veränderungen die relative Erfolgskennzahl Aktionsmultiplikator verwendet. Dadurch erhalten Artikel mit geringen Marktanteilen und damit geringen absoluten Absatzzahlen deutlich höhere Aktionsmultiplikatoren als Artikel mit hohen Marktanteilen und hohem Absatz. Es bietet sich an, statt mit relativen Veränderungen mit absoluten Veränderungen zu arbeiten. Da dann aber die Wirkungen nur vergleichbar sind, wenn die Artikel alle aus einer Filiale oder doch zumindest aus vergleichbaren Filialen stammen, sollte man auf die absolute Differenz des Absatzes pro 1.000 Kunden zurückgreifen. Das Modell läßt sich auch zur Erklärung der Wirkung von Sonderangeboten auf den Deckungsbeitrag heranziehen.

7.5 Zusammenfassung

Die Wirkung von Sonderangeboten kann an der Erfolgskennzahl des Aktionsartikels selbst, aber auch an der Wirkung auf die übrigen Artikel des Sortimentes gemessen werden. Bei der Wirkung auf andere Artikel lassen sich wiederum komplementäre Wirkungen (gemeinsamer Kauf der

---

1. Das Modell läßt sich aber durch Logarthmieren mit Hilfe der linearen Regression schätzen.

anderen Artikel zusammen mit dem Sonderangebotsartikel) und substitutive Wirkungen (das Sonderangebot zieht Nachfrage von anderen Artikeln des Sortimentes auf sich) unterscheiden. Mit Hilfe der Warenkorbanalyse lassen sich Ausstrahlungen des Sonderangebotes auf andere Artikel erfassen. Substitutive Wirkungen können mit dem Koeffizienten von Chevalier gemessen werden.

Empirische Sonderangebotsresponsefunktionen können zum einen mit Zeitreihen eines Artikels oder aber aus Querschnittsdaten (jede Aktion bildet einen Datensatz) gewonnen werden. Das vorgestellte Preis-Promotion-Modell als Beispiel für die Erklärung der Wirkung sonderangebotspolitischer Instrumente für einzelne Artikel hat den Nachteil, daß die Schätzergebnisse i.d.R. durch Multikollinearität verzerrt sind. Besser geeignet sind Erklärungsmodelle, bei denen die absolute Veränderung des Erfolges durch Preisveränderungen, Werbung und Marktbedeutung in Nicht-Aktionsperioden erklärt wird.

8 Die Planung der absatzpolitischen Instrumente mit Hilfe eines Entscheidungs-Unterstützungs-Systems

In den Kapiteln 3 bis 7 stehen die inhaltlichen Probleme der Erklärungs- und Entscheidungsmodelle im Vordergrund. In diesem Kapitel wird diskutiert,

- wie Daten und Modelle in einem Entscheidungs-Unterstützungs-System (EUS) verknüpft werden sollen,
- über welche Inhalte berichtet werden soll und
- wie ein Berichtssystem gestaltet werden soll.

8.1 Die Komponenten eines Entscheidungs-Unterstützungs-Systems im Überblick

Der Begriff Entscheidungs-Unterstützungs-System wurde 1971 von Scott Morton (decision support system) eingeführt. Er definiert ein EUS als ein System, das Manager in unstrukturierten oder halbstrukturierten Entscheidungssituationen bei der Entscheidung unterstützt[1]. Als weitere Merkmale von EUS werden hervorgehoben[2]:

- der "evolutorische Charakter" bei der Entwicklung eines solchen Systems. Nach Auffassung von Keen und Scott Morton kann ein EUS "be developed on through an adaptive process of learning an evolution"[3],
- der interaktive Computerdialog[4],
- die Versorgung des Managements mit Informationen und
- die Unterstützung bei der Entscheidungsfindung.

---

1. Vgl. Scott Morton, M.S.: Management Decision Systems. Support for Decision Making. Cambridge, Mass. 1971, S. 61.

2. Vgl. Zwicker, E.: Entscheidungsunterstützungssysteme - ein neues Konzept der computergestützten Planung? In: Heinrich, L.J. u. Lüder, K. (Hrsg.): Angewandte Betriebswirtschaftslehre und Unternehmensführung. Festschrift zum 65. Geburtstag von Hans Blohm. Herne und Berlin 1985, S. 85-104, hier S. 86f.

3. Keen, P.W. u. Scott Morton, M.S.: Decision Support Systems: An Organizational Perspektive. Reading, Mass. 1978, S. 15.

4. Vgl. ebenda, S. 83.

Zwicker bemängelt, daß die o.g. Merkmale, die auch in den Originaltexten nicht konkreter herausgearbeitet sind, nicht in der Lage sind, EUS präzise zu definieren[1].
Jede Softwareentwicklung durchläuft einen evolutorischen Entwicklungsprozeß. Somit ist eine Abgrenzung von EUS zu anderen EDV-Programmen nicht möglich.
Mit Hilfe des Merkmals "interaktive Kommunikation" läßt sich ein EUS ebenfalls nur bedingt von anderen Softwareprodukten unterscheiden. Es fehlt an konkreten Hinweisen, wie die Kommunikation gestaltet sein soll.
Somit bleibt nur noch die Unterstützung bei der Entscheidungsfindung in unstrukturierten oder halbstrukturierten Problemsituationen als klassifizierendes Merkmal übrig. Die daraus abgeleitete Definition "Ein EU-System ist ein Softwaresystem, welches einen Anwender bei der Lösung seiner Entscheidungsprobleme unterstützt"[2], ist allerdings recht trivial und sorgt für Abgrenzungsprobleme, weil mit dieser Beschreibung bereits ein Spreadsheet-Programm als EUS bezeichnet werden kann.
Ein EUS sollte aber z.B. zur Lösung des folgenden Problems beitragen: Der Umsatz von Artikel x geht zurück, welche Entscheidungen sollen aufgrund dieser Situation getroffen werden? Das System sollte dem Nutzer zunächst Gründe für den Umsatzrückgang nennen, z.B. die Saison ist zu Ende oder der Artikel wird durch einen anderen Artikel substituiert. Bei einem saisonalen Rückgang müßten Substitutions- und Komplementärartikel aus demselben Sortimentsteil ebenfalls einen negativen Verlauf aufzeigen. Bei Substitution müßten andere Artikel Absatzsteigerungen erzielt haben. Die Systematisierung hilft dem Nutzer, sein Problem in Form eines Erklärungsmodelles zu strukturieren. In vielen Fällen wird der Nutzer mit der Information aus dem Erklärungsmodell bereits eine Entscheidung treffen können. Die Information kann entweder in Listenform durch Erfolgskennzahlen (Reports) oder aber in Form von statistischen Kennzahlen, mit deren Hilfe überprüft wird, wie gut das Erklärungsmodell die Realität widerspiegelt, vermittelt werden. Daneben müssen aber auch Optimierungsalgorithmen und Entscheidungsregeln zur Verfügung stehen, damit der Nutzer Entscheidungen oder zumindest Entscheidungsvorschläge abrufen kann.

---

1. Vgl. Zwicker, E.: Entscheidungsunterstützungssysteme,..., a.a.O., S. 87f.

2. Vgl. ebenda, S. 87.

Bei der Ausgestaltung von EUS sollten die folgenden vier Punkte berücksichtigt werden[1]:

(1) Alle Rechenoperationen innerhalb des Entscheidungsprozesses sollten vom Rechner durchgeführt werden.

(2) Ein- und Ausgabe sollte benutzerfreundlich gestaltet werden, wobei bislang allerdings noch kein geschlossener Forderungskatalog für EUS vorliegt.

(3) Der Entscheidungsprozeß sollte flexibel gesteuert werden.

(4) Die Informationen, die bei der Entscheidungsfindung anfallen, sollten dem Nutzer zur Verfügung stehen (Metainformationssystem). Dabei lassen sich zwei Gruppen von Informationen unterscheiden:
- das Ablaufprotokoll (welche Eingaben werden gemacht) und
- das Ergebnisprotokoll:
  Das Ergebnisprotokoll sollte aufgrund der Vielzahl von Entscheidungsobjekten die Ergebnisgrößen in maschinell verarbeitbarer Form enthalten. Neben den Bestimmungsgrößen sind das die beschreibenden Ergebnisgrößen einschließlich der statistischen Kennzahlen und die Entscheidung selbst.

Ein EUS besteht somit aus den folgenden Komponenten (vgl. Abb. 8.1):

(1) Dem (den) Nutzer(n)

(2) Einer Schnittstelle zwischen dem Nutzer und dem Computer mit den entsprechenden Steuerungssystemen zur Weiterverarbeitung der Befehle und zur Ausgabe der Informationen (hierzu zählen z.B. Tastatur, Bildschirm, Drucker, aber auch das Betriebssystem eines Rechners)

(3) Einem Analysesystem, mit dessen Hilfe die notwendigen Daten selektiert und die benötigten Modelle ausgewählt werden. Das Analysemodul sollte so gestaltet sein, daß die Nutzer bereits Informationen über mögliche Implikationen erhalten (z.B. zu wenig Daten, Artikel neu gelistet).

(4) Einem Datenbanksystem[2], in dem Stamm- und Bewegungsdaten gespei-

---

1. Ebenda, S. 88; vgl. auch Meffert, H.: Computergestützte Marketing-Informationssysteme. Wiesbaden 1975, S. 28-37, der die Grundkomponenten eines EUS (von ihm als Marketing-Informationssystem bezeichnet) beschreibt.

2. Vgl. zu Datenbankkonzepten z.B. Zehnder, C.A.: Informationssysteme und Datenbanken. Stuttgart 1987.

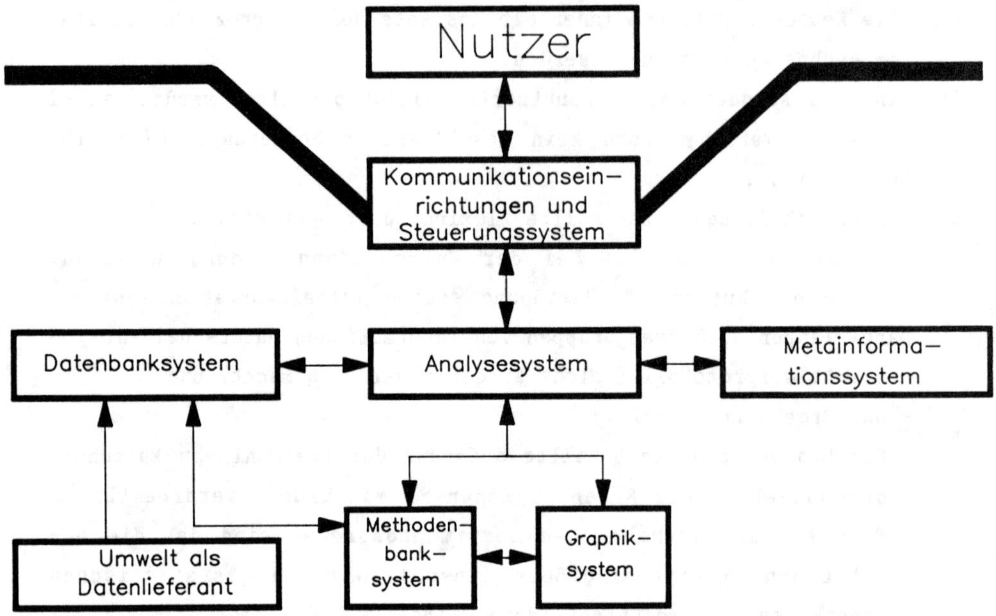

Abb. 8.1: Komponenten eines Entscheidungs-Unterstützungs-Systems

chert sind

(5) Einem Methodenbanksystem, das
- Module zur Berechnung von einfachen Erfolgskennzahlen,
- Module zur Berechnung von Statistischen Erfolgskennzahlen (z.B. Bestimmtheitsmaß, Konzentrationskoeffizienten),
- Module zur Entscheidungsfindung und
- Module zur Prognose (Zeitreihen- und Kausalprognose)

enthält.

(6) Einem Graphiksystem, mit dessen Hilfe das Datenmaterial visualisiert werden kann. Von besonderer Bedeutung ist dabei die Möglichkeit, mögliche Zusammenhänge graphisch aufzubereiten und, auf dem Bildschirm jeden Punkt identifizieren zu können, bzw. innerhalb von Punktewolken, die Zeitreihen eines Objektes zu markieren. Dadurch lassen sich Zusammenhänge schneller erkennen als durch die bloße Berechnung von Korrelationskoeffizienten.

(7) Einem Metainformationssystem, das den laufenden Entscheidungs- oder Informationsprozeß protokolliert und bei Bedarf die Ergebnisse in

die Datenbank einstellt, so daß die Ergebnisse einer Sitzung mit statistischen Methoden weiterverarbeitet werden können.

Der Output eines EUS sollte für die vorgeschlagene Alternative den erwarteten Umsatz und Deckungsbeitrag (falls möglich die Direkte Produkt Profitabilität) und eine Sensitivitätsanalyse, aus der hervorgeht, wie sich die Ergebnisgrößen entwickeln, wenn sich die Bestimmungsgrößen ändern, enthalten[1].

Im folgenden wird gezeigt, wie die laufende Berichterstattung aufgebaut werden kann und wie die Ergebnisse von Erklärungs- und Entscheidungsmodellen dargestellt werden können.

8.2 Das Berichtswesen

Mit Hilfe des Methodenbankensystems werden die experimentellen und quasi-experimentellen Scannerdaten verdichtet. Dabei muß festgelegt werden, welche Standardberichte - unabhängig von konkreten Entscheidungssituationen - erstellt werden sollen. Bei der Vielzahl von Beobachtungsobjekten bietet es sich an, die Erfolgskennzahlen über aggregierte Einheiten zu bilden oder aber über einzelne niedrig aggregierte Einheiten nur dann zu berichten, wenn bestimmte Veränderungsraten überschritten werden (Ausnahmeberichterstattung) oder wenn sie insgesamt eine bestimmte Bedeutung besitzen. In der Praxis ergibt sich häufig das Problem, daß eher zu viele Informationen als zu wenige Informationen zur Verfügung stehen.
Berichte können vom Nutzer selbst "online" bestellt werden, über Stabsstellen ad hoc oder periodisch angefordert werden. Die Nutzer sollten in der Einführungsphase die Möglichkeit besitzen, mit dem System zu experimentieren. Nach Abschluß dieser Phase sollten sich die Nutzer auf ein Standardberichtssystem einigen, das periodisch ausgedruckt wird. Darüberhinaus sollte die Möglichkeit bestehen, eigene Informationsbedürfnisse individuell zu befriedigen.

---

1. Vgl. Lodish, L.M.: A Marketing Decision Support System for Retailers. In: Marketing Science, Vol. 1 (Winter 1982), S. 31-56, hier S. 33.

Die Berichte können als Tabellen, Graphiken oder in Mischform angefertigt werden[1].
Tabellen sollten immer dann angefordert werden, wenn:
- über einen Sachverhalt (z.B. den Erfolg einzelner Artikel) sehr komprimiert oder
- über mehrere Merkmale einzelner Objekte simultan berichtet werden soll.

Graphiken sollten für die Darstellung von
- Anteilen einzelner Objekte am Total (z.B. in Form von Histogrammen, Kreisdiagrammen),
- Verteilungen eines Merkmales,
- Beziehungen zwischen zwei oder mehreren Merkmalen wie z.B. Absatz mehrerer Artikel im Zeitablauf, Preise und Absatz im Zeitablauf oder Querschnitt (dazu eignen sich z.B. Scatterplots oder Blasendiagramme),
- mehreren Merkmalen eines Objektes (z.B. in Form von Chernoff-Faces oder andere Möglichkeiten der multivariaten Darstellung wie z.B. Sterne oder Diamanten)[2] oder
- Merkmalen in Kombination mit Landkarten

verwendet werden.

Mischformen als Kombinationen von Säulendiagrammen und Tabellen bieten sich an, wenn der Einfluß von Bestimmungsfaktoren auf eine Erfolgsgröße visualisiert werden soll. Die Bestimmungsfaktoren sollten dabei relativ wenige Ausprägungen aufweisen, am besten nur zwei: vorhanden oder nicht vorhanden.
Entscheidungs-Unterstützungs-Systeme auf der Basis von Scannerdaten werden in der beschriebenen Form nach den Recherchen des Verfassers bislang noch nicht eingesetzt, zum einen, weil aus Kostengründen die Bestimmungsgrößen bislang nur unzulänglich oder überhaupt nicht festgehalten werden, zum anderen, weil die Reportsysteme die notwendigen Statistikprozeduren oft nicht enthalten.

---

1. Vgl. z.B. Heinzelbecker, K.: Marketing-Informations-Systeme. Stuttgart 1985, S. 92-97.

2. Vgl. z.B. Hartung, J. u. Elpelt, B.: Multivariate Statistik. Lehr- und Handbuch der angewandten Statistik. 2. überarbeitete und erg. Auflage. München und Wien 1986, S. 593-653.

9 Zusammenfassung und Ausblick

In der vorliegenden Arbeit wird gezeigt, wie Marketing im Einzelhandel mit Scannerdaten gestaltet werden kann. An empirischen Beispielen aus der Sortiments-, Preis-, Plazierungs- und Sonderangebotspolitik wird überprüft, wie Responsefunktionen (Marktreaktionsfunktionen), die seit Jahrzehnten das ökonomische Denken beeinflussen, und die gleichzeitig die Basis vieler Entscheidungsmodelle darstellen, mit Scannerdaten geschätzt werden können.

Dazu wird in einem ersten Schritt diskutiert, welche Kennzahlen als Ergebnisgrößen und als Bestimmungsfaktoren verwendet werden sollen. Umsatz- und absatzbezogene Ergebnisgrößen stehen dabei im Vordergrund (vgl. Kapitel 3). In den Kapiteln 4-7 wird in einem zweiten Schritt die Wirkung der absatzpolitischen Instrumente anhand einer Vielzahl von Modellen diskutiert und empirisch überprüft. Keines der Modelle liefert für alle Artikel einer Warengruppe eine jeweils beste Anpassung. Es empfiehlt sich daher mit Hilfe von Heuristiken, artikelweise Responsefunktionen zu schätzen. Insgesamt wird deutlich, daß es sich um einen Bereich handelt, dem nicht so leicht Gesetzmäßigkeiten abzuringen sind.

Eine Reihe von Problemen wird in dieser Arbeit nur am Rande behandelt oder vollständig ausgeklammert. Ein wichtiges Gebiet für die weitere Beschäftigung mit Scannerdaten wird die Integration der Responsefunktionen in Entscheidungsmodelle sein. Dafür müssen Informations- und Entscheidungs-Unterstützungs-Systeme entwickelt werden, die neben den internen Daten auch externe Daten z.B. über die Bevölkerungsstruktur oder die Wettbewerber, verarbeiten können. Dazu müssen bereichsübergreifend personalpolitische und organisationstheoretische Fragestellungen sowie Fragen aus dem Gebiet der Informatik bearbeitet werden.

Weitere Schwerpunkte der Arbeit mit Scannerdaten werden Warenkorbanalysen und die Optimierung des Verkaufsraumes bilden.

Die Modelle der Direkten Produkt-Rentabilität haben die artikelbezogene Kostenrechnung im Handel belebt, da erstmals für viele Artikel die Möglichkeit besteht, Kosten und Erträge detailliert zuzuordnen. Die wissenschaftliche Auseinandersetzung mit den verschiedenen Modellen zur

Berechnung der Direkten Produkt-Rentabilität steht aber noch aus, ebenso wie die Diskussion über die damit verbundenen beschaffungs- und marketingpolitischen Konsequenzen.

Zusammenfassung der Hypothesen und Ergebnisse

Hypothese (3.1): Bei Verwendung des Marktanteils als abhängige Variable in Responsefunktionen verringert sich gegenüber der Verwendung des absoluten Absatzes der Anteil der Varianz, der durch die Marketinginstrumentalvariable(n) erklärt wird.

Hypothese (3.2): Bei Verwendung des Marktanteils und des Absatzes pro 1.000 Kunden zur Erklärung der Abweichungen durch die Marketinginstrumentalvariable besteht bei kurzen Zeitreihen kein Unterschied.

Ergebnisse (3.1) und (3.2): Der Marktanteil besitzt bei der Durchschnittsbetrachtung eine höhere Erklärungskraft für die Wirkung von Preisen als der absolute Absatz. Die Annahme, daß Marktanteil und Absatz pro 1.000 Kunden gleichermaßen zur Erklärung der Wirkung des Preises herangezogen werden können, muß dagegen für die Durchschnittsbetrachtung abgelehnt werden.

Hypothese (5.1): Je niedriger der absolute Preis ist, desto höher ist die Abschlagskalkulation bei einzelnen Artikeln.

Ergebnis (5.1): Die Faustregel, daß Artikel mit absolut niedrigeren Preisen höher kalkuliert werden als solche mit höheren Preisen, kann in den drei untersuchten Warenbereichen nicht belegt werden.

Hypothese (5.2): Die Abschlagskalkulation einzelner Artikel eines Sortimentsteiles ist umso geringer, je größer der Lagerumschlag ist.

Ergebnis (5.2): Für die drei untersuchten Warenbereiche kann die Faustregel, daß die Abschlagskalkulation umso geringer ist, je höher der Lagerumschlag ist, nicht bestätigt werden.

Hypothese (5.3): Artikel, die vom eigenen Unternehmen oder von Konkurrenzbetrieben beworben werden, weisen im Vergleich zu den übrigen Artikeln eines Warenbereiches geringere Kalkulationssätze auf.

Ergebnis (5.3): Artikel, die vom eigenen und von Konkurrenzunternehmen beworben werden, werden signifikant niedriger als andere Artikel desselben Warenbereiches kalkuliert.

Hypothese (5.4): Bei Artikeln des täglichen Bedarfs ist umso eher mit einer negativen direkten Preisresponse zu rechnen, je größer der Marktanteil (Absatz) in einzelnen Verkaufsstellen ist.

Ergebnis (5.4): Lediglich bei Spirituosen läßt sich ein signifikanter Zusammenhang zwischen negativen Vorzeichen der Elastizitäten und dem Marktanteil feststellen.

Hypothese (5.5): Je günstiger der aktuelle Preis im Vergleich zum durchschnittlichen Preis der übrigen Artikel einer Warengruppe in derselben Verkaufsstelle ist, desto günstiger wird der Preis beurteilt. Für den Koeffizienten b gilt dann entsprechend der klassischen Preistheorie $b < 0$.

Ergebnis (5.5): Bei über 86% der Artikel mit Preisveränderungen im Untersuchungszeitraum führen Preiserhöhungen zu einer Verringerung des Absatzes und umgekehrt, d.h. $b < 0$.

Hypothese (5.6): Der Koeffizient c wird ebenfalls ein negatives Vorzeichen aufweisen, da günstigere Preise in den aktuellen Perioden beim zeitlichen Vergleich i.d.R. zu Absatzsteigerungen (und umgekehrt) führen werden.

Hypothese (5.7): Es ist anzunehmen, daß aktuelle Preise, die günstiger sind als die der Konkurrenten, sich positiv auf das Preisgünstigkeitsurteil auswirken. Je größer die Differenz (bzw. je kleiner der Quotient) zwischen dem aktuellen Preis in einer Verkaufsstelle und dem Konkurrenzpreis für denselben oder einen vergleichbaren Artikel ist, desto eher wird ein Nachfrager bereit sein, zu kaufen. Dementsprechend wird für d ein negatives Vorzeichen erwartet.

Ergebnis (5.6) und (5.7): Der Anteil der negativen Vorzeichen für die Koeffizienten c und d ist wesentlich niedriger als für den Koeffizienten b. Die Hypothesen 5.6 und 5.7, daß Preisveränderungen im Zeitablauf und günstige Preise im Vergleich zu den Mitbewerbern den Absatz fördern, muß daher zumindest bei fast der Hälfte der untersuchten Artikel abgelehnt werden.

Hypothese (6.1): Zwischen der Anzahl der Frontstücke und dem Absatz besteht ein degressiver Zusammenhang.

Ergebnis (6.1): Der vermutete degressive Zusammenhang zwischen der Zahl der Frontstücke und dem Absatz, dem Marktanteil und dem Absatz pro 1.000 Kunden kann nicht eindeutig festgestellt werden.

Hypothese (6.2): Bei Gütern des täglichen Bedarfs ist umso eher mit einer positiven Frontstückresponse zu rechnen, je größer ihr Marktanteil (auf der Basis Absatz) oder ihr Absatz pro 1.000 Kunden innerhalb einer Warengruppe ist.

Ergebnis (6.2): In zwei von drei Warenbereichen weisen die Artikel mit positiven Frontstückelastizitäten durchschnittlich höhere Marktanteile als die Artikel mit negativer Frontstückelastizität auf. Bei Spirituosen ist es umgekehrt. Die Mittelwertdifferenzen sind jedoch nicht signifikant.

Hypothese (6.3): Es ist umso eher mit hohen positiven Korrelationskoeffizienten zu rechnen, je höher der Marktanteil bzw. der Absatz pro 1.000 Kunden eines Artikels ist.

Ergebnis (6.3): Zwischen der Höhe des Marktanteils bzw. dem Absatz pro 1.000 Kunden und der Stärke des Zusammenhanges zwischen der Zahl der Frontstücke und dem Erfolg (Marktanteil, Absatz, Absatz pro 1.000 Kunden, pro 100.000 DM Umsatz) besteht kein signifikanter Zusammenhang.

Hypothese (6.4): Die Plazierung auf unterschiedlichen Display-Typen wirkt sich auf den Absatz der einzelnen Artikel in einzelnen Teilperioden aus. Der geringste durchschnittliche Wert ist für Typ 2, der höchste für Typ 5 zu erwarten.

Ergebnis (6.4): Die Display-Typen wirken sich signifikant auf den Marktanteil und den Absatz aus, wenn auch nur bei Zahnpasten/Seifen der Index für den wöchentlichen Absatz auf der Basis der Plazierungsform 1 kontinuierlich für die vier Typen wächst. Bei Kaffee und Spirituosen wirkt der Typ 4 (Regaldisplay in der Form einer Brettplazierung) geringer als der Typ 3. Die höchste Steigerung gegenüber der Normalplazierung wird mit dem Typ 5 erreicht.

ABKÜRZUNGSVERZEICHNIS

a.a.O.	am angegebenen Ort
Abb.	Abbildung
AMK	Absatz-Markt-Konsum
asw	Absatzwirtschaft
Aufl.	Auflage
BAG	Bundesarbeitsgemeinschaft der Mittel- und Großbetriebe des Einzelhandels e.V.
bearb.	bearbeitet
Bd.	Band
BFuP	Betriebliche Forschung und Praxis
bspw.	beispielsweise
BW	Betriebswirtschaft
bzw.	beziehungsweise
ca.	circa
DBW	Die Betriebswirtschaft
d.h.	das heißt
Diss.	Dissertation
DPP	Direkte Produkt Profitabilität
DPR	Direkte Produkt Rentabilität
EAN	Europäische Artikel Nummer
EDV	Elektronische Datenverarbeitung
erw.	erweitert
f.	folgende (Seite)
ff.	folgende (Seiten)
FfH	Forschungsstelle für den Handel, Berlin
GE	Geldeinheiten
HBR	Harvard Business Review
hrsg.	herausgegeben
Hrsg.	Herausgeber
HWA	Handwörterbuch der Absatzwirtschaft
IfH	Institut für Handelsforschung, Köln
i.d.R.	in der Regel
Ill.	Illinois
insbes.	insbesondere
JAVF	Jahrbuch der Absatz- und Verbrauchsforschung
Jg.	Jahrgang
JoAR	Journal of Advertising Research
JoB	Journal of Business

JoM	Journal of Marketing
JoMR	Journal of Marketing Research
JoR	Journal of Retailing
Kap.	Kapitel
LZ	Lebensmittel Zeitung
Marketing ZFP	Marketing - Zeitschrift für Forschung und Praxis
Mass.	Massachusetts
MDS	Multi- (Mehr-) Dimensionale Skalierung
MF	Marktforscher
MS	Management Science
o.g.	oben gennant
O.V.	Ohne Verfasser
o.J	ohne Jahresangabe
S-O-R-Modell	Stimulus-Organismus-Response-Modell
S-R-Modell	Stimulus-Response-Modell
S.	Seite
Sp.	Spalte
Tab.	Tabelle
u.	und
u.a.	und andere
usw.	und so weiter
u.U.	unter Umständen
verb.	verbessert
vgl.	vergleiche
Vol.	Volume
wahrscheinl.	wahrscheinlich
WiSt	Wirtschaftswissenschaftliches Studium
z.B.	zum Beispiel
überarb.	überarbeitet
ZfB	Zeitschrift für Betriebswirtschaft
zfbf	Schmalenbach's Zeitschrift für betriebswirtschaftliche Forschung
ZfOR	Zeitschrift für Operations Research

LITERATURVERZEICHNIS

Albach, H.: Zur Sortimentskalkulation im Einzelhandel. In: Albach, H. (Hrsg.): Handelsbetrieb und Marktordnung. Festschrift für Carl Ruberg zum 70. Geburtstag. Wiesbaden 1962, S. 13-40

Albach, H.: Das Gutenberg-Oligopol. In: Koch, H. (Hrsg.): Zur Theorie des Absatzes. Wiesbaden 1973, S. 9-33

Albach, H.: Market Organization and Pricing Behaviour of Oligopolistic Firms in the Ethical Drugs Industry. In: Kyklos (1979), S. 523-540

Albers, S.: Die Planung der Preis- und Besuchspolitik eines Verkaufsaussendienstes. In: ZfB (1985), S. 899-923

Algermissen, J.: Das Marketing von Handelsbetrieben. Würzburg u. Wien 1981

Anderson, E.E.: An Analysis of Retail Display Space: Theory and Methods. In: JoB, Vol. 52 (1/1979), S. 103-118

Anderson, E.E. u. Amato, H.N.: A Mathematical Model for Simultaneously Determining the Optimal Brand-Collection and Display-Area Allocation. In: Operations Research, Vol. 22 (1/1973), S. 13-21

Anselstetter, R.: Betriebswirtschaftliche Nutzeffekte der Datenverarbeitung. Anhaltspunkte für Nutzen-Kosten-Schätzungen. Berlin u.a. 1984

Arbeitskreis Hax der Schmalenbach-Gesellschaft: Der Preis als Instrument der Absatzpolitik. In: zfbf (1980), S. 701-720

Atteslander, P.: Methoden der empirischen Sozialforschung. Berlin u. New York 1971

Baader, D.: Scanning. Thesen zu einem aktuellen Thema aus der Sicht der Markenartikelindustrie. In: Marketing ZFP (1981), S. 295-297

Backhaus, K. u.a.: Multivariate Analysemethoden. Eine anwendungsorientierte Einführung. 4. neu bearb. u. erw. Aufl. Berlin u.a. 1987

Bamberg, G. u. Baur, F.: Statistik. 1. Aufl. München 1980

Barth, K.: Die Warenpräsentation von Einzelhandelsunternehmungen. In: IfH Mitteilungen (7/1975), S. 93-97

Barth, K.: Rentable Sortimente im Handel. Zufall oder Ergebnis operabler Entscheidungstechniken. Göttingen 1980

Barth, K.: Betriebswirtschaftslehre des Handels. Wiesbaden 1988

Barth, K. u. Büttner, H.: Das geschlossene Warenwirtschaftssystem als Instrument der Unternehmensführung im Einzelhandelsbetrieb. In: Mitteilungen des Instituts für Handelsforschung, Köln (1985), S. 172-176 u. S. 180

Bates, A.D.: Estimating the Relationship between Shelf Space and Sales for Supermarkt Products. Diss. Indiana University. Graduate

School of Business 1970

Baumol, W.J. u. Ide, E.A.: Variety in Retailing. In: MS (1956), S. 93-101

Becker, J.: Die strategische (Neu-)Verteilung von Märkten. Marktschichtenveränderungen und positionsstrategische Konsequenzen. In: asw Sonderausgabe (10/1986), S. 78-88

Berekoven, L.; Eckert, W. u. Ellenrieder, P.: Marktforschung. Methodische Grundlagen und praktische Anwendung. 2. neu bearb. Aufl. Wiesbaden 1986

Bettman, J.R.: Perceived Price and Product Perceptual Variables. In: JoMR (2/1973), S. 100-102

Bielefeld, W.: Preisschwellen. In: asw (11/1975), S. 90-94

Bierther, M.: Schritte zu Datenkassen, Scanning und Warenwirtschaftssystem. In: dynamik im handel (4/1983), S. 12-18

Bleymüller, J.; Gehlert, G. u. Gülicher, H.: Statistik für Wirtschaftswissenschaftler. 4. Aufl. München 1985

Böcker, F.: Die Analyse des Sortimentsverbundes - Eine empirische Analyse - In: Blümle, E.-B. u. Ulrichs, W. (Hrsg.): Perspektiven des Marketing im Handel. Ökonomische Kolloquien. Band 2. Freiburg/Schweiz 1974, S. 55-81

Böcker, F.: Die Bestimmung der Kaufverbundenheit von Produkten. Berlin 1978

Böhler, H.: Marktforschung. Stuttgart 1985

Bolen, W.H.: Contemporary Retailing. 2. Aufl. Englewood Cliffs 1982

Borchardt, K.: Preisbildung und Konkurrenz im Einzelhandel unter besonderer Berücksichtigung der Probleme der Mehrproduktunternehmung. Bemerkungen zu A.E. Ott: Ein statisches Modell der Preisbildung im Einzelhandel. In: Jahrbuch für Nationalökonomie und Statistik. Bd. 172 (1960), S. 32-56

Bortz, J.: Lehrbuch der Statistik für Sozialwissenschaftler. Berlin u.a. 1977

Boyle, K.: DPP Measurements. Understanding their Uses. Food Marketing Institute. Washington DC. May 1988

Brauer, K.M.: Die Ermittlung der optimalen Warengruppenstruktur einer Filiale in Lebensmittelfilialbetrieben. In: Gümbel, R.; Brauer, K.M.; Liebmann, H.-P. u. Müller-Hagedorn, L.: (Hrsg.): Unternehmensforschung im Handel. Rüschlikon-Zürich 1969, S. 53-124

Britt, S. H.: How Weber's Law can be applied in Marketing. In: Business Horizons (Febr. 1975), S. 21-29

Bucklin, L.P.: Retail Strategy and the Classification of Consumer Goods. In: Britt, S.H. u. Boyd, H.W. (Hrsg.): Marketing Management and Administrative Action. New York 1963, S. 389-399

Budde, R.: Return on Investment. Berlin 1969

Bürgi, A.: Führen mit Kennzahlen. Ein Leitfaden für den Klein- und

Mittelbetrieb. 2. Aufl. Bern 1980

Bürkler, A.: Kennzahlensysteme als Führungsinstrument. Ein Lösungsvorschlag für den gewerblichen Detailhandel in der Schweiz. Diss. Zürich 1977

Bufe, P.H.: Güterbeschaffung des täglichen Bedarfs. Ein Beitrag zur Ressourcenallokation privater Haushalte unter dem Einfluß der Einkaufsstättengestaltung. Berlin 1982

Cairns, J.P.: Allocate Space for Maximum Profit. In: JoR (Summer 1963), S. 41- 45 u. S. 52

Cardozo, R.N.: How image vary by product class. In: JoR (1974/75), S. 85-98

Carefoot, J.L.: Copy Testing with Scanners. In: JoAR, Vol. 22 (Febr./March 1982), S. 25-27

Centrale für Coorganisation (Hrsg.): Das EAN-Handbuch. 6. Aufl. Köln 1987

Chakravarti, D.; Mitchell, A. u. Staelin, R.: Judgment Based Marketing Decision Models: Problems and possible Solutions. In: JoM, Vol. 45 (Fall 1981), S. 13-23

Chevalier, M.: Increase in Sales Due to In-Store Display. In: JoMR (4/1975), S. 426-431

Chevalier, M.: Substitution Patterns as a Result of Display in the Product Category. In: JoR (Winter 1975-76), S. 65-72 u. S. 88

Chmielewicz, K.: Forschungskonzeptionen der Wirtschaftswissenschaft. 2. Aufl. Stuttgart 1979

Cochran, W.G.: Stichprobenverfahren. Berlin u. New York 1972

Colonial Studie (Deutsche Übersetzung): Gesellschaft für Selbstbedienung mbH (Hrsg.): Colonial-Studie. Untersuchungen über Umsatz, Kosten, Ertrag, Kundenverhalten und Verkaufstechniken amerikanischer Supermärkte. Köln 1964

Copeland, T.: Principles of Merchandising. Chicago u.a. 1926

Corstjens, M. u,. Doyle, P.: A Model for Optimizing Retail Space Allocations. In: MS (1981), S. 822-833

Cox, K.K.: The Responsiveness of Food Sales to Shelf Space in Supermarkets. In: JoMR (May 1964), S. 63-67

Cox, K.K.: The Effect of Shelf Space upon Sales of Branded Products. In: JoMR (Febr. 1970), S. 55-58

Cox, K.K. u. Enis, B.M.: Experimentation for Marketing Decisions. Guilford u. London 1973

Cramer, U.: Scanning bei Karstadt und Allkauf. Der Erfolg muß sich rechnen. In: Rationeller Handel (2/1983), S. 22-23

Curhan, R.C.: The Relationship Between Shelf Space and Unit Sales in Supermarkets. In: JoMR (Nov. 1972), S. 406-412

Curhan, R.C.: The Effects of Merchandising and Temporary Promotional Activities on the Sales of Fresh Fruits and Vegetables in

Supermarkets. In: JoMR (Aug. 1974), S. 286-294

Dalrymple, D.J. u. Thompson, D.L.: Retailing: An economic View. New York 1969

DATA LOGIC GmbH (Hrsg.): Strich-Code-Fibel. Erkenbrechtsweiler o.J. (wahrscheinl. 1987)

Davidson, H.R.; Doody, H.F. u. Sweeny, D.J.: Retailing Management. 4. Auflage. New York 1975

Dichtl, E.; Raffée, H. u. Wellenreuther, H.: Vorstoß in neue Dimensionen. In LZ (Nr. 23 vom 11.06.1982), S. F6-F10

Diehl, J.M.: Varianzanalyse. Frankfurt 1977

Diller, H.: Preispolitik und Differenzierung in Preisbeurteilungsprozessen von Verbrauchern. In: Der Markt (1977), S. 11-21

Diller, H.: Nutzwertanalysen. In: Diller, H. (Hrsg.): Marketingplanung. München 1980, S. 44-59

Diller, H.: Die Wirkung von Verkäufen unter Einstandspreisen im Lebensmitteleinzelhandel. In: DBW, 41. Jg. (1981), S. 409-418

Diller, H.: Preispolitik. Stuttgart 1985

Doyle, P. u. Gidengil, B.Z.: A Review of In-Store Experiments. In: JoR (Summer 1977), S. 47-63

Duncan, D.J.; Hollander, S.C. u. Savitt, R.: Modern Retailing Management. Basic Concepts and Practices. 10. Aufl. Homewood, Ill. 1983

Dyer, L.W.: In Store Research at Publix: Scanning the Selling Power Merchandising. In: Progressive Grocer (Nov. 1980), S. 98-106

Ebert, K.: Warenwirtschaftssysteme und Warenwirtschafts-Controlling. Schriften für Distribution und Handel. Band 1. Bern 1986

Eckhardt, K.: Die Sonderangebotspolitik in Warenhandelsbetrieben. Eine empirische Studie. Wiesbaden 1976

Emery, F.: Some Psychological Aspects of Price. In: Taylor, B. u. Wills, G. (Hrsg.): Pricing Strategy. London 1969, S. 98-111

Engelhardt, H.: Entscheidungsformen und absatzpolitische Probleme von Angebots- und Nachfrageverbünden. In: zfbf (1976), S. 77-90

Engel, J.F. u. Blackwell, R.D.: Consumer Behavior. 4. Aufl. Chicago u.a. 1982

Engel, R.: Ihre Lücke: Spezialwissen über verkaufswirksame Warenplazierung - Mit 79 Regeln über verkaufswirksame Warenpräsentation bei Selbstbedienung. Köln 1979

Feider, J.: Konsumentenreaktionen auf Preise. Göttingen 1985

Filene, E.A.: Mehr Rentabilität im Einzelhandel (Der Normal-Lagerplan) übersetzt u. bearbeitet von L. Herzberg. Berlin o.J. (1927)

Flach, H.D.: Sortimentspolitik im Einzelhandel. Diss. Köln 1966

Frank, R.E. u. Massy, W.F.: Shelf Position and Space Effects on Sales.

In: JoMR (Feb. 1970), S.59-66

Friedman, L.: Psychological Pricing in the Food Industry. In: Phillips, A. (Hrsg.): Prices Issue in Theory, Practice and Public Policy. Philadelphia 1967, S. 187-201

Frohn, J.: Grundausbildung der Ökonometrie. Berlin u. New York 1980

Gagnon, J.P.: u. Osterhaus, J.T.: Shelf Position and Space Effects on Sales. In: JoMR (Feb. 1970), S. 69-66

General Food Corporation (Hrsg.): Scanlab^{TM}. Scan Data for Merchandising Decisions. o.O. 1984

Gist, R.R.: Retailing: Concepts and Decisions. New York u.a. 1968

Greilich, E.-C.: Messung des Anzeigen-Werbeerfolges im Einzelhandel. In: MF (1976), S. 14-18

Guadagni, P.M. u. Little, J.D.C.: A Logit Model of Brand Choice Calibrated on Scanner Data. In: Marketing Science (Summer 1983), S. 203-238

Gümbel, R.: Die Sortimentspolitik in Betrieben des Wareneinzelhandels. Köln u. Opladen 1963

Gümbel, R.: Rechnungswesen und Unternehmensforschung im Handel. In: Gümbel, R.; Brauer, K.M.; Liebmann, H.-P. u. Müller-Hagedorn, L. (Hrsg.): Unternehmensforschung im Handel. Rüschlikon-Zürich 1969

Gümbel, R.: Wir brauchen eine Entscheidungstheorie und Versuchsfarmen. In: Wirtschaftswoche (42/1970), S. 45-51

Gümbel, R.: Sortimentspolitik. In: Tietz, B. (Hrsg): HWA. Stuttgart 1974, Sp. 1884-1897

Gutenberg, E.: Grundlagen der Betriebswirtschaftslehre. 2. Band: Der Absatz. 14. Aufl. Berlin, Heidelberg u. New York 1973

Hagen, K.: Marktdatenkommunikation in der Bundesrepublik Deutschland - Ein Modell der Coorganisation zwischen Industrie und Handel. In: Krumsick, R. (Hrsg.): Scanning - Zukunftsperspektiven für Handel, Industrie und Marktforschung. Wissenschaftliche Arbeitsgemeinschaft für Technik und Wirtschaft des Landes Nordrhein-Westfalen. Band 238. Bericht der Arbeitsgruppe Absatzwirtschaft vom 28.2.1985, S. 36-45

Hallier, B.: Direkte Produkt-Rentabilität: Sich ins Regal hineinrechnen. In: asw (10/1987), S. 38-44

Hansen, P. u. Heinsbroek, H.: Product Selection and Space Allocation in Supermarkets. In: European Journal of Operations Research (1979), S. 474-484

Hansen, U.: Absatz- und Beschaffungsmarketing des Einzelhandels. Band 1 und 2. Göttingen 1976

Harris, D.H.: The Effect of Display Width in Merchandising Soap. In: Journal of Applied Psychology (1958), S. 283-284

Hartung, J. u. Elpelt, B.: Multivariate Statistik. Lehr- und Handbuch der angewandten Statistik. 2. überarb. u. erg. Aufl. München u. Wien 1986

Hauzeneder, R.: Sortiment. In: Falk, B. u. Wolf, J. (Hrsg.): Handlexikon für Handel und Absatz. München u.a. 1979, S. 608-620

Hecker, W.: Kurzfristige Erfolgsrechnung im Einzelhandel. Stuttgart 1968

Heidel, B.: Der Einsatz von OR-Methoden zur Planung der Absatzpolitik des Handels. In: Isermann, H.; Merle, G.; Rieder, U.; Schmidt, R. u. Streitferdt, L. (Hrsg).: Operations Research Proceedings. Paper of the 15th Annual Meeting. Vorträge der Jahrestagung 1986. Berlin 1987, S. 219-227

Heidel, B. u. Müller-Hagedorn, L.: Plazierungspolitik nach dem Verbundkonzept im stationären Einzelhandel - Eine empirische Analyse. In: Marketing ZFP (1989), S. 19-26

Heinrich, K.T.: EAN in der Kaufhof AG. In: Coorganisation (1/1987), S. 38-43

Heinzelbecker, K.: Marketing-Informations-Systeme. Stuttgart 1985

Helson, H.: Adaptation Level Theory. New York 1964

Heyde, K.: Rentabilitätsanalyse im Handel. Berlin 1969

Hintsch, T.: Motivation der Unternehmer und Mitarbeiter zur Anwendung der EDV. In: Bundesarbeitsgemeinschaft der Mittel- und Großbetriebe des Einzelhandels e.V. (Hrsg.): Warenwirtschaft - Schicksal des Einzelhändlers. 34. Betriebswirtschaftliche Arbeitstagung. 4/5. Mai 1987 in Baden Baden. Köln 1987, S. 10-22

Höller, W.: Reserven im Regal. In: asw (12/1988), S. 82-85

Holten, R.H.: The Distinction between Convenience Goods, Shopping Goods, and Specialty Goods. In: JoM (July 1958), S. 53-56

Horvàth, P.: Controlling. 2. Aufl. München 1979

Howard, J.A. u. Sheth, J.N.: The Theory of Buyer Behavior. New York u.a. 1969

Hruschka, H.: Betriebsorientierte Handelsforschung. In: Hasitschka, W. u. Hruschka, H. (Hrsg.): Handels-Marketing. Berlin u. New York 1984, S. 127- 150

Hruschka, H.: Folgegeschäfte. Zur Bestimmung der Umsatzverbundenheit von Haupt- und Zusatzprodukten mit Hilfe der Polynomial-Lag-Regression. In: Marketing ZFP (1983), S. 165-169

Hruschka, H.: Systematisierung von Instrumenten und Objektbereichen der Handelsforschung. In: Hasitschka, W. u. Hruschka, H. (Hrsg.): Handels-Marketing. Berlin u. New York 1984

Hüttner, M.: Informationen für Marketingentscheidungen. München 1979

Huppert, E.: Europäische Artikelnummer und Scanning - Ihre Bedeutung für den Handel, Industrie und Marktforschung. Sonderdruck der A.C. Nielsen GmbH, Frankfurt, in der Schriftenreihe "Marktforschung im Handel"; entnommen aus: SG Süßwaren (3/1981)

Huppert, E.: Scanning: Elektronische Handels- und Konsumentenpanels.

In: Zentes, J. (Hrsg): Neue Informations- und Kommunikationstechnologien. Berlin, New York u. Tokyo 1984, S. 18-41

Huppert, E.: Scanning aus der Perspektive der Marktforschung. In: Marketing ZFP (1981), S. 153-160

Huppert, E.: Waschmittel-Aktionen im Visir des Scanners. In: asw (3/1986), S. 58-66

Huwyler, M.: Sortiment und Kaufhandlung. Diss. Zürich 1966

Jahnke, B.: Gestaltung leistungsfähiger Nummernsysteme für die DV-Organisation. München 1979

Kaas, K.P.: Empirische Preisabsatzfunktionen bei Konsumgütern. Berlin u.a. 1977

Kaas, K.P. u. Hay, Chr.: Preisschwellen bei Konsumgütern - eine theoretische und empirische Analyse. In: zfbf (1984), S. 333-346

Keen, P.W. u. Scott Morton, M.S.: Decision Support Systems. An Organizational Perspective. Reading, Mass. u.a. 1978

Kennedy, J.R.: The Effect of Display Location on the Sales and Pilferage of Cigarettes. In: JoMR (May 1970), S. 210-215

Kirchner, J.D. u. Zentes, J. (Hrsg.): Führen mit Warenwirtschaftssystemen. Neue Wege zum Informationsmanagement in Handel und Industrie. Grundlagen. Anleitungen. Fallbeispiele. Düsseldorf u. Frankfurt 1984

Klein, R.L.: Scanner Data can measure Long-Run Promotion Response. In: Marketing News vom 11.01.1980

Knoblich, H.: Betriebswirtschaftliche Warentypologie. Grundlagen und Anwendungen. Köln u. Opladen 1969

Köhler, R.: Marketing-Controlling. Funktionale und institutionelle Gesichtspunkte der marktorientierten Unternehmenssteuerung. In: DBW (1982), S. 197-214

Kolodziej, M. u. Krall, O.: Innovation und Wettbewerb im Handel. In: IBM Nachrichten Heft 272 (August 1984), S. 35-39

Kotler, P.: Marketing Management. Analyse, Planung und Kontrolle. 2. Aufl. Stuttgart 1974

Kotzan, J.A. u. Evanson, R.V.: Responsiveness of Drug Store Sales to Shelf Space Allocations. In: JoMR (Nov. 1969), S. 465-469

Kroeber-Riel, W.: Konsumentenverhalten. 3. Aufl. München 1984

Kucher, E.: Scannerdaten und Preissensitivität bei Konsumgütern. Wiesbaden 1985

Küting, K.: Kennzahlensysteme in der betrieblichen Praxis. In: WiSt (1983), S. 291-296

Kumar, N.: Markentreue, Kognitive Dissonanz und Klassifizierung von Konsumgütern. In: BFuP (1973), S. 226-232

Lee, W.: Space Management in Retail Stores and Implications to

Agriculture. In: Dolva, W.K. (Hrsg).: Marketing: Key to Profits in the 1960's. American Marketing Association. Chicago 1960, S. 523-533

Leiner, B.: Stichprobentheorie. München 1985

Lenzen, W.: Die Beurteilung von Preisen durch Konsumenten. Eine empirische Studie zur Verarbeitung von Preisinformationen des Lebensmitteleinzelhandels. Thun u. Frankfurt 1984

Leone, R.P. u. Schultz, R.L.: A Study of Marketing Generalizations. In: JoM (1/1980), S. 10-18

Leven, W.: Konfuse Käufer am Kühlregal. In: LZ (40/41 u. 42/1984)

Little, J.D.C.: Modelle und Manager. Das Konzept des Decision Calculus. In: Köhler, R. u. Zimmermann, H.-J. (Hrsg.): Entscheidungshilfen im Marketing. Stuttgart 1977, S. 123-147

Little, J.D.C. u. Lodish, L.M.: Media Planning Calculus. In: Operations Research (1969), S. 1-35; deutsche Übersetzung in: Weinberg, P.; Behrens, G. u. Kaas, K.P. (Hrsg.): Marketingentscheidungen. Köln 1974, S. 230-264

Litzenroth, H.A.: Neue Marktforschungsperspektiven durch hochentwickelte Technologien. In: Simon, H. (Hrsg.): Marketing im technologischen Umbruch. Schriften für Führungskräfte. Universitätsseminar der Wirtschaft. Band 14. Stuttgart 1987, S. 76-91

Lodish, L.M.: CALLPLAN: An interactive Salesman's Call Planning System. In: MS (April 1971), S. 25-40

Lodish, L.M.: A Marketing Decision Support System for Retailers. In: Marketing Science, Vol. 1 (Winter 1982), S. 31-56

Lodish, L.M. u. Reibstein, D.J.: New gold mines and minefields in market research. Techology aids offer more precise consumer data that ever before - to marketers who understand the hazards. In: HBR (1986), S. 168-182

Lorenz, J.U.: Scanning im Food-Bereich. In: Rationeller Handel (3/1983), S. 18

Markowitz, H.M.: Portfolio Selection. Efficient Diversification of Investments. New York 1959

Marshall, A.: Principles of Economics. 9. Aufl. London 1961

Mazanec, J.: Das Konzept des "Decision Calculus" - Fortschrittsfähiger Ansatz der Modellkonstruktion oder Immunisierungsstrategie. In: WiSt (Juli 1975), S. 317-324

Meffert, H.: Computergestützte Marketing-Informationssysteme. Wiesbaden 1975

Meffert, H.: Marketingstrategien der Warenhäuser - Wege aus der Krise. In: Harvard Manager (2/1985), S. 20-31

Meffert, H. u. Steffenhagen, R.: Marketing-Prognosemodelle. Quantitative Grundlage des Marketings. Stuttgart 1977

Mehrabin, A.: Räume des Alltags oder wie die Umwelt unser Verhalten bestimmt. Frankfurt u.a. 1978

Mellerowicz, K.: Die Handelsspanne bei freien, gebundenen und empfohlenen Preisen. Freiburg i. Br. 1961

Merkle, E.: Erfassung und Nutzung von Informationen über den Sortimentsverbund in Handelsbetrieben. Berlin 1981

Milde, H.: Neues aus der Scanning-Marktforschung. In: Marktforschung (3/1986), S. 91-93

Milde, H.: Aus der Praxis der Scanning-Forschung: Auswirkungen von Aktionen auf den Absatz eines Produktes (Preis-Promotion-Modell). In: Marktforschung (3/1986), S. 94-97

Miller, L.R.: Dr. Weber and the Consumer. In: JoM (Jan. 1962), S. 57-61

Möller, H.: Kalkulation, Absatzpolitik und Preisbildung. Die Lehre der Betriebe auf preistheoretischer und betriebswirtschaftlicher Grundlage. Nachdruck. Tübingen 1962

Müller-Hagedorn, L.: Das Problem des Nachfrageverbundes in erweiterter Sicht. In: zfbf (1978), S. 181-193

Müller-Hagedorn, L.: Die Abbildung des Konsumentenverhaltens in theoretischen Beschreibungsdimensionen. Habilitationsschrift. Frankfurt 1974

Müller-Hagedorn, L.: Handelsmarketing. Stuttgart u.a. 1985

Müller-Hagedorn, L.: Marketing des Handels - Aufgaben für die Marktforschung. Vortragsmanuskript anläßlich des 23. Kongresses der deutschen Marktforschung (BVM) am 2. Mai 1988, erscheint demnächst als Kongreßband

Müller-Hagedorn, L. u. Heidel, B.: Die Sortimentstiefe als absatzpolitisches Instrument. In: zfbf (1986), S. 39-63

Müller-Hagedorn, L. u. Heidel, B.: Optimale Verkaufsflächennutzung in Handelsbetrieben. Arbeitspapier Nr. 10. Studienschwerpunkt Absatz-Markt-Konsum im Fachbereich IV - BWL/AMK an der Universität Trier. Juli 1986

Müller-Merbach, H.: Operations Research. Methoden und Modelle der Optimalplanung. 3. durchgesehene Aufl. München 1973

Müller, H.: Die Warenplazierung als absatzpolitisches Instrument im Selbstbedienungseinzelhandel. Göttingen 1982

Müller, S.: Die Rolle des Preises im Kaufentscheidungsprozeß. In: JAVF (1981), S. 40-63

Müller, S.; Brückner, M. u. Heuer-Potthast, J.: Die Wirkung gebrochener Preise bei Entscheidungen mit geringem und hohem Risiko. In: JAVF (1982), S. 360- 385

Naert, P.A. u. Leeflang, P.: Building Implementable Marketing Models. Leiden u.a. 1978

Nakaniski, M. u. Cooper, L.G.: Parameter Estimation for a Multiple Competitive Interaction Model - Least Square Approach. In: JoMR (Aug. 1974), S. 303- 311

Niehans, J.: Preistheoretischer Leitfaden für Verkehrswissenschaftler. In: Schweizerisches Archiv für Verkehrswissenschaft und Verkehrspolitik, 11. Jg. (1956), S. 293-320

A.C. Nielsen Company: Display Effectiveness - An Evaluation. Part I. In: the nielsen researcher (2/1983), S. 2-8, Part II. In: the nielsen researcher (3/1983), S. 2-10

Nieschlag, R.; Dichtl, E. u. Hörschgen, H.: Marketing. 14. Aufl. Berlin 1985

Nikosia, F.M.: Consumer Decisions Processes. Englewood Cliffs, N.J. 1966

Nyström, H.: Retail Pricing. Stockholm 1970.

O.V.: Das prägt die Anuga '87. Erlebnis - Gesundheit - Genuß. In: Lebensmittelpraxis (18/1987), S. 12

O.V.: How much do customers know about retail prices. In: Progressive Grocer (Febr. 1964), S. C104-C106

O.V.: Scanning-Daten. Ein Fallbeispiel. In: Markenartikel (1980), S. 508-510

Opp, K.D.: Methodologie der Sozialwissenschaften. Reinbek 1970

Ott, E.A.: Ein statisches Modell der Preisbildung im Einzelhandel. In: Jahrbuch für Nationalökonomie und Statistik. Bd. 172 (1960), S. 1-31

Ottinger, T. u. Grünerwald, M.: Changing Marketing Problems Require flexible MMIS Approaches. In: European Society for Opinion and Marketing Research (Hrsg.): Marketing Research and M.M.I.S. The Gap is closing. Tagungsbericht 1984, S. 77-101

Overtheil, W.: Standardisierung versus Differenzierung in Filialunternehmen des Einzelhandels. Theoretische Analyse marktbezogener Steuerungsprobleme und Diskussion einschlägiger Handhabungspraktiken. Frankfurt a.M. 1983

Patt, P.-J.: Scanning - Zukunftsperspektiven für Handel, Industrie und Marktforschung. In: DBW (1985), S. 371-372

Perridon, L. u. Steiner, M.: Finanzwirtschaft der Unternehmung. 2. überarb. Aufl. München 1980

Peterson, R.A. u. Cagley, J.W.: The Effect of Shelf Space Upon Sales of Branded Products: An Appraised. In: JoMR (Febr. 1973), S. 103-104

Porter, M.E.: Wettbewerbsstrategie - Methoden zur Analyse von Branchen und Konkurrenten. 4. Aufl. Frankfurt u. New York 1987

Prim, R. u. Tilmann, H.: Grundlagen einer kritisch-rationalen Sozialwissenschaft. 3. Aufl. Heidelberg 1977

Rössle, W.: Scanning - eine Technik zur Informationsverbesserung für Beschaffungs- und Absatzentscheidungen. In: BW (3/1985), S. 14-17

Raithel, H.: Mars macht mobil. In: Manager Magazin (12/1988), S. 234-239

Rehorn, J.: Das Consumer Panel als Instrument der Absatzforschung. Diss. Mainz 1965

Riebel, P.: Einzelkosten- und Deckungsbeitragsrechnung. 5. verb. u. ergänzte Aufl. Wiesbaden 1985

Rinne, H.: Empirical Investigation of the Effects of Reference Prices on Sales. Diss. Perdue University 1981

Ritter, H. u. Lenz, M.: So sind Kennzahlen Führungsdaten. Köln 1979

Ruppe, H.: Handelspanel. In: Poth, L. (Hrsg.): Marketing. Loseblattsammlung. Neuwied. Oktober 1978, S. 1-35

Sabel, H.: Produktpolitik in absatzwirtschaftlicher Sicht. Grundlagen und Entscheidungsmodelle. Wiesbaden 1971

Schiebel, W.: Die Europäische Artikelnummer (EAN). Ausbreitung und Anwendung in Warenwirtschaftssystemen (mit den offiziellen EAN-Richtlinien). Wien 1987

Schiffel, J.: Warenwirtschaftssysteme im Einzelhandel. Möglichkeiten und Grenzen. Augsburg 1984

Schlageter, G. u. Stucky, W.: Datenbanksysteme: Konzepte und Modelle. 2. Aufl. Stuttgart 1983

Schmitz, G.: Zwischenbetrieblicher Vergleich der Einzelhandelspreise sortengleicher Konsumwaren. Köln 1964

Schneeweiß, H.: Ökonometrie. 3. Aufl. Würzburg u. Wien 1978

Schneider, D.: Die Preis-Absatz-Funktion und das Dilemma der Preistheorie. In: Zeitschrift für die gesamte Staatswissenschaft, Bd. 122 (1966), S. 587-628

Schuchard-Ficher, Chr. u.a.: Multivariate Analysemethoden. Eine anwendungsorientierte Einführung. 2. Aufl. Berlin u.a. 1982

Schulte, K. unter Mitarbeit von Steckenborn, I. u. Blasberg, L.: Systeme der Warenwirtschaft im Handel. Rationalisierungsgemeinschaft des Handels. Köln 1981

Scott Morton, M.: Management Decision Systems. Support for Decision Making. Cambridge, Mass. 1971

Sebastian, K.-H.: Werbewirkungsanalysen für neue Produkte. Wiesbaden 1985

Sedlmeyer, K.-J.: Panelinformation und Marketing-Entscheidung. München 1983

Seyffert, R.: Wirtschaftslehre des Handels. 5. neubearb. Aufl. Opladen 1972

Shapiro, B.P.: The psychology of Pricing. In: HBR (1968), S. 14-25

Sichau, I.: Jeder zweite Artikel ist nicht geplant. Ein großer Teil der Kaufentscheidungen fällt am Point of Sale. In: LZ, Nr. 44 vom 04.11.1988, S. F24-F26

Simon, H.: Dynamics of Price Elasticity and Brand Life Cycles: An empirical Study. In: JoMR (Nov. 1979), S. 439-452

Simon, H.: Preismanagement. Wiesbaden 1982

Simon, H. (Hrsg.): Marketing im technologischen Umbruch. Stuttgart 1987

Simon, H.: Entscheidungsunterstützung mit Scanner-Daten. In: Simon, H. (Hrsg.): Marketing im technologischen Umbruch. Stuttgart 1987, S. 63-75

Simon, H.: Marketing und Computer: Sind die Manager überfordert? In: Simon, H. (Hrsg.): Marketing im technologischen Umbruch. Stuttgart 1987, S. 1-8

Simon, H. u. Kucher, E.: Höhere Marketing-Effizienz mit Scanner-Daten. In: asw (2/1983), S. 83-89

Simon, H.; Kucher, E. u. Sebastian, K.-H.: Scannerdaten in Marketingforschung und Marketingentscheidung. In: ZfB (1982), S. 555-579

Sova, O. u. Piper, J.: Computergestützte Warenwirtschaft im Handel. Köln 1985

Staehle, W.H.: Kennzahlen und Kennzahlensysteme. Wiesbaden 1969

Staehle, W.H.: Das Du- Pont-System und verwandte Konzepte der Unternehmenskontrolle. In: Böcker, F. u. Dichtl, E. (Hrsg.): Erfolgskontrolle im Marketing. Berlin 1975, S. 317-336

Stahl, P.: Verbundwirkungen im Sortiment. Ein Beitrag zur Erfassung und Messung von Verbundbeziehungen im Sortiment von Handelsbetrieben. Münster 1977

Steffenhagen, H.: Wirkungen absatzpolitischer Instrumente. Theorie und Messung der Marktreaktion. Stuttgart 1978

Steidl, P.E.: Experimentelle Marktforschung. Berlin 1977

Steinhausen, D. u. Langer, K.: Clusteranalyse. Berlin u. New York 1977

Sternberg, H.: Rationalisierungschancen durch den Einsatz der EAN und der bbn. In: Bundesarbeitsgemeinschaft der Mittel- und Großbetriebe des Einzelhandels e.V. (Hrsg.): Warenwirtschaft - Schicksal des Einzelhändlers. 34. Betriebswirtschaftliche Arbeitstagung. 4/5. Mai 1987 in Baden Baden. Köln 1987, S. 124-150

Stern, H.: Scanning-Daten als Marketing-Information. In: Markenartikel (11/1981), S. 613-620

Straßburger, U.: Rentabilitätsanalysen im Handel. Berlin 1975

Sturzenegger, M.: Warenbewirtschaftungssysteme im Warenhaus. Bern u. Frankfurt 1974

Tafel, H.J. u. Kohl, A.: Ein- und Ausgabegeräte der Datentechnik. München u. Wien 1982

Theisen, P.: Die betriebswirtschaftliche Preispolitik im Einzelhandel. Köln u. Opladen 1960

Theman, W. u. Conz, B.: Datenkassen '80: Was sie leisten - Was sie kosten. Köln 1980

Theuer, G.: Integrierte Warenwirtschaft im Handel. In: IfH-Mitteilungen (7/1983), S. 1-5

Tietz, B. u. Zentes, J.: Sortimentsoptimierung auf der Basis empirisch verfügbarer Informationen. In: Köhler, R. u. Zimmermann, H.-J.: Entscheidungshilfen im Marketing. Stuttgart 1977, S. 87-119

Tietz, B.: Marketing. Tübingen u. Düsseldorf 1978

Treis, B. u. Schminke, L.: Handelsmanagement: Umbruch durch Scanning. In: asw (4/1984), S. 74-78

Triffin, R.: Monopolistic Competition and General Equilibrium Theory. Cambridge 1949

Troll, K. F.: Zur Problematik quantitativer Marketing-Modelle. Köln 1975

Twedt, D.W.: Does the '9 Fixation' in Retail Really Promote Sales? In: JoM (Oct. 1965), S. 54-55

Überla, K.: Faktorenanalyse. 2. Aufl. Berlin u.a. 1972

Ulrich, H.: Erfolgreicher Einsatz von Warenwirtschaftssystemen - Fallbeispiele aus der Praxis verschiedener Betriebstypen und -größen. In: Bundesarbeitsgemeinschaft der Mittel- und Großbetriebe des Einzelhandels e.V. (Hrsg.): Warenwirtschaft - Schicksal des Einzelhändlers. 34. Betriebswirtschaftliche Arbeitstagung. 4/5. Mai 1987 in Baden Baden. Köln 1987, S. 89-98

Villiger, R.: Einzelhandel - Planung, Steuerung und Kontrolle des Warenbestandes. Ein Handbuch der erfolgreichen Sortimentsbewirtschaftung. Bern u. Stuttgart 1981

Voss, W.-D.: Modellgestützte Markenpolitik. Planung und Kontrolle markenpolitischer Entscheidungen auf der Grundlage computergestützter Informationssysteme. Wiesbaden 1983

Wedderkop, H.: Erfolgreicher Einsatz von Warenwirtschaftssystemen - Fallbeispiele aus der Praxis verschiedener Betriebstypen und -größen. Das Verkaufs- und Informationssystem Möbel (VIM). In: Bundesarbeitsgemeinschaft der Mittel- und Großbetriebe des Einzelhandels e.V. (Hrsg.): Warenwirtschaft - Schicksal des Einzelhändlers. 34. Betriebswirtschaftliche Arbeitstagung. 4/5. Mai 1987 in Baden Baden. Köln 1987, S. 75-89

Weinberg, P.: Das Entscheidungsverhalten von Konsumenten. Paderborn u.a. 1981

Weinekötter, H.: Nutzen jetzt größer als Aufwand - Karstadt setzt auf Scanning. In: BAG-Nachrichten (10/1983), S. 9

Weissmann, A.: Verbraucherpanel - Informationen als Grundlage für Marketingentscheidungen. München 1983

Weis, K.H.: Risiko und Sortiment. Der Portfolio-Ansatz als ein Instrument der Unternehmenspolitik im Handel. Wiesbaden 1985

Wellenreuther, H.: Die Bedeutung der Scanning-Technologie für das Handelsmangement. In: FfH Mitteilungen (10/1982), S. 1-4

Wellenreuther, H.: Scanning. In: WiSt (8/1984), S. 413-415

Wingate, J.W.; Schaller, E.O. u. Bell, R.W.: Problems in Retail

Merchandising, 6. Aufl. Englewood Cliffs, N.J. 1973

Welzel, K.: Marketing im Einzelhandel. Dargestellt am Beispiel des Einsatzes von Sonderangeboten. Wiesbaden 1974

West, R.-R.: Gesetzmäßigkeiten von Warenwirtschaftssystemen. In: Bundesarbeitsgemeinschaft der Mittel- und Großbetriebe des Einzelhandels e.V. (Hrsg.): Warenwirtschaft - Schicksal des Einzelhändlers. 34. Betriebswirtschaftliche Arbeitstagung. 4/5. Mai 1987 in Baden Baden. Köln 1987, S. 23-72

Wieland, H.-J.: Computergestützte Regalplanung - Aspekte und Möglichkeiten durch elektronische Kassensysteme. In: Elektronische Rechenanlagen, 21. Jg. (1979), S. 147-151

Wilkinson, J.B.; Packsoy, C.H. u. Mason, J.B.: A Demand Analysis of Newspaper Advertising and Chancing Space Allocation. In: JoR (Summer 1981), S. 30-48

Wisniewski, K.J. u. Blattberg, R.C.: Response Function Estimating Using UPC Scanner Data. An Analytical Approach to Demand Estimation under Dealing. Working Paper. University of Chicago 1983

Zehnder, C.A.: Informationssysteme und Datenbanken. Stuttgart 1987

Zentes, J.: Technische, organisatorische und personelle Voraussetzungen der Einführung von Warenwirtschaftssystemen. In: Zentes, J. u. Kirchner, J.D. (Hrsg.): Führen mit Warenwirtschaftssystemen. Neue Wege zum Informationsmanagement in Handel und Industrie. Grundlagen, Anleitungen, Fallbeispiele. Düsseldorf u. Frankfurt 1984

Zentes, J. (Hrsg.): Moderne Warenwirtschaftssysteme im Handel. Berlin u.a. 1985

Zentes, J.: Informationspotentiale rechnergestützter Warenwirtschaftssysteme im Handel. In: WiSt (12/1987), S. 609-614

Zentes, J.: Neuere Entwicklungen in der Marktforschung: Datengewinnung. In: Marketing ZFP (Febr. 1987), S. 37-42

Zwicker, E.: Entscheidungsunterstützungssysteme - ein neues Konzept der computergestützten Planung? In: Heinrich, L.J. u. Lüder, K. (Hrsg.): Angewandte Betriebswirtschaftslehre und Unternehmensführung. Festschrift zum 65. Geburtstag von Hans Blohm. Herne u. Berlin 1985, S. 85-104